علم نفس النمو

المؤلف ومن هو في حكمه:

الدكتور أحمد عبد اللطيف أبو أسعد الدكتور سامي محسن الختاتنة

عنوان الكتاب: علم نفس النمو

رقم الإيداع: 2010/6/1945

الترقيم الدولي: ISBN: 978- 9957 - 454 - 3

بيانات النشر: دار ديبونو للنشر والتوزيع- عمّان - الأردن

* تم إعداد بيانات الفهرسة والتصنيف الأولية من قبل دائرة المكتبة الوطنية

الطبعة الأولى

مركز ديبونو لتعليم التفكير

يطلب هذا الكتاب مباشرة من مركز ديبونو لتعليم التفكير

عمّان- شارع الملكة رانيا- مجمع العيد التجاري - مبنى 320- ط4

هاتف: 962-6-5337003 / 962-6-5337029

فاكس: 962-6-5337007

ص. ب: 831 الجبيهة 11941 المملكة الأردنية الهاشمية

E-mail: info@debono.edu.jo

www.debono.edu.jo

علم نفس النمو

تأليف

د. أحمد عبد اللطيف أبو أسعد   د. سامي محسن الختاتنة

تدقيق ومراجعة

د. نائل البكور   د. فؤاد الطلافحة

د. وجدان الكركي   د. أسماء الصرايرة

الناشر

مركز ديبونو لتعليم التفكير

بسم الله الرحمن الرحيم

(إِنْ أُرِيدُ إِلَّا الْإِصْلَاحَ مَا اسْتَطَعْتُ ۚ وَمَا تَوْفِيقِي إِلَّا بِاللَّهِ ۚ عَلَيْهِ تَوَكَّلْتُ

وَإِلَيْهِ أُنِيبُ)

صدق الله العظيم

(سورة هود: 88)

الإهداء

إلى ابنتي أفنان وابني يوسف اللذين لا يزالان في طور النمو،

إلى زوجتي التي نشق معها طريقنا في الحياة سوية.

الدكتور أحمد أبو أسعد

إلى بناتي بنان ودانا وريتال اللواتي لا يزلن في عمر الورود وإلى زوجتي ورفيقة دربي.

الدكتور سامي الختاتنة

إلى كل أب ومربي يحرص على تنشئة أبنائه وأطفاله ورعاية تطورهم في جميع المراحل

نهدي هذا الكتاب

المحتويات

المقدمة

يقول تعالى: (يَا أَيُّهَا النَّاسُ إِن كُنتُمْ فِي رَيْبٍ مِّنَ الْبَعْثِ فَإِنَّا خَلَقْنَاكُم مِّن تُرَابٍ ثُمَّ مِن نُّطْفَةٍ ثُمَّ مِنْ عَلَقَةٍ ثُمَّ مِن مُّضْغَةٍ مُّخَلَّقَةٍ وَغَيْرِ مُخَلَّقَةٍ لِّنُبَيِّنَ لَكُمْ ۚ وَنُقِرُّ فِي الْأَرْحَامِ مَا نَشَاءُ إِلَىٰ أَجَلٍ مُّسَمًّى ثُمَّ نُخْرِجُكُمْ طِفْلًا ثُمَّ لِتَبْلُغُوا أَشُدَّكُمْ ۖ وَمِنكُم مَّن يُتَوَفَّىٰ وَمِنكُم مَّن يُرَدُّ إِلَىٰ أَرْذَلِ الْعُمُرِ لِكَيْلَا يَعْلَمَ مِن بَعْدِ عِلْمٍ شَيْئًا) صدق الله العظيم. سورة الحج من الآية الخامسة. فعلا إن الإنسان يمر بمراحل متعددة متقلبة منذ لحظة الإخصاب وحتى الوفاة، فهو لا يغدو على حال واحدة. ولذلك فإن من أصعب الأمور التي قد يدرسها العلم هو مراحل تطور الإنسان ونموه في المجالات المختلفة. حيث أن دراسة تطور الإنسان على درجة من التعقيد والأهمية والتداخل والترابط بحيث يصعب القول أحيانا عن مظهر نمائي بأنه ينتمي فقط لتلك المرحلة ولا ينتمي ولا يظهر في المراحل الأخرى.

وقد جاء هذا الكتاب في فصوله الثلاثة عشر بحيث يقسم النمو إلى مراحل متعددة تبدأ بلحظة الإخصاب وتنتهي عند الشيخوخة والوفاة. ولذلك امتاز هذا الكتاب بأنه اشتمل على التطرق لمظاهر النمو المختلفة لتلك المراحل، وخاصة النمو: الجسمي والفسيولوجي، والجنسي، والحركي، والعقلي، واللغوي، والانفعالي، والاجتماعي، والديني، والأخلاقي. ويهتم بتلك المظاهر بحيث يركز على المظهر المتغير بشكل بارز.

ويأتي **الفصل الأول** من هذا الكتاب القيم ليقدم نبذة وتعريف عن علم نفس النمو وعلاقته بالعلوم الأخرى المتصلة به، وأهدافه. وينتقل **الفصل الثاني** للحديث عن نظريات تهتم بدراسة علم نفس النمو، حيث تم التركيز على نظريات مختلفة تشمل الجوانب المتعددة لعلم نفس النمو ومنها نظريات التحليل النفسي، والتحليل النفس الاجتماعي، والنمو الأخلاقي، والمراحل، والنمو المعرفي، ونظرية الحاجات النفسية، والعلاقات الشخصية، حيث تغطي تلك النظريات جميع المواضيع التي لها علاقة بعلم نفس النمو. أما **الفصل الثالث** فقد تناول مناهج البحث العلمي والتي لا يمكن

الخوض في علم نفس النمو بدون التعرف عليها وخص هذا الفصل الدراسة بمناهج كالمنهج الوصفي والتجريبي والارتباطي والإكلينيكي كما اهتم بمعوقات دراسة الطفل.

بينما تضمن **الفصل الرابع** الحديث عن قوانين النمو والعوامل المؤثرة فيه، واهتم بعوامل الوراثة والبيئة ودور الغدد والجنس أو النوع في التأثير في النمو، حيث أن فهم هذه العوامل يساعد الآباء والمربين والعاملين في الحقل التربوي على فهم التغيرات التي تصيب الفرد والاضطرابات والمشكلات التي يمكن تجنبها عند التعامل مع هذه الأسباب بطريقة تربوية. كما جاء **الفصل الخامس** ليوضح متطلبات ومراحل ومظاهر النمو المختلفة حيث ركز هذا الفصل في التعرف على متطلبات النمو خلال مراحل الحياة. وكذلك بين مراحل النمو المختلفة التي يمر بها الإنسان، وبعد ذلك عرج على مظاهر النمو.

وقد جاءت الفصول التالية جميعا لتغطي المراحل المختلفة لنمو الإنسان منذ لحظة الإخصاب وحتى الشيخوخة حيث اهتم **الفصل السادس** بمرحلة الإخصاب والحمل متضمنا سيكولوجية الحمل والولادة والعوامل المؤثرة في تكوين الجنين ومراحل تكون الجنين وتطور الجنين خلال أشهر الحمل. وكذلك الأجهزة التي تتطور لمساعدة الجنين على الاستمرار في الحياة وقد جاء هذا الفصل متضمنا العديد من الصور التوضيحية التي تساعد القارئ على سهولة فهم هذه المرحلة الدقيقة من حياة الإنسان. أما **الفصل السابع** فناقش مرحلة المهد مشتملا على أهمية مرحلة المهد واختبارات كفاءة الطفل حديث الولادة ومظاهر النمو المختلفة في مرحلة المهد، حيث أنه مما لا شك فيه أن هذه المرحلة مع قصر مدتها إلا أنها مهمة جدا في تكوين ملامح وحياة الإنسان ومساعدته على الاستقرار والمضي قدما في حياته.

وقد تناول **الفصل الثامن** مرحلة الرضاعة والتي تتمثل في أول سنتين من عمر الطفل حيث ناقش المؤلفان خصائص نمائية للطفل في أول سنتين وكذلك متطلبات

الطفولة في أول سنتين. ولا يغفل الفصل الحديث عن موضوع مهم جدا في حياة الطفل في تلك المرحلة وهو التعلق والفطام والعلاقة مع الآخرين والعدوانية. أما **الفصل التاسع** فقد جاء موضحا مرحلة الطفولة المبكرة من ثلاث إلى خمس سنوات ومؤكدا على أهمية خصائص مرحلة الطفولة المبكرة، حيث أن هذه المرحلة أصبحت مهمة جدا لدى التربويين كونها منطلقا لحياة الإنسان حتى أصبح البعض يسميها مرحلة اللعب أو مرحلة التفكير الرمزي أو مرحلة اللغة.

في حين ركز الفصل العاشر على مرحلة الطفولة المتوسطة والمتأخرة مبينا متطلبات هذه المرحلة ومظاهر النمو المختلفة كالنمو الجسمي والحركي والعقلي والانفعالي والاجتماعي، وقد شبه العلماء هذه المرحلة من الناحية الانفعالية بالسكون الذي يسبق العاصفة. وتطرق الفصل الحادي عشر إلى مرحلة المراهقة مبينا سمات المراهق في هذه المراحل وحاجات المراهق الأساسية ومظاهر النمو المتعددة لدى المراهقين، وتم التوسع في هذه المرحلة لأهميتها التربوية والاجتماعية. أما الفصل الثاني عشر فقد وضح بطريقة مختصرة مرحلة الرشد سواء أكان رشدا مبكرا أو متوسطا وضمن ذلك شرحا عن نظريات تطور البلوغ والرشد لما لها من أهمية في فهم هذه المرحلة، ثم تطرق المؤلفان إلى متطلبات مرحلة الرشد ومظاهر النمو في هذه المرحلة.

وأخيرا تحدث الفصل الثالث عشر عن مرحلة خريف العمر ألا وهي الشيخوخة متطرقا إلى متطلبات نمو الشيخوخة والنظريات التي تفسر الشيخوخة. وقد تطرق أيضًا هذا الفصل إلى كون كبار السن ضحايا للإساءة.

إن هذا الكتاب بفصوله وبالجهد الذي بذل فيه وبالمعلومات التي يشتمل عليها ليعد من المراجع الأساسية والحديثة في علم نفس النمو، خاصة وأن المؤلفان والمراجعين لهذا الكتاب هم من أساتذة علم نفس النمو في الوطن العربي ولديهم الكثير من الخبرة العملية والأكاديمية التي رفدتهم في إخراج هذا الكتاب على مستوى عال من الإتقان، علما أن الجهد البشري يعد جهدا ناقصا مهما بلغ من إتقان.

إنك عزيزي القارئ وأثناء قراءتك لهذا الكتاب ستشعر بالتشويق والإثارة من ناحية وباكتساب المعلومات العلمية من ناحية أخرى، وينصح بقوة باقتناء هذا الكتاب لكل مرب وأب ومعلم وطبيب ومحام وعامل في أي مجال له علاقة بالإنسان، كما ينصح باقتناءه لكل طالب علم نفس أو أرشاد أو تربية أو تمريض أو طب.

وفي النهاية نقدم شكرنا للأستاذ الكبير محمد أحمد الختاتنة الذي قام بمراجعة الكتاب لغويا.

الفصل الأول

بدايات علم نفس النمو

- مفهوم علم نفس النمو.
- تعريف النمو وعلاقته بالعلوم الأخرى.
- أهمية دراسة علم نفس النمو.
- أهداف علم نفس النمو.

قال الـلـه تعالى: (**مَّا لَكُمْ لَا تَرْجُونَ لِلَّـهِ وَقَارًا (١٣) وَقَدْ خَلَقَكُمْ أَطْوَارًا (١٤)**) (نوح: 13-14) من خلال هذه الآية الكريمة نجد أن أول من أشار إلى أسس (النمو) هو القرآن الكريم، وذلك في على لسان نوح عليه السلام عندما كان يعظ قومه لعبادة الـلـه وحده. والعبادة المُطْلَقة لـلـه تعالى دون غيره من الأوثان. وذكّر قومه بالنعم التي أنعمها الـلـه عليهم والتي لا تحصى في هذه السورة، ومن هذه النعم نعمة (الخلق في أطوار) وأن من يرجو توقير الـلـه تعالى وإجلاله فليتأمل أطوار الخلق، والواضح تماماً أن نوح عليه السلام يعي ويدرك حقيقة الأطوار ونمو الأطوار الجسدية والنفسية لخلق الإنسان،

كما يقول تعالى: (**يَا أَيُّهَا النَّاسُ إِنْ كُنْتُمْ فِي رَيْبٍ مِنَ الْبَعْثِ فَإِنَّا خَلَقْنَاكُمْ مِنْ تُرَابٍ ثُمَّ مِنْ نُطْفَةٍ ثُمَّ مِنْ عَلَقَةٍ ثُمَّ مِنْ مُضْغَةٍ مُخَلَّقَةٍ وَغَيْرِ مُخَلَّقَةٍ لِنُبَيِّنَ لَكُمْ وَنُقِرُّ فِي**

الْأَرْحَامِ مَا نَشَاءُ إِلَى أَجَلٍ مُسَمًّى ثُمَّ نُخْرِجُكُمْ طِفْلًا ثُمَّ لِتَبْلُغُوا أَشُدَّكُمْ وَمِنْكُمْ مَنْ يُتَوَفَّى وَمِنْكُمْ مَنْ يُرَدُّ إِلَى أَرْذَلِ الْعُمُرِ لِكَيْلَا يَعْلَمَ مِنْ بَعْدِ عِلْمٍ شَيْئًا وَتَرَى الْأَرْضَ هَامِدَةً فَإِذَا أَنْزَلْنَا عَلَيْهَا الْمَاءَ اهْتَزَّتْ وَرَبَتْ وَأَنْبَتَتْ مِنْ كُلِّ زَوْجٍ بَهِيجٍ (٥)) (الحج: 5).

والأطوار نوعان في هذه الآيات الكريمات:

1- أطوار خلق الجنين في الرحم.

2- مراحل أطوار الجسد البشري من الطفولة وحتى الممات، وكذلك مراحل النمو النفسي لهذا الجسد البشري.

ويقول تعالى في سورة غافر: (**هُوَ الَّذِي خَلَقَكُمْ مِنْ تُرَابٍ ثُمَّ مِنْ نُطْفَةٍ ثُمَّ مِنْ عَلَقَةٍ ثُمَّ يُخْرِجُكُمْ طِفْلًا ثُمَّ لِتَبْلُغُوا أَشُدَّكُمْ ثُمَّ لِتَكُونُوا شُيُوخًا وَمِنْكُمْ مَنْ يُتَوَفَّى مِنْ قَبْلُ وَلِتَبْلُغُوا أَجَلًا مُسَمًّى وَلَعَلَّكُمْ تَعْقِلُونَ (٦٧))** (غافر: 67).

لقد وضعت البذور الأولى لعلم نفس النمو في التعاليم الدينية والتأملات الفلسفية القديمة. وحاول رجال الدين والفلاسفة والعلماء على مر العصور إلقاء الضوء على ظاهرة النمو.

ولاشك أن الإنسان البدائي قد تساءل وفكر في أطوار نموه ابتداءً من طور الجنين، وتذكر كتب التاريخ أن إخناتون قد حاول أن يصور حياة الجنين في تطورها.

وقد اهتم كثير من الفلاسفة وعلماء النفس والاجتماع بدراسة النمو لدى الإنسان فقد تكلم أفلاطون عن التكاثر، وذكر مبادئ النمو عند الطفل وخصائصه في المراحل المختلفة، وقيَم جمهوريته على هذا الأساس، واهتم كذلك باكتشاف أفضل الطرق لتربية الشباب وتهيئتهم للمواطنة ليصبحوا مواطنين صالحين.

وفي العصور الحديثة: عندما تقدمت وسائل البحث والدراسات التجريبية اتجه نشاط العلماء نحو دراسة مظاهر النمو المتكاملة في مراحله المتتابعة وكيف يسلك

الأطفال والمراهقون، قدم علماء النفس والمختصون في علم نفس النمو الجزء الأكبر من المعلومات والحقائق والقوانين والنظريات حول ظاهرة النمو، وقد استندت بدايات علم نفس النمو للمحطات التالية:

أولا: العرب.

وقد قسموا مراحل النمو التي تبدأ بالجنين فالوليد والفطيم والدارج (إذا درج ومشى)، والخماسي (إذا بلغ طوله خمس أشبار)، والمثغور (إذا سقطت أسنانه اللبنية)، والمثغر (إذا نبتت أسنانه الدائمة)، والمترعرع الناشئ (إذا كاد يجاوز عشر سنوات)، واليافع المراهق (إذا بلغ الحلم).

ثانيا: الثورة العلمية في أوروبا بدأت في أواخر عهد الإصلاح (القرن 14-16).

ثالثا: أرسطو وجون لوك

أهتم أرسطو بوصف مرحلة المراهقة، كما اهتم كثيرون في القرن السابع عشر مثل (جون لوك) الذي ذكر الكثير من عادات الطفل وكيفيه تكوينها ودوافعه وأنواع العادات، واتفاقها مع معايير الجماعة.

وأصر أرسطو على أن تمتد التربية من الولادة حتى السن الواحدة والعشرين، غير أنه رأى أن تُمارس التربية التقليدية في بدايات البلوغ فيتعلم الأولاد القراءة والكتابة والحساب على أساس أن هذه المواد تشكل المنطلق المبدئي والعميق للدراسات اللاحقة ولم ينسَ أرسطو أهمية العلوم السياسية وعلم النفس، فاعتقد شأن أفلاطون أن دراسة تلك المواد تشحذ القدرات العقلية.

تابع لوك (1632-1704) الثورة التربوية التي قادها كومينيوس وأكد على فكرة إعداد الطفل بصورة ملائمة لحياة الرجولة المنتجة وتحمل المسؤولية وتكمن مهمة التربية بنظر لوك في صناعة (عقل سليم في جسم سليم)، لهذا فقد اقترح نظاماً اسبارطياً يدفع الأولاد لطاعة النظام من طرف والانسياق مع العقل من طرف آخر، وقد عد

لوك عقل الطفل صفحة بيضاء تنطبع عليها التجارب فتحدد مصير الطفل ومستقبل حياته برمتها وأولى انتقاء التجربة المفيدة للطفل أهمية بالغة.

رابعا: في القرن الثامن عشر كتب (جان جاك روسو)

ومن خلال كتابه (أميل) نادى بإعطاء الطفل حريته المطلقة للتعبير عن نزعاته الطبيعية وتنمية مواهبه وقدراته التي حبته بها الطبيعة. ويرى روسو أن الطفل مخلوق بدائي نبيل وأنه خيّر بطبيعته ولا يفسد أحواله سوى تدخل الكبار، ومن ثم يجب ألا يقحم الكبار آرائهم، وألا يفرضوا سلوكهم على الطفل، وقال أن الطبيعة مصلحة الفرد والمجتمع.

وغاير فهم روسو لعملية التربية فهم لوك لها، إذ أنه بسبب خبرته كمعلم توصل إلى نتائج ثورية بصدد التربية وأرسى ذلك الفيلسوف في كتابه الشهير (أميل، 1855) الأسس الجوهرية لما عرف فيما بعد بالتربية التقدمية. وكان روسو بمعنى ما، رائد علم نفس الطفل، فقد لاحظ الصغار بعناية وخبرة كيف يسلكون ويتعلمون. وحاول ملاءمة التربية للمستوى النمائي للأولاد. واتبع عدد كبير من المربين المشهورين نمط روسو في التربية فعرفوا بأصحاب النزعة الطبيعية في تربية الطفل. وعلى الرغم من استقلال علم نفس الطفل عن التربية بعد روسو، فقد أقام عالم نفس الطفل الشهير بياجيه Piaget بدءاً من عام 1960 حلقات وصل جديدة وقوية بين ظواهر النمو وفعاليات التربية.

وسرعان ما تبع السويسري بستالوتزي (1746-1827) خطى سلفه روسو فقد ألهم روسو في كتابه (أميل) من خلفه من المربين، فأقاموا عدداً من المدارس المتركزة حول الطفل، لكن سوء الحظ وضعف الموهبة الإدارية عند بستالوتزي قد جعلا أفكاره ومدارسه قصيرة تمامًا.

خامسا: تشارلس دارون (1809-1882).

وله الفضل في دراسة النمو عند الإنسان خاصة تطوره وانفعالاته ومدلولاتها، ومن حسن حظ علم نفس الطفل، أن اقترن ظهور الدارونية بأحداث أخرى ساعدت على تصعيد الاهتمام به، وتعود تلك الأحداث لأسباب ترجع لعمل دارون، ولتطور المعرفة الطبية ولبروز الاهتمام الجديد بسعادة الطفل. من جهة أخرى فقد نقم الناس على استغلال أرباب العمل للأطفال وتشغيلهم بأجور رخيصة في دراهم محدودة، وأسهم (دارون) مطور (نظرية التطور) مباشرة في علم النمو حيث نشر في سنة 1877م، تحليلا لتاريخ حياة طفله الأول الذي ولد سنة 1839م.

سادسا: فرانسيس جالتون (1822-1911).

وقد وضع أساس القياس النفسي للفروق الفردية والشخصية بين الأفراد. ورأى ضرورة وضع مقاييس موضوعية لقياس القدرات العقلية للإنسان. كما وضع المعامل الإحصائي المسمى معامل الارتباط، وانصب اهتمامه على الوراثة وتحسين الجنس البشري. وقال أن الفروق الفردية والذكاء أشياء موروثة. كما أنه حدد التأثير النسبي لكل من الوراثة والبيئة على تطور نمو الفرد.

سابعا: ستانلي هول (1846-1924).

الذي لمع اسمه كرائد من رواد علم نفس النمو في أمريكا، وأسهم في إرساء دعائم طرق البحث في هذا العلم، وأمد بالكثير من المعلومات عن الأطفال والمراهقين. وكان هو نفسه أستاذاً لكثير من علماء النفس الذين اهتموا بالطفولة والمراهقة فيما بعد. وقد وضع بدايات علم نفس الطفولة كعلم منظم معني بمحتوى عقول الأطفال استناداً للمبدأ البنائي.

ثامنا: ألفرد بينيه

أهتم بالنمو العقلي للأطفال ووضع أول مقياس كامل للذكاء سنة 1905م، ترجم وقنن في معظم بلاد العالم.

تاسعا: وفي فيينا أنشأ (كارل بوهلر) وزوجته شارلوت بوهلر في العشرينات مركزاً للبحث في سيكولوجية الطفولة.

وتوالت الدراسات والبحوث الجديدة في علم نفس النمو وزادت في الوقت الحاضر بدرجة كبيرة، حتى لنجد الكثير من المجالات العلمية قد انفردت بنشر هذه البحوث، وتحوى هذه المجلات العلمية الآلاف من البحوث في علم نفس النمو.

وكانت هناك بعض التوقعات للمستقبل وقد حدثت بالفعل مثل:

أ- أن هناك وسائل متطورة في تنشئة الطفل.

ب- أصبح معدل سرعة النمو العقلي والنمو الاجتماعي الآن أعلى مما كان عليه في الماضي.

ج- أصبح هناك مفهوماً جديداً للطفولة فلم يعد الطفل مسئولية والديه فقط بل أصبح مسئولية المجتمع والدولة.

د- أصبح هناك تخصصات دراسية جديدة مثل "تكوين الأسرة" و"الصحة الإنجابية" للمرأة التي هي مهد ورحم الطفولة، وعلم نفس النمو وكذلك في الطب تخصص "طب الأسرة".

مفهوم علم نفس النمو:

إن اصطلاح "النمو" يشير إلى كافة التغييرات والتطورات التي تعترى الفرد خلال مراحل نموه المختلفة، فالنمو يتعلق بالتغيير في الحجم والتعقد والتناسب وسائر التغيرات الكيفية التي تطرأ على العضلات والعظام ولون الشعر ولون البشرة وما إليها. وإن النمو يتضمن كافة التغييرات العضوية والوظيفية التي تسير بالكائن البشرى إلى الارتقاء حتى ينضج.

ويشير "جيزيل Gesell" عام 1958م إلى أن "النمو يعني سلسلة متصلة من التغييرات ذات نمط منتظم ومترابط". ومما هو جدير بالذكر أن كلمة "النمو" في معناها الخاص

والضيق تتضمن كافة التغييرات الجسمية والفسيولوجية كالطول والوزن والحجم، نتيجة التفاعلات البيوكيميائية التي تحدث في الجسم (كتأثير الغدد الصماء).

تعريف النمو وعلاقته بالمصطلحات الأخرى: Development

يحسن في البداية أن نفرق بين كلمتين شائعتين في اللغة الانجليزية وهما ,Development Growth. وغالبا ما يستخدما بمعنى واحد في اللغة العربية وهو النمو، وإن كان بعضهم يقصر استخدام الأولى على كلمة Growth بمعنى نمو، بينما يستخدم الثانية Development تحت عنوان تطور أو ارتقاء.

حيث يشمل التطور Development أو الارتقاء كلا من النمو Growth والنضج Maturation والتعلم Learning فما المقصود بكل منهم:

النمو: Growth

يشير إلى كل التغيرات الجسمية و التي في طبيعتها كمية لأنها تتضمن إضافات أكثر من تحولات، مثل هذه التغيرات كالزيادة في الطول أو الوزن أو اتساع الأنف.

النضج: Maturation

غالبا ما يستخدم هذا المصطلح لوصف التغيرات التي تعتبر مستقلة إلى حد ما عن بيئة الطفل، والتي غالبا ما تعود إلى الاستعدادات الوراثية. أي تشير كلمة النضج إلى أنماط التغير المحددة داخليا مثل حجم الجسم، وهي واحدة عند جميع أفراد النوع بغض النظر عن التدريب أو الخبرة، ويتضح هذا جيدا في شكل النمو قبل الولادة.

ولكنة لا يقف عند الميلاد بل يستمر بعد ذلك، فتنمو المهارات اللازمة والضرورية للزحف أو المشي التي تكتسب وفق جدول زمني وكأنها نتيجة عوامل داخلية فسيولوجية فقط.

التعلم: Learning

هو تعديل في السلوك نتيجة الخبرة والممارسة وليس نتيجة عمليات النضج أو نتيجة التأثيرات المؤقتة للعقاقير أو التعب.

التطور أو الارتقاء أو النمو: Development

بمعناه الشامل فهو العملية الكلية التي يتوافق فيها الفرد مع بيئته، وحيث أن النمو Growth والنضج والتعلم عمليات مسئولة عن هذه التغيرات التكيفية فكلها مجالات للتطور أو النمو بمعناه الشامل.

ويشير النمو بهذا المعني إلى التغيرات الحادثة في السلوك خلال الزمن ولقد نظمت هذه التغيرات السلوكية جيداً عن طريق العمر مع أن العمر قد لا يفسرها. في حين يهتم علماء التعلم بكشف المبادئ المسئولة عن التعلم، ونادرا ما يهتمون بوصف الفروق بين عمليات التعلم عند الأطفال والراشدين. أما علماء نفس النمو فهم مهتمون أولا و قبل كل شيء بالفروق بين الأطفال والراشدين في التعلم وكيف تتطور عمليات التعلم عند الأطفال خلال المراحل العمرية المختلفة.

ما المقصود بالنمو بمعناه العام؟ يرى كثير من علماء النمو أن النمو هو سلسة متتابعة من التغييرات التي تهدف إلى اكتمال نضج الكائن الحي. ويهتم بجميع النواحي الجسمية والعقلية والاجتماعية والانفعالية وتحدث هذه التغيرات بترتيب معين وبطريقة يمكن التنبؤ بها كنتيجة للنضج والخبرة.

والنمو بهذا المعنى لا يحدث فجأة بل يتطور بانتظام على خطوات متلاحقة، ولا يتكون النمو من مجرد إضافة بضع سنتمترات لطول الفرد، أو حتى مجرد تحسن في قدراته، بل هو عملية معقدة تتكون من تكامل كثير من البناءات والوظائف.

ويرى" أندرسون " أن النمو ليس مجرد إضافة أطوال إلى أطوال أو قدرة إلى قدرة. بل هو عملية معقدة تهدف إلى تكيف البناء الجسمي لأدوار وظيفية معينة. كما يرى

"نيوجارتن" أن التغيرات الكيفية تؤثر على الشخص كلما زاد نموه. والتغير الذي يحدث في النمو يظهر على أنواع وهي:

أ- تغيرات في الحجم.

ب- تغيرات في النسب. من الطفولة إلى المراهقة.

ج- اختفاء مظاهر قديمة.

د- اكتساب مظاهر جديدة.

ولا تقتصر دراسة علم نفس النمو على دراسة سلوك الأطفال، بل تمتد لتشمل المراهقة والرشد بل والشيخوخة أيضًا، بهذا أصبح هذا العلم يشمل دراسة ظاهرة النمو النفسي خلال جميع مراحل الحياة المختلفة منذ لحظة الخلق أو التكوين حتى نهاية العمر في الشيخوخة. وبهذا يشمل علم نفس النمو الميادين الثلاثة التالية:

أ- سيكولوجية الطفولة The Psychology Of Childhood

ب- سيكولوجية المراهقة The Psychology Of Adolescence

ج- سيكولوجية الرشد والشيخوخة:The Psychology Of Adult & Aging

ويدور هذا الكتاب حول هذه العناوين الثلاثة، وللنمو مظهران رئيسيان هما:

1- النمو العضوي (التكويني): ويقصد به نمو الفرد من حيث الطول والوزن والحجم والشكل والتكوين بصفة عامة نتيجة نمو هذه الأبعاد المختلفة.

2- النمو الوظيفي (السلوكي): ويقصد به نمو الوظائف الجسمية والعقلية والاجتماعية والانفعالية لتساير تطور حياة الفرد، واتساع نطاق بيئته، وعلى هذا يشتمل النمو بمظهريه السابقين على تغيرات كيميائية فسيولوجية طبيعية نفسية اجتماعية.

والجدول التالي يوضح هذين النوعين من النمو:

النمو التكويني أو الكمي (المرئي)	النمو الوظيفي أو الكيفي(غير المرئي)
ويقصد به النمو الذي يحدث في الحجم والشكل بحيث يمكن ملاحظة زيادة الطول أو الوزن أو ظهور الأسنان..الخ	ويقصد به النمو الذي يحدث في الوظائف الجسمية والعقلية والاجتماعية والانفعالية. والتي لا نلاحظها بالرؤية ولكن نستدل عليها من ملاحظة التغير في سلوك الفرد. مثال: تعلم اللغة ليس فيه جانب مرئي ولكن هناك تغير في طريقة الكلام.

ويعتبر علم نفس النمو Developmental Psychology فرعاً من فروع علم النفس يهتم بدراسة كافة التغييرات السلوكية النمائية التي تطرأ على الفرد خلال مراحل نموه المختلفة ابتداء من لحظة الإخصاب حتى الممات، ويهدف هذا العلم إلى اكتشاف المبادئ التي تفسر جوانب السلوك خلال مراحل العمر المختلفة.

ويعرف أيضًا علم نفس النمو هو: الدراسة العلمية لنمو سلوك الفرد وتطوره ونضجه خلال دورة الحياة Life Cycle أي من لحظة الإخصاب مرحلة ما قبل الميلاد حتى الوفاة، بهدف كشف القوانين والمبادئ التي تفسر جوانب السلوك في مراحل العمر المختلفة.

كما أنه العلم الذي يدرس سلوك الكائن الحي، و ما وراءه من عمليات عقلية، دوافعه وديناميانه وآثاره، دراسة علمية يمكن على أساسها فهم وضبط السلوك والتنبؤ به والتخطيط له.

ويعرف أيضًا علم نفس النمو بأنه: "فرع من فروع علم النفس، ويهتم بدراسة مظاهر الكائن الحي وتطوره، وتفحص سلوكه والعمليات العقلية المؤدية إليه، والكشف عن دوافع السلوك ونتائجه، والبحث عن العوامل المساهمة في النمو والتطور بشكل علمي يؤدي إلى فهم ذلك السلوك وضبطه، وإمكانية التنبؤ به.

ويعرف Munn علم نفس النمو على أنه: مجال واسع من مجالات علم النفس وينقسم إلى فرعين:

أولا: علم نفس النشوء والتطور، الذي يدرس نشوء العمليات النفسية لدى الكائنات الحية، سواء في شكلها البسيط أو المعقد.

ثانيا: علم نفس تطور الكائن الحي والذي يهتم بدراسة اتجاهات النمو والتطور لدى الكائنات عن طريق دراسة كائن واحد فقط.

ومجال علم نفس النمو: يهتم بدراسة التغيرات السلوكية ذات العلاقة بتطور العمر لدى الإنسان، مثل دراسة تغير سلوك الأطفال خلال مراحل نموهم وتطورهم المختلفة.

أهمية دراسة علم نفس النمو:

لا شك أن دراسة سيكولوجية الطفولة مهمة في حد ذاتها ومفيدة بالنسبة لفهم مرحلة الطفولة، ودراسة سيكولوجية المراهقة أيضًا مهمة في حد ذاتها ومفيدة لفهم المرحلة التي تليها وهكذا.

ويعتبر علم نفس النمو كما سبق القول المجال الذي يشمل مراحل تطور الكائن الحي طوال حياته بهدف توفير الحقائق والمعلومات المتعلقة بمظاهر النمو المتعاقبة، والتعرف على طبيعة العمليات النفسية المصاحبة للنمو وتوقيت حدوثها، وتحديد العوامل المؤثرة في تلك العمليات سلبا أو إيجابا كما أن هناك عدة أسباب وراء الاهتمام بنمو الكائن الحي بصفة عامة، ويمكن تلخيص أهمية دراسة هدا العلم في عدة نقاط أهمها:

1- من الناحية النظرية:

تزيد من معرفتنا للطبيعة الإنسانية ولعلاقة الإنسان بالبيئة التي يعيش فيها وذلك

من خلال: التعرف على تأثير كل من العوامل الوراثية والبيئية على النمو، مما يؤدي إلى توفير العناصر المساعدة لتلك العوامل على تأدية عملها في أحسن الظروف وتحقيق أفضل النتائج الإيجابية التي يمكن توقعها.

2- من الناحية التطبيقية:

تزيد من القدرة على توجيه الأطفال والمراهقين والتحكم في العوامل والمؤثرات المختلفة التي تؤثر في النمو. وذلك من خلال مساعدة الأفراد على فهم أنفسهم وما ينتابهم من تغير يرتبط بمراحل النمو المختلفة، وتقبل المظاهر المصاحبة له، والتوافق مع عالم الواقع.

ويمكن قياس مظاهر النمو المختلفة بمقاييس علمية تساعد من الناحية النفسية والتربوية في التكفل بالأفراد، إذا ما اتضح شذوذ النمو في أي ناحية عن المعيار العادي.

3- بالنسبة لعلماء النفس:

تساعد دراسة هذا العلم الأخصائيين النفسيين في جهودهم لمساعدة الأطفال والمراهقين والراشدين. خاصة في مجال علم النفس العلاجي والتوجيه والإرشاد النفسي والتربوي والمهني.

كما تعين دراسة قوانين ومبادئ النمو وتحديد معاييره في اكتشاف أي انحراف أو اضطراب أو شذوذ في سلوك الفرد. وتتيح معرفة أسباب هذا الانحراف وتحديد طريقة علاجه.

4- بالنسبة للمدّرسين:

تساعد في معرفة خصائص الأطفال والمراهقين، وفي معرفة العوامل التي تؤثر في نموهم وأساليب سلوكهم، وفي طرق توافقهم في الحياة، وفي بناء المناهج وطرق التدريس وإعداد الوسائل المعينة في العملية التربوية.

ويؤدي فهم النمو العقلي ونمو الذكاء، والقدرات الخاصة والاستعدادات والتفكير والتذكر والتخيل على زيادة القدرة في التحصيل، حيث يحاول الوصول إلى أفضل الطرق التربوية والتعليمية التي تناسب مرحلة النمو ومستوى النضج الملائم.

وتفيد في إدراك المدرس للفروق الفردية بين تلاميذه، وأنهم يختلفون في قدراتهم وطاقاتهم العقلية والجسمية وميولهم، بهذا يوجه المدرس انتباهه للأفراد ويراعي قدراتهم ولا يكتفي بالتربية الجماعية.

5- بالنسبة للأفراد:

فبفضل فهم المربين والقائمين على التربية والرعاية النفسية والاجتماعية والطبية لعلم نفس النمو، أصبح التوجيه التربوي يقوم على أساس علمي مما يحقق الخير للأفراد من الطفولة إلى الشيخوخة.

ويساعد ذلك في أن يفهم كل فرد – بقدر مستوى نموه – طبيعة مرحلة النمو التي يعيشها ويعتبر أن عليه أن يحياها بأوسع وأصح وأكمل شكل ممكن باعتبارها غاية في حد ذاتها قبل أن تكون وسيلة لغيرها، أي أن الفرد لا ينبغي أن يضحي بطفولته من أجل رشده، بل يجب أن يحيا الطفولة على أحسن وجه ممكن حتى يبلغ أكمل رشد ممكن.

6- بالنسبة للقائمين على عملية التربية:

تساعد الآباء في معرفة خصائص الأطفال والمراهقين مما يعينهم وينير لهم الطريق في عملية التنشئة والتطبيع الاجتماعي لأولادهم.

تعين الآباء على تفهم مراحل النمو والانتقال من مرحلة إلى أخرى من مراحل النمو، فلا يعتبرون المراهقين أطفالا. ويعرفون أن لكل مرحلة من مراحل النمو خصائصها المميزة حيث تنمو شخصية الفرد بمظاهرها المختلفة.

7- بالنسبة للمجتمع:

يفيد في فهم الفرد ونموه النفسي وتطور مظاهر هذا النمو في المراحل المختلفة في تحديد أحسن الشروط الوراثية والبيئية الممكنة التي تؤدي إلى أحسن نمو ممكن، وحتى لا يخطئ في تفسيره تحقيقا لخير الفرد وتقدم المجتمع.

وتعين على فهم المشكلات الاجتماعية وثيقة الصلة بتكوين ونمو شخصية الفرد والعوامل المحددة لها، مثل مشكلات الضعف العقلي والتأخر الدراسي والجنوح والانحرافات الجنسية، والعمل على الوقاية منها وعلاج ما يظهر منها.

وتساعد على ضبط سلوك الفرد وتقويمه في الحاضر بهدف تحقيق أفضل مستوى ممكن من التوافق النفسي والتربوي والاجتماعي والمهني بما يحقق صحته النفسية في الحاضر والمستقبل كإنسان صالح.

وتؤدي على التنبؤ الدقيق بقدر الإمكان كهدف أساسي يساعد في عملية التوجيه في المستقبل بالنسبة لكل فرد حتى يحقق المجتمع أقصى فائدة من أبنائه. وبالتالي يمكن الإشارة إلى أننا نهتم بالعادة بدراسة علم نفس النمو من أجل تحقيق الأهداف والأغراض التالية:

1- الرغبة في تحسين عمليات التعلم والتعليم.

2- التحقق من صحة النظريات القائمة أو تطويرها أو تغييرها.

3- الكشف عن خصائص الأطفال في مختلف مراحل العمر.

4- تفسير سلوكيات الناس في مختلف المراحل والظروف.

5- التحقق من بعض المفاهيم السائدة مثل مفهوم معامل الذكاء.

6- التحقق من بعض المعتقدات التربوية المتعلقة بالتعلم مثل: من يحفظ بسرعة ينسى بسرعة. الذكاء وراثي.

7- محاولة فهم دوافع المشكلات المجتمعية ووضع حلول لها.

أهداف علم نفس النمو:

يمكن القول أن لسيكولوجية النمو هدفين أساسين:

1- وصف التغيرات السلوكية وفهمها:

على الرغم من أن هدف الوصف هو أبسط أهداف العلم إلا أنه أكثرها أساسية، فبدونه يعجز العلم عن التقدم إلى أهدافه الأخرى، والوصف مهمته الأساسية أن يحقق الباحث فهما أفضل للظاهرة موضع البحث، ولذلك فالباحث في علم نفس النمو عليه أن يجيب أولاً على أسئلة هامة مثل: متى تبدأ عملية نفسية معينة في الظهور؟ وما هي الخطوات التي تسير فيها سواء نحو التحسن أو التدهور؟ وكيف تؤلف مع غيرها من العمليات النفسية الأخرى أنماطا معينة من النمو؟

مثال ذلك يلاحظ تعلق الرضيع بأمه وأن الأم تبادل طفلها هذا الشعور، والسؤال هنا: متى يبدأ شعور التعلق في الظهور؟ وما هي مراحل تطوره؟ وهل الطفل المتعلق بأمه تعلقا آمنا يكون أكثر قدرة على الاتصال بالغرباء أم أن هذه القدرة تكون أكبر لدى الطفل الأقل تعلقا بأمه؟ هذه الأسئلة من النوع الوصفي.

ويجاب عن هذه الأسئلة بالبحث العلمي الذي يعتمد على الملاحظة، أي من خلال مشاهدة الأطفال والاستماع إليهم، وتسجيل الملاحظات بدقة وموضوعية. ولا شك أن مما يعين على مزيد من الفهم أن الملاحظات الوصفية تتخذ في الأغلب صورة النمط أو المتوالية، وحين يستطيع الباحث أن يصف اتجاهات نمائية معينة ويحدد موضع الطفل أو المراهق أو الراشد فيها فإنه يمكنه الوصول إلى الأحكام الصحيحة حول معدل نموه، وهكذا نجد أن هدف الوصف في علم نفس النمو يمر بمرحلتين أساسيتين:

الأولى: الوصف المفصل للحقائق النمائية

الثانية: ترتيب هذه الحقائق في اتجاهات أو أنماط وصفيه، وهذه الأنماط قد تكون متأنية في مرحلة معينة، أو متتابعة عبر المراحل العمرية المختلفة.

2- تفسير التغيرات السلوكية:

الهدف الثاني لعلم نفس النمو هو التعمق فيما وراء الأنماط السلوكية التي تقبل الملاحظة، والبحث عن أسباب حدوثها أي هدف التفسير، والتفسير يعين الباحث على تعليل الظواهر موضع البحث من خلال الإجابة على سؤال لماذا؟ بينما الوصف يجيب على السؤال: ماذا؟ وكيف؟

ومن الأسئلة التفسيرية: لماذا يتأخر الطفل في المشي أو يكون أكثر طلاقة في الكلام، أو أكثر قدرة على حل المشكلات المعقدة بتقدمه في العمر؟ وإلى أي حد ترجع هذه التغيرات إلى "الفطرة" التي تشمل فيما تشمل الخصائص البيولوجية والعوامل الوراثية ونضج الجهاز العصبي، أو إلى "الخبرة" أي التعلم واستثارة البيئة.

فمثلا إذا كان الأطفال المتقدمون في الكلام في عمر معين يختلفون وراثيا عن المتخلفين نسبيا فيه نستنتج من هذا أن معدل التغير في النمو اللغوي يعتمد ولو جزئيا على الوراثة، أما إذا كشفت البحوث عن أن الأطفال المتقدمين في الكلام يلقون تشجيعا أكثر على انجازهم اللغوي ويمارسون الكلام أكثر من غيرهم، فإننا نستنتج أن التحسن في القدرة اللغوية الحادث مع التقدم في العمر يمكن أن يرجع جزئيا على الأقل إلى الزيادة في الاستثارة البيئية.

وفي الأغلب نجد أنه من الواجب لتفسير ظواهر النمو استخدام المعارف المتراكمة في ميادين كثيرة أخرى من علم النفس وغيره من العلوم مثل نتائج البحوث في مجالات التعلم والإدراك والدافعية وعلم النفس الاجتماعي والوراثة وعلم وظائف الأعضاء والأنثروبولوجيا.

3- التدخل في التغيرات السلوكية:

الهدف الثالث من أهداف الدراسة العلمية لنمو السلوك الإنساني هو التدخل في التغيرات السلوكية سعيا للتحكم فيها حتى يمكن ضبطها وتوجيهها والتنبؤ بها.

ولا يمكن أن يصل العلم إلى تحقيق هذا الهدف إلا بعد وصف جيد لظواهره وتفسير دقيق صحيح لها من خلال تحديد العوامل المؤثرة فيها، لنفرض أن البحث العلمي أكد لنا أن التاريخ التربوي الخاطئ للطفل يؤدى به إلى أن يصبح بطيئا في عملة المدرسي، ثائرا متمردا في علاقاته مع الأفراد، أن هذا التفسير يفيد في أغراض العلاج من خلال تصحيح نتائج الخبرات الخاطئة، والتدريب على مهارات التعامل مع الآخرين، وقد يتخذ ذلك صوراً عديدة لعل أهمها التربية التعويضية، والتعلم العلاجي.

الفصل الثاني

نظريات علم نفس النمو

- أولا: نظرية فرويد في النمو السيكوجنسي.

أولا: نظرية فرويد في النمو السيكوجنسي Psychosexual development (Freud)

حيث اهتم بالجوانب الانفعالية والدافعية من الشخصية وأكد على الدور الحاسم لسنوات الطفولة المبكرة والطفولة المتأخرة، في إرساء الخصائص الأساسية لبناء الشخصية، والحقيقة أن فرويد يرى أن الشخصية يكتمل القدر الأكبر منها عند نهاية السنة الخامسة من العمر، وأن ما يلي ذلك من نمو يقوم في معظمه على صياغة البناء الأساسي.

ويذهب فرويد إلى أن الطاقة الغريزية التي يولد الطفل مزوداً بها تمر بأدوار محددة في حياته، والنضج البيولوجي هو الذي ينقل الطفل من دور إلى آخر أو من مرحلة إلى أخرى ولكن نوع وطبيعة المواقف التي يمر بها هي التي تحدد النتاج السيكولوجي لهذه المراحل، كما أنها هي التي تحدد مدى انتظام سير الطاقة في خطها المرسوم سلفا أو تعثرها في السير وتخلفها أو تخلف معظمها في مراحل معينة، هذا التخلف الذي يطلق علية فرويد "التثبيت".

ويرى فرويد أن التثبيت يعود بجانب العوامل الجبلية (الوراثية) إلى عوامل ذات طبيعة تربوية اجتماعية وعلى رأس هذه العوامل الإشباع المسرف في سني المهد والطفولة المبكرة، والذي يجعل الطفل لا يريد أن يترك هذا المستوى الذي ينعم فيه بالإشباع والمتعة. ولكن النمو يتابع سيرة إلى المرحلة التالية، ولكن بعد أن يكون قد تخلف قدر كبير من الطاقة الليبيدية في المرحلة التي حدث فيها التثبيت، ومن عوامل التثبيت أيضًا الإحباط الشديد الذي يجعل الطفل يجد صعوبة في تخطى هذا المستوى إلى المستوى التالي طلبا للإشباع الذي كان من المفروض أن يتلقاه في هذه المرحلة، كما أن التثبيت قد يحدث في ظل الإشباع المسرف والإحباط الشديد لأنه كثيراً ما يكون التناوب بين الإشباع المسرف والإحباط الشديد هو العامل الحاسم وراء التثبيت.

وإذا لم يحدث تثبيت للطاقة الليبيدية في أية مرحلة وواصلت سيرها، فإن الطفل ينتقل من مرحلة سيكولوجية إلى التي تليها، ويستمد الطفل إشباعه لطاقته الغريزية في كل مرحلة خلال عضو معين من أعضاء جسمه، ويسمى فرويد المراحل النفسية باسم العضو الذي يستمد منه الطفل الإشباع في مرحلة معينة.

مراحل النمو النفسي:

أولا: المرحلة الفمية المصية Oral Stage

وتشمل العام الأول من حياة الطفل. وتتركز حياة الطفل في هذه السن حول فمه، ويأخذ لذته من المص، حيث يعمد إلى وضع أصبعه أو جزءً من يديه في فمه ومصه، ويتمثل الإشباع النموذجي في هذه المرحلة في مص ثدي الأم، وحينما يغيب الثدي عنه يضع أصبعه في فمه كبديل للثدي، ويؤكد فرويد على أن هذه المرحلة هي مرحلة الإدماج القائمة على الأخذ.

ثانيا: المرحلة الفمية العضية

وتشمل العام الثاني. ويتركز النشاط الغريزي حول الفم أيضًا، ولكن اللذة يحصل عليها هذه المرة من خلال العض وليس المص، وذلك بسبب التوتر الناتج عن عملية التسنين، فيحاول الطفل أن يعض كل ما يصل إليه، وهنا يشير فرويد إلى أول عملية إحباط تحدث للفرد في حياته، وذلك حينما يعمد الطفل إلى عض ثدي الأم، وما يترتب على ذلك من سحب الأم للثدي من فمه، أو عقابه، مما يوقعه في الصراع لأول مرة، فهو يقف حائراً بين ميلة إلى إشباع رغبته في العض وبين خوفه من عقاب الأم وغضبها.

ثالثا: المرحلة الشرجية Anal Stage

وتشمل العام الثالث، حيث تنتقل منطقة الإشباع الشهوي من الفم إلى الشرج، ويأخذ الطفل لذته من تهيج الغشاء الداخلي لفتحة الشرج عند عملية الإخراج،

ويمكن أن يعبر الطفل عن موقفة أو اتجاهه إزاء الآخرين بالاحتفاظ بالبراز أو تفريغه في الوقت أو المكان غير المناسبين، والطابع السائد للسلوك في هذه المرحلة هو العطاء، ويغلب على مشاعر الطفل المشاعر الثنائية أيضًا، كما في المرحلة السابقة.

رابعا: المرحلة القضيبية Phallic

وبعبور الطفل المرحلتين: الفمية والشرجية - أن قدر له أن يعبرهما - فإنه يصل إلى المرحلة القضيبية. وتبلغ الجنسية الطفلية الأولي - خلال المرحلة القضيبية - ذروتها حيث يستمد الطفل اللذة من العبث بالأعضاء التناسلية، ثم تقترب هذه المرحلة أيضًا من اضمحلالها.

وتبدأ هذه المرحلة حوالي الثالثة من العمر، حيث تتفجر لدى الطفل رغبة في استطلاع أمور الجنس، مع قدر من الاستثارة الجنسية، تصاحبها أخيلة متصلة بالنشاط الجنسي، تصل إلى حد النشاط الشهوي الذاتي أو الاستثارة اليدوية والاستمناء واللعب الجنسي كالاستعراض أو لعبة "الدكتور". ومن هنا يمكن القول بأن المشاعر الجنسية والعدوانية المرتبطة بوظائف أعضاء التناسل تحتل مركز الاهتمام في هذه المرحلة من نمو الشخصية. فمشاعر اللذة المرتبطة بالاستمناء وبحياة التخيل لدى الطفل والتي تصاحب نشاطه الشهوي الذاتي وتهيئ السبيل لظهور عقدة أوديب. وقد أعتبر فرويد كشف عقدة أوديب واحد من أكبر اكتشافاته. وتستمد عقدة أوديب اسمها من ملك طيبة الذي قتل أباه وتزوج بأمه.

وعقدة أوديب في إيجاز هي شحنة جنسية تستهدف الوالد من الجنس المقابل وشحنة عدوانية تستهدف الوالد من نفس الجنس. فالصبي يرغب في امتلاك أمه واستبعاد أبيه على حين ترغب الفتاة في امتلاك أبيها وإبعاد أمها. وتعبر هذه المشاعر عن نفسها في تخيلات الطفل أثناء الاستمناء وفي التذبذب بين الأفعال الدالة على الحب والأفعال المعربة عن التمرد والثورة إزاء والديه.

ويحدث عكس ذلك لدى الطفلة، حيث تدعى في هذه الحالة "عقدة الكترا Electra": ابنة "أجاممنون" في الأسطورة التي كتبها "سوفوكليس"، حيث تدفع "الكترا" أخاها ليقتل أمها جزاء قتلها لأبيها، وتظل الكترا مخلصة وفيه لأبيها بعد موته، بالرغم من أن أمها جعلت منها رقيقة جارية.

ولكن هذا التعلق بالوالد من الجنس الآخر يتناوله الكبت بسبب الصراع الذي ينشأ من اصطدام هذا التعلق بمشاعر الحب والكره والخوف التي يشعر بها الطفل تجاه الوالد من الجنس نفسه، ويتوقع أن يوقع به الأذى والعقاب، ويتركز هذا العقاب على أعضائه التناسلية فهي مصدر مشاعره الشهوية، فيخشى أن يستأصل والده الغيور هذه الأعضاء المسيئة، ويتحول هذا الخوف ليصبح قلق الخصاء. ويؤدى قلق الخصاء إلى كبت الرغبة الجنسية في الأم والعدوان على الأب، ويتوحد الابن بأبيه ويتقمص شخصيته أي يتوحد بها، ويحقق بذلك إشباعا بديلا لمشاعره نحو الأم، وتتحول هذه المشاعر الشهوية نحوها إلى مشاعر رقيقة حانية. وبذلك يحقق الحل السليم لعقدة أوديب، حيث ينمو الطفل الذكر ليبحث عن زوجة تشبه أمه.

ويرى "فرويد" أن الأنا الأعلى هو وريث عقدة أوديب لدى الذكر، إذ يعد الأنا الأعلى حائلا دون رغبة الفرد في المحارم والعدوان. وعلى الرغم من حل عقدة أوديب فإنها تظل قوة فعالة في الشخصية طوال الحياة، إذ يؤثر في اتجاه الفرد نحو الجنس المقابل والعلاقات الأسرية والزوجية ونحو الرؤساء والسلطة.

وتتحول طاقة الليبيدو في الجنسية الطفلية عبر مراحل الفم والشرج والقضيب، ولكن لا يتبادر إلى الذهن أن هذه المراحل الثلاث تتمايز عن بعضها تمايزا تاما، فقد تظهر واحدة منها إلى جانب الأخرى أو تتداخل معها.

وحتى ينتقل الطفل انتقالا سلسا من مرحلة نفسية جنسية إلى التي تليها فيجب أن يتسم إشباعه لحاجاته في تلك المرحلة بالاعتدال، فلا زيادة ولا نقصان، لأن كلا منهما يؤدي إلى تثبيت الطفل على هذه المرحلة. وعندما تواجه الفرد مشكلة في الكبر فأنه

ينكص إلى المرحلة التي حدث فيها تثبيت. ويشير تثبيت الليبيدو إلى تثبيت الليبيدو بمرحلة من مراحل التطور النفسي الجنسي، مما يقلل فيما بعد مقدار الليبيدو المهيأ للتوافق مع الواقع. وإذا اعترض طريق الإشباع الحالي عقبات عجز الفرد عن تذليلها ساعد ذلك على حدوث نكوص إلى إحدى النقط التي تثبت الليبيدو عليها. ومن هنا فإن التثبيت أساس لتعرض الفرد - في مستقبل أيامه - للإصابة بالمرض النفسي أو العقلي.

خامسا: مرحلة الكمون Latency Stage

يحدث تقدم كبير في النمو العقلي والانفعالي والاجتماعي في هذه المرحلة التي تمتد من سن السادسة حتى حدوث البلوغ الجنسي في الثانية عشر للبنات والثالثة عشر للبنين، ويكون الطفل حريصا في هذه المرحلة على طاعة الكبار والامتثال لأوامرهم ونواهيهم وراغبا في الحصول على رضائهم وتقديرهم. ولذا فهذه المرحلة مرحلة هدوء من الناحية الانفعالية.

سادسا: المرحلة التناسلية Genital Stage

وفي هذا المستوى تأخذ الميول الجنسية الشكل النهائي لها. وهو الشكل الذي سيستمر في النضج. ويحصل الفرد السوي على لذته من الاتصال الجنسي الطبيعي مع فرد راشد من أفراد الجنس الآخر. حيث تتكامل في هذا السلوك الميول الفمية والشرجية، وتشارك في بلورة الجنسية السوية الراشدة.

وعلية فإن الفرد السوي هو من يحصل على إشباع مناسب في كل مرحلة نمائية، أما إذا تعطلت مسيرة النمو كما يحدث في بعض الحالات فإنه قد يترتب علية حدوث ما أسماه فرويد "عملية التثبيت" ويكون الفرد أميل إلى النكوص إلى المرحلة التي حدث فيها التثبيت، والنكوص إلى مرحلة معينة يعني إتيان أساليب سلوكية تتناسب مع هذه المرحلة.

ثانيا: النظرية البنائية لجون بياجيه في النمو المعرفي

لمحة تاريخية:

ولد جون بياجيه في نيوشتل بسويسرا عام 1896م، وقد كان في طفولته لامعا، ولديه رغبة عالية في الاستطلاع. نشر أول مقال علمي وهو في العاشرة من عمره.

وفي الحادية عشرة من عمره، عمل مساعدا في مختبر المتحف التاريخي الوطني، ثم أصبح خبيرا بالمتاحف. نال أول شهادة جامعية في الثامنة عشرة من جامعة نيوشتل، وأصبح بعد ذلك موظفا في جنيف. وتحصل على شهادة الدكتوراه في العلوم الطبيعية وعمره 21 سنة. وقد اشتهر خارج سويسرا، بالعمل مع بينه في باريس في تصميم اختبارات الذكاء.

ويعتبر بياجيه من أهم علماء النفس الذين قدموا نظرية شاملة لتفسير الذكاء وعمليات التفكير. وألف أول كتاب في علم النفس التطوري عام 1921م، حيث تسلم جراء ذلك إدارة مركز جان جاك روسو للعلوم التربوية في جنيف.

قام بياجيه بنشر ما يزيد عن 20 بحثا في حقل علم الحيوان. أما المرحلة الثانية من أبحاثه، فقد تضمنت ولادة أطفاله الثلاثة (جاكلين، لورنس، ولووسين) في الأعوام 1925،1927، 1931، مما وفر له مختبرا سيكولوجيا لتدوين ملاحظته الخاصة بالنمو المعرفي. وكرس أبحاثه كلها لدراسة النمو العقلي عند الأطفال، محاولا بذلك فهم شكل التفكير عند الراشد. أضف إلى ذلك، اهتمامه بالدافعية والإدراك والاتجاهات والقيم عند الأطفال. ولاقت أبحاثه تأثيرا كبيرا في الولايات المتحدة الأميركية، حيث ترجمت أبحاثه من الفرنسية إلى الانجليزية في العشرينات من القرن الحالي.

ينظر بياجيه إلى النمو المعرفي من زاويتين وهما البنية العقلية والوظائف العقلية.

ويرى أن النمو المعرفي لا يتم إلا بمعرفتهما. أما البناء العقلي فيشير إلى حالة التفكير التي توجد في مرحلة ما من مراحل نموه. والوظائف العقلية تشير إلى العمليات التي يلجأ إليها الفرد عند تفاعله مع مثيرات البيئة التي يتعامل معها.

ويهتم بياجيه بتطور التراكيب أو الأبنية المعرفية، حيث يؤكد أن الوظائف العقلية عند الإنسان موروثة وبالتالي فهي ثابتة لا تتغير. أما الأبنية العقلية فتتغير مع مرور الزمن نتيجة تفاعل الفرد مع البيئة.

ولتفسير العمليات العقلية استخدم بياجيه مصطلح السكيما ليشير إلى البنية العقلية، وقد تكون السكيما بسيطة جدا كما هو الحال في منعكس الرضاعة، أو قد تكون معقدة كما هو الحال في استخدام اللغة. ويعتبر بياجيه أن النمو المعرفي يتقدم نحو التفكير الأكثر تجريدا، ومما لا شك فيه هو كون العمليات العقلية المكتسبة مبكرا حجر الأساس الذي تبنى عليه العمليات المعرفية الأكثر تعقيدا فيما بعد. **ولقد حدد بياجيه أربعة عوامل للانتقال من مرحلة نمو إلى أخرى:**

1- **النضج** يرتبط النمو المعرفي بصفة عامة بنضج الجهاز العصبي المركزي والتناسق الحركي، فوظيفة المشي تتطلب نمو العضلات ونضجها، بالإضافة إلى نضج الأعصاب المتحكمة فيها.

2- **التفاعل مع الخبرة المادية:** إن تفاعل الطفل مع بيئته المادية، يزيد من نسبة نموه، وذلك بزيادة عدد خبراته التي تمكنه من الوصول إلى التفكير المعقد.

3- **التفاعل مع البيئة الاجتماعية:** يعتبر اكتساب الخبرات بواسطة استعمال اللغة للتواصل مع مجموعة الرفاق، والاكتساب المدرسي مؤشرين لزيادة معدل النمو المعرفي.

4- **التوازن Equilibrium:** هو عملية تنظيم ذاتي يستوجب استعادة حالة التوازن في حالة عدم التوازن التي تمر بها العضوية، وذلك باستخدام سلسلة متناهية من الاستيعاب والملاءمة يمكننا شرح ذلك من خلال الأمثلة التالية:

- البكاء عند الرضيع الجائع تعبيرا عن حالة التوتر أو عدم التوازن.

- اللعب والمناغاة عند الرضيع بعد أخذ الطعام، تعبيرا عن استرجاع حالة التوازن والوصول إلى حالة الإشباع.

- توتر وقلق التلميذ أمام مشكلة تعليمية يستعصى حلها تعبيرا عن فقدان حالة التوازن

- حل المشكلة بشكل صحيح"يعبر عن زوال حالة التوتر واستعادة التوازن.

العمليات الأساسية في النمو:

يرى بياجيه أن عملية التوازن هي العام الهام والحاسم في النمو العقلي، فهي عملية ديناميكية نشطة تلازم الفرد خلال عمليات تفاعلاته المستمرة مع هذا العالم، ومن خلالها يسعى الفرد إلى التخلص من حالات الاضطراب أو الاختلال التي تحدث بفعل التفاعلات المستمرة والوصول إلى حالة من الاتزان بين بناءه المعرفي وهذا العالم.

تشمل عملية التوازن على قدرتين فطريتين هما: قدرة التنظيم وقدرة التكيف، وفيما يلي شرحا يوضح هذه القدرات:

أولا: قدرة التنظيم Organization

وهي نزعة فطرية تولد لدى الفرد بحيث تمكنه من تنظيم خبراته وعملياته المعرفية في بنى معرفية نفسية، ويرى بياجيه أن الفرد يولد وهو مزود ببعض البنى المعرفية البسيطة وبعض الاستعدادات التي تمكنه من تنظيم الخبرات لديه من تكوينات أو أبنية.

ثانيا: التكيف Adaptation

هو نزعة فطرية تولد مع الإنسان وتمكنه من التأقلم والتعايش مع البيئة، وهو استعداد بيولوجي عام لدى الإنسان يساعده على العيش في بيئة معينة ويمكنه من التنويع في طرق وأساليب تفكيره باختلاف فرص التفاعل والمراحل العمرية التي يمر بها، ففي الوقت الذي تعمل فيه قدرة التنظيم داخل الفرد، نجد أن قدرة التكيف تعمل

في الخارج، ويمثل التكيف الهدف النهائي لعملية التوازن، حيث يتضمن التغيرات التي تطرأ على الكائن الحي استجابة لمطالب البيئة، ويحدث التكيف من خلال عمليتين هما:

1- التمثل Assimilation: وتشتمل عملية التمثل على تعديل الخبرات الجديدة بما يتناسب مع الأبنية المعرفية الموجودة لدى الفرد، فهي عملية تغيير في هذه الخبرات لتصبح مألوفة، وبذلك ينظر إلى التمثل على أنه عملية تشويه في الواقع الخارجي ليتلاءم مع البناء الداخلي للفرد.

2- التلاؤم Accommodation: ويعرف بأنه عملية تعديل أو تغيير البنى المعرفية الموجودة لدى الفرد لتتناسب مع الخبرات الخارجية، فيسعى الفرد إلى تعديل خبراته، وأساليب تفكيره، لتتلاءم مع الواقع الخارجي، فهي عكس عملية التمثل، ومكملة لها.

مثال لتوضيح تلك العمليتين:

أم مع ابنها يمشيان في الحديقة وإذا به يرى عصفورا فوق الشجرة، فسأل أمه ما هذا فقالت له عصفور، عندما تلقى الطفل هذه المعلومة تشكلت عنده بنية معرفية لم يكن يمتلكها من قبل، وبينما هما يمشيان إذا بالطفل يرى حمامة فوق الشجرة، فنادى الطفل على أمه وقال لها: انظري إنه عصفور، فهذا ما يسمى بعملية التمثل، فقالت له أمه: لا يا بني هذا ليس عصفورا بل حمامة. وعندما فهم الطفل كلام أمه وعلم أن هناك فرق بين العصفور والحمامة، وأنهما ليسا كمثليهما، عندها أجرى الطفل تعديلا على بنيته المعرفية وطورها، وفي هذه اللحظة قام بما يسمى بعملية المواءمة.

الافتراضات الأساسية في نظرية بياجيه:

يرى بياجيه أن للطفل قدرات فطرية تمكنه من التفاعل مع البيئة، والتزود بالخبرات بواسطة اكتشافه للعالم. فالمولود حديثا يتمكن من التفاعل مع الوسط باستخدام انعكاسات فطرية تمكنه من التحكم في المحيط والتكيف معه، مثل المص والقبض على الأشياء. وتتحول

الانعكاسات إلى سلوك هادف، حيث يقوم الطفل بالجمع بين الهدف والوسيلة باستخدام وسائل جديدة للاستكشاف. فعملية الاستكشاف تحدث في تسلسل منطقي، فلا يستطيع الطفل إدراك وفهم مبادئ الجمع والطرح إلا بعد اكتساب ثبات، ويتم التقدم في هذه السلسلة ببطء وبشكل تدريجي. وتؤثر البيئة التي يعيش فيها الطفل في معدل النمو الذي يسير فيه.

مراحل النمو المعرفي عند بياجيه:

يتفق علماء النفس النمو على أن نمو الإنسان يتضمن خاصيتي الاستمرار وعدم الاستمرار فهو يسير على نحو مستمر خلال مراحل محدودة، حيث تتزامن خصائص النمو المستمر وخصائص النمو المرحلي في الحدوث. كما يستخدم مفهوم المرحلة ليشير إلى التغيرات الحادة التي تمس السلوك أثناء فترات النمو المختلفة. إذا فهي عبارة عن مجموعة من الظواهر والأنماط السلوكية.

ويعتقد بياجيه أن كل الأشخاص يمرون بأربع مراحل من النمو المعرفي، تبدأ بالمرحلة الحس حركية وتنتهي بمرحلة التفكير المجرد. حيث لا يمكن العودة أو النكوص إلى مرحلة سابقة. وقبل الحديث عن مراحل النمو المعرفي عند بياجيه، تجدر الإشارة إلى أربعة اعتبارات أساسية يرى بياجيه أنه لا بد من أخذها بعين الاعتبار لفهم مفهوم المرحلة لديه، وهذه الاعتبارات هي:

1- تتألف كل مرحلة من المراحل الأربعة من فترة تحصيل أو تشكيل تتميز هذه الفترة بالتنظيم المضطرد للعمليات العقلية في المرحلة المعينة، كما تكون نقطة الانطلاق للمرحلة التي تليها.

2- كل مرحلة من المراحل ليست منفصلة عن بعضها البعض، بل إنها متداخلة تداخلا عضويا.

3- إن ترتيب ظهور المراحل الأربعة ثابت لا يتغير، إلا أن سن تحصيل المرحلة يتغير إلى حد ما، حسب تأثير الدوافع والتدريب والعوامل الحضارية والثقافية.

4- يسير الاضطراد من مرحلة سابقة إلى مرحلة لاحقة حسب قانون يشبه قانون التكامل، بمعنى أن الأبنية السابقة تصبح جزءا لا يتجزأ من الأبنية اللاحقة، أي أن المراحل اللاحقة تحتوي ما قبلها.

وفيما يلي استعراض لهذه المراحل الأربعة:

المرحلة الأولى: مرحلة النمو الحس حركي Sensorimotor Stage

تمتد هذه المرحلة من الميلاد إلى سن نهايات السنة الثانية، ويتميز النمو المعرفي بأنه بصفة عامة حس حركي إلا انه ينمو بتسارع من خلال ست مراحل من مجرد أفعال آلية إلى أفعال هادفة ومنظمة حيث يلعب نمو الجهاز العصبي دور كبير في نمو الفرد المعرفي وذلك من خلال قدرته على الاحتفاظ بالصور الذهنية لمدة أطول، وفيما يلي تفصيل ذلك:

1- **مرحلة الانعكاسات الأولية:** من الميلاد إلى نهاية الشهر الأول، الطريقة الوحيدة للربط بين الحس والفعل هي الأفعال الانعكاسية الآلية كالمص في وجود المثير أو غيابه وأحيانا لا يدرك بقاء الأشياء، يتابع الأشياء في مجاله البصري فقط ويفقد اهتمامه بها عند خروجها من هذا المجال لعدم ثبات صور ذهنية لها.

2- **ردود الأفعال الأولية:** وتمتد من الشهر الأول إلى الشهر الرابع، يستطيع الطفل التنسيق إلى درجة ما بين إحساساته و أفعاله المنعكسة، ويتم ذلك بشكل آلي مبني على تكرار للاستجابات المنعكسة، وقد يقوم الطفل بتكرار الأفعال المسببة للسعادة والإشباع، فمثلا مص الإصبع بالصدفة يسبب السعادة أو اللذة ومن هنا يكرر مفهوم بدائي عن بقاء الأشياء. فمثلا قد يستمر الرضيع في تركيز نظره لمدة بسيطة على المكان الذي اختفى فيه الشيء المتابع، لكنه بعد فترة وجيزة يفقد اهتمامه وذلك لفقدان الصورة الذهنية للشيء.

3- **مرحلة ردود الأفعال الثانوية:** وتمتد من الشهر الرابع وحتى الشهر الثامن، وفيها يظهر

الرضيع اهتمام اكبر بما حوله، يقوم بالفعل بشكل مقصود عندما يحرك اللعبة ثم تثبت يعاود تحريكها بقصد. يبدأ التنسيق بين المكتسبات المعرفية، مع تقدم النمو يستطيع الدماغ استبقاء الصور الذهنية لفترة اكبر، ولذا نجد أن الرضيع يلح بشكل اكبر في البحث بالنظر أو بالقيام ببعض الحركات عن الشيء في المكان الذي اختفى فيه ولمدة أطول.

4- **مرحلة التنسيق بين ردود الأفعال الثانوية:** وتمتد من نهاية الشهر الثامن وحتى الشهر الثاني عشر، وفيها يظهر التنسيق بين الخطط أو المجموعات المعرفية وأهدافه، يستخدم معارفه السابقة في تناسق كبير، مثلا يمكن أن ينظر إلى شيء ويسحب آخر، كما يفرق بين الوسائل والأهداف فقد يحرك عصا وسيلة (لسحب لعبة) هدف، ويبحث الرضيع عن الشيء المفقود بفاعلية في المكان الذي تم الاختفاء فيه باستخدام خطط جديدة، مثلا لو أخفيت اللعبة خلف لوح سيحاول دفع اللوح، ثم الالتفاف حول اللوح، هذا يعني احتفاظه بالصور الذهنية لمدة أطول، وأيضًا إدراكه لبقاء الأشياء رغم عدم وجودها في متناول حواسه، وقدرته على الاستفادة من الخطط المعرفية المختلفة.

5- **مرحلة ردود الأفعال الثلاثية:** وتمتد من نهاية الشهر الثاني عشر إلى الشهر الثامن عشر، وفيها يدرك السمات المختلفة للأشياء والنتائج التي يمكن أن تحدث من استخداماتها المختلفة، فالكرة يمكن أن تترك لتسقط، ويمكن دحرجتها، ويكتشف احتمالات جديدة بالتجريب، ويستطيع أن يدرك تتابع الأشياء، مثلا عند إخفاء الكرة تحت صناديق متتابعة فإنه يمكن أن يبحث عنها بتتابع أو حتى في المكان الصحيح، وهذا دليل على تحسن ثبات الصور الذهنية واستخدامه للخطط المعرفية.

6- **مرحلة استدخال المفاهيم الأولية:** وتمتد من نهاية الشهر الثامن عشر إلى الشهر الرابع والعشرون، وفيها يستدخل المفاهيم الأولية والخطط الرمزية، وتتحول الوظائف العقلية من الخطط الحسية إلى الخطط الرمزية، حيث يبدأ استخدام الرموز بشكل

أولي، ويعتبرها بياجيه صور عقلية مستدخلة لتمثيل الواقع حيث تمكن الطفل من التفكير في الأحداث دون حدوثها، مثال رأت الطفلة بياجيه وهو يفتح علبة الثقاب ويقفلها فمثلت ذلك بفتح فمها وإغلاقه، يمكن أن يبحث عن الأشياء في الأماكن المناسبة والمحتملة بنجاح.

تمتاز المرحلة الحس حركية:

1- يعتمد الطفل على الاتصال الحسي المباشر والأفعال الحركية كأداة تفكير في هذا العالم.

2- يكون الطفل كثير التمثل في هذه المرحلة العمرية نظرا لقلة خبراته.

3- يلجأ الطفل إلى المحاكاة والتقليد والمحاولة والخطأ والعبث بالأشياء كأدوات لاكتساب المعرفة.

4- يحقق الطفل التآزر الحس حركي ويصبح أكثر قدرة على السيطرة على أفعالة وحركاته.

5- يدرك الطفل استقلالية جسمه عن البيئة المحيطة، إذ يتطور لديه الوعي بمفهوم الذات.

6- يدرك الطفل ظاهرة بقاء أو ديمومة الأشياء.

7- يتعرف الطفل على السبب والنتيجة من خلال ظاهرة التيقن التي من خلالها يكرر الطفل استجاباته للتأكد من أنها السبب من نتائج معينة.

8- يكتسب الطفل بعض الرموز اللغوية ممثلا ذلك باكتسابه لبعض المفردات اللغوية والتي في غالبها ترتبط بأسماء الأشياء أو تعبر عن حالات معينة، وفي الغالب يستخدم هذه المفردات للتعبير عن حاجاته ولا تشكل إحدى أدوات التفكير لديه.

المرحلة الثانية: مرحلة ما قبل المفاهيم أو ما قبل العمليات:

Preoperational Stage

وتمتد من سن سنتين إلى نهاية السنة السادسة أو السابعة وهناك فروق فردية وثقافية بين الأطفال في تجاوز هذه المرحلة، وتعتبر مرحلة انتقالية بين التفكير الحسي ومرحلة العمليات العقلية، وتتميز بالتفكير الرمزي، حيث يتمكن الفرد من إدراك

الأحداث المنفصلة كوحدة متكاملة لا كسلسلة من الأحداث المتتابعة، كما هو في المرحلة السابقة.

وأيضًا يتمكن من تجاوز مكان وزمان الأحداث، كما أن القدرة على التعبير الرمزي (اللغة) تمكن الطفل من أن يكون أكثر اجتماعية، على أية حال فإن تفكير الطفل يبدو مشوها إلى درجة كبيرة نتيجة لتركيزه كما يعاني من التمركز Centration على جانب واحد أو خاصية واحدة من المشكلات التي تقابله، فهو يعتقد أن الآخرين يحملون نفس الفكرة وحتى المشاعر.

وبشكل عام يمكن الإشارة إلى الخصائص التالية التي تميز هذه المرحلة:

1- اتساع دائرة النشاط اللغوي لدى الطفل في هذه المرحلة، من حيث زيادة عدد المفردات واستخدامها.

2- الرمزية: وهي القدرة على تخيل عمل شيء ما أكثر من القيام به فعليا ولديهم لعب رمزي مثل دور الطبيب.

3- التصنيف: وهم محدودي القدرة في تصنيف الأشياء وفقا للفئات.

4- الإحيائية: عزو الأشياء الحيوية إلى أشياء غير الحية، الكرسي جعلني اسقط أرضا.

5- المركزية: يركز انتباهه على بعد واحد وفكرة واحدة ويتجاهل أفكار الآخرين.

6- الاحتفاظ: ويكون غير موجود لدى الأطفال، ويعطي الطفل أحكاما وتفسيرات غير كافية، ولديه تدني في النتائج المنطقية.

7- قابلية العكس: عدم القدرة على معرفة أن العملية يمكن أن تجرى بالاتجاهين، ولا يدركون أن الحالة الأصلية يمكن أن تستعاد.

8- ليس لديهم توفيق بين المعتقدات أو الأفكار لربط أفكار ليس بينها علاقة.

9- التسلسلية: الأشياء المختلفة يمكن أن تجمع مع بعضها خلال الشكل.

المرحلة الثالثة: مرحلة المفاهيم أو العمليات المادية العيانية أو الواقعية

Operational Stage

تستمر هذه المرحلة إلى بداية المراهقة في العادة قد يبقى المراهقون وحتى البالغون في بعض الثقافات عند هذه المرحلة، وتشتمل على الخصائص التالية:

1- تلاشي حالة التمركز حول الذات

2- يطور الطفل في هذه المرحلة ما يسمى بعملية الإغلاق والتي تعتبر إحدى قواعد الاستنتاج المنطقي، وتنطوي عملية الإغلاق على أن أي عمليتين يمكن الربط بينهما، وينتج عن ذلك الربط عملية ثالثة، مثال كل الرجال + كل النساء= كل البشر.

3- الترابطية: يمكن الوصول إلى الهدف بطرق متعددة والنتيجة واحدة 13 =5+13,8، 18- = 5

4- البطلان: العملية التي تجمع مع نقيضها تصبح عديمة القيمة فإذا أعطيت ثلاث أخذت ثلاث فإن الناتج صفرا.

5- المعكوسية: كل عملية متعارضة مع ما هو ضدها كل الراشدين ما عدا كل النساء يساوون كل الرجال.

6- الانتباه الانتقائي أي ينتبهوا بشكل تلقائي للمثيرات.

المرحلة الرابعة: مرحلة العمليات المجردة الشكلية

Formal Operational Reasoning

وتبدأ هذه المرحلة من سن الثانية عشر وتمتد إلى السنوات اللاحقة، والفرد في هذه المرحلة إلى أعلى ما يمكن تحقيقه من وجهة نظر بياجيه، حيث يتمكن الفرد من التفكير الشكلي المجرد القائم على فرض الفرضيات والاحتمالات المختلفة واختبارها بطريقة علمية، ويتم في هذه المرحلة نمو المفاهيم والمبادئ التي يتم التعرض إليها في المراحل السابقة، سواء كانت في نطاق محسوس أو نطاق مجرد، وفيما يلي أهم الخصائص المميزة لهذه المرحلة:

1- يدرك الفرد أن الأساليب والأنماط التفكيرية في المراحل السابقة قد لا تفي بالغرض لحل العديد من المشكلات لذلك يقل اعتماده على الأساليب المرتبطة بالمعالجات المادية، ويصبح أكثر اعتمادا على أساليب التفكير المجرد.

2- تنمو القدرة لديه على وضع الفروض وإجراء المحاكمات العقلية واختبار هذه الفروض للتأكد من صدقها أو عدمه، فهو يلجأ إلى الاستدلال العقلي كمحك رئيسي للوصول إلى نتائج معينة، ويتضح ذلك في زيادة قدراته على عمل الاستدلالات والاستنتاجات المنطقية، بعيدا عن الأشياء أو الموضوعات المادية.

3- تنمو القدرة على التفكير المنظم والبحث عن جميع المحتملة لظهور ظاهرة ما، فهو يفكر فيما وراء الحاضر، ويركز على العلاقات أكثر من المحتوى.

4- نمو القدرات على التعليل الاستقرائي والذي يظهر في استخدام بعض الملاحظات المحددة للوصول إلى تعميمات ومبادئ معينة، بمعنى التفكير الذي يسير من الجزء إلى الكل، كذلك التفكير الاستنتاجي الذي يتمثل في الوصول إلى قواعد وأفكار جزئية من خلال القواعد والتعميمات.

5- مع نهاية هذه المرحلة تنمو لدى الفرد مفاهيم المساحة والحرارة والسرعة والحجم والكثافة، ويبدأ الفرد بتكوين المفاهيم المجردة التي ليس لها تمثيل مادي محسوس في الواقع، وإنما يستدل عليها من خلال معانيها أو الآثار الدالة عليها كمفاهيم العدل والحرية والأمانة والديمقراطية.

أهم الجوانب التي يركز عليها المعالجون الذين يتبنون هذه النظرية عند التطبيق العملي:

1- يهتم بضرورة متابعة تفكير الأطفال في كل مراحل حياتهم وخاصة في المراحل المبكرة.

2- يهتم بالمراحل النمائية وضرورة أن يتجاوز الأطفال المراحل المعرفية الذهنية العقلية التي يمروا بها، ويستخدم عدة وسائل من أجل تجاوز تلك المرحلة.

الجدول التالي يلخص مراحل النمو وخصائصها عند بياجيه:

المرحلة	العمر الزمني	الخصائص
الحس حركي	0-2 سنة	الانتقال من الأفعال المنعكسة إلى النشاطات الهادفة، باستعمال النشاط الحسي الحركي.
ما قبل العمليات	2-7سنوات	تتمركز اللغة والتفكير حول الذات، والتفكير في اتجاه واحد.
العمليات المادية	7-11 سنة	فهم قوانين الاحتفاظ والترتيب والتصنيف. استعمال التفكير المنطقي باكتساب مبدأ المعكوسية.
العمليات المجردة	11-15 سنة	حل المشكلات المجردة بشكل منطقي والتدرج نحو التفكير العلمي واستعمال التفكير الافتراضي.

المفاهيم الأساسية في نظرية بياجيه:

- النمو المعرفي: تحسن ارتقائي منظم لأشكال المعرفية التي تتشكل من حصيلة الخبرات. يهدف إلى تحسين عملية التوازن بين عملية الاستيعاب والملائمة.
- البنى المعرفية: هي مجموعة من القواعد يستخدمها الفرد في معالجة الموضوعات والتحكم في العالم.
- العمليات: الصورة الذهنية للعمليات المختلفة في تحقيق الفهم وحل المشكلات.
- السكيما Scheme: صورة إجمالية ذهنية لحالة المعرفة الموجودة، تتمثل في تصنيف وتنظيم الخبرات الجديدة التي يدخلها الفرد في أبنية ذهنية معرفيه، وهي أسلوب خاص بتمثيل العالم و أحداثه ذهنيا.
- الوظائف العقلية: هي العمليات التي يلجأ إليها الفرد عند تفاعله مع المحيط.

- التنظيمAdaptation : يشير هذا المصطلح إلى كون العمليات العقلية مرتبة ومنسقة في أنظمة كلية متناسقة، ويعتبر ميل ذاتي يشكل استعداد يجعل الطفل يقوم بإحداث ترابط بين المخططات الذهنية بكفاءة عالية.
- التكيف Accommodation: يشير هذا المفهوم إلى الوظيفة العقلية الثانية عند بياجيه التي تعبر عن نزعة الفرد نحو التلاؤم وتألف مع البيئة التي يعيش فيها.
- ثبات الموضوعات: يعني إدراك الطفل للأشياء على أن موضوعاتها يستمر وجودها حتى وان كانت بعيدة عن مجال إحساسه.
- الاحتفاظ: يعني إدراك أن تغير الخصائص المادية للأشياء لا يغير بالضرورة من جوهرها.
- الاستيعاب: عملية تعديل الخبرات والمعلومات الجديدة لتتوافق مع البنية العقلية الحالية للفرد، وتعني أيضًا استخدام الخبرات والمكتسبات السابقة في حل المشكلات الجديدة المماثلة لمشكلة سابقة. أي التغيير في المحيط لجعله يتوافق مع البنية العقلية الحالية للفرد.
- الملائمة: هي عملية تغيير أو مراجعة السكيمات الموجودة عند الفرد خلال مواجهة مشكلات وخبرات جديدة. وبالتالي هي التغيير في البنيات العقلية لتتوافق مع الموقف البيئي أو التعليمي، ويعني ذلك التفكير في الحصول على حلول جديدة.
- المعكوسية: القدرة عل تمثيل الداخلي لعملية عكسية بحيث يكون قادرا على التأمل في الآثار المترتبة عند إبطال الاحتمال الأول مثال(1+1 =2)(1-1=؟). ويتصاعد البخار من الإناء المتواجد على الفرن إذا الماء يغلي. النتيجة العكسية: الإناء في البراد إذا الماء يتجمد.

تقييم نظرية بياجيه:

1- يمتاز بياجيه بصعوبة أسلوبه وغزارة كتاباته، فهو يقول أنه لم يكن يستطيع التفكير دون أن يكتب، وقد نشر ما يزيد على الستين كتابا ومئات المقالات.

2- الطبيعة المجردة لنظريته مما تجعل قراءته عسيرة على قراء اعتادوا على الدراسات التجريبية المفصلة التي تتضمن من الوقائع المشخصة أكثر مما تتضمن من التقريرات النظرية.

3- نقص الإحصاءات في منهج البحث لدى بياجيه، لأن بياجيه يفضل المنهج شبه العيادي الذي يساءل فيه الأطفال ويلاحظهم بالتفصيل.

4- لقد كان لبياجيه أثر كبير في علم النفس لاسيما في السنوات الأخيرة التي اتجه فيها إلى علم النفس التجريبي

5- وبشكل عام أن في عمل بياجيه الرائد، مخزونا غنيا من التبصرات السيكولوجية والتأملات النظرية، كما أن فيضا من الملاحظات المخبرية والتجارب البارعة.

ثالثا: نظرية كولبرج في النمو الأخلاقي (Moral development)
(Kolhlberg, 1958)

وتوضح مراحل تطور الأحكام الخلقية لدى الفرد والتي تمر بثلاثة مستويات تشمل كل منها على مرحلتين:

أ- المستوى ما قبل الخلقي يشمل على مرحلة العقاب والطاعة ومرحلة الوسيلة.

ب- مستوى أخلاقية الخضوع للدور التقليدي يشمل على مرحلة أخلاقية الولد الجيد ومرحلة أخلاقية إرضاء السلطة.

ج- مستوى أخلاقية المبادئ المقبولة ذاتيا ويشمل على مرحلة أخلاقية الاتفاقات، ومرحلة أخلاقية المبادئ الذاتية والضمير.

وقد تأثر كولبرج بعمق بدراسات بياجيه حول النمو الأخلاقي، حيث كان يرى أن بياجيه وجه حديثه للأطفال نحو أمور أساسية في فلسفة الأخلاق، كما كان يعبر

بصدق عن تفكيرهم الحقيقي، وفي نفس الوقت فقد ظهر له أن عمل بياجيه لم يكتمل، حيث يمكن وضع النتائج الأساسية لبياجيه حول الحكم الأخلاقي لدى الأطفال في نظرية ذات مرحلتين. الأطفال الأصغر من العاشرة أو الحادية عشر يفكرون في القضايا الأخلاقية في اتجاه واحد، الأطفال الأكبر من ذلك يأخذون في اعتبارهم أمورا مختلفة. فالأطفال الصغار يعتبرون قواعد الأخلاق أشياء ثابتة ومطلقة، إنهم يعتقدون أن القواعد تصلهم من الكبار أو من الله وهم لا يملكون لها تغييرا، أما الأطفال الأكبر فنظرتهم أكثر واقعية ونسبية، فهم يتفهمون أنه من الممكن أو قد يكون من المسموح به تغيير القواعد لو حظي التغيير بموافقة الجميع، فالقواعد ليست مقدسة ولا مطلقة ولكنها وسيلة يستعملها الكبار للتعاون فيما بينهم.

وفي نفس الوقت تقريبا أي في حدود العاشرة والحادية عشرة من العمر يتعرض التفكير الأخلاقي للأطفال لتحولات أخرى، فالأطفال الأصغر يبنون أحكامهم الأخلاقية على النتائج في حين أن الأطفال الأكبر يبنون أحكامهم الأخلاقية على النوايا والأهداف.

مراحل كولبرج في النمو الأخلاقي:

المرحلة الأولى: التوجه نحو الطاعة والعقاب

فالطفل يفترض أن هناك سلطات قوية تفترض عليه مجموعة ثابتة من القواعد التي يجب أن يطيعها دون نقاش، وعادة فإن الطفل يستجيب في إطار النتائج المتضمنة شارحا أن السرقة عمل سيء لأنه يتلوها العقاب. إنه من الممكن أن تجد طفلا يدعم هذا الحدث لكنه لا يزال يستخدم تفكير المستوى الأول، ومثل هذا الطفل قد يقول يمكن أن يسرق دون أن يعاقب ويسمى "كولبرج" المرحلة الأولى "ما قبل الاتفاق" لأن الأطفال لا يتكلمون حتى الآن كأعضاء في المجتمع، بل لأنهم يرون الأخلاق كشيء خارجي عن أنفسهم، وشيء كبير عندما يقول الكبار أن عليهم إتباعه.

المرحلة الثانية: التفرد والتبادل

في هذه المرحلة يتعرف الأطفال على أنه ليست هناك وجهة نظر واحدة صحيحة تأتيهم من سلطة ما، لكن هناك وجهات نظر مختلفة لأفراد مختلفين فقد يشيرون إلى أنه من الصحيح أخذ الدواء في حين أن موقف الصيدلي ليس صحيحا، وطالما أن كل شيء نسبي فإن كل فرد حر في أن يتابع تحقيق اهتمامه.

إن الأطفال في المرحلتين الأولى والثانية يتكلمون حول العقاب ومع ذلك فإنهم يدركونه بشكل مختلف ففي المرحلة الأولى يرتبط العقاب بالخطأ، كما أن العقاب يثبت أن عدم الطاعة خطأ. وعلى العكس في المرحلة الثانية، فإن العقاب ببساطة مخاطرة، وعلى الإنسان أن يتجنبها بطبيعته. فالأطفال في المرحلة الثانية يبدون وكأنهم غير أخلاقيين، إلا أننا نجد لديهم إحساس بما هو صحيح، هناك فكرة عن التبادل العادل، هذه الفلسفة تقوم على المصالح المتبادلة "لو ضربتني على ظهري أضربك على ظهرك".

المرحلة الثالثة: العلاقات الجيدة بين الأشخاص

في هذه المرحلة يكون الأطفال على وشك الدخول إلى المراهقة عادة، ويرون الأخلاق أكثر من كونها تعامل بسيط، إنهم يعتقدون أن الناس ينبغي أن يعيشوا لتحقيق توقعات الأسرة والمجتمع وأن يسلكون بشكل صحيح. السلوك الصحيح يعني دوافع صحيحة ومشاعر متبادلة بين الأشخاص مثل الحب والتعاطف والثقة والاهتمام وغيرها.

المرحلة الرابعة: الاحتفاظ بنظام اجتماعي

في المرحلة الرابعة على العكس يصبح المستجيب أكثر اهتماما بالمجتمع ككل بمعناه الواسع، والتأكيد على طاعة القوانين واحترام السلطة والقيام بالواجبات تحقيقا للنظام الاجتماعي.

وفي هذه المرحلة يرغب الأفراد في المحافظة على المجتمع، ومع ذلك فإن مجتمعا

يعمل وفق نظام ما ليس بالضرورة مجتمعا جيدا، إذ قد يكون المجتمع الديكتاتوري جيد التنظيم لكنه ليس بالضرورة المجتمع المثالي أخلاقيا.

المرحلة الخامسة: العقد الاجتماعي وحقوق الإنسان

يتكلم أفراد المرحلة الخامسة عن الأخلاق وعن الحقوق التي تأخذ بعض الأسبقية على قوانين معينة لكن "كولبرج" أصر على أننا لا نحكم على الناس أنهم أصبحوا في المرحلة الخامسة اعتمادا على تعبيراتهم اللفظية المجردة فقط، إننا في حاجة إلى أن ندقق في منظورهم الاجتماعي وفي أسلوبهم في التفكير، ففي المرحلة الرابعة أيضًا يتحدث الأفراد أحيانا عن حق الحياة لكن هذا الحق بالنسبة لهم يكتسب شرعية من سلطة جماعتهم الدينية والاجتماعية، فعلى افتراض أن جماعتهم تقدر حق الملكية أكثر من حق الحياة فإنهم سوف يفعلون ذلك أيضًا. في المرحلة الخامسة، على العكس، يصدر الناس أحكامهم باستقلاليه أكثر، بالتفكير فيما ينبغي على المجتمع أن يفعله.

المرحلة السادسة: المبادئ العامة

يفكر أفراد المرحلة الخامسة في مفهوم المجتمع الصحيح، إنهم يقترحون الحاجة إلى حماية حقوق معينة للإنسان وإلى حل النزاعات بالأساليب الديمقراطية، ومع ذلك فإن الديمقراطية وحدها قد لا تؤدي دائما للنتائج التي نحس أنها صحيحة، فالأغلبية قد تصوت لصالح قانون يعيق تحقيق مصالح الأقلية ولهذا أعتقد "كولبرج" أنه لابد من وجود مرحلة سادسة تتحدد فيها المبادئ المحققة للعدالة.

وقد إنهمك "كولبرج" في رصد بعض أفراد المرحلة السادسة، لكنه توقف وباحثين آخرين عندئذ من مواصلة هذا العمل بسبب أنهم وجدوا أفرادا قلائل هم الذين يفكرون بثبات بهذا الشكل (أي طبقا لمفهوم المرحلة السادسة)، وأيضًا لأن "كولبرج" انتهى إلى أن مقابلته لم تكشف عن فروق بين تفكير أفراد المرحلة الخامسة أو السادسة، نظريا المرحلة السادسة يظهر فيها مفاهيم أوسع وأوضح حول المبادئ العامة

(مثل العدالة وحقوق الإنسان) لكن المقابلات لم تكشف عن وجود هذا الفهم الواسع، لذا فقد أسقط المرحلة السادسة من تقسيمه وأطلق عليها "المرحلة النظرية" ورصد استجابات "ما بعد الاتفاق" جميعا في المرحلة الخامسة.

إن إحدى القضايا التي يمكن أن تميز المرحلة الخامسة عن السادسة هي العصيان المدني. أفراد المرحلة الخامسة قد يكونون أكثر ترددا في الانخراط في العصيان المدني بسبب تمسكهم بالعقد الاجتماعي وبتغيير القوانين خلال الأساليب الديمقراطية، فقط عندما تتعرض حقوق الإنسان للانتهاك الصريح يصبح خرق القانون مبررا. في المرحلة السادسة على العكس من ذلك فإن التمسك بالعدالة يوفر مبررا أقوى وأوسع للعصيان المدني.

رابعا: نظرية كارول جليجان في التطور الأخلاقي (Gillian, 1982)

وقد طورت النظرية لتكشف العمل مع الأطفال البالغين وآبائهم الكبار من ناحية أخلاقية، وكذلك لكي تفهم التطور الإنساني والعلاقات المتبادلة بين الأفراد وتهتم هذه النظرية بتحسين العلاقة بين الآباء الكبار في السن وأطفالهم، وكذلك تشجيع التصرف نحو نضج الأبناء وتعويض الحاجات المتبادلة للأب والطفل.

ويدل البحث في هذه النظرية أن الرجال والنساء يعملون قرارات أخلاقية من نقاط مختلفة من وجهة نظرهم وتشير صاحبة هذه النظرية إلى هذه النقاط كأنها أصوات:

فيسبب الرجال من وجهة نظرهم العدالة، ويعتمد ذلك على المهمة والصواب والفردية ليدل على اختيارهم للعمل. أما النساء فتهتم بالرعاية والعمل لحماية اتصالاتهن مع الأفراد.

مستويات العدالة:

1- حماية الذات: ويتصرف الفرد فيه ليتجنب عدم السعادة "مستوى نمط العدالة والصواب".

2- أساس التبادل المتساوي: يعطي الشخص ما يتوقع منه، ويحقق أدوار الابن الجيد أو البنت الجيدة وهنا تركيز ظاهري للصواب مع تعويض قليل لملكية الصواب.

3- سلوك الشخص: هو الدليل لتحقيق مهمة الشخص في المجتمع والصواب في الذات والآخرين ويجتمع المجتمع على القوانين وقد يحتاج للتغيير.

مستويات الرعاية:

1- البقاء للأصلح واستبعاد الآخرين وإظهار اهتمام فقط بالذات وإهمال الآخرين.

2- حركة بعيدة عن الأنانية ويبدأ الفرد يقيم سلوكه، ويختبر الحاجة ليسلك بشكل مختلف وهنا يستبعد الذات ويرتبط بالتضحية لحاجات الآخرين.

3- ينتقل من التضحية بالذات ويدرك الحاجات الملكية لذاته في علاقته مع حاجته بالآخرين وهنا اهتمام بالذات والآخرين.

هدف نظرية جيلجان Gilligans

• تقييم مستوى التفكير للأطفال والآباء، وأثر ذلك على التفاعل عند الصراع بين الأجيال.

• تحسين العلاقة بين الآباء الكبار وأطفالهم وتشجيعهم نحو تعويض الحاجات المتبادلة لكل منهم.

• فهم الصراع بين الأجيال.

• عمل قرارات حول أدوار كل منهم.

جدول يوضح تطور النمو الأخلاقي لدى الأفراد من وجهة نظر جليجان

الجانب	العدالة	الرعاية
يعتمد على	الواجب، المهمة، الصواب، الفردية.	القلق بالمسؤولية والعلاقات المحافظ عليها بشكل جيد.
يكون لدى	الرجال وقد تهتم بعض النساء المسيطرات على العدالة.	النساء وقد يهتم بعض الرجال المسيطرين بالرعاية.
الصحة	المرونة في استعمال الأنماط "رعاية، عدالة" والمستويات الثلاثة لكل منهما.	المرونة في استعمال الأنماط "رعاية، عدالة" والمستويات الثلاثة لكل منهما
المستويات	حماية الذات ويتصرف الفرد فيه ليتجنب عدم السعادة مستوى نمط والصواب. أساس التبادل المتساوي يعطي الشخص ما يتوقعه منه، يحقق أدوار الابن الجيد أو البنت الجيدة وهنا تركيز ظاهري للصواب مع تعويض قليل لملكية الصواب. سلوك الشخص هو الدليل لتحقيق مهمة الشخص في المجتمع والصواب في الذات والآخرين ويجتمع المجتمع على القوانين وقد تحتاج للتغيير.	1- البقاء للأصلح واستبعاد الآخرين وإظهار اهتمام فقط بالذات 2- حركة بعيدة عن الأنانية ويبدأ الفرد يقيم سلوكه ويختبر الحاجة ليسلك بشكل مختلف وهنا يستبعد الذات ويرتبط بالتضحية لحاجات الآخرين. 3- ينتقل من التضحية بالذات ويدرك الحاجات الملكية لذاته في علاقته مع حاجته بالآخرين وهنا اهتمام بالذات والآخرين.

وعلى الرغم إن البحث يدل على أن التفكير الأخلاقي (العدالة) هي ميزة غالبا للرجال والتفكير الأخلاقي (الرعاية) هي ميزة غالبا للنساء فإن بعض الرجال المسيطرين يهتمون بالرعاية وبعض النساء المسيطرات تهتم بالعدالة، وكلا من الرجال والنساء لديهم أنماط رعاية وعدالة وعلى الرغم أن واحدة من هذه الأنماط قد تكون صامتة فعليا، وتقترح بعض الدراسات أن الرجال والنساء يكونوا أكثر صحة عندما يظهرون مرونة في استعمال أنماط الرعاية والعدالة.

خامسا: نظرية النمو النفس اجتماعي لأريكسون

Psychosocial development (Erikson)

يرى أريكسون أن الإنسان يمر خلال مراحل نموه وتطوره بثمانية مراحل أساسية، وإن الفرد يواجه خلال كل مرحلة من مراحل نموه بعض المشكلات التي يطلق عليها "أريسكون" الأزمات (Crisis) وذلك نتيجة مواجهته لمواقف البيئة التي يتفاعل معها، ويعتبر أريكسون أن الأزمة نقطة تحول في حياة الفرد النفسية. ولهذا حاولت نظرية "أريكسون" التأكيد على النمو النفسي للفرد في علاقته بالمحيط الاجتماعي ويشير "أريكسون" إلى أن مراحل النمو الثمانية متداخلة فكلما سعى الفرد إلى حل مشكلة من هذه المشكلات خلال مرحلة من مراحل نموه نجد أن آثار هذه الأزمات تنعكس بصورة ما على مراحل النمو الأخرى.

ويشير "أريكسون" إلى أن الصراع ينشأ بين حاجات الفرد ومطالب المجتمع ولهذا يسعى الفرد خلال مراحل نموه إلى تطوير وتنمية بعض الكفايات والمهارات الأساسية لديه مثل الثقة والاستقلال والمبادأة والكفاية لمجابهة هذه الأزمات.

ومراحل عملية التطبيع الاجتماعي (socialization) هي:

1- الثقة مقابل عدم الثقة: Trust Versus mistrust

أثناء السنوات الأولى من الحياة، يعتمد الرضع على الآخرين في الرعاية والعناية. إذ أن الآخرين هم الذين يقومون بإطعامهم وإلباسهم، وتعريضهم لمثيرات جديدة.. هذه التفاعلات الاجتماعية تحدد اتجاهاتهم فيما بعد. وعندما تتم العناية بالأطفال بهدف المحبة وسد احتياجاتهم البدنية وتتم مواجهة الحاجات على نحو كاف، فإن الأطفال سينمون أحساسا أساسيا بالثقة. وإن لم يعتني بهم الوالدان كما ينبغي أو قوبلوا بمعاملة متنافرة ومتقلبة، فمن المحتمل أن يصبح الأطفال خائفين وغير واثقين أو مرتابين في أنفسهم وأيضًا في الآخرين.

2- الاستقلالية مقابل الشك والعار: Autonomy Versus shame and doubt

ما بين السنة الأولى والثالثة من العمر يتعلم الأطفال المشي والكلام، ويبدأون في تنمية نسبة من الاستقلالية. ويصبح الأطفال قادرين على تعلم واكتشاف العالم من حولهم فينمون الاستقلالية،أما لو كان الوالدان متذبذبين في أساليبهم التأديبية، لو أسرفا في حماية الأطفال، أو أظهرا عدم الموافقة عند محاولة أطفالهم التصرف بحرية سيصبح هؤلاء الأطفال متقلبين شكاكين وخجولين من أنفسهم ومن الآخرين.

3- المبادأة مقابل الشعور بالذنب: Initiative versus guilt

أثناء السنة الرابعة والخامسة من العمر، يواجه الأطفال مجموعة متنوعة ومتزايدة من الخبرات والتجارب، تشمل علاقات بالأصدقاء والجيران. وعندما يشجع الوالدان الأنشطة والأسئلة والاستفسارات، واللعب الابتكاري بصفة عامة، فإن الأطفال سيجدون أنه من الأسهل الاستمرار في التصرف بحرية والتفاعل مع الناس الآخرين، لو قيدت أنشطتهم واستطلاعاتهم وحبهم للبحث والتحقيق من حقل الوالدين، فإن الأطفال سينمون الشعور بالذنب والذي سيحملونه بين طياتهم طوال حياتهم في المستقبل.

4- **المثابرة مقابل الشعور بالنقص: Industry versus inferiority**

يصبح الأطفال فيما بين السادسة والحادية عشرة من العمر، مقتدرين تماما على استهلال أنشطتهم الخاصة بهم. ويكونوا قادرين على تعلم كيفية تعبئة وتحريك طاقاتهم بطرق بنائه، والاستذكار، والقراءة، والتعلم عن أي شيء يثير انتباههم. لو شجعهم الوالدان، والمعلمون، سينمو إحساسا بالمثابرة والكد وحب الاستطلاع، أما لو عامل المعلمون والآباء الأطفال بنفاذ الصبر فسينميّ هؤلاء الأطفال إحساسا بالنقص والدونية وانخفاض الدافع للإنجاز.

5- **الهوية مقابل فوضى الدور: Identity versus role confusion**

المراهقة، هي الفترة ما بين الثانية عشرة والثامنة عشرة، ويجب على المراهقين دمج وتوحيد تجاربهم وخبراتهم السابقة مع الضغوط والمتطلبات الجديدة التي يواجهوها كي يقرروا ويحددوا ما يريدونه من حياتهم، ما يعتقدونه وما يؤمنون به، ومن هم وإن لم يستطيعوا دمج خبراتهم المبكرة وتوحيدها مع بعضها، سيكونوا عاجزين عن تنمية الإحساس بالهوية.

6- **الشعور بالألفة والمودة مقابل الشعور بالاغتراب والعزلة:**

Intimacy versus isolation

الزواج والوالدية هي جميعها جزء من الخبرة السوية لمرحلة الرشد المبكرة، لو اكتسب الراشدون الصغار الإحساس بالهوية، سيكونوا قادرين على تكوين علاقات حميمة ومشاركة أنفسهم وأيضًا ممتلكاتهم مع الآخرين. لو عجزوا عن الاتصال بودية ودفء بالآخرين أو لم يكتسبوا الإحساس الكامل بالهوية، ربما ينمو الإحساس بالعزلة ويشعرون بأنهم لا ينتمون إلى أي شيء في العالم سوى الانتماء لأنفسهم فقط.

7- **الشعور بالإنتاجية مقابل الاستغراق الذاتي:**

Generatively versus self-absorption

مرحلة وسط العمر هي الفترة التي يجب على الناس أن يحلوا فيها صراعاتهم مع

العالم ويعدون لأنفسهم ولمستقبل أسرهم ولمجتمعهم ولعملهم. ويقصد اركسون بالإنتاجية القدرة على النظر خارج ذات الفرد أو خارج نفسه المرء والتعاون مع الآخرين، الأفراد العاجزين عن عمل هذا يميلون إلى أن يصبحوا متمركزين حول ذاتهم أكثر من كونهم منتجين في تلك المرحلة.

8- **التكامل مقابل الشعور باليأس:** Integrity versus despaired

الأشخاص الدين نجحوا في حل الأزمات السابقة يشعرون بالإحساس بالسعادة في تحقيق إنجازاتهم، وبالمودة والاطمئنان مع أنفسهم ومع الآخرين ويعيشون في سلام مع أنفسهم والآخرين، أما من يشعرون بأن حياتهم كانت سلسلة من الفشل والإحباطات وخيبة الأمل فيشعرون باليأس والقنوط فقد مضت الحياة دون أن ينجزوا أهدافهم.

سادسا: اللامرحلية وتأثير البيئة في تطوير الشخصية

النظرية الإيكولوجية: برونفنبرونر (Bronfenbrenner)

تعتبر النظرية الايكولوجية (Ecological System Theory) للعالم "برونفنبرونر" (Bronfenbrenner) أحد مداخل فهم النمو، حيث تركز على الأصول الاجتماعية الثقافية للنمو فقد رآها برونفنبرونر على أنها وجهة نظر اجتماعية ثقافية في النمو، وافترض وجود خمسة أنظمة بيئية يعيش فيها الفرد ويتأثر بها. ويحتوي كل نظام على أدوار ومعايير وقواعد يمكن أن تؤثر في تطور الفرد، ونجد أن الطفل يتعرض إلى عدد من الأنظمة التي تؤثر فيه ويؤثر في بعضها، ويعتمد ذلك على مدى تفاعله مع هذه الأنظمة، حيث فرق برونفنبرنر بين عدد من الأنظمة تبعاً لمدى قربها مع الطفل أو المراهق، وهذه الأنظمة كما لخصتها الوحيدي:

1- **النظام المصغر (Microsystems): ويتمثل في الأسرة والمدرسة:**

يركز هذا النظام على البيئة الداخلية التي تضم تفاعلات الطفل وأنشطته مع البيئة المجاورة تماماً، مثل تفاعله مع أبويه وإخوته وأقرانه، أو معلميه في المدرسة. ولكي يتم فهم طبيعة هذا التفاعل حسب وجهة نظر برونفنبرنر (Bronfenbrenner) ينبغي معرفة أنه نظام ذو اتجاهين؛ فالكبار كالأبوين يؤثران في سلوك الطفل؛ إلا أن خصائص الطفل بالوقت نفسه تؤثر في سلوك الأبوين والكبار الآخرين. فقد يولد الطفل ضعيف البنية، فيوجه أنظار والديه إليه أكثر من إخوته؛ لما يحتاج إليه من الرعاية مثلاً، أو أن يكون هناك طفل على درجة من النباهة والفطنة، فيستجيب إليه والداه بشكل ملفت للنظر أكثر من إخوته. كما أن الأب المتسلط الذي لا يمنح أولاده الاستقلال والحرية سيجعل أطفاله متمردين. وبالمقابل نجد أن المراهق المتمرد قد يجعل أبويه يعانيان من صعوبات التعامل معه. وهكذا نلاحظ أن تماسك الأسرة وتواصلها يعد جزءاً رئيساً من النظام الأصغر الذي يؤثر في نمو الطفل وفي اكتسابه للمهارات الاجتماعية.

2- **النظام المتوسط** Mesosystem:

ويتضمن هذا النظام الارتباطات بين الأنظمة الصغرى، والتي تتضمن المدرسة والبيت والحي والحضانة، كالعلاقة بين المدرسة والأسرة، أو بين الأسرة والرفاق. فالتقدم الدراسي والنمو الاجتماعي عند الطفل لا يعتمد على ما يجري داخل الإطار المدرسي فقط، وإنما يعتمد أيضًا على مدى تحفيز الأسرة ومرونتها في التعامل مع الضغوط الخارجية واهتمامها ومتابعتها لمسيرة الطفل المدرسية، إذ إن العلاقة بين الأسرة والمدرسة هي جزء من هذا النظام. وفي الوقت نفسه، فالمراهق الذي يعيش في حي شرس يسود فيه العدوان، قد يقتدي بأقرانه من حيث السلوك المتمرد العنيف؛ فالنظام الأوسط قد يؤثر سلباً أو إيجاباً في سلوك المراهقين تبعاً لنوعية الخبرات السائدة فيه.

3- النظام الخارجي Exosystem:

ويتضمن الأسرة الممتدة، والأصدقاء، والخدمات الصحية، ومؤسسات الضبط الاجتماعي: كالشرطة والمحاكم:

ويقصد بذلك النظام الذي لا يكون فيه للأطفال دور مباشر، في الوقت الذي يؤثر في خبراتهم في المواقف الحياتية المباشرة، ويضم المنظمات الرسمية؛ مثل مكان عمل الوالدين، أو المؤسسة الصحية، أو مؤسسات الخدمات الاجتماعية في الحي. فعلى سبيل المثال: إذا لم تسمح المؤسسة التي تعمل بها الأم بإجازات الأمومة للأمهات، أو إذا لم يكن هناك نظام عمل مرن يسمح بترك العمل من أجل رعاية الأطفال، فإن ذلك لا شك يؤثر سلباً في تربيتهم. ويلاحظ كذلك أن الأسر التي تعاني من انهيار علاقاتها مع المحيط الخارجي غالباً يعاني أطفالها من الإحباطات وسوء التكيف. هذا وتلعب مؤسسات الضبط الاجتماعي دوراً فاعلاً في ضبط هذا النظام وفرض تطبيق القوانين أو ترك الحبل على الغارب، الأمر الذي ينعكس سلباً أو إيجاباً في علاقات الأسرة مع هذا النظام.

ويعتقد نيومان ونيومان (Newman & Newman, 1981) أن الأسرة تقوم بتقديم الرعاية والحماية للأبناء، من خلال إطعامهم، والعناية بملابسهم، وتنظيفها وترتيبها، وتوفير اللعب للأطفال، كما أنها تقوم بتقديم النماذج التي يقتدي بها الأطفال، أو يتقمصوها ويقلدوها، حيث يقدم الوالدان القيم والسلوك، والتصرفات التي يتاح للأطفال مشاهدتها، والتصرف على غرارها، ومثل هذه الخبرات تسهم في نمو الأطفال اجتماعيا وانفعالياً.

وتؤثر الأسرة من خلال بنيتها أيضًا، إذ يختلف تأثير الأسرة النووية المكتملة عن تأثير الأسرة النووية التي تفتقد الوالدين كليهما أو أحدهما؛ فالأسرة المفككة غالباً ما تنجب أطفالاً يعانون من اضطرابات في السلوك، كما تؤثر من خلال صيغ تفاعلها مع الطفل.

ويرى برونفنبرنر أن دور الآباء لا يقتصر على توفير مهمات الرعاية والحماية

الاعتيادية فقط؛ لا بل يمارسون دوراً هاماً في فرض النظام، ويشاركون أيضًا في اللعب مع أبنائهم، وفي إبداء الاستحسان والاستهجان، ويمارسون دوراً مهماً في الإسناد الانفعالي للأبناء الذكور والإناث كليهما. فلكل من الأب والأم دور في التفاعلات داخل الأسرة. ففي هذا الصدد، نجد أن النظرية الأيكولوجية تؤكد المنظور الطولي للنمو، حيث ترى أن الأنظمة المذكورة تؤثر في بناء شخصية الفرد تأثيراً تفاعلياً، يمتد أثره طول حياة المرء.

4- **النظام الأكبر** (Macro system):

ويتضمن الدولة، والمجتمع الواسع بمعاييره الاجتماعية، وقيمه، وقوانينه، وأنظمته: ويتألف هذا النظام من القيم الاجتماعية، والقوانين، والمعايير، والموارد المتاحة الأكثر عمومية؛ فالقيم أو المعايير التي يتبناها مجتمع معين إزاء الأطفال أو الأسرة لا بد أن تؤثر في أسلوب التعامل معهم في المواقف المختلفة من حيث نوعية وكمية الخدمات التي يقدمها، فقد يقدم خدمات أكثر للأطفال مقارنة بالكبار، وقد لا يقدم شيئا ملموساً للأطفال؛ وقد يسمح هذا النظام بتسهيل التفاعلات داخل الأنظمة الثلاثة السابقة، أو العكس مما يعيق أو يسهل أداءها.

5- **النظام دائم التغير:**

وفقاً لبرونفينبرنر، لا تؤثر البيئة على الأطفال بطرق متماثلة، فهي دائمة التغير ويتباين تأثيرها بين زمان و آخر ومن مكان لآخر ومن طفل لآخر. حيث تؤثر بعض الأحداث الهامة في الحياة كولادة قريب أو بداية المدرسة أو طلاق الوالدين على العلاقات بين الأطفال وبيئاتهم، محدثةً ظروف جديدة تؤثر في مستوى تطورهم الاجتماعي، وقد تنشأ نتائج مختلفة نظراً لقدوم مولود جديد، وتنعكس آثارها في طبيعة علاقات ونشاطات الأسرة.

كما يشير إلى البعد الزمني الذي يؤكد فيه على انه يتم من خلاله فرض تأثيرات على

حياة الطفل. لكن هذه التأثيرات يمكن أن تنشأ داخل الأطفال، حيث إنهم عندما يكبرون يقومون باختيار وتحديد وبناء العديد من جوانب بيئتهم وخبراتهم الخاصة إذ تعتمد كيفية قيامهم بذلك على صفاتهم الجسدية والفكرية والشخصية وكذلك فرصهم البيئية. ولذلك في نظرية الأنظمة البيئية، لا تسيطر الظروف البيئية وحدها على التطور ولا تقوم التأثيرات الداخلية للفرد بتسييرها. وبذلك يكون الأطفال هم منتجات البيئة والمنتجون لها بالوقت نفسه ضمن شبكة من التأثيرات ذات الاعتماد أو التأثير المتبادل.

سابعا: نظرية العلاقات الشخصية المتبادلة لسوليفان

نبذة عن حياة سوليفان:

ولد هاري سوليفان في نورويش، نيويورك في 12 فبراير 1892م، وحصل على درجة (D.M) من كلية شيكاغو للطب والجراحة عام 1917م. في السنوات الأولى من عمله بواشنطن ركز في التعامل مع الفصاميين وأصبح معروفا بواشنطن، في التعامل مع المضطربين من عام 1923م حتى 1930م عمل في مستشفى ميرلاند Maryland حيث كرس اهتمامه في الكشف عن المضطربين الحادين والذين يعانون من اضطرابات فصامية.

قضى سوليفان طفولته في حقل لوالديه في نيويورك وقد قضى سنوات طفولته في عزله عن الأطفال الذين في عمره، فقد كان الطفل الوحيد الذي عاش لوالديه كما كان احد المنتمين للكاثوليك في مجتمع غالبيته من البروتستانت.

عاني من العزلة في الطفولة، هذه الصفة كانت ميزه معينة Definite Asset جعلت منه ناقدا بارعا وقاسيا على الآخرين، وقد ضاعف وحدانية سوليفان سلوك والديه حيث كانت أمه غير راضية بشكل مستمر.

عندما كبر أسس مدرسة واشنطن الطبية النفسية (مؤسسة للتدريب) وكان محررا لمجلة طبية نفسية ومستشارا لمجلس الخدمة المختارة، ولليونسكو وكان ذا اثر كبير في تكوين اتحاد المجلس العالمي للصحة النفسية. مرض سوليفان في عام 1947م ولكن بفضل جهود

بعض طلابه الذين استطاعوا الحصول على الدواء الجديد النادر البنسلين أنقذوا حياته، وقد عني طلابه به خلال السنتين اللاحقتين. سافر سوليفان عام 1949م إلى باريس لحضور مؤتمر اتحاد الصحة العقلية العالمية، وقد وافته المنية في إحدى غرف الفندق.

الخلفية النظرية:

على الرغم من إن هاري ستاك سوليفان (1892-1949م) لم ينشر قبل مماته عرضا لنظريته؛ إلا أن آثاره في الطب النفسي الحديث واضحة المعالم وقد عرف سوليفان الطب النفسي بأنه (علم العلاقات الشخصية)، ومن الممكن تلخيص النقطة الأساسية في نظرية الشخصية في كلمة (التشكل الحضاري Acculturation) وتظهر الشخصية الإنسانية تبعا لسوليفان من القوى الشخصية والاجتماعية التي تؤثر على الفرد منذ ميلاده. وأما بناء الشخصية النهائي فهو نتاج التفاعل مع الكائنات الإنسانية الأخرى.

تدور نظريه سوليفان (حول العلاقات الشخصية المتبادلة) فهو يرى أن الشخص يمكن استنباطه والاستدلال عليه من خلال فهم سلوك الفرد في علاقاته بالأشخاص الآخرين أو الأشياء.

والنقطة المركزية في نظرية سوليفان هي تأكيده على العلاقات الشخصية المتبادلة والسلوك المضطرب ينشأ من الاضطرابات في هذه العلاقات، وبالتالي فعلاجها يتطلب مواقف من العلاقات الشخصية المتبادلة.

ويلخص سوليفان نظريته بقوله بأن الناس يسببون المرض للناس وبالتالي فعليهم أن يأخذوا بأيديهم إلى السواء والصحة النفسية، وأكد سوليفان في النظرية على نقطة مهمة وهي التواصل كعامل مهم جدا للتفاعل بين الأشخاص متأثرا بذلك بالعالم الانثروبولوجي ادوارد سابير Sapir .E باعتبار أن التواصل هو النقطة المركزية في العلاقات الشخصية المتبادلة وكذلك في سير المقابلة العلاجية.

إن الأساس النظري لأفكار سوليفان حول التحليل النفسي يدور حول مفهوم

العلاقات الشخصية مع الآخرين (Interpersonal Relations) ويقصد بذلك تكامل الكائن الحي مع الوسط الذي يعيش فيه، ويقر سوليفان أن البقاء الإنساني في الحياة يحتاج إلى تغيير وتفاعل مستمر ينظم الطاقة ويوجهها بشكل ديناميكي dynamism ويقصد بهذه الطريقة تنظيم الطاقة وتوجيهها في الجسم البشري.

يعتبر سوليفان إن أساس الطاقة الإنسانية هي الطاقة الجسدية والفيزيقية وليس الطاقة النفسية، ويركز سوليفان على أهمية الجو العام للأسرة وأثره في النمو النفسي للطفل ومن خلال هذا النمو نجد تأثير الآباء على الطفل، وعلى الأساس نجد أن الأطفال غالبا (القلقون) ما ينشئون داخل أسر تكون الأم فيها قلقة ومتوترة عدوانية، والعكس صحيح، ومن هنا ربط سوليفان بين نموذج الأم الطيبة Good Mother وبين شعور الاسترخاء، وكذلك ربط بين مفهوم الأم الرديئة Bad Mother وبين مفهوم القلق والخوف من الآخرين.

المبادئ الأساسية للنظرية:

1- العلاقات الشخصية المتبادلة:

إن الرؤيا الجديدة للإنسان في التحليل النفسي عند سوليفان تأخذ بعين الاعتبار عمليات اتصال الشخصية والروابط والعلاقات الشخصية المتبادلة مؤكدة أهمية العوامل والعلاقات الاجتماعية، ورغم ذلك فإن سوليفان لا ينكر أهمية العوامل البيولوجية الوراثية والفسيولوجية والتي تساهم في تكوين الشخصية وتزويدها ببناء تنظيمي لأداء قدرات معينة.

يرى سوليفان أن البيئة الاجتماعية التي يمارس فيها الإنسان نشاطه لتحقيق إشباع حاجاته البيولوجية والثقافية تساعده على تكوين شخصيته ونموها وتدعيم عناصرها. وأن العلاقات المتبادلة التي يقيمها الإنسان مع الآخرين هي علاقات ديناميكية وتنعكس أثارها على الشخصية وتساعد على تكوين ونمو الذات.

2- نظام التوتر والقلق:

يؤدي الإشباع إلى انخفاض التوترات العضلية كما أن انخفاض التوتر يدفع نحو تحقيق مزيد من هذه الإشباعات. فعندما تبدأ الأم (أو بديل الأم) في تحريم السلوك الذي يشبع الحاجة وتستهجنه فإن هذا التصرف يؤدي إلى تصعيد التوترات العضلية، وبالإضافة إلى ذلك فإن استهجان الأم الذي قد يحدث ضمنيا تداخل مع شعور الطفل بالأمن، ويؤدي إلى الشعور بالقلق الذي يؤدي بالضرورة إلى حالة من التوتر العضلي، ولكن القلق لا يعني فقط التوترات العضلية وحدها بل يرتبط دائما بالعلاقات الشخصية.

3- مفهوم الذات:

يتعرض الطفل خلال عملية التنشئة الاجتماعية إلى مواقف لا حصر لها، لا يقوم فيها الآخرون بالحكم عليه وخاصة من الكبار الهامين في حياته. وعلى أساس أوجه الاستحسان يظهر تصوره لنفسه، ويحاول الطفل أن يؤكد تلك الجوانب من الذات التي يستحسنها الكبار لكي يتجنب الشعور بالذنب الناجم عن استهجانهم.

ويعتقد سوليفان بأن طبيعة الشخصية تحددها التوترات التي تنشأ من المصادر الفسيولوجية والنفسية والاجتماعية، وإن الهدف الأول للسلوك هو تقليل أو تخفيض هذه التوترات، يماثل هذا المفهوم المفاهيم الأخرى التي عجز عنها المنظرون الآخرين بما فيهم فرويد، وبصورة أخص فإن مصدري التوتر هما: الحاجات الفسيولوجية وانعدام الأمن الاجتماعي.

أولا: الحاجات الفسيولوجية التي أوضحها سوليفان: وهي الحاجة إلى الطعام، وللماء، وللراحة، وللهواء، وللجنس. وعندما يكون أي من هذه الحاجات ناقصا فإنها تولد التوتر. وتقوم عملية إشباعها على الدورة التالية: الحاجة – الفعالية لإرضاء وإشباع الحاجة – الراحة وإزالة التوتر ثم العودة للتوتر ويستمر ذلك على مدى حياة الإنسان.

ثانيا: انعدام الأمان الاجتماعي، فإنه يشتق من أسباب حضارية ثقافية للعلاقات الإنسانية، والهدف الواضح لهذا المصدر هو تحقيق الأمان.

ويضع سوليفان تأكيدا كبيرا على أهمية العلاقات بين الرضيع وأمه، والتي تبقى لوقت طويل هي المصدر الوحيد لإرضاء الحاجات الفسيولوجية للرضيع، فالوليد لا يستطيع عمل أي شيء لنفسه سوى إبلاغ أمه حاجاته عن طريق البكاء، وطالما أشبعت حاجاته الأساسية فإن الرضيع يكون في حاله يسميها سوليفان حالة الضبط، وهي الشعور بالراحة والرضي والغبطة، ويعتمد ذلك على طبيعة أول علاقاته الشخصية، أي مع أمه.

ويعتقد سوليفان أن الأطفال حساسون جدا لمواقف الآخرين نحوهم ويدرك الطفل انفعالات الآخرين من حوله ويستجيب لها ولذلك فإذا كانت الأم متوترة وغاضبة، أو غير سعيدة في اللحظة التي تحاول إشباع حاجات الطفل الفسيولوجية، فإن الطفل يدرك هذه المشاعر الناجمة عن تلك الحالة من القلق، ويعتبر سوليفان حالة التوتر الخفيف مفيدة في التربية، ويجب أن نلاحظ أن القلق على الرغم من أن مصدره العلاقات مع الأم إلا أنه يصبح فيما بعد مرتبطا بكل عالم الثقافة Culture الواسع.

وقد ناقش سوليفان حاجتين أو دافعين إضافيين يظهران في الرضاعة وهما مشتقان من الحاجة إلى الأمن. هاتان الحاجتان هما دافع السلطة Power Motive والحاجة للتقرب الجسمي من الآخرين Physical Closeness يعتقد سوليفان أن الحاجة للتقرب الجسمي من الناس الآخرين شيء موروث، إن هذه الحاجة ذات صله وثيقة بالحاجة للأمن لان النتيجة الأولى لإحباط هذه الحاجة هي العزلة، وهي سمه مميزة لانعدام الأمن.

بالنسبة لوجهة نظر سوليفان في هذا المجال هناك ثلاث عمليات بارزة في التفاعلات بين الأفراد التي تحدد شخصية الفرد، هي: الدينامية Dynamisms، الصورة الذهنية التي يكونها الفرد عن الآخرين وعن نفسه Personifications، وأنماط الخبرة Modes of Experience.

1- **الدينامية: Dynamisms**

وهي شكل ثابت نسبيا من الطاقة، والتي تظهر نفسها بعملية مميزة في العلاقات بين الأفراد، وبعبارة أخرى هي أي نوع من السلوك سواء كان جسميا أو عقليا (كما في التفكير)، والذي يستمر ويتكرر حدوثه على شكل عادة.

اعتبر سوليفان إن الدينامية اصغر عنصر في دراسة أو وصف الشخصية. وتنشأ الدينامية من التجارب مع الآخرين، وهي تتراكم بحيث انه كلما كان لدى الفرد كمية أعظم وتنوع أكثر من التجارب كلما أدى ذلك إلى زيادة عدد الديناميات التي يظهرها. ويعتقد سوليفان بأن كل الديناميات يمكن تصنيفها إلى صنفين هما:

1- صنف منطقي

2- صنف متشابك في العلاقات بين المناطق الجسمية مثل الفم وأعضاء التناسل، ويهتم بالفعاليات الجسمية مثل الأكل والشراب أو السلوك الجنسي.

هذه الديناميات موروثة ولكنها تخدم الحاجات الجسمية، ولو أن بعض الديناميات مثل الخوف والغضب قد تكون مرتبطة بشكل بعيد فقط بالإشباع الجسمي.

إن الديناميات التي تتعلق بالعلاقات مع الآخرين يتعلمها الفرد من تجاربه معهم، وكلتا الديناميات الموروثة والمتعلمة هي سمات عامة تؤثر كثيرا في طبيعة علاقات الفرد مع الآخرين.

إن الطاقة برأي سوليفان هي الطاقة الجسدية (الفيزيقية) حيث رفض استعمال الطاقة النفسية فالدنياميات الأساسية لدى جميع الأفراد واحده ولكن طرق التعبير عنها تختلف باختلاف الأفراد.

إن أهم دينامية في الشخصية هي دينامية النفس أو الذات Self – Dynamism كما تعرف أيضًا بنظام النفس، وهي أساسا فكرة الفرد عن نفسه مبنية على أساس علاقاته مع الآخرين.

وتعرف دينامية النفس بأنها: نظام من الحماية مشتق من محاولات الطفل الأولى لإرضاء الأم وبذلك يحصل الطفل على الإشباع والأمن، فالرضيع يعمل وفق قوانين المجتمع كما هي عند الأم، ويبدأ الطفل بالتمييز بين الأنا الجيد Good me والأنا السيئ Bad me حيث أن احدهما يجلب المديح والثناء بينما يجلب الأخر العقاب، ومع أن دينامية الذات أو النفس ضرورية جدا للحماية إلا أنها متناقضة مع بعض الجوانب حيث أنها تمثل نظاما يتماشى مع الثقافة ولذلك فهي لا تمثل الذات الحقيقية.

2- **تصور الأشخاص:**Personification

إن هذا الجانب الثاني للشخصية يعني الصور الذهنية التي يمتلكها الفرد عن الآخرين وعن النفس، وهذه الصور ليست بالضرورة تمثيلا صادقا لأنها كأي إدراك أو ملاحظة تتأثر جدا بطبيعة نظام الذات للفرد.

والصورة الذهنية التي يمتلكها الفرد عن النفس وعن الآخرين تشبه الديناميات وتبدأ من فترة الرضاعة وهي تعنى بالحماية من القلق، وعن طريقها يبنى إدراك ثابت لنوع معين من الناس يستطيع أن يستجيب لهم بطريقة ثابتة فإذا أدرك الطفل أن والده شخص قاس متسلط عندئذ قد يرى كل الرجال في مركز السلطة (الشرطة، الرؤساء)، بنفس الطريقة، ويستجيب لهم كشخص كبير بسلوك مماثل للسلوك الذي كان يستعمله مع والده.

والصورة الذهنية التي يمتلكها الفرد عن الآخرين وعن نفسه التي يؤمن بها عدد كبير من الناس مثل (كل الجنوبيين متعصبون)، تعرف هذه بالنمطية السائدة Stereo Type وهي: الأحكام المسبقة لسلوك الفرد واتجاهاته على أساس عضويته في جماعة معية.

3- **أنماط التجارب:**Modes of Experiences

تـشمل إدراك الإحـساس المبـاشر والأفكـار والمـشاعر مبـاشرة حـال حـدوثها دون استدلال أو ارتباط بينهـا، فالتجـارب متفرقـة ولا صـلة لبعـضها بـالبعض الأخـر، وهـي

عشوائية وغير منتظمة، وتكون مختصرة جدا يحس بها الطفل لفترة قصيرة ومن ثم يدفنها تحت تأثير التجارب الجديدة وكلما كبر الرضيع تنمو عنده القدرة على تنظيم واستنتاج بعض المعاني من التجارب.

مثال ذلك يتعلم الرضيع أن بعض المشاهد والأصوات – وجه الأم وابتسامتها ونبرة الصوت – على أنها مقدمات تعني بأن الأم ستقدم له الطعام أو ستحمله. في هذا النوع من التجارب يبدأ الرضيع يدرك بعض المعاني من المنبهات التي كانت مستقلة وعديمة المعنى حتى الآن في عالمه، حيث يبدأ بفهم العلامات السلبية (ب تلي أ)، كذلك يبدأ الرضيع التمييز بين استعمال اللغة للاتصال. ثم يتعلم الطفل استعمال اللغة (الأصوات، الرموز، الكلمات)، في هذا الشكل من التجربة يتعلم الطفل العلاقات المنطقية ويستطيع تحديد مدركاته بالنسبة إلى مدركات الآخرين.

مراحل نمو الشخصية:

إن الإنسان بالنسبة لسوليفان ولد ولديه بعض القدرات على الاستجابة والتي تكون موجودة منذ الولادة أو أنها تنمو مع نضج الفرد، والفرد ليس معتمدا على الناس الآخرين فقط وذلك في تخفيض استجاباته الفسيولوجية والانفعالية وإحداث الإشباع؛ ولكن أيضًا فإن كل شيء يتعلمه يتأثر ويتحدد بواسطة هذا الإطار التفاعلي، أما مراحل النمو فهي كالتالي:

1- **مرحلة الحضانة:**

إن مرحلة الحضانة هي مرحلة رئيسة من مراحل نمو الشخصية وتبدأ هذه المرحلة منذ الميلاد حتى فترة العام والنصف، وتتميز هذه المرحلة بالنشاط الضمني للرضيع ويبدأ الطفل الرضيع في هذه المرحلة التميز التدريجي لحدود العالم الخارجي الذي حوله عندما يدرك أن حاجاته الفسيولوجية لا تشبع مباشرة، ولكنه بعد ذلك يبدأ تدرجيا في إدراك هذا العالم والأشخاص الذين يحيطون به ويميز بين العلاقات

والمواقف ومنذ تلك الفترة يبدأ نسق الذات في التكون والنمو نتيجة حالات الارتياح أو عدم الارتياح بما يحدث حوله، ويعتمد الطفل الرضيع في هذه الفترة على والديه اعتمادا كليا لإشباع حاجاته الفسيولوجية والنفسية. وتلعب الأم دورا اجتماعيا هاما في حياة الرضيع إذ ينعكس اثر سلوكها سلبيا أو ايجابيا على الشخصية أثناء تفاعله معها.

وتبدأ في تلك الفترة أيضًا أولى مراحل التعليم، فهو يتعلم بعض الأنماط الثقافية والسلوكية، إذ أنها تكتسب بتكرار المواقف والتجارب، وتؤدي في النهاية إلى اكتساب الطفل أنماط السلوك وتحدد استجاباته ويتعلم بعض الكلمات والإشارات وهذا التعلم وسيلة هامه للمشاركة الاجتماعية وتسمح بنقله إلى مرحلة جديدة.

2- مرحلة الطفولة:

تبدأ هذه المرحلة من منتصف العام الثاني إلى العام الخامس أي من بداية تعلم الطفل الكلام حتى مرحلة شعوره بالحاجة إلى اللعب، وتبدأ الأسرة في هذه المرحلة تلقين الطفل مظاهر السلوك وتربيته حسب ما تقتضيه ثقافة المجتمع.

وتبدأ ديناميكية الذات في النمو كما تتأثر عملية نمو الذات بمظاهر الثواب والعقاب ومشاعر القبول والارتياح التي تبدو على والديه كما تتميز تلك الفترة بتحصيل الطفل للغة وإدراكه لمعاني الكلمات ونمو في العمليات المعرفية المختلفة.

3- مرحلة الحداثة:

تتميز هذه الفترة التي تبدأ من عمر الخامسة حتى عمر الحادية عشر بالحاجة إلى الصحبة من نفس الجنس، وفي هذه المرحلة يكتسب الطفل الكثير من الأنماط السلوكية والثقافية التي تساعده على تكوينه الاجتماعي والثقافي، وفي هذه المرحلة يدخل الطفل عالم المدرسة ويدخل في علاقات جديدة كليا.

وللمدرسة اثر كبير على شخصية الصبي من حيث تزويده بمعارف وأفكار

جديدة تخلق نوعا من الصراعات بين ما اكتسبه من الأسرة وقيم المدرسة، ومحاولة التوفيق بين نماذج السلوك التي ورثها عن أسرته ونماذج السلوك التي تتطلبها المدرسة وفي هذه الفترة يميل إلى التنافس مع الآخرين، وتكوين أفكار خيالية عن نفسه ويدخل الصبي في اتخاذ مواقف معينة في الحياة، ويمارس التجارب الاجتماعية مع من حوله ويتخذ لنفسه اتجاها عاما إزاء العالم.

4- مرحلة المراهقة:

إن فترة المراهقة تمتد من عمر الحادية عشرة إلى عمر العشرين لها اثر بالغ في حياة الفرد من الناحية الجسمية والبلوغ الجنسي ونمو الذات، ويشتد النزاع في المرحلة بين تأكيد ذاتية الفرد، وما يحمله من بعض الأفكار وأنماط السلوك ونظرة المجتمع له، وما يفرضه من مواقف وأحكام ومعايير يجب الالتزام بها وقد قسم سوليفان هذه المرحلة إلى ثلاث فترات وهي كالتالي:

أ) فترة ما قبل المراهقة: Preadolescence

تتميز بظهور اتجاه الفرد إلى اهتمامه بالجنس الأخر نتيجة البلوغ الجنسي Puberty والاتجاه عن الحب والحاجة إلى الارتباط بالآخرين، كما تتصف علاقات الفرد بمظاهر العطف والاهتمام بالزملاء والسعي للحصول على تقدير الآخرين، وفي الوقت نفسه يشعر المراهق بالخوف والقلق من المجهول، لذلك يسعى دائما إلى إنشاء علاقات اجتماعية مع الآخرين.

ب) فترة المراهقة:

تتميز بالنضج الجنسي التي تأخذ أحيانا شكل المودة والعناية في الجنس الأخر، كما تتنوع اهتمامات المراهق الاجتماعية ويزداد نشاطه، وتزداد نزعة التمرد والاستقلالية.

ج) فترة المراهقة المتأخرة:

تتميز بالاستقرار الذاتي واتجاهات الفرد وقيمه، كما يتخذ الفرد أساليبه الخاصة في

الحيل التي يواجه بها نواحي القلق والصراع، ويتحدى كثيرا من الأوهام والأفكار والخيالات التي تعلمها في المراحل السابقة.

5- **مرحلة النضج:** Maturate

تتميز هذه المرحلة بالنضج الجنسي الكامل وإشباع حاجات الفرد الجنسية، كما تتميز بالاستقرار وتكوين الاتجاهات الثابتة إزاء المواقف والعالم، إن نمو الشخصية يتغير في الذات والعمليات العقلية، وتشكل الأنماط الثقافية والسلوكية للفرد.

ثامنا: نظرية النمو من خلال النضج لجيزيل

من أصحاب ومؤسسي هذه النظرية "ارنولد جيزيل". وتؤكد هذه النظرية على أهمية النضج في النمو. ويعتقد جيزيل أن النمو يحدث بطريقة ثابتة ومنظمة داخلية ومتدرجة. وهذا القول يشمل الأنسجة والأعضاء. وكذلك الوظائف والسلوك والثقافة والبيئة التي تعبر عن مؤثرات ثانوية.

ويرى جيزيل أن العوامل البيئة ربما تكيف النمو لكنها لا تولده ولا تحدث تقدماً فيه، وإنما النضج يكون مسؤولا عن تحديد اتجاه كل نمو، فهو المسئول عن النمو الطبيعي، والذي يبدو أنه يتم بطريقة منتظمة وغير معتمدة على أي تدريب. وقد رأى "جيزيل" أن سلوك الطفل نمطي ويمكن التنبؤ به. ويصف أصحاب نظرية النمو مراحل معينة للنمو ولكنهم لا يحددون الوقت الذي يصل فيه الطفل لهذه المراحل.

وقد رأى "جيزيل" بأن معايير النمو ليست موحدة، فهناك فروق فردية يمكن ملاحظتها. ويؤكد أن الشخصية ودرجة النمو والقدرات الخاصة يمكن أن تكون فردية وتختلف من شخص لآخر. حيث يلح أصحاب نظرية النمو على تعريف كل طفل بمفرده.

ويرى "جيزيل" بأن نماذج معينة من السلوك سوف تحدث بغض النظر عن أي

مؤثرات خارجية، لذا فهو يركز على أهمية تعريف واحترام فردية الطفل من لحظة ميلاده. حيث ينظر "جيزيل" وتلاميذه إلى النمو على أنه محدد بالفطرة في داخل الأعضاء، وأن البيئة ذات تأثير ثانوي في تكييف السلوك.

إن "جيزيل" يدافع عن سياسة ترك الطفل ينمو على راحته، وسواء أجبرنا الطفل أم حددنا سلوكه فلن يخلق فيه ذلك سوى السلبية والنقص في الإنتاج.

تاسعا: نظرية هرم الحاجات لماسلو Hierarchy of Needs

نبذة عن صاحب النظرية:

إبرهام ماسلو Abraham Maslow 1908 - 1970م عالم نفس أمريكي، ولد في بروكلين، نيويورك، أبواه مهاجران يهود من روسيا. اشتهر بنظرية تدرج الحاجات، درس القانون في كلية مدينة نيويورك ثم انتقل إلى جامعة ويسكونسن فحصل على البكالوريوس عام 1930م، ثم الماجستير1931م، ثم الدكتوراه عام 1934م، وكلها في الطب النفسي من جامعة ويسكونسن.

التنظيم الهرمي للحاجات

إن أساس فكر ماسلو هو نظريته في الدافعية، وهو يرى أن لدى الإنسان عددا من الحاجات الفطرية. وقد افترض ماسلو أن الحاجات مرتبة ترتيبا هرميا على أساس قوتها، وعلى الرغم من أن جميع الحاجات فطرية فإن بعضها أقوى من بعضها الآخر، والحاجات الدنيا تماثل تلك التي تمتلكها الحيوانات الدنيا الأخرى، ولا يوجد حيوان آخر باستثناء الإنسان يمتلك الحاجات العليا.

وهذه الحاجات هي:

أولا: الحاجات الفسيولوجية Physiological Needs

وهي الحاجات التي ترتبط ارتباطا مباشرا بالبقاء والتي تشارك فيها الحيوانات الأخرى، وتشتمل هذه الحاجة على الطعام والماء والجنس والإخراج والنوم، وإذا لم تشبع فإنها تسيطر سيطرة كاملة على حياة الفرد.

ثانيا: حاجات الأمن Safety Needs

حين تشبع الحاجات الفسيولوجية على نحو مرضي تبزغ أو تظهر حاجات الأمن كدوافع مسيطرة وهذه الحاجة تشتمل على الحاجة إلى البنية والنظام والأمن والقابلية للتنبؤ.

وتشمل مجموعة من الحاجات المتصلة بالحفاظ على الحالة الراهنة، وضمان نوع من النظام والأمان المادي والمعنوي مثل الحاجة إلى الإحساس بالأمن، والثبات، والنظام، والحماية، والاعتماد على مصدر مشبع للحاجات، وضغط مثل هذه الحاجات يمكن أن يتبدى في شكل مخاوف مثل الخوف من المجهول، أو من الغموض أو من الفوضى واختلاط الأمور أو الخوف من فقدان التحكم في الظروف المحيطة.

ويرى ماسلو أن هناك ميلا عاما إلى المبالغة في تقدير هذه الحاجة، وأن النسبة الغالبة من الناس يبدو أنهم غير قادرين على تجاوز هذا المستوى من الحاجات والدوافع.

ثالثا: حاجات الانتماء والحب Belongingness and Love Needs

عندما تشبع الحاجات الفسيولوجية وحاجات الأمن إشباعا أساسيا فإن الفرد يدفع بالحاجة إلى التواد، والناس بحاجة إلى أن يكونوا موضع حب وإلى أن يحبوا، وإذا لم تشبع هذه الحاجات فإن الشخص يشعر بالوحدة والانعزال.

وتشمل مجموعة من الحاجات ذات التوجه الاجتماعي مثل الحاجة إلى علاقة

حميمة مع شخص آخر، والحاجة إلى أن يكون الإنسان عضوا في جماعة منظمة، و الحاجة إلى بيئة أو إطار اجتماعي يحس فيه الإنسان بالألفة مثل العائلة أو الحي أو الأشكال المختلفة من الأنظمة والنشاطات الاجتماعية. وتظهر في مستويين:

المستوى الأدنى أو مستوى الحب الناشئ عن النقصlove-Deficit or D وفيه يبحث الإنسان عن صحبة أو علاقة تخلصه من توتر الوحدة وتساهم في إشباع حاجاته الأساسية الأخرى مثل الراحة والأمان والجنس.

المستوى الأعلى أو مستوى الكينونةlove - Being or B وفيه يقيم الإنسان علاقة خالصة مع آخر كشخص مستقل، كوجود آخر يحبه لذاته دون رغبة في استعماله أو تغييره لصالح احتياجاته هو.

رابعا: حاجات التقدير Esteem Needs

لو أن شخصا كان محظوظا بالقدر الكافي بحيث يشبع حاجاته الفسيولوجية وحاجاته إلى الأمن والانتماء والحب، فإن الحاجة للتقدير سوف تسيطر على حياته، وتتطلب هذه الحاجة تقديرا من الآخرين وهذا التقدير يؤدي إلى إيجاد مشاعر لدى الفرد بأنه متقبل وذو مكانة وشهرة وإلى تقديره لذاته الذي يؤدي بدوره إلى مشاعر الكفاءة والثقة والسداد.

وهذا النوع من الحاجات كما يراه ماسلو له جانبان:

أ- جانب متعلق باحترام النفس أو الإحساس الداخلي بالقيمة الذاتية.

ب- جانب متعلق بالحاجة إلى اكتساب الاحترام والتقدير من الخارج، ويشمل الحاجة إلى اكتساب احترام الآخرين، والسمعة الحسنة، والنجاح والوضع الاجتماعي المرموق والشهرة والمجد.

وماسلو يرى أنه بتطور السن والنضج الشخصي يصبح الجانب الأول أكثر قيمة وأهمية للإنسان من الجانب الثاني.

خامسا: حاجات تحقيق الذات Self - actualization والحاجات العليا Meta needs

تحت عنوان تحقيق الذات يصف ماسلو مجموعة من الحاجات أو الدوافع العليا التي لا يصل إليها الإنسان إلا بعد تحقيق إشباع كاف لما يسبقها من الحاجات الدنيا، وتحقيق الذات هنا يشير إلى حاجة الإنسان إلى استخدام كل قدراته ومواهبه وتحقيق كل إمكاناته الكامنة وتنميتها إلى أقصى مدى يمكن أن تصل إليه، وهذا التحقيق للذات لا يجب أن يفهم في حدود الحاجة إلى تحقيق أقصى قدرة أو مهارة أو نجاح بالمعنى الشخصي المحدود، وإنما هو يشمل تحقيق حاجة الذات إلى السعي نحو قيم وغايات عليا مثل الكشف عن الحقيقة، وخلق الجمال، وتحقيق النظام، وتأكيد العدل.

مثل هذه القيم والغايات تمثل في رأي ماسلو حاجات أو دوافع أصيلة وكامنة في الإنسان بشكل طبيعي مثلها في ذلك مثل الحاجات الأدنى إلى الطعام والأمان والحب والتقدير هي جزء لا يتجزأ من الإمكانات الكامنة في الشخصية الإنسانية والتي تلح من أجل أن تتحقق لكي يصل الإنسان إلى مرتبة تحقيق ذاته والوفاء بكل دوافعها أو حاجاتها.

شعر ماسلو بأن الرغبة في المعرفة والفهم والحاجات الجمالية مرتبطة بإشباع الحاجات الأساسية وما زالت، وبعبارة أخرى فإن المعرفة والفهم والحاجات الجمالية أداتان تستخدمان لحل المشكلات والتغلب على العقبات وبالتالي إتاحة الفرص لإشباع الحاجات الأساسية. ولذلك تم إضافة هاتين الحاجتين كما يلي:

أولا: الحاجات الجمالية Aesthetic needs

وهذه الحاجة تشمل على: عدم احتمال الاضطراب والفوضى والقبح والميل إلى النظام، والتناسق، والحاجة إلى إزالة التوتر الناشئ عن عدم الاكتمال في عمل ما أو نسق ما.

ثانيا: الحاجات المعرفية Cognitive needs

وتشمل الحاجة إلى الاستكشاف والمعرفة والفهم، وقد أكد ماسلو على أهميتها في

الإنسان بل أيضًا في الحيوان، وهي في تصوره تأخذ أشكالا متدرجة، تبدأ في المستويات الأدنى بالحاجة إلى معرفة العالم واستكشافه بما يتسق مع إشباع الحاجات الأخرى ثم تتدرج حتى تصل إلى نوع من الحاجة إلى وضع الأحداث في نسق نظري مفهوم، أو إيجاد نظام معرفي يفسر العالم والوجود، وهي في المستوى الأعلى تصبح قيمة يسعى الإنسان إليها لذاتها بصرف النظر عن علاقتها بإشباع الحاجات الأدنى.

نمو السلوك السوي لدى الإنسان:

الوليد كما يرى ماسلو ليس صفحة بيضاء، فكل وليد يأتي إلى هذا العالم له طبيعته، وإمكانياته الأساسية الداخلية، إن لديه إمكانات موروثة وجبلية ومواهب ومزاج وحاجات. ويصف ماسلو هذه الطبيعة الداخلية بأن لها جذورها الغريزية، وهذه الطبيعة الداخلية ليست سيئة ولكنها إما أن تكون حيادية أو خيرة.

إن الذين يحققون طبيعتهم الداخلية يعملون ما هو خير لأنفسهم وللآخرين من منطلق الحب، وليس من منطلق الخوف، إنهم يعملون ما هو خير لأنهم يريدون عمله، وليس لأن عليهم أن يعملوه.

خصائص الأفراد الذين يحققون ذاتهم كما أشار لها ماسلو:

1- يدركون الواقع إدراكا صحيحا وتاما: ومدركاتهم لا تتخذ لونا بسبب حاجات معينة أو حيل دفاعية.

2- يظهرون تقبلا أعظم من غيرهم لأنفسهم وللآخرين وللطبيعة بصفة عامة، فهم يتقبلون الأشياء على ما بها من خير وما بها من سوء، فهم لا ينكرون الجوانب السلبية في أي فرد أو أي شيء، وهم أكثر تسامحا مع الأشياء والأفراد كما هي وكما هم.

3- يتميزون بالتلقائية والبساطة والطبيعية فهم صادقون مع مشاعرهم، وما يشعرون به في الحقيقة يعبر عنهم قولا وعملا.

4- يميلون إلى الاهتمام بالمشكلات وليس الاهتمام بأنفسهم، فهم عادة يتصدون لتحقيق أهدافهم والدفاع عنها ويلتزمون بها.

5- يتميزون بنوع من الانعزال والحاجة إلى الخصوصية فهم لا يحتاجون إلى احتكاك مستمر مع الآخرين.

6- مستقلون ذاتيا وبالتالي يميلون إلى الاستقلال عن بيئتهم وثقافتهم فقد صاروا من القوة بحيث يستغنون عن رأي الآخرين الجيد فيهم أو حتى عن عاطفتهم وحبهم.

7- يظهرون تذوقا مستمرا ومتجددا فهم يجدون متعة متجددة في خبراتهم، فكل شروق جميل بالنسبة لهم كأنهم يرونه لأول مرة، فالزواج مثير بالنسبة لهم بعد أربعين سنة كما كان عند بدايته، فهم يجدون إلهاما عظيما ومتعة في خبرات الحياة اليومية الأساسية.

8- يميلون إلى التوحد مع الإنسانية كلها فاهتماماتهم لذاتهم بالآخرين لا تقتصر على أصدقائهم وأسرتهم بل تمتد وتتسع لتشمل الناس جميعا في جميع الثقافات في العالم كله.

9- يميلون إلى تقبل القيم الديمقراطية فهم لا يستجيبون للآخرين على أساس الجنس أو المكانة أو الدين، ويودون أي فرد له خلق مناسب بغض النظر عن الطبقة الاجتماعية والتربية والمعتقد السياسي والجنس واللون.

10- لديهم روح دعابة نامية وغير عدوانية فهم يدركون الجانب الظريف والفكه من الأشياء الخاصة بهم، والتي قد يراها الآخرون محطمة ومؤذية للمشاعر.

11- مبتكرون ومبدعون وفي نفس الوقت متواضعون فقد يكون أحدهم صانع أحذية أو نجار أو كاتب ولديه تحقيق لذاته (جابر،1986والربيع،1986).

وفيما يلي شكلا يوضح ترتيب الحاجات لدى ماسلو:

وتعد هذه النظرية على قدر كبير من الصواب، فكثير من الأفراد يعتمدون على مبدأ إشباع الحاجات حسب ترتيبها في سلم ماسلو، بصرف النظر عن الظروف.

عاشرا: النظرية التكاملية المتعدد المداخل Multidisciplinary Approach

هي إحدى النظريات المعنية في دراسة النمو الإنساني من الاتجاهات الحديثة والمعاصرة، ذلك أن هذا الاتجاه يؤكد على حقيقة علمية فحواها، أن الفرد يعتبر وحدة بشرية على درجة عالية من التعقيد والتكامل، وان أي مؤثر في جانب من جوانب هذه الوحدة تتأثر به الجوانب الأخرى (مبدأ التكامل) ولذلك يجب دراسة أبعاد هذه الوحدة البشرية من خلال علوم التخصص المختلفة.

وعلى هذا فدراسة ظاهرة النمو الإنساني تحتاج إلى تكاتف جهود العديد من العلماء على اختلاف شاكلتهم وتخصصاتهم واتجاهاتهم ومدارسهم العلمية المختلفة. فدراسة النمو الإنساني HumanDevelopment تحتاج إلى جهود ودراسات وأبحاث علماء البيولوجي Biology وعلم الأجنة Embryology وعلم الطب Medicine لإبراز الجوانب الوراثية والتكوينية والباثولوجية في جوانب النمو البيولوجي للإنسان، وجهود علماء النفس Psychology والتحليل النفسي Psychoanalysis لإبراز المبادئ العامة التي تحكم السلوك الإنساني وتفسره، ومعرفة أبعاد وأغوار النفس الإنسانية وأسباب اضطراباتها، وجهود علماء الاجتماع Sociology والانثروبولوجيا Anthropology لمعرفة أبعاد العلاقات الاجتماعية للفرد والمؤسسات الاجتماعية التي لها تأثير في أبعاد تطبيعه الاجتماعي وتنشئته الاجتماعيةSocialization وتشكيل سلوكه الاجتماعي بوجه عام، وجهود علماء التربية Education في إلقاء الضوء على عملية التعلم ودور المؤسسات التربوية التي تهتم بعملية التعليم والتعلم الإنساني.

الفصل الثالث

مناهج البحث في النمو الإنساني

- تعريف المنهج العلمي.
- مصادر جمع المعلومات عند دراسة علم نفس النمو.
- المنهج الوصفي.
- الطرائق التجريبية **Experimental Methods**.
- الطريقة الإرتباطية **Correlational Method**.
- الطريقة الإكلينيكية **Clinical Method**.
- معوقات دراسة الأطفال.

تعريف المنهج العلمي

العلم هو: مجموعة من المعارف المنظمة تدور حول فئة معينة من الظواهر، استخدم المنهج العلمي في جمعها وترتيبها وتنظيمها للوصول إلى القوانين والمبادئ العامة التي تفسر تلك الظواهر والتنبؤ بحدوثها. المنهج هو: الطريقة والأسلوب الذي يتبعه الباحثون للإجابة على الأسئلة التي يثيرها موضوع البحث.

المنهج العلمي هو: ذلك المنهج الذي يضع حداً فاصلاً بين ما هو علمي وما هو غير علمي. وعلم النفس لم يتقدم إلا بإتباعه الأسلوب العلمي في البحث عامة. وبإتباعه المنهج التجريبي خاصة. ويشترك علم النفس مع العلوم الأخرى في أنه يهدف إلى الكشف على القوانين التي تحكم الظواهر السلوكية المختلفة والتي تساعد على التنبؤ بحدوثها مستخدماً في ذلك منهج البحث العلمي. وهنالك إمكانية القياس في علم النفس النمو حيث يعتمد علم النفس النمو على المنهج العلمي في البحث معبراً عما يصل إليه من نتائج تعبيراً كمياً.

كما يقصد بالمنهج العلمي: الخطوات التي يتبعها الباحث أو العالم للوصول إلى الحقيقة المتعلقة بالظاهرة التي يبحثها. وعلى العالم أو الباحث أن يكيف خطوات بحثه وأسلوبه وفق الطبيعة الخاصة لعلمه، وأيضًا وفقا للظاهرة المعنية التي يكون بصدد بحثها. ومن هنا اختلفت مناهج البحث في علم النفس.

ويعد البحث في علم نفس النمو عملية منظمة للتوصل إلى حلول المشكلات، أو إجابات عن تساؤلات تستخدم فيها أساليب في الاستقصاء والملاحظة، مقبولة ومتعارف عليها بين الباحثين في مجال علم نفس النمو، ويمكن أن تؤدي إلى معرفة جديدة. وأيا كان المنهج العلمي المستخدم في البحث في علم النفس النمو، فإنه يستخدم ويطبق خطوات الطريقة العلمية وهي:

1- **تحديد المشكلة وصياغتها في شكل سؤال أو عبارة واضحة موضوعية:**

المشكلة هي كل موقف ينطوي على سؤال أو أسئلة، لا يجد الباحث جوابا مقنعا لها، ويقرر أنها تستحق البحث، وتساوي أي جهد يبذل في الوصول إلى إجابة لها. ويعود إلى المشكلة فيحكم تحديدها ويصوغها صياغة واضحة المدلول لا تحتمل اللبس ولا التأويل من جهة، وتكون قابلة للقياس من جهة أخرى، فلو اختار على سبيل المثال مشكلة للبحث كهذه: هل يختلف الأطفال الذين يربون في مؤسسات خاصة في نموهم اللغوي عن أولئك الذين يربون في البيت؟ إن مشكلة بهذه الصياغة وبهذه المفردات

تعد مشكلة غائمة وغير صالحة للبحث، فمن هم الذين يربون في البيت؟ هل هم أولئك الذين ينشأون في ظل والدين أو الذين يربون في ظل واحد منهما؟ وهل يستوي وجود الأم في البيت خلال النهار وغيابها عنه إبان ذلك إن كانت عاملة؟ ومن هم المقصودين "بالذين يربون" هل هم الأخوة أم التوائم؟ إلى غير ذلك من أمور التي تساعد على صياغة دقيقة للمشكلة، فلا ترد فيها كلمة إلا وكانت من النوع الذي ينطوي على معنى لا يختلف عليه ولا مصطلحا أو مفهوما إلا وكان معرفا تعريفا إجرائيا، ذلك إن إحكام تحديد المسائل بداية لحلها كما يقول الفلاسفة.

2- **جمع المعلومات عنها،ومراجعة الدراسات السابقة:**

بعد تحديد المشكلة فإن الباحث في علم نفس النمو ينتقل بعد ذلك إلى جمع المعطيات بطريقة منهجية يتحدد فيها نمط المعلومات التي قد تحل المشكلة، ومتى وأين وكيف يجمعها؟.

3- وضع الفروض التي تفسر المشكلة:

مما يساعد في تحديد المسائل وتوضيحها أن يعبر عنها على شكل فرضية **Hypothesis** أي أن يكوّن الباحث تخمينا تقديريا للحل الذي يمكن أن يصل إليه، على أن يصاغ هذا التخمين بعبارة قابلة للقياس، ويفضل بعض الباحثين أن تصاغ الفرضية صياغة صفرية، أو محايدة تحسبا من تحيز الباحث، للنتيجة التي تفترضه فرضيته سلفا. ولهذا فالصياغة الثانية خير من الأولى، لأنه يستوي لدى الباحث وجود فرق في التنبؤ من عدمه.

4- **اختبار صحة الفروض:**

وفي خطوة لاحقة يقوم الباحث بتحليل لما تجمع من البيانات مستخدما في ذلك أدوات إحصائيا معينة، بغية معرفة المدى الذي فيه تدعم هذه البيانات الفرضية أو تفندها، فالأصل فيما يتحصل لدى الباحث من بيانات ومعطيات هو أن تدعم الفرضية

أو تنفيها. وعلى الباحث هنا أن ينظر نظرة العالم إلى المعطيات، وينظر إليها نظرة نقدية ويحاكمها محاكمة منطقية، فيشك في صحة التقارير الذاتية مثلا، لأنها قد تكون ناتجة عن تحيز الأفراد، إلى أن يطمئن إلى صحتها. وإذا لم تكن هذه المعطيات متسقة مع بعضها بعض عليه أن يجمع المزيد منها لترجيح كفة بعضها، وعليه أيضًا أن لا يتعجل النظر إلى النتائج وألا يبالغ في تبسيط التفاسير، وأن يحكم النظر في أي تفسير بديل.

5- **الوصول إلى النتائج ومناقشتها:**

المرحلة الأخيرة هي استخلاص النتائج وصياغة التعميمات التي ثبتت صحتها، ومن الشروط الواجب توافرها في صحة هذه التعميمات أنه حينما تتماثل ظروف مواقف أخرى مع الموقف الحالي، لا بد من توقع نفس النتائج أو الوصول إليها، يضاف إلى ذلك أنه في ضوء هذه التعميمات يفتح المجال أمام فرضيات وأبحاث جديدة، فتتراكم بذلك المعارف الإنسانية وتتزايد.

وسيتم الحديث في هذا الإطار عن مصادر جمع المعلومات والطرق المختلفة في دراسة علم نفس النمو ضمن العناوين التالية:

☞ مصادر جمع المعلومات في علم نفس النمو.

☞ المنهج الوصفي.

☞ الطرائق التجريبية Experimental Methods.

☞ الطريقة الإرتباطية Correlational Method.

☞ الطريقة الإكلينيكية Clinical Method.

مصادر جمع المعلومات في علم نفس النمو وأهمها

وتتضمن أربع فئات من الطرق الأساسية لجمع المعلومات وهي: المقابلة، الاستبيان، ودراسة الحالة ومعلومات الأطفال.

أولا: المقابلة Interviews

يطلق على المقابلة لفظ "الاستبار" ويرجع ذلك إلى الأصل اللغوي للكلمة فالاستبار من سبر واستبر الجرح أو البئر أو الماء أي امتحن غوره ليعرف مقداره واستبر الأمر جربه واختبره.

ويعرف بنجهان Bing Han المقابلة بأنها: المحادثة الجادة الموجهة نحو هدف محدد غير مجرد الرغبة في المحادثة لذاتها، وينطوي هذا التعريف على عنصرين رئيسيين هما:

أ- المحادثة بين شخصين أو أكثر في موقف مواجهة، ويرى بنجهام أن الكلمة ليست هي السبيل الوحيد للاتصال بين شخصين فخصائص الصوت وتعبيرات الوجه ونظرة العين والهيئة والإيماءات والسلوك العام كل ذلك يكمل ما يقال.

ب- توجيه المحادثة نحو هدف محدد ووضوح هذا الهدف شرط أساسي لقيام علاقة حقيقية بين القائم بالمقابلة وبين المبحوث.

مزايا المقابلة:

1- للمقابلة أهميتها في المجتمعات التي تكون فيها درجة الأمية مرتفعة.

2- تتميز المقابلة بالمرونة فيستطيع القائم بالمقابلة أن يشرح للمبحوثين ما يكون غامضا عليهم من أسئلة وأن يوضح معاني بعض الكلمات.

3- تتميز بأنها تجمع بين الباحث والمبحوث في موقف مواجهة وهذا الموقف يتيح للباحث فرصة التعمق في فهم الظاهرة التي يدرسها وملاحظة سلوك المبحوث كما أن المقابلة تساعد الباحث على الكشف عن التناقض في الإجابات ومراجعة المبحوث في تفسير أسباب التناقض.

4- توجه الأسئلة في المقابلة بالترتيب والتسلسل الذي يريده الباحث فلا يطلع المبحوث على جميع الأسئلة قبل الإجابة عنها كما قد يحدث في الاستبيان.

5- تضمن المقابلة للباحث الحصول على معلومات من المبحوث دون أن يتناقش مع غيره من الناس أو يتأثر بآرائهم ولذا تكون الآراء التي يدلي بها المبحوث أكثر تعبيرا عن رأيه الشخصي.

6- يغلب أن تحقق المقابلة تمثيلا أكبر وأدق للمجتمع لأن القائم بالمقابلة يستطيع الحصول على بيانات من جميع المبحوثين خصوصا إذا أحسن عرض الغرض من البحث عليهم واختيار الوقت المناسب للاتصال بهم.

7- يحصل القائم بالمقابلة على إجابات لجميع الأسئلة.

عيوب المقابلة:

1- تتعرض النتائج التي يتم الحصول عليها إلى أحكام شخصية راجعة إلى التحيز في التقديرات والتفسيرات الشخصية.

2- قد لا يكون المبحوث صادقا فيما يدلي به من بيانات فيحاول تزييف الإجابات.

3- تحتاج المقابلة إلى عدد كبير من جامعي البيانات.

4- كثرة تكاليف الانتقال التي يتكبدها القائمون بالمقابلة و ضياع كثير من الوقت في التردد على المبحوثين.

5- في المقابلة كثيرا ما يمتنع المبحوث عن الإجابة عن الأسئلة الخاصة أو الأسئلة التي يخشى أن يصيبه ضر مادي أو أدبي إذا أجاب عنها.

ثانيا: الاستبيان Questionnaire

وهي إحدى وسائل جمع المعلومات في علم نفس النمو، وقوامها الاعتماد على مجموعة من الأسئلة تتناول الميادين التي يشمل عليها البحث وتعطينا إجابات البيانات اللازمة للكشف عن الجوانب التي حددها الباحث.

طرق تقديم الاستبيان:

يمكن أن تقدم الاستبيانات بطريقتين إما بطريقة:

1- **البريد أو المواجهة** ويسمى الاستبيان أحيانا في الحالة الأخيرة باسم "استمارة البحث" وخاصة إذا مُلأ بواسطة الباحث لا بواسطة المبحوث.

2- **الاتصال المباشر:** والمقصود بالاتصال استخدام وسائل الاتصال المتاحة مثل التليفون والفاكس والجريدة والانترنت وغيرها. يوصل الباحث أسئلته للمبحوث عبر واحدة من وسائل الاتصال المذكورة ويستقبل الإجابات عبر نفس الوسيلة. وحينما يقوم الباحث شخصيا بتقديم الاستبيان فإنه يستطيع أن يشرح هدف البحث ومغزاه أن يوضح بعض النقاط ويجيب عن الأسئلة التي تثار ويثير دوافع المستفتين للإجابة عن الأسئلة بعناية وصدق، إلاّ أن إحضار مجموعة من المفحوصين للإجابة عن الاستبيان غالبا ما تكون متعذرة كما أن مقابلة الأعضاء فرديا قد تكون غالية التكاليف وتستنفد الوقت ومن ثم يكون من الضروري في أغلب الأحيان إرسال الاستبيانات بالبريد.

مزايا الاستبيان:

1- يستفاد من الاستبيان إذا كان أفراد البحث منتشرين في أماكن متفرقة ويصعب الاتصال بهم شخصيا وفي هذه الحالة يستطيع الباحث أن يرسل إليهم الاستبيان بالبريد فيحصل منهم على الردود بأقل جهد و أقصر وقت ممكن.

2- يتميز بقلة التكاليف والجهد.

3- يعطي الاستبيان البريدي لأفراد البحث فرصة كافية للإجابة عن الأسئلة بدقة خاصة إذا كان نوع البيانات المطلوبة متعلقا بجميع أفراد الأسرة.

4- يسمح الاستبيان البريدي للأفراد بكتابة البيانات في الأوقات التي يرونها مناسبة لهم دون أن يتقيدوا بوقت معيّن.

5- يتوفر للاستفتاء ظروف التّقنين أكثر مما يتوفر لوسيلة أخرى من وسائل جمع البيانات وذلك نتيجة التّقنين في الألفاظ وترتيب الأسئلة وتسجيل الإجابات.

6- يساعد الاستبيان في الحصول على بيانات حساسة أو محرجة ففي كثير من الأحيان يخشى المبحوث إعلان رأيه أو التصريح به أمام الباحث.

7- لا يحتاج الاستبيان إلى عدد كبير من جامعي البيانات نظرا لأن الإجابة عن الأسئلة وتسجيلها لا يتطلب إلا المبحوث وحده دون الباحث.

عيوب الاستبيان:

1- نظرا لأن الاستبيان يعتمد على القدرة اللفظية فإنه لا يصلح إلا إذا كان المبحوثين مثقفين أو على الأقل ملمين بالقراءة والكتابة.

2- تتطلب استمارة الاستبيان عناية فائقة في الصياغة والوضوح والسهولة والبعد عن المصطلحات الفنية، فالاستمارة لا تصلح إذا كان الغرض من البحث يتطلب قدرا كبيرا من الشرح أو كانت الأسئلة صعبة نوعا ما أو مرتبطة ببعضها.

3- لا يصلح الاستبيان إذاكان عدد الأسئلة كبيرا، لأن ذلك يؤدي إلى ملل المبحوثين وإهمالهم الإجابة عن الأسئلة.

4- تقبل الإجابات المعطاة في الاستمارة على أنها نهائية و خاصة في الحالات التي لا يكتب فيها المبحوث اسمه ففي مثل هذه المواقف لا يمكن الرجوع إليه والاستفسار منه عن الإجابات الغامضة أو المتناقضة أو استكمال ما قد يكون بالاستمارة من نقص.

5- يستطيع المبحوث عند إجابته عن أي سؤال من أسئلة الاستبيان أن يطّلع على الأسئلة التي تليه.

6- لما كان الاستبيان يعتمد على التقرير اللفظي للشخص نفسه فإن هذا التقرير قد يكون صادقا أو غير صادق.

7- في غالب الأحيان يكون العائد من الاستبيانات البريدية قليلا ولا يمثل المجتمع تمثيلا صحيحا.

ثالثا: دراسة الحالة Case Study

وفي هذه الطريقة يتم تحليل تاريخ حياة الفرد في كل مرحلة من مراحل النمو للتعرف على المظاهر العامة وتفسيرها.

رابعا: معلومات عن الأطفال

ومن أمثلة ذلك رسوم الأطفال ومن الممكن عن طريق تحليل هذه الرسوم أن نعرف الكثير عن اهتمامات الأطفال وإدراكهم للعالم المحيط بهم، وعلاقاتهم الاجتماعية بوالديهم وإخوتهم وأقاربهم، كذلك فإن كتابات الأطفال سواء التي يكتبونها من تلقاء أنفسهم أو بناء على طلب الكبار لها فائدة هامة.

المنهج الوصفي Descriptive Method

يمكن تعريف المنهج الوصفي بأكثر من طريقة فهو:

البحث الذي يهدف إلى وصف الظاهرة المدروسة، أو تحديد المشكلة أو تبرير الظروف والممارسات، أو التقييم والمقارنة، أو التعرف على ما يعمله الآخرون في التعامل مع الحالات المماثلة لوضع الخطط المستقبلية.

أو ذلك النوع من البحوث الذي يتم بواسطته استجواب جميع أفراد مجتمع البحث أو عينة كبيرة منهم، وذلك بهدف وصف الظاهرة المدروسة من حيث طبيعتها ودرجة وجودها فقط، دون أن يتجاوز ذلك دراسة العلاقة أو استنتاج الأسباب.

أو عدد من مناهج البحث التي تشترك في هدف واحد هو الحصول على المعلومات من مجموعة من الأفراد بشكل مباشر، والدراسة الوصفية دراسة شاملة لعدد كبير من الحالات في وقت معين.

عندما يريد الباحث دراسة ظاهرة ما فإن أول شيء يقوم به هو وصف هذه الظاهرة التي يريد دراستها وجمع أوصاف ومعلومات دقيقة عنها، وهذا المنهج يعتمد على دراسة الظاهرة كما توجد فعلاً بالواقع كما يهتم بوصفها وصفاً دقيقاً ويعبر عنها تعبيراً كيفياً أو تعبيراً كمياً، بحيث يصف التعبير الكيفي الظاهرة ويوضح خصائصها، أما التعبير الكمي فيعطي وصفاً رقمياً بحيث يوضح مقدار هذه الظاهرة أو حجمها ودرجات ارتباطها مع الظواهر المختلفة الأخرى.

ويعد المنهج الوصفي من أكثر مناهج البحث في علم نفس النمو ملاءمة للواقع وخصائصه. وهو الخطوة الأولى نحو تحقيق الفهم الصحيح لهذا الواقع. إذ من خلاله يمكن الإحاطة بكل أبعاد هذا الواقع، محددة على خريطة، تصف وتصور بكل دقة كافة ظواهره وسماته. وقد واكب المنهج الوصفي نشأة علم النفس النمو.

ويهدف المنهج الوصفي إلى جمع أوصاف دقيقة علمية للظاهرة موضوع الدراسة في وضعها الراهن وإلى دراسة العلاقات التي توجد بين الظواهر المختلفة، ومن أهم طرق المنهج الوصفي المستخدمة في علم نفس النمو ما يلي:

أولا: الملاحظة Observation

- **مفهومها:** تعني الانتباه إلى ظاهرة أو حادثة معينة أو شيء ما بهدف الكشف عن أسبابها وقوانينها. وتعرف كذلك بأنها المراقبة المقصودة لرصد ما يحدث وتسجيله كما هو.

- **أنواعها:** يمكن تقسيم الملاحظة إلى أنواع عديدة من أهمها:

أ- أنواع الملاحظة من حيث طبيعتها:

- الملاحظة البسيطة (غير المباشرة) غير المضبوطة والتي تتضمن صورا مبسطة من المشاهد والاستماع بحيث يقوم الملاحظ فيها بملاحظة الظواهر

والإحداث والمواقف وجها لوجه وكما تحدث تلقائيا في ظروفها الطبيعية دون إخضاعها للضبط العلمي.

- الملاحظة المنظمة: (المباشرة) المضبوطة وهي الملاحظة العلمية بالمعنى الصحيح، تحدث بدون اتصال بين الملاحظين والفرد الخاضع للملاحظة الذين لا يدركون بأنهم موضع ملاحظة وتتم ضمن مكان مجهز، بحيث تتم في ظروف مخطط لها ومضبوطة ضبطا علميا دقيقا. وتختلف الملاحظة المنظمة عن الملاحظة البسيطة من حيث أنها تتبع مخططا مسبقا، ومن حيث كونها تخضع لدرجة عالية من الضبط العلمي بالنسبة للملاحظ ومادة الملاحظة، كما يحدد فيها ظروف الملاحظة كالزمان والمكان.

ب- من حيث القائمين على الملاحظة.

- الملاحظة الفردية التي يقوم بها شخص واحد.

- الملاحظة الجماعية التي يقوم بها أكثر من شخص واحد.

ج- من حيث ميدان الملاحظة.

- الملاحظة في الطبيعة: وتستعمل في العلوم الطبيعية كما تستعمل في العلوم السلوكية.

- الملاحظة في المختبر: ويقصد بها التجريب من حيث ضبط المتغيرات المحيطة بالمتغير موضوع البحث

- الملاحظة في العيادة: وهي طريقة يلجأ إليها المعالجون النفسيون والمرشدون والمشرفون التربويون بهدف التشخيص والعلاج.

د- وفقا لدور الملاحظ، فإنه يمكن تقسيم الملاحظة إلى:

1- ملاحظة من غير مشاركة، وهذا النوع من الملاحظة يلعب فيها الملاحظ دور المتفرج أو المشاهد بالنسبة للظاهرة أو الحدث أو الموقف موضوع الملاحظة مثل ملاحظة مواقف اللعب أو إثناء تفاعل الطفل مع الآخرين أو مواقف الإحباط.

2- الملاحظة بالمشاركة: وهذا النوع من الملاحظة يقوم فيها الملاحظ بدور العضو المشارك في حياة الجماعة بحيث يندمج مع المفحوصين ويشاركهم نشاطاتهم ويسجل البيانات الضرورية عنهم وهنا يفضل مشاركة أكثر من ملاحظ لضمان اكبر قدر من الموضوعية موضوع البحث.

أهمية الملاحظة في دراسة علم نفس النمو فمن خلالها:

1- ندرس السلوك الذي لا يمكن استحضاره أو إحداثه في المختبر.

2- ندرس السلوك الذي يمكن أن يصيبه التشويه والتغير.

3- ندرس السلوك الذي تمنعنا الضوابط الخلقية استحضاره في المختبر.

عوامل نجاح الملاحظة في علم نفس النمو:

هناك مجموعة من العوامل التي يجب أخذها في الاعتبار للحصول على بيانات مفيدة عند استخدامك وسيلة الملاحظة في جمع البيانات:

1- الحصول على معلومات مسبقة عن الشيء الذي تود مشاهدته، وكباحث نفسي عليه تقرير الجوانب التي عليه ملاحظتها والظواهر التي تستحق التسجيل.

2- اختبار الأهداف العامة والمحددة التي تحتاج إلى البحث، بحيث تملي عليه الظواهر التي يجب ملاحظتها مما يتيح له الحصول على بيانات أكثر دقة ووضوحا لإغراض دراسته وعمله.

3- اعتماد طريقة محددة لتسجيل النتائج بوضع برنامج محدد أو قائمة محددة بالأمور التي يجب ملاحظتها. وكيفية إثباتها مما يساعده بالضرورة في الانتهاء من عملية تسجيل البيانات بسرعة وبكفاءة وبأقل كمية من الكتابة.

4- استعمال الملاحظة المنظمة بتخصيصه وقتا معينا خارج عمله اليومي من أجل ملاحظة نمط سلوكي محدد يقوم فيه الفرد.

5- تنظيم المواقف السلوكية الاختيارية للتحقق من عدم دقة الحكم على سلوك شخص ما بواسطة الملاحظة الاجتهادية.

6- استخدام وسائل تقنية خلال ملاحظته مثل القوائم، مقاييس التقدير، السجلات النفسية، وجداول المشاركة البيانية.

7- التدرب جيدا على الوسائل التقنية التي ينوي استخدامها في الملاحظة.

مزايا الملاحظة:

تستعمل الملاحظة كأداة في جمع البيانات والمعلومات، بخاصة في دراسة الظاهرات الاجتماعية، ودراسة تحليل المضمون والوثائق، وأهم مزاياها:

1- دقة المعلومات؛ بسبب ملاحظة الظواهر في ظروفها الطبيعية.

2- الملاحظة من أكثر وسائل جمع المعلومات فائدة؛ للتعرف على الظاهرة أو الحادثة.

3- دقة التسجيل؛ بسبب إجرائه أثناء فترة الملاحظة.

4- أسلوب الملاحظة الأسلوب الأكثر أهمية في حال عدم التمكن من استخدام أسلوبي المقابلة والاستبيان لجمع المعلومات: كدراسة الظاهرات الطبيعية

5- تسمح بالتعرف على بعض الظواهر أو الحوادث؛ التي قد لا يفكر الباحث أو المبحوث بأهميتها إذا ما تم استخدام الاستبيان أو المقابلة.

6- يمكن إجراء الملاحظة على عدد قليل من المفحوصين.

7- تمكن الباحث النفسي من جمع بيانات تحت ظروف سلوكية مألوفة.

8- تمكن الباحث النفسي من جمع حقائق عن السلوك في نفس وقت حدوثه.

9- لا تعتمد كثيرا على الاستنتاجات.

عيوب الملاحظة:

1- يغير الملاحظون سلوكهم إذا شعروا بإجراء الملاحظة.

2- قد تستغرق الملاحظة وقتا طويلا وجهدًا وتكلفة مرتفعة من الباحث.

3- قد يحدث تحيز من الباحث: إما بسبب تأثره بالأفراد، أو عدم نجاحه في تفسير ظاهرة ما.

4- هناك عوامل دقيقة تؤثر على السلوك في أثناء الملاحظة؛ مما يؤثر في دقة الملاحظة.

5- قد تعيق في بعض الحالات عوامل غير منظورة عملية القيام بالملاحظات كتقلبات الطقس.

ثانيا: الطريقة الطولية Longitudinal Method

وفي هذه الطريقة يتبع الباحث الظاهرة النمائية عبر الزمن، فلو كان الباحث ينظر في النمو اللغوي لدى طفل من الميلاد إلى خمس سنوات، فإن عليه ملاحظة نموه اللغوي طوال هذه الفترة. وتنطبق هذه الطريقة على عينات صغيرة جدا قد تصل إلى فرد واحد وتتطلب مزيدا من الوقت والجهد والصبر، لكن النتائج في الغالب يصعب تعميمها.

تطبيق البحث الطولي:

ويطبق فقط عندما يكون الهدف من البحث ما يلي:

أ - معرفة مقدار النمو والتطور أو التغير الذي يحصل بفعل عامل الزمن على استجابة العينة نحو الموقف المطروح.

ب- معرفة مدى الثبات والتغير في الاتجاهات السائدة نحو الموقف المطروح بعد مرور مدة من الزمن دون التزام بعينات ثابتة أو مجتمع بحث ثابت.

ج- معرفة مدى الثبات والتغير في الاستجابة مجتمع البحث نحو الموقف المطروح بواسطة اختيار عينات مختلفة منه، تطبق عليه الدراسة بأوقات مختلفة.

د- معرفة مدى الثبات والتغير في استجابة عينة البحث نحو الموقف المطروح بعد مرور مدة من الزمن.

خطوات تطبيق البحث الطولي:

1- توضيح المشكلة وتحديد أهداف البحث.

2- مراجعة الدراسات السابقة.

3- تصميم البحث.

4- جمع المعلومات.

5- تحليل المعلومات وعرض النتائج.

مميزات البحث الطولي:

إن المسح الطولي وبالذات الطولي يعد أسلوب بحث جيد وينتهي بالباحث إلى معلومات علمية يمكن الركون إليها.

عيوب البحث الطولي:

1- النقص الطبيعي المصاحب لدراسة الجزء الذي يأتي من عدم مشاركة بعض أفراد العينة الذين شاركوا في المرات السابقة.

2- صعوبة تحليل المعلومات في دراسة الجزء وذلك ناتج من اختلاف إجابات العينة في المرة الثانية عن المرة الأولى.

3- طول الوقت المستغرق في المسح الطولي والتكاليف الباهظة.

ثالثا: الطريقة المستعرضة Sectional Method - Cross

وفي هذه الطريقة يركز الباحث على دراسة مجموعة من الأفراد في مرحلة عمرية معينة حتى يحيط مرة واحدة بمظاهر النمو (الجسمية، الفيزيولوجية، الاجتماعية، الانفعالية، العقلية، الحسيحركية) وخصائصه في هذه المرحلة العمرية. أو دراسة مجموعة من الأفراد في مستويات عمرية مختلفة لدراسة خصائصهم النمائية، وعادة ما تصف الدراسات المستعرضة عوامل النمو ومظاهره في صورة أقل كفاءة من الدراسات الطولية، ولكنها تتضمن مفحوصين أكثر من الدراسات الطولية.

ويحاول الباحث استخدام هذه الطريقة توفيرا للوقت والجهد، و ذلك من خلال تقسيم الفترة الزمنية المراد تتبع الظاهرة عبرها إلى فترات عمرية يحددها الباحث ثم يأخذ عينات كبيرة كل عينة منها تغطي فترة عمرية فرعية ثم يحسب المتوسط الحسابي لمعدل وجود الظاهرة في كل فئة ليصل في النهاية إلى استخراج متوسطات كل فئة عمرية من الفئات التي حددها الباحث لتمثل المرحلة الكلية المراد تتبع نمو الظاهرة عبرها.

وأخيرا ينتظر من الباحث أن يقدم أوصافا دقيقة للظاهرة على شكل جداول النمو تصبح معايير للظاهرة المدروسة يمكن تطبيقها على أفراد آخرين، إضافة لذلك ينتظر من الباحث الوصفي أن يكشف عن المتغيرات أو العوامل ذات العلاقة بالظاهرة ونوعية العلاقات الوظيفية لهذه المتغيرات بالنسبة للظاهرة موضوع الدراسة.

الطرائق التجريبية

التجريب جزء من المنهج العلمي. فالعلم يسعى إلى صياغة النظريات التي تختبر الفروض التي تتألف منها، وتتحقق من مدى صحتها. والتجربة ببساطة: هي الطريقة التي تختبر بها صحة الفرض العلمي. والتجريب هو القدرة على توفير كافة الظروف، التي من شأنها أن تجعل ظاهرة معينة ممكنة الحدوث في الإطار الذي رسمه الباحث وحده بنفسه.

والتجريب يبدأ بتساؤل يوجهه الباحث مثل: هل يرتبط ارتفاع المستوى الاقتصادي للفرد بإقباله على التعليم؟ أو هل هناك علاقة بين النمو الجسمي والعقلي؟ أو بين التنشئة الاجتماعية والنمو اللغوي؟ ومن الواضح أن الإجابة على هذه التساؤلات، تقتضي إتباع أسلوب منظم لجمع البراهين والأدلة.

والتحكم في مختلف العوامل التي يمكن أن تؤثر في الظاهرة موضوع البحث، والوصول إلى إدراك للعلاقات بين الأسباب والنتائج. ويعتمد تصميم البحث التجريبي

على عدة خطوات، هي تحديد المشكلة، وصياغة الفروض التي تمس المشكلة، ثم تحديد المتغير المستقل، والمتغير التابع، ثم كيفية قياس المتغير التابع، وتحديد الشروط الضرورية للضبط والتحكم، والوسائل المتبعة في إجراء التجربة.

إن الباحث الذي يستخدم المنهج التجريبي في بحثه لا يقتصر على مجرد وصف الظواهر التي تتناولها الدراسة، كما يحدث عادة في البحوث الوصفية، كما أنه لا يقتصر إلى مجرد التاريخ لواقعة معينة، وإنما يدرس متغيرات هذه الظاهرة، و يحدث في بعضها تغييرا مقصودا، ويتحكم في متغيرات أخرى ليتوصل إلى العلاقات السببية بين هذه المتغيرات.

مفهوم المنهج التجريبي:

هو تغير متعمد ومضبوط للشروط المحددة للواقعة أو الظاهرة التي تكون موضوع للدراسة، وملاحظة ما ينتج عن هذا التغير من آثار في هذا الواقع والظاهرة، أو ملاحظة تتم تحت ظروف مضبوطة لإثبات الفروض ومعرفة العلاقة السببية، ويقصد بالظروف المضبوطة إدخال المتغير التجريبي إلى الواقع وضبط تأثير المتغيرات الأخرى، وبعبارة أخرى يمكن تعريفه على أنه استخدام التجربة في إثبات الفروض، أو إثبات الفروض عن طريق التجريب.

وتتأثر كل ظاهرة بالعديد من العوامل المؤثرة، وعلى سبيل المثال النمو الفسيولوجي يتأثر بالمناخ والتغذية.

خصائص المنهج التجريبي:

أولا: التغيير المنظم للمتغيرات

- المتغير: هو ما تتغير قيمته أو كميته ويمكن قياسه (مثل: الضوء – السلوك).

- المتغير المستقل: هو المتغير الذي يقوم المجرب بتغييره بطريقة منظمة في التجربة.

- المتغير التابع: هو المتغير الذي يقيسه المجرب كي يرى كيف تأثر بالتغيير الذي جرى على المتغير المستقل.
- المجموعة التجريبية: هي المجموعة التي يقدم لها المتغير المستقل.
- المجموعة الضابطة: هي المجموعة التي يقاس فيها المتغير التابع دون تقديم متغير مستقل. وهي تفيدنا بأساس يمكن المقارنة بينه وبين المجموعة التجريبية لمعرفة أثر المتغير المستقل على المتغير التابع. ويجب أن يوجد في كل تجربة على الأقل متغير مستقل ومتغير تابع، غير أن الطرق الإحصائية جعلت من الممكن أن تتضمن التجربة أكثر من متغير مستقل.

ثانيا: الضبط

الضبط: هو ضبط المتغيرات المختلفة في التجربة بحيث لا يسمح لمتغير عدا المتغير المستقل التأثير في المتغير التابع.

هناك طريقتان لضبط المتغيرات:

- الطريقة الأولى: استخدام المجموعات الضابطة لمقارنة سلوك أفرادها بسلوك أفراد المجموعات التجريبية.
- الطريقة الثانية: التصميم التجريبي قبل وبعد: وفيه يقوم بالمقارنة بين سلوك نفس المجموعة من الأفراد قبل تقديم المتغير المستقل لهم وبعد تقديمه.

ضبط المتغيرات أمر شاق من ناحيتين:

أ - قد يكون من الصعب في بعض الحالات معرفة جميع المتغيرات الهامة.

ب- قد يكون من الصعب في بعض الأحيان جعل هذه المتغيرات متماثلة بين المجموعة التجريبية والضابطة.

ويلجأ العلماء لعدة طرق لضبط المتغيرات بين المجموعة التجريبية والضابطة:

1- **طريقة الأزواج المتماثلة:**

يقوم المجرب بتطبيق اختبار معين مثل اختبار الذكاء على مجموعة كبيرة من الناس ثم يكون أزواجا متماثلة بحيث يضع كل فردين لهما نفس الدرجة في زوج واحد، وأخيرا يقسم الأزواج بين المجموعتين التجريبية والضابطة، فيكون أحد الأزواج في المجموعة التجريبية ، والآخر في المجموعة الضابطة.

ويعاب على هذه الطريقة حاجة المجرب لتطبيق الاختبار على عدد كبير من الناس للوصول للأزواج المتماثلة.

2- **طريقة المجموعتين المتماثلتين:**

يراعي المجرب أن تكون المتوسطات ومدى التشتت للمتغيرات الهامة واحدة في المجموعتين التجريبية والضابطة.

3- **طريقة المجموعتين العشوائيتين:**

عندما يقوم المجرب باختيار مجموعتين عشوائيتين ففي العادة ستكونان متماثلتين لأن الفروق بين الأفراد في المتغيرات الهامة سيلغي بعضها بعضا،وبذلك لن تكون الفروق بين المجموعتين ذات دلالة إحصائية.

ويتأثر العامل التابع بعوامل متعددة غير العامل التجريبي ولذلك لا بد من ضبط هذه العوامل وإتاحة المجال للمتغير التجريبي وحده بالتأثير على المتغير التابع، ويتأثر المتغير التابع بخصائص الأفراد الذي تجرى عليهم التجربة لذا يفترض أن يجري الباحث تجربته على مجموعتين متكافئتين بحيث لا يكون هنالك أية فروق بين المجموعة الضابطة والمجموعة التجريبية إلا دخول المتغير التجريبي، كما أن المتغير التابع يتأثر بإجراءات التجربة لذا فمن المفروض أن يميل الباحث إلى ضبط هذه الإجراءات

بحيث لا تؤدي إلى تأثير سلبي أو إيجابي على النتيجة، كما أن المتغير التابع يتأثر بالظروف الخارجية مثل درجة الحرارة والتهوية والإضاءة ...الخ، ولذلك لا بد من ضبط هذه المتغيرات بغية **تحقيق الأهداف التالية:**

أ- عزل المتغيرات:

فالباحث أحياناً يقوم بدراسة أثر متغير ما على سلوك الإنسان، وهذا السلوك يتأثر أيضًا بمتغيرات وعوامل أخرى، وفي مثل هذه الحالة لا بد من عزل العوامل الأخرى وإبعادها عن التجربة.

ب- تثبيت المتغيرات:

إن استخدام المجموعات المتكافئة يعني أن الباحث قام بتثبيت جميع المتغيرات المؤثرة، لأن المجموعة التجريبية تماثل المجموعة الضابطة وما يؤثر على إحدى المجموعتين يؤثر على الأخرى، فإذا أضاف الباحث المتغير التجريبي فهذا يميز المجموعة التجريبية فقط.

ج- التحكم في مقدار المتغير التجريبي:

يستخدم الباحث هذا الأسلوب من الضبط عن طريق تقديم كمية أو مقدار معين من المتغير التجريبي، ثم يزيد من هذا المقدار أو ينقص منه لمعرفة أثر الزيادة أو النقص على المتغير التابع.

ثالثا - إمكانية التكرار:

إن إمكانية إعادة التجربة تحت نفس الظروف تمكن الباحث أو غيره من الباحثين من التأكد من صحة النتائج، كما أنها تمكن الباحثين من إعادة التجربة لإجراء بعض الملاحظات بدلا من انتظار حدوثها لوقت طويل.

ونستنتج أن التصميم التجريبي الجيد يمكن للباحث في علم النفس من التحكم

في العوامل الأخرى التي قد تؤثر في المتغير التابع وتؤدي إلى أخطاء البحث وضلال الحكم على العلاقة السببية.ويستخدم الباحثون في ميدان علم النفس في تجاربهم، الطرق الإحصائية لتقدير ما إذا كانت النتائج تعود حقا إلى وجود علاقة سببية بين المتغير المستقل والمتغير التابع أم أنها لا تتجاوز حدود المصادفة. فحينما نصل من التحليل الإحصائي للنتائج إلى أن الفروق بين المجموعات (من مختلف المعالجات) دالة، أي أنها تتجاوز مستوى المصادفة بدرجة كافية من الثقة فإن ذلك يؤدي بنا إلى القول بوجود علاقة سببية بين المتغيرين.

أنواع التجارب:

تتنوع التجارب حسب طريقة إجرائها، وفي ما يلي توضيح لهذه الأنواع:

1- التجارب المعملية وغير المعملية:

أ - التجارب المعملية: هي التي تتم داخل المختبر أو المعمل في ظروف صناعية خاصة تصمم لأغراض التجارب، ويتميز هذا النوع من التجارب بالدقة وسهولة إعادة إجراء التجربة أكثر من مرة للتأكد من صحة النتائج.

ب- التجارب غير المعملية: فتتم في ظروف طبيعية خارج المختبر، وغالباً ما تجرى على الأفراد ومجموعات من الناس حيث يصعب إدخالهم المختبر، ونظراً لكونها تتم في ظروف طبيعية فهي أكثر صعوبة وأقل دقة.

2- تجارب تجرى على مجموعة واحدة وتجارب تجرى على أكثر من مجموعة.

حيث تجرى على مجموعة واحدة من الأفراد لمعرفة أثر عامل مستقل معين عليها، وتدرس حالة الجماعة قبل وبعد تعرضها لتأثير هذا العامل المستقل أو التجريبي عليها، فيكون الفرق في الجماعة قبل وبعد تأثرها بالعامل التجريبي ناتجاً عن هذا العامل.

3- تجارب قصيرة وتجارب طويلة:

قد تكون التجارب طويلة تحتاج لوقت طويل كأن تّدرس تأثير التقلبات الجوية على مادة معينة، أو أثر خضوع الوالدين لبرامج التوجيه التربوي على تعديل سلوك أبنائهم المراهقين، ومثل هذه التجارب تتطلب وقتاً طويلاً يتحدد بالفترة اللازمة لمرور التقلبات الجوية أو الفترة اللازمة لبرامج التوجيه التربوي.

وقد تتم التجارب في فترة زمنية قصيرة كأن يّدرس أثر فيلم سينمائي معين على السلوك العدواني للأطفال، حيث يمكن تصميم تجربة في فترة زمنية قصيرة.

أنواع التصاميم التجريبية:

1- أسلوب المجموعة الواحدة:

يستخدم هذا الأسلوب مجموعة واحدة فقط، تتعّرض لاختبار قبلي لمعرفة حالتها قبل إدخال المتغير التجريبي، ثم نعّرضها للمتغير ونقوم بعد ذلك بإجراء اختبار بعدي، فيكون الفرق في نتائج المجموعة على الاختبارين القبلي والبعدي ناتجاً عن تأثرها بالمتغير التجريبي.

2- أسلوب المجموعات المتكافئة:

أي استخدام أكثر من مجموعة، ندخل العامل التجريبي على المجموعة التجريبية وتترك الأخرى في ظروفها الطبيعية، وبذلك يكون الفرق ناتجاً عن تأثر المجموعة التجريبية بالعامل التجريبي، ويشترط أن تكون المجموعات متكافئة تماماً.

3- أسلوب تدوير المجموعات

حين يريد الباحث أن يقارن بين أسلوبين في العمل أو بين تأثير متغيرين مستقلين فإنه يميل إلى استخدام أسلوب تدوير المجموعات، ويقصد بهذا الأسلوب أن يعمل الباحث على إعداد مجموعتين متكافئتين ويعرض الأولى للمتغير التجريبي الأول والثانية

للمتغير التجريبي الثاني، وبعد فترة يُخضع الأولى للمتغير التجريبي الثاني ويُخضع المجموعة الثانية للمتغير التجريبي الأول، ثم يقارن بين أثر المتغير الأول على المجموعتين وأثر المتغير الثاني على المجموعتين كذلك، ويحسب الفرق بين أثر المتغيرين.

متى وكيف يطبق المنهج التجريبي؟

يتم تطبيقه عندما يكون الهدف من البحث التنبؤ بالمستقبل حول أي تغيير إصلاحي يجب تطبيقه على الظاهرة المدروسة سواء كان تغييراً وقائياً أو تغييراً علاجياً، وتختلف خطوات تطبيق المنهج التجريبي باختلاف تصميمه، ويمكن تصميم البحث عبر عدة خطوات هي:

1- تحديد مجتمع البحث ومن ثم اختيار عينة منه بشكل عشوائي تتفق في المتغيرات الخارجية المراد ضبطها.

2- اختبار عينة البحث اختباراً قبلياً في موضوع البحث.

3- تقسيم عينة البحث تقسيماً عشوائياً 'إلى مجموعتين.

4- اختيار إحدى المجموعات عشوائياً لتكون المجموعة الضابطة والأخرى المجموعة التجريبية.

5- تطبيق المتغير المستقل على المجموعة التجريبية وحجبه عن المجموعة الضابطة.

6- اختبار عينة البحث في موضوع التجربة اختباراً بعدياً.

7- تحليل المعلومات وذلك بمقارنة نتائج الاختبارين قبل وبعد.

8- تفسير المعلومات في ضوء أسئلة البحث أو فروضه.

9- تلخيص البحث وعرض أهم النتائج التي توصل إليها الباحث وما يوصي به من توصيات.

مميزات المنهج التجريبي:

يرى بعض الباحثين أن طريقة البحث التجريبي هي أفضل طرق البحث في علم نفس النمو لأنها تتسم بالبحثية الموضوعية عن الأهواء الشخصية أو العوامل الذاتية. حيث يتمكن الباحث من السيطرة على الظروف المحيطة بالظاهرة المراد دراستها والتحكم في المتغيرات التي قد تؤثر عليها مما يعطى نتائج أكثر دقة من نتائج غيرها من البحوث الأخرى؛ ويهدف البحث التجريبي بصورة عامة إلى استنتاج علاقة معينة بين مجموعتين من العوامل تسمى بالمتغيرات واستنتاج مدى تأثير احديهما على الآخر.

وبواسطة هذا المنهج يمكن الجزم بمعرفة أثر السبب على النتيجة لا عن طريق الاستنتاج كما هو بالبحث السببي المقارن.

وهو المنهج الوحيد الذي يتم فيه ضبط المتغيرات الخارجية ذات الأثر على المتغير التابع. إن تعدد تعميمات هذا المنهج جعله منهجه مرنا يصلح لحالات كثيرة ومتنوعة.

عيوب المنهج التجريبي:

1- يجرى التجريب في العادة على عينة محدودة من الأفراد وبذلك يصعب تعميم نتائج التجربة إلا إذا كانت العينة ممثلة للمجتمع الأصلي تمثيلاً دقيقاً.

2- التجربة لا تزود الباحث بمعلومات جديدة إنما يثبت بواسطتها معلومات معينة ويتأكد من علاقات معينة.

3- دقة النتائج تعتمد على الأدوات التي يستخدمها الباحث.

4- كذلك تتأثر دقة النتائج بمقدار دقة ضبط الباحث للعوامل المؤثرة علماً بصعوبة ضبط العوامل المؤثرة خاصة في مجال الدراسات الإنسانية.

5- تـتم التجـارب في معظمهـا في ظـروف صناعية بعيـدة عـن الظروف الطبيعية ولا شـك

أن الأفراد الذين يشعرون بأنهم يخضعون للتجربة قد يميلون إلى تعديل بعض استجاباتهم لهذه التجربة.

6- يواجه استخدام التجريب في دراسة الظواهر الإنسانية صعوبات أخلاقية وفنية وإدارية متعددة.

الفرق بين المنهج التجريبي والمنهج الوصفي في دراسة العلاقة بين متغيرين:

المنهج التجريبي	المنهج الوصفي
- يتحكم الباحث في المتغير المستقل ويلاحظ ما يحدث في المتغير التابع - يحدد أي المتغير هو السبب وأيهما النتيجة.	- يلاحظ الباحث العلاقة بين المتغيرين كما هما موجودان في الطبيعة ويحاول أن يحدد هذه العلاقة بالأساليب الارتباطية. - لا يمكن من خلاله معرفة أي المتغيرين السبب وأيهما النتيجة.

الطرائق الارتباطية Correlational Method

مفهوم المنهج الارتباطي

يقصد بالمنهج الارتباطي: ذلك النوع من البحوث الذي يمكن بواسطته معرفة ما إذا كان هناك ثمة علاقة بين متغيرين أو أكثر، ومن ثم معرفة درجة تلك العلاقة. مما سبق يتضح أن هدف البحث الارتباطي يقتصر على معرفة وجود العلاقة من عدمها وفي حال وجودها فهل هي طردية أم عكسية، سالبة أم موجبة.

وهي تركز على استخدام الطرق الإرتباطية التي تهدف إلى استكشاف حجم ونوع العلاقات بين البيانات، أي إلى حد تتطابق تغيرات في عامل واحد مع تغيرات في عامل آخر، وقد ترتبط المتغيرات مع بعضها بعض ارتباطا جزئيا موجبا أو سالبا، ذا دلالة

إحصائية أو يرجع إلى الصدفة، وهكذا تعد الطرق الإحصائية لحساب معاملات الارتباط ودلالتها في هذا المجال ذات فائدة كبيرة. وتخدم الدراسات الإرتباطية عدد من الأغراض وخاصة في دراسات التنبؤ، وتعتبر طريقة الارتباط ذات قيمة في تحليل السبب والأثر.

خطوات تطبيق المنهج الارتباطي:

يمر المنهج الارتباطي عند تطبيقه بالخطوات التالية:

1- توضيح المشكلة.

2- مراجعة الدراسات السابقة.

3- تصميم البحث طبقاً للخطوات التالية:

- تحديد المتغيرات المراد دراستها.
- اختيار العينة.
- اختيار أو تصميم أداة البحث.
- اختيار مقياس الارتباط الذي يتلائم ومشكلة البحث

مميزات المنهج الارتباطي:

بواسطته يمكن دراسة عدد من المشكلات ذات العلاقة بالسلوك البشري بشكل عام وبعلم نفس النمو بشكل خاص، التي يصعب دراستها عبر المناهج الأخرى، يمكن تطبيقه لدراسة العلاقة بين عدد كبير من المتغيرات في دراسة واحدة. وبواسطته يمكن معرفة درجة العلاقة بين المتغيرات المدروسة.

عيوب البحث الارتباطي:

أ- أنه يقتصر على توضيح العلاقة بين المتغيرات ودرجتها فقط ولا يوضح السبب والنتيجة.

ب- أنه يصور الظاهرة الإنسانية المعقدة وكأنها ظاهرة طبيعية، علماً بأن ما يتوصل إليه من نتائج قد تتغير كلياً أو جزئياً.

مناهج البحث في علم النفس: Research Methods

ويمكن تصنيف أهم مناهج البحث في علم النفس في فئات هي:

الطريقة الإكلينيكية Clinical Method

مفهوم المنهج الإكلينيكي:

تشير كلمة إكلينيكي أصلا إلى شيء مرتبط بدراسة الظواهر غير العادية بشكل عام والمرضية بشكل خاص، ثم امتد هذا المعنى إلى تقييم الفرد وتوافقه، وتختلف الطرق التي تستخدم في دراسة أية حالة إكلينيكية. وتعتمد الطريقة الإكلينيكية في علم نفس النمو على جمع معلومات تفصيلية عن سلوك فرد بذاته أو حالة. وقد تكون الحالة شخصا أو مدرسة أو أسرة أو مجتمعا محليا أو ثقافة كاملة، وتهدف بذلك إلى وصف دقيق ومفصل للحالة موضوع الدراسة.

وعندما ينحرف النمو عن مساره الطبيعي كما حدده علماء نفس النمو، يتم استخدام هذه الطريقة، مع الحالات المرضية التي تعاني من سوء التوافق والاضطرابات الانفعالية والنفسية في الطفولة والمراهقة والرشد والشيخوخة، وغالبا ما تستخدم بطريقة فردية.

خصائص الطريقة الإكلينيكية ما يلي:

وتشترك الطرق الإكلينيكية في ما يلي:

1- جمع المعلومات عن الحالة: ويمكن الحصول على هذه المعلومات عن طريق الفحص الطبي، أو دراسة حالة، أو باستخدام الاختبارات السيكولوجية، ويتوفر الآن عدد كبير جدا من اختبارات السمات الشخصية، واختبارات الذكاء والنمو.

2- تشخيص الحالة: استنادا على المعلومات المتوفرة لديه، يتوصل الباحث الإكلينيكي إلى تشخيص الحالة المدروسة، والتشخيص يعني تحديد مراكز القوة و الضعف.

3- تفسير الحالة: تفيد المعلومات المتوفرة في مساعدة الباحث في الاستكشاف من خلال خبراته ومعارفه السابقة، وفي تحديد العوامل والمتغيرات ذات العلاقة بالمشكلة.

4- وضع التصميم العلاجي: يبدأ الباحث بوضع الفرضيات التي يعتقد أنها تزوده بحلول لمشكلة الحالة، فإذا اكتشف مثلا أن أسلوب تنشئة المربين التي تتبعها الأسرة هي عامل من العوامل المسؤولة عن التأخر في النمو اللغوي مثلا لدى الأبناء، عندئذ يمكن أن يضع فرضية مفادها أن تطبيق طريقة أخرى في تعامل الوالدين مع الأبناء مثلا قد يسهم في تحسين النمو اللغوي للفرد. يلي ذلك وضع التصميم العلاجي المنبثق من الفرضيات التي وضعها الباحث، والمهم في هذا التصميم أن يكون الباحث قادرا على قياس المتغيرات المستقلة والمتغيرات التابعة.

5- اختبار الفرضيات: يقوم الباحث بتطبيق تصميمه العلاجي على الحالة وفي نهاية الفترة المحددة لهذا التطبيق،يقوم بقياس أثر ما أحدثه هذا التصميم من تغير في الحالة المدروسة، ليصل في نهاية الأمر إلى قبول الفرضية أو رفضها.

6- تحديد النتائج: ينتظر من الباحث الذي يستخدم المنهج الإكلينيكي أن يصل إلى نوع من التحسن، وعندئذ يستطيع أن ينشر نتائج دراسته على شكل طريقة في العلاج.

من مميزات إجراء المنهج الإكلينيكي ما يلي:

1- يساعد في فهم وتشخيص وعلاج الحالة على أساس علمي دقيق.

2- يعطي صورة أوضح وأشمل لنمو الفرد في جميع المظاهر باعتبارها اشمل وسيلة من وسائل جمع المعلومات.

3- يساعد المفحوص من فهم نفسه بصورة أوضح وأعمق.

4- يمكن استخدامه لدراسة فعالية إجراءات إكلينيكية معينة.

5- يمكن استخدامه لدراسة الظواهر النادرة التي قليلا ما تتكرر.

عيوب المنهج الإكلينيكي:

1- صعوبة التوصل إلى علاقات سبب ونتيجة من خلال هذا المنهج.

2- التحيز في جمع البيانات وتفسيرها.

3- صعوبة التعميم من فرد واحد إلى أفراد المجتمع ككل.

معوقات دراسة الأطفال:

أولاً: مشكلة عينة الأطفال اللازمة للدراسة العلمية.

• شعورهم بأنهم يعاملون كحيوانات.

• يرون الاختبار مضيعة للوقت.

• عدم سماح السلطات المدرسية للباحث بالحرية خاصة في الجنس.

• استخدام عينات بشرية في الدراسة. بسبب الخوف من التأثير النفسي.

ثانياً: مشكلة دراسة الأطفال.

• مشكلة إيجاد الوسائل التي تصلح للتطبيق على الأطفال.

• مشكلة طرق القياس في حالة الأطفال.

• مشكلة صحة الاستفتاء أو تحليل تاريخ الحالة.

• تعد الوسائل السوسيومترية ذات قيمة كبيرة في الدراسات الخاصة بالنمو الاجتماعي، ولكنها لا تكون ملائمة أو صالحة لدراسة النمو اللغوي أو الحركي.

ثالثاً: مشكلة الدراسة المعملية والميدانية.

- الموقف المعملي يثير المخاوف في نفوس الأطفال.

- سلوك الأطفال في المعمل لا يمثل صورة حقيقية.

تأثير المعوقات المنهجية:

- أدت إلى تراجع بعض العلماء عن دراسة كثير من مجالات السلوك الهامة للأطفال.

- مما أدى إلى وجود ثغرات في معرفتنا حول كيفيه نمو الأطفال.

- تحدث "أندرسون" عن الحاجة الماسة لعدد كبير من الباحثين في تخصصات مختلفة.

- سلامة المادة العلمية من العقبات التي واجهها العلماء في دراستهم لنمو الطفل والمستمدة من خارج المعامل.

- تتعرض الملاحظات التي نجمعها عن الأطفال إلى انخفاض صدقها لسببين هما:

- لا يمكن للفرد الواحد أن يلاحظ كل شيء يفعله الطفل أو يقوله ثم يضع تسجيلاً سليماً لما يراه. ويذكر "جيزل" أنه من الضروري وضع أجهزة تصوير متحركة. والتسجيل لملاحظة الكلام.

- أن الأطفال لا يسلكون نفس الطريقة عندما يكونوا منفردين أو مع أطفال آخرين أو عندما يعلمون بأنهم ملاحظون من الكبار. اقترح "جيزيل" استخدام ستائر من زجاج.

الفصل الرابع

قوانين النمو والعوامل المؤثرة فيه

- **قوانين ومبادئ النمو.**
- **العوامل المؤثرة في النمو.**
- **أولا: الوراثة.**
- **ثانيا: الغدد.**
- **ثالثا: الجنس أو النوع.**
- **رابعا: البيئة.**
- **خامسا: العوامل الثانوية.**

قوانين ومبادئ النمو:

أولا: اتجاه النمو من الأعلى للأسفل ومن المركز للأطراف

يسير النمو في المناطق العلوية من الجسم بحيث يسبق النمو في المناطق السفلية. فنمو مناطق الأذرع قبل نمو السيقان والطفل يستجيب لشكة الدبوس في وجهه ولكنه لا يستجيب لها في قدميه، ويستخدم أذرعه للمشي قبل قدميه. ويتطلب ذلك من المدرسة عدم تكليف الطفل بمهمات تعليمية تتطلب منه استخدام قدميه وساقية، بل يفترض تقديم ألعاب له تتيح فرصة استخدام يديه والأجزاء الناضجة من جسمه.

فضلا عن ذلك يسير النمو من مركز الجسم إلى الأطراف، فالنمو يسير من الأطراف القريبة من الجهاز العصبي المركزي متجها إلى أطراف الجسم، وهذا مما يجعل عضلات الذراعين تنمو قبل عضلات الأصابع، مما يجعل الطفل يتحكم بحركات الذراعين قبل تحكمه بحركات الأصابع. كما يقابل هذا الاتجاه في النمو الجسمي اتجاه مواز في نمو السلوك، وهذا يعني الشيء الكثير فيما نتوقعه من الطفل، وما يمكن أن يقوم به من أعمال وسلوكيات.

ثانيا: يسير النمو من العام إلى الخاص ومن الكل إلى الجزء

يتم النمو من العام غير المتميز إلى الخاص المتميز: أي يبدأ السلوك كلياً ثم تظهر التفصيلات بعد ذلك، فالطفل يمسك الأشياء بيده كلها لكنه عندما يكبر يتمايز سلوك المسك عنده فهو قد يمسك بإصبعين أو ثلاثة. وهنا يفترض في المدرسة تدريس الطفل بالطريقة الجشطاتية، أي تقديم الكل له ثم إتاحة الفرصة أمامه ليعرف تفاصيل وأجزاء هذا الكل. فإذا قدّم المعلم للطفل وسيلة تعليمية لجسم الإنسان فمن الأفضل أن يسأله أولاً عن الوسيلة كلها (ما اسم هذه الوسيلة؟، ماذا تمثل هذه الوسيلة؟). بعد ذلك يسأله عن الأشياء الظاهرة الكبيرة (أين الجهاز الهضمي؟)، ثم يسأله سؤالاً يتطلب الملاحظة الدقيقة (أين المعدة؟، أين البنكرياس؟).

ثالثا: يخضع النمو لمبدأ الفروق الفردية

مبدأ الفروق الفردية: كل فرد ينمو وفقاً لمعايير ودرجة خاصة به سواء أكان ذلك في الذكاء أو السلوك الحركي أو السلوك الانفعالي، والصفات المختلفة تسير في نموها بسرعات مختلفة من طفل لآخر، وكذلك ينمو الجسم بسرعات مختلفة بين الأطفال. ويتطلب ذلك من الأخصائي تنويع المهمات التي يكلف بها الطلبة لتتناسب والفروق الفردية التي بينهم، سواء أكانت هذه المهمات حركية أو عقلية، أو انفعالية. فالطلبة الأذكياء يحتاجون لأسئلة ونشاطات ذات مستوى عالٍ، أمّا الطلبة الأقل ذكاءً فيحتاجون لأسئلة أقل صعوبة، ولمهمات أقل تعقيداً.

رابعا: مبدأ التداخل في النمو

مبدأ التعقد والتداخل: جوانب النمو سواء أكانت اجتماعية أم انفعالية أم عقلية، أم جسمية مترابطة ومتداخلة مع بعضها ولا يمكننا عزل جانب عن آخر، فالنمو الاجتماعي مرتبط بالنمو الانفعالي والنمو الجسمي مرتبط بالنمو الانفعالي والحركي، والنمو العقلي يؤثر ويتأثر بجوانب النمو الأخرى. ويتطلب ذلك أن لا يركز الأخصائي على تنمية جانب أو مظهر واحد من مظاهر النمو وعليه استهداف جوانب النمو كافة حتى ينمو الفرد بتوازن وتكامل.

خامسا: النمو عملية مستمرة ومتتابعة وديناميه

الاستمرار والتفاعل: يعني أنَّ عملية النمو مستمرة في المراحل المتنوعة للعمر وإن اختلفت سرعة النمو من مرحلة لأخرى ومن فرد إلى آخر. وعملية النمو تتابعيه؛ بمعنى أنها مراحل تتلو مراحل تتأثر الواحدة بما سبقها وتؤثر فيمن يأتي بعدها. وهذا هو المقصود بالاستمرار والتفاعل فكل خطوة تتفاعل مع من سبقها ومن يتلوها. ويتطلب ذلك من الأخصائي عدم التوقف عن تقديم النشاطات والفرص التعليمية التي تنمي الطفل في كافة المجالات فالنمو لا يتوقف، ولكن يختلف معدّل سرعته من مرحلة لأخرى.

سادسا: النمو عملية تراكمية

النمو عملية تراكمية أي تضيف المرحلة اللاحقة نماءً إلى المراحل التي سبقتها، والنمو الكلي هو محصلة النمو في مختلف المراحل.

سابعا: النمو عملية كلية تكاملية

النمو عملية كلية تكاملية، بمعنى أنه لا تنمو جوانب من جوانب النمو في الإنسان، ويبقى جانب أو أكثر بدون نمو. والنمو ليس مجرد إضافات ولكنه إضافات

يكمل بعضها بعضاً. ويتطلب ذلك أن يستمر في تقديم فرص التعلم والنشاطات التي تنمي الطفل في كافة المناحي ليكمل بعضها بعضاً، ولينمو الفرد بشكل متكامل.

ثامنا: النمو يسير في مراحل

إن النمو عملية دائمة متصلة ليس فيها ثغرات أو وقفات. والصحيح أن حياة الفرد تكون وحدة واحدة، إلا أن نموه يسير في مراحل تتميز كل منها بخصائص واضحة، علما أن مراحل النمو تتداخل مع بعضها بعض، ويصعب التمييز بين نهاية مرحلة، وبين بداية المرحلة التي تليها. إلا أن الفروق بين المراحل المتتالية تتضح بين منتصف كل مرحلة والمرحلة السابقة واللاحقة. وكل مرحلة من مراحل النمو لها سمات ومميزات خاصة بها، فمثلا لو لاحظنا سلوك اللعب في مراحل الطفولة المتتالية نجد أن لعب الرضيع يختلف أسلوبا وتعقيدا وديمومة ونظاما ونوعية عن لعب الطفل في مرحلة قبل المدرسة.

تاسعا: سرعة النمو في مراحل مختلفة متفاوتة

يسير النمو منذ اللحظة الأولى للإخصاب بسرعة ولكن هذه السرعة ليست مطردة، وليست على وتيرة واحدة. فمرحلة ما قبل الميلاد هي أسرع مراحل النمو ومعدل النمو فيها سريع جدا، وتبطئ هذه السرعة نسبيا بعد الميلاد إلا أنها تظل سريعة في مرحلة الرضاعة والطفولة المبكرة، ثم تبطئ أكثر في السنوات التالية، ثم تستقر سرعة النمو نسبيا في مرحلة الطفولة المتوسطة والمتأخرة، ثم تحدث تغيرات سريعة قوية في مرحلة المراهقة، لدرجة أنها تسمى أحيانا بالولادة الثانية. ثم تهدأ هذه السرعة إلى أن تستقر تماما في نهاية مرحلة المراهقة وبداية مرحلة النضج، ثم يسير النمو هكذا إلى أن تأتي مرحلة الشيخوخة فيبدأ التدهور أو الضعف والاضمحلال.

عاشرا: المظاهر المتعددة للنمو تسير بسرعات مختلفة

اختلاف السرعة في مظاهر النمو: لا تسير جوانب النمو المختلفة بالسرعة نفسها؛

فمعدل سرعة النمو الجسمي تختلف عن معدل سرعة النمو العقلي، وكذلك الحال بالنسبة للنمو الانفعالي والاجتماعي.

أحدى عشر: يتأثر النمو بالعوامل الداخلية والخارجية

تتأثر سرعة النمو وأسلوبه بالظروف المختلفة الداخلية والخارجية، ومن الظروف الداخلية التي تؤثر في النمو الأساس الوراثي للفرد الذي يحدد نقطة الانطلاق لمظاهر النمو الجسمي والعقلي والانفعالي والاجتماعي. فنقص إفرازات الغدد قد يؤدي إلى الضعف العقلي، كما في حالة نقص إفراز الغدة الدرقية أو انعدامه، ومن الظروف الخارجية التي تؤثر في النمو التغذية والنشاط الذي يتاح للطفل والراحة وأساليب التعليم والثقافة.

اثني عشر: يمكن التنبؤ باتجاه النمو

من أهم أهداف علم النفس بصفة عامة إمكانية التنبؤ بالسلوك وإمكانية ضبطه وحيث أن النمو يسير في نظام وتتابع، فمن الممكن التنبؤ بالخطوط العريضة لاتجاه النمو والسلوك.

ثلاثة عشر: النمو محدود في بدايته و نهايته بمكان وزمان محددين.

فالبداية تكون عند التقاء الحيوان المنوي بالبويضة واستقرار هذه البويضة برحم الأم والنهاية عند اكتمال النضج.

العوامل المؤثرة في النمو:

أولاً: الوراثة Heredity

الوراثة هي انتقال السمات من جيل لآخر، عن طريق التناسل. وبلفظ آخر يقصد بالوراثة كل ما يرثه الفرد عن آبائه و أجداده من السمات و الصفات و الخصائص والقدرات، وتنتقل هذه السمات عن طريق الجينات - ناقلات الوراثة - التي تحملها

الكر وموسومات التي تحتويها البويضة الأنثوية المخصبة بعد اتحادها مع الحيوان المنوي الذكري بعد عملية الجماع، حيث تحتوي هذه الخلية المخصبة على 46 كروم وسوما.

وعلى ضوء ذلك تتحدد كثير من مظاهر النمو خاصة الجسمية والعقلية، فالإنسان يرث الاستعدادات العقلية والخصائص الجسمية مثل لون البشرة والطول والقصر والملامح العامة وكذلك الذكاء والقدرات الخاصة والتي لا يمكن ربطها كلية بالوراثة وإنما تتشكل بفعل التبادل بين الوراثة والبيئة. كذلك يمكن انتقال بعض الأمراض عن طريق الوراثة حيث تنقلها جينات متنحية، فإذا انتقل إلى الطفل جين يحمل المرض من والده، وجين متنح يحمل نفس المرض من والدته ظهر لديه المرض، وكذلك الحال في بعض الأمراض العقلية والجسدية والتي تنتقل بفعل الوراثة ولكنها تحتاج إلى مثيرات بيئية لتنشيطها مثل مرض السكري وعمى الألوان وضغط الدم والصرع والفصام والهيموفيليا.

أيضًا تظهر على الفرد تغيرات في صفاته الخارجية نتيجة تغيرات أو تشوهات في عدد وتركيب الكروموسومات كقصر اليد أو تشويه الرأس، كما أن التغيرات أو التشوهات في الكروموسومات الجنسية يؤدي إلى بروز الثدي وارتفاع تركيز بعض الهرمونات الجنسية وكذلك يؤدي للقصور العقلي، وأما نقص الكروموسومات الجنسية فقد يؤدي إلى قلب الجنس.

ويمثل الحديث عن الوراثة الحديث عن الكر وموسومات وما تحمله من جينات، والجينات المتوارثة من الآباء والأجداد بدءاً بآدم عليه السلام، أي الشيفرة الوراثية (DNA) قال تعالى: (**الَّذِي أَحْسَنَ كُلَّ شَيْءٍ خَلَقَهُ وَبَدَأَ خَلْقَ الْإِنْسَانِ مِنْ طِينٍ (٧) ثُمَّ جَعَلَ نَسْلَهُ مِنْ سُلَالَةٍ مِنْ مَاءٍ مَهِينٍ (٨)**) (السجدة: 7-8).

الكرموسومات: هي تراكيب توجد في نواة الخلايا تتألف من الجينات التي بدورها تتألف من المادة الوراثية DNA (الشيفرة الوراثية) وهي ناقلة الصفات من جيل إلى آخر.

أنواع الخلايا الحاملة للكر موسومات (الجينات):

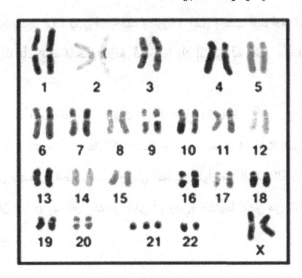

1- خلايا جسمية: وهي الأكثر عدداً ومنتشرة في جميع أجزاء الجسم، وتحتوي نواة أي خلية جسمية على 46 كرموسوم مرتبة في 23 زوج.

2- خلايا تناسلية: وتعرف عند الرجل بالحيوان المنوي وعند المرأة بالبويضة. وتحتوي نواة أي خلية تناسلية على 23 كرموسوم (الحيوان المنوي: 22 كرموسوم+(X أو Y)، البويضة22 كرموسوم+(X)، فالإنسان مخلوق من سلالة متوارثة فهو من أم وأب ؛ من بويضة وحيوان منوي يحمل كل منهما (23) كروموسوما، ويمثل التقاؤهما الخلية الإنسانية الأولى "البويضة المخصبة" "الزيجوت" (ZYGOT) التي تتألف من (46) كروم وسوما مرتبة في (23) زوجاً.

وينقسم "الزيجوت" إلى خليتين تحتوي كل واحدة على نفس العدد من الكروموسومات، وتنقسم الخليتان إلى أربع، وتستمر عملية الانقسام غير المباشر حتى يتكون الإنسان من ملايين الخلايا، إذ يبلغ عدد الخلايا في الإنسان حوالي (100) تريليون خلية، تحمل كل واحدة من الخلايا نفس الكر وموسومات الأصلية.

فهذه الشيفرة تحمل خصائص الإنسان المتوارثة من جيل إلى جيل بدءاً بآدم عليه السلام أبي البشر أجمعين، إذ يخبرنا الـله تعالى أنه خلقنا وصورنا في أصل وصلب أبينا آدم (وَلَقَدْ خَلَقْنَاكُمْ ثُمَّ صَوَّرْنَاكُمْ ثُمَّ قُلْنَا لِلْمَلَائِكَةِ اسْجُدُوا لِآدَمَ فَسَجَدُوا إِلَّا إِبْلِيسَ لَمْ يَكُنْ مِنَ السَّاجِدِينَ (١١)) (الأعراف: 11).

وهدف الوراثة المحافظة على الصفات العامة للنوع والسلالة والأجيال وتهدف الوراثة أيضًا إلى الحياة الوسطى المتزنة. أي جعل أكثر النسل وغالبيته يحمل الصفات القريبة من المتوسط، فالوالدين اللذان يتصفان بالطول يمكن أن يأتي طفلهما أطول من الطفل العادي لكنه أقصر من والديه، والوالدان اللذان يتصفان بالقصر يمكن أن يجيء طفلهما أقصر من الطفل العادي لكنه أطول من والديه.

الصفات والجنس:

تختلف الصفات الوراثية باختلاف الجنس ذكرا أو أنثى، فهي إما أن تكون متصلة به، أو متأثرة بنوعه، أو مقصورة عليه.

فعمى الألوان صفة تتصل بالذكور ويقل ظهورها في الإناث، وتدل الإحصائيات العلمية على أن 99% من المصابين من الذكور بهذا المرض الوراثي، وأن 1% من المعرضين للإصابة من الإناث يصبن به. وتدل أيضًا على أن هذه الصفة تظهر في الأحفاد ولا تظهر في الأبناء إلا نادراً جداً. وينتقل عمى الألوان من الأب إلى ابنته ولا تصاب به الابنة بل يظل كامنا لديها حتى تنقله هي بدورها إلى ابنها، وهنا يظهر عمى الألوان في الحفيد.

كذلك فإن الصلع الوراثي صفة تظهر في الذكور وتتنحى حتى لا تظهر في الإناث، أي أنه يتأثر بنوع الجنس.

العوامل المحددة للجنس:

يتحدد جنس الجنين بمجرد اندماج الحيوان المنوي بالبويضة. إذ أن 50% من

الحيوانات المنوية تحتوي على كروموزم (Y) و50% الأخرى تحتوي على كروموزم (X). بينما البويضة تحتوي على كروموزم (X) فقط.

فإذا اندمج كروموزم (X) مع (X) الناتج أنثى. وإذا اندمج (Y) مع (X) يكون الناتج ذكر.

الجينات السائدة والمتنحية:

قانون "مندل" العالم النمساوي "جريجور مندل": وجد أن الجينات تنتقل من جيل إلى جيل آخر وتظل دون تغيير إلا إذا حدثت طفرة.

ووجد أن الجينات توجد دائماً في أزواج. وعندما يوجد زوج من الجينات أفراده مختلفة عن بعضها فإن أحد هذه الجينات يسود الآخر، ويسمى الجين المسئول عن حالة السيادة (الجين السائد dominant gene) أما الجين غير السائد فيسمى (الجين المتنحي recessive gene).

تتحدد كثير من المظاهر البشرية عن طريق هذه الجينات السائدة أو المتنحية. مثل لون العين البني سائد على لون العين الأزرق فهذا يعني أن الجين المسئول عن العين البنية سائد على لون العين الأزرق. وتكون هناك ثلاثة احتمالات في الطفل:

1- قد يستقبل جينان سائدان (واحد من كل من الوالدين) وفي هذه الحالة ستكون عيونه بنية.

2- يستقبل جيناً سائداً وجيناً متنحياً (جين سائد من أحد الوالدين والآخر متنحي من الأب الآخر) وفي هذه الحالة ستكون عيونه بنية أيضًا.

3- يستقبل جينين متنحيين (واحد من كل من الوالدين) وهنا ستكون عيونه زرقاء.

يمكن أن نلخص تأثير الوراثة فيما يلي:

• أن الوراثة كعامل - ذات تأثير مباشر على مباشر على التكوين التشريحي والوظائف

الفسيولوجية - وعليه فقد تمثل استعداد قوي التأثير بالنسبة لكثير من نواحي الضعف الجسمي أو الأمراض الجسمية.

- أن دور الوراثة وعلاقته بالسمات والعلاقات الوظيفية (مثل الميول المزاجية) دور غير مباشر هذه الوظائف تعد وظائف للكيان الجسمي، فالوراثة تضع حدود الإمكانيات العقلية، ولكن لحد الآن لا نعرف مدى التأثير المباشر للوراثة على الوظائف العقلية

ثانياً: الغدد Glands

يحتوي الجسم عل مجموعتين من الغدد، إحداهما غير صماء وتفرز هرموناتها خارج الجسم مثل اللعابية و العرقية والدمعية، والأخرى صماء تفرز هرموناتها في الدم مباشرة وترتبط ارتباطا وثيقا ومباشرا بكثير من جوانب السلوك البشري، والوظيفة الرئيسية لها إفراز مواد كيميائية (هرمونات) تساهم في تحقيق تكامل وظائف الجسم ونموه عبر المراحل الارتقائية المختلفة.

وظيفة هرمونات الغدد الصماء:

تسيطر الهرمونات على وظائف الأعضاء المختلفة، وتتعاون معا على تحديد شكل الجسم وذلك بتأثيرها على نمو الجنين وسيطرتها على تطوره، وبتأثيرها في تنظيم عملية تغذية الطفل ومدى استفادته من هذه التغذية. وهذا الاختلال في إفراز الهرمونات يؤدى إلى تغيير وتحول النمو عن مجراه الطبيعي، فيقف في بعض النواحي، أو يزداد في نواحي بطريقة أخرى تعرض حياة الفرد للمرض أو للفناء. وهى تنظم أيضًا النشاط الحيوي العام والنشاط الحيوي العام العقلي للكائن الحي. وفيما يلي شرحا يوضح أهم الغدد الصماء ومواقعها ووظائفها واضطراباتها:

جهاز الغدد الصماء

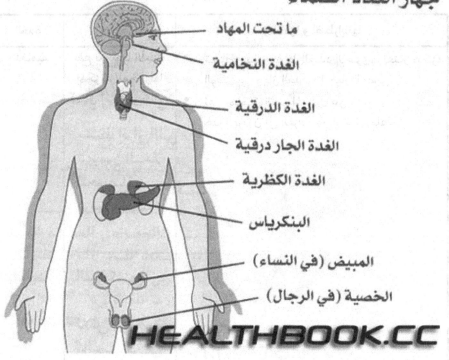

ما تحت المهاد

الغدة النخامية

الغدة الدرقية

الغدة الجار درقية

الغدة الكظرية

البنكرياس

المبيض (في النساء)

الخصية (في الرجال)

HEALTHBOOK.CC

الغدد الصماء ومواقعها ووظائفها واضطراباتها:

الغدة	موقعها	وظائفها و اضطراباتها
النخامية	**تقع بين ثنايا الأجزاء المركزية للمخ، ولها فصان أمامي و خلفي**	• تسيطر على نشاط الغدد الأخرى، وتعتبر همزة الوصل بين جهاز الغدد و الجهاز العصبي. • تفرز هرمون النمو المسئول عن النمو، ويؤدي نقص هذا الهرمون إلى القزامة وزيادته للعملقة • عند البلوغ تفرز هرمونا منشطا للغدد الجنسية. • تفرز هرمون البرولاكتين الذي ينشط إفراز لبن الأم بعد الولادة. • تفرز هرمون الثيوتروفين المنشط للغدة الدرقية. • تفرز هرمون الكورتيكوتروفين الذي يعمل على ضبط الغدة الإدرينالية وضبط مستوى السكر • الفص الخارجي يفرز هرمونات تنظم أجهزة الجسم مثل ضغط الدم وامتصاص الماء.

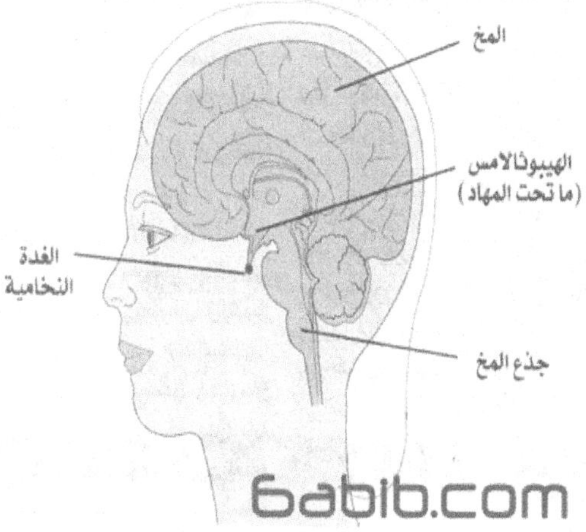

الغدة	موقعها	وظائفها و اضطراباتها
الدرقية	تتكون من فصين على جانبي القصبة الهوائية	• تقوم بتنظيم عمليات الأيض (الهدم و البناء). • يؤدي زيادة إفرازها إلى نتائج سلوكية واضحة تشمل التفكير والانفعال والإدراك إذ تحدث أنواع مختلفة من الخلط والهذيان، وتزداد سرعة عمليات الهدم والبناء ويزداد ضغط الدم وعدم الاستقرار الانفعالي والتوتر 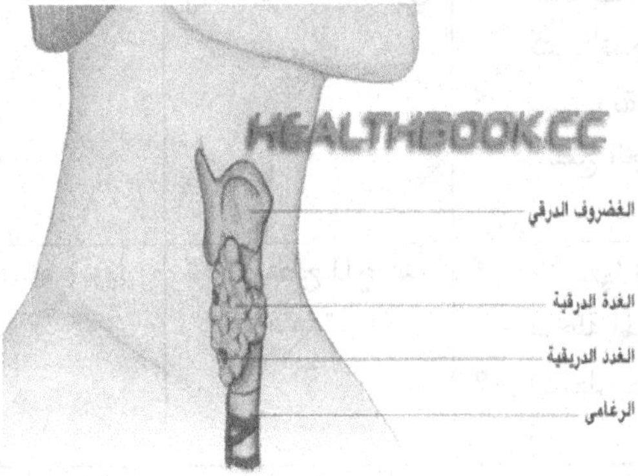 • نقص إفرازها يؤدي إلى تساقط الشعر والإحساس المفرط بالبرودة والخمول والكسل، وبطء في النمو وجفاف الجلد وقصر القامة.
جارات الدرقية	تتكون من أربع غدد صغيرة ملاصقة للغدة الدرقية اثنتين على كل جانب	• وظيفتها ضبط عمليات تمثيل الكالسيوم والفسفور وتكوين العظام والنشاط العصبي والعضلي • نقص إفرازها يؤدي إلى الكزاز أو التتانوس. • زيادة إفرازها يؤدي إلى تضخم الغدة الدرقية، وتسبب هشاشة وتشوه العظام.
البنكرياسية (جزر لانجر هانز)	في البنكرياس	• تفرز هرمون الأنسولين الذي ينظم ويضبط استهلاك السكر في الدم. • نقص هذا الهرمون يؤدي إلى مرض السكر. • زيادته تؤدي إلى أيض الكربوهيدرات.

الغدة	موقعها	وظائفها و اضطراباتها
الكظرية	**عبارة عن غدتين فوق الكليتين، وتتكون كل منهما من جزأين هما القشرة و النخاع**	• يخضع إفرازها لتنبيه من الجهاز العصبي السمبتاوي، وعندما ينم هذا التنبيه تفرز هرمونات هما الأدرينالين والنور أدرينالين يتحكمان في استجابة الجسم للمواقف الانفعالية الطارئة بصورة إيجابية فعّالة.
التيموسية	**في التجويف الصدري**	• تنمو بسرعة حتى نهاية السنة الثانية، ووظيفتها كف النمو الجنسي، وتبدأ في الاضمحلال عند البلوغ • يسبب نقص إفرازها البكور الجنسي، وزيادته تؤخر النضج الجنسي.
الصنوبرية	**تحت سطح المخ عند قاعدته**	• وظيفتها تعطيل الغدد التناسلية حتى لا تنشط قبل مرحلة المراهقة. • اضطرابها يؤدي إلى اضطرابات النمو و النشاط الجنسي.
الجنسية	**المبيضان في حوض الأنثى، والخصيتان في الصفن وراء قضيب الذكر**	• من وظائفها النمو عن طريق إفراز الهرمونات الجنسية، والتكاثر عن طريق البويضات والحيوانات المنوية • نقص الإفراز يسبب نقص نمو الخصائص الجنسية الثانوية وقد يسبب العنه والعقم والاضطرابات النفسية. • زيادة إفرازها يسبب البكور الجنسي.

ثالثاً: الجنس أو النوع Gender or Sex

عامل الجنس يلعب دورا هاما في النمو الجسمي والانفعالي والعقلي للطفل، فعند الميلاد يزيد حجم الأولاد عن البنات، ولكن البنات ينمون بسرعة أكبر ويصلن إلى سن

المراهقة قبل الأولاد بعامين تقريبا والنمو الانفعالي أكثر استقرار لدى البنات عنه عند الأولاد وبالنسبة للنمو اللغوي فالبنات أسرع نظرا لالتصاقهن بالأسرة بشكل أكثر والأولاد يتفوقون في القدرات الميكانيكية والرياضية.

رابعاً: البيئة Environment

بقصد بها كل العوامل الخارجية التي تؤثر في الفرد تأثيرا مباشرا أو غير مباشر منذ أن يتم الإخصاب وحتى الممات، وتتضمن: بيئة داخلية وتسمى بالبيئة الرحمية، وبيئة خارجية خارج الرحم.

أولا: البيئة الرحمية الداخلية

ومن العوامل التي تؤثر على نمو الجنين في البيئة الرحمية ما يلي:

1- غذاء الأم، فإذا كان غذاء الأم صحيا فهذا يؤدي إلى نمو الجنين بشكل طبيعي، كذلك هناك علاقة بين نقص التغذية وبين حدوث الإجهاض وموت الأجنة وحدوث التأخر البدني كالكساح وفقر الدم وأيضًا التأخر العقلي والاضطرابات النفسية.

2- الحالة الصحية للأم، فمثلاً إصابة الأم بالحصبة الألمانية يؤدي بالجنين إلى الصمم أو البكم أو التأخر العقلي، كما أن اضطراب إفراز الغدد لدى الأم يؤدي إلى إعاقة نمو الجنين.

3- الحالة النفسية للأم، وهذه تؤثر بشكل غير مباشر على نمو الجنين، حيث ينعكس ذلك على النواحي الفسيولوجية وتضطرب إفراز الغدد ويتغير التركيب الكيميائي للدم مما يؤثر بدوره على نمو الجنين، كما أن هناك علاقة بين التقلبات الانفعالية للحامل وبين زيادة حركة الجنين، وكذلك مع صعوبات الولادة.

4- عمر الأم، فالسن الملائم للحمل هو من 20 إلى 35 سنة، حيث أن الحمل بعد هذا

السن قد يؤدي لصعوبات أثناء الحمل و الولادة، وتزداد احتمالات إصابة أطفالهن لحالات التأخر العقلي، وأما قبل ذلك فقد يحدث حالات ولادة مبتسرة أو أطفال ناقصي الوزن أو حالات إجهاض متكررة.

5- تعرض الأم للإشعاع، فقد يؤدي إلى التأخر العقلي والتشوهات الجسمية أو إلى الإجهاض.

6- تناول الأم العقاقير، فتناول الأسبرين بجرعات عالية يقلل من وزن الأطفال عند الولادة وفقر الدم عند الأم، والمضادات الحيوية لها تأثير ضار على نمو الأجنة وتعاطي المهدئات أو الكورتيزون للتشوهات الجنينة، وعقار الفاليوم للأورام السرطانية.

7- التدخين والمشروبات الكحولية، فزيادة التدخين قد يؤدي لوفاة الوليد في أسبوعه الأول، ومواليدهن أقل وزنا من أقرانهم وقد يلدن أطفالا غير مكتملي النمو، والمشروبات الكحولية تؤثر على ذكاء الأطفال ونموهم البدني وتزداد نسبة التشوهات البدنية وللتأخر العقلي بينهم.

ثانيا: البيئة الخارجية

1- البيئة المادية:

ويقصد بها العوامل التي تؤثر على الأفراد بعد الولادة وتكون ذات طبيعة مادية من مثل الأثاث والإضاءة واللباس، ويبدأ تأثير البيئة المادية بعد الولادة حيث ينفصل الطفل عن الأم ويبدأ بالتفاعل مع البيئة المحيطة به.

2- البيئة الاجتماعية:

تعتبر الأسرة الخلية الاجتماعية الأولى التي تتلقى الفرد فينشأ في أحضانها ويتلقى الرعاية من أعضائها، وتقوم الأم بدور أساسي في بدايتها حيث يعتمد عليها الطفل في

إشباع حاجاته العضوية، ثم تتطور العلاقة إلى علاقة نفسية ثم تتطور منها علاقات أولية أساسية تربط الطفل بأبيه وأخوته، ويرى أريكسون أن أساس ثقة الطفل بنفسه وبالعالم من حوله تتوقف إلى حد كبير على نوع علاقته بأمه في مراحل نموه المبكرة، كذلك فشعوره بالرضا والسعادة والاستقرار الانفعالي يعتمد على الجو الأسري، ومع نموه تزداد دائرة معارفه ويتأثر بمؤسسات اجتماعية أخرى كما أن الخلفية الاجتماعية الاقتصادية تؤثر على نموه. وضمن البيئة الاجتماعية سيتم الحديث عن علاقة الطفل بأسرته وبإخوته:

علاقة الطفل بأسرته:

حياتنا الاجتماعية علاقات غير منظورة تصلنا بالأفراد والجماعات والثقافة المحيطة بنا، فنتأثر ونؤثر ونتفاعل ونتكيف مع كل هؤلاء، فالطفل يتأثر بأمه وأبيه وإخوته وذويه، ويؤثر أيضًا فيهم، وهكذا تمتد هذه المؤثرات وتتصل لحمتها بسداها حتى تصبح نسيجاً نفسياً اجتماعيا يحيا الطفل في إطاره.

والأسرة هي الوحدة الاجتماعية الأولى والبيئة الأساسية التي ترعى الفرد وهى لهذا تشتمل على أقوى المؤثرات التي توجه نمو طفولته. هذا وتكاد تبلغ طفولة الإنسان ثلث حياته كلها. ولعل طول مدة الطفولة يرجع في جوهره إلى النظم الاجتماعية والاقتصادية التي تهيمن على حضارتنا القائمة.

وتبدأ حياة الطفل بعلاقات بيولوجية حيوية تربطه بأمه، تقوم في جوهرها على إشباع الحاجات العضوية كالطعام والنوم والدفء، ثم تتطور هذه العلاقات إلى علاقات نفسية، ثم تتطور منها علاقات أولية أساسية تربط الطفل بأبيه وإخوته. ثم ما يلبث الطفل أن ينشىء لنفسه علاقات وسطى تصل بينه وبين زملائه وأصدقائه، ثم يتصل بالمجتمع الواسع العريض الذي يحيا فيه فيقيم لنفسه علاقات ثانوية تربطه به، وهكذا تترك كل علاقة من هذه العلاقات وكل جماعة من تلك الجماعات مهما كانت صورتها، أثرها الواضح في حياة كل فرد.

علاقة الطفل بإخوته:

يتأثر نمو الطفل بترتيبه الميلادي في الأسرة، وبذلك تختلف سرعة نمو الطفل الأول عن سرعة نمو أخوته الآخرين، وذلك لأن الطفل الثاني يقلد أخاه الأكبر، ويقلد الطفل الثالث الطفل الثاني والطفل الأول. وهكذا يسرع هذا التقليد بنمو الطفل الثاني والثالث. والتقليد في الطفولة دعامة قوية من دعامات التعلم وكسب المهارات. فالنمو اللغوي مثلا يعتمد في جوهره على تقليد الأطفال الصغار لذويهم ولأخوتهم الكبار في أصواتهم وحركاتهم المعبرة.

والطفل الأخير الذي يولد بعد أن يكبر أخوته جميعاً يدلل من والديه ومن أخوته فيتأخر نضجه وتطول مدة طفولته وتبطؤ سرعة نموه في بعض نواحيها.

والطفل الوحيد الذي يتصل بوالديه اتصالا مباشراً قريبا فتؤثر هذا الصلة في إدراكه وتفكيره وعملياته العقلية الأخرى، تأثيراً إيجابياً فعالاً فتزداد لذلك سرعة نموه العقلي. لكن نفس هذه الصلة الوثيقة تؤثر من زاوية أخرى تأثيراً سلبياً ضاراً في النمو الحركي والبدني للطفل، ذلك لأن الأب والأم يساعدانه دائماً في الأمور، بل كثيراً ما يوفران عليه هذا الجهد، فلا يجد نموه الحركي حافزاً قويا يدفعه نحو مستويات نضجه.

3- **البيئة الثقافية والحضارية:**

الثقافة هي المجموع الكلي لطرائق العمل والتفكير المرتبطة بالماضي والحاضر للمجتمع، وتعتبر ميراث اجتماعي يشب عليه الطفل وينشأ فيه، وهي تؤلف مجموعة من التوقعات والنماذج لما يقوم به الطفل النامي أو ما يتجنبه وتسعى الثقافة لتكوين عادات معينة وأساليب وطرائق للتفكير لدى الأطفال ونمو عادات واتجاهات وقيم معينة، كما أن الخلفية الثقافية للأسرة لها دورها في التأثير على ادراكات الأطفال وفي تطبيقهم للمعايير الثقافية.

ويتصل الطفل بالثقافة التي تهيمن على حياة الأسرة وبـالمجتمع الخـارجي الكبـير

فيتأثر بهما ويؤثر فيهما. ويمتص منهما التقاليد والعرف ومعايير الخلق والحرمات والطقوس. بل والأساطير والخرافات، وهكذا ينشأ الفرد وينمو من مهده إلى لحده في حد إطار اجتماعي وثقافي ويؤثر فيه ويتفاعل معه، ويهتم بنموه وخطوات تطوره.

وكما أن الفرد يولد داخل مجتمع ما، فهو يولد أيضًا داخل ثقافة خاصة وتشكله هذه الثقافة، وهو بدوره يشكلها. وهى تؤثر فيه بطريقة مباشرة في الأسرة والمدرسة، وهو يسعى جاداً في سعيه ليكيف نفسه للثقافة حينما يقلد ليتعلم الأساليب العامة للحياة التي يرتضيها لنفسه، وبهذا فالثقافة نتاج المجتمع وأفراده، والفرد يؤثر في الثقافة الراهنة نتيجة تأثره بالتراث الثقافي الذي يهبط إليه خلال الأجيال الماضية. فالثقافة والمجتمع ظاهرتان مرتبطتان متماسكتان أشد التماسك.

4- التغذية:

الغذاء الذي يأكله الإنسان هو أصل المادة التي تعمل على تكوين الجسم ونموه والمصدر الأساسي للطاقة وللسلوك جسميا وعقليا، ويعتمد الفرد على الغذاء في نموه وبناء خلاياه التالفة وتكوين خلايا جديدة وتجديد الطاقة. ونمو الفرد يتأثر بنوع وكم غذائه، ويؤدي نقص التغذية إلى أمراض مثل لين العظام والإسقربوط وضعف قدرته في مقاومة الأمراض، كما أن سوء التغذية يؤدي إلى تأخير النمو ونقص النشاط والتبلد والسقم، كما أن عدم التوازن الغذائي يؤدي إلى حدوث اضطرابات في النمو. فيخضع النمو في جوهره إلى اتزان وتناسق المواد الغذائية المختلفة في تأثيرها العام والخاص على الجسم الإنساني.

فالإفراط في الاعتماد على نوع خاص من هذه المواد يؤدى إلى اختلال هذا الاتزان، وبذلك يضار الفرد إذ يسلك به النمو مسالك شاذة غريبة، فالمغالاة في الاعتماد على الأغذية الفسفورية يؤثر تأثيراً ضاراً على الأغذية التي تحتوى على الكالسيوم والمغالاة في الاعتماد على الأخيرة يؤثر أيضًا تأثيراً ضاراً على الأولى. واعتدال الفرد في غذائه بحيث يعطى لكل عنصر من هذين العنصرين نصيبه الصحيح من الأهمية يؤدى الجسم

إلى الإفادة من كليهما، والإكثار من المواد الدهنية يعطل عملية امتصاص القدر الكافي من الكالسيوم وخير للفرد أن يعتمد في غذائه على أنواع مختلفة من أن يقتصر على أنواع قليلة محدودة.

وهكذا تتصل هذه المواد الغذائية من قريب وبعيد، وتظل تمتد بآثارها المختلفة حتى تعين على حيوية الجسم، فتنشئ لنفسها بذلك شبكة غذائية متعادلة القوى متزنة الأثر. ومثلها في ذلك مثل الهرمونات في تعادلها واتزانها. هذا وتتصل الأغذية اتصالاً مباشراً بتلك الهرمونات، فنقص اليود مثلاً من المواد الغذائية يؤثر على هرمون الغدة الدرقية (الثيروكسين). وبذلك ينمو الفرد في إطار ضيق محدود من الاتزان الغذائي والغدي.

5- أعمار الوالدين:

تتأثر حياة الفرد بأعمار والديه، فالأطفال يولدون من زوجين شابين يختلفون عن الأطفال الذين يولدون من زوجيين جاوزا مرحلة الشباب إلى الشيخوخة. وقد دلت الأبحاث التي قام بها ليجين Lejeune وتيرين Turpin. R على أن نسبة الأطفال الذكور تقل تبعاً لزيادة أعمار الوالدين، وبذلك تزداد نسبة الأطفال الإناث تبعاً لتناقص نسبة الذكور. لكن الأبحاث الحديثة بدأت تلقي أضواء كثيرة من الشك على مدى صحة وعمومية هذه النتائج.

وأوضح بوجات Baujat. P أن الأطفال الذين يولدون من زوجين في ريعان الشباب يعيشون أطول من الذين يولدون من زوجين يقتربان من مرحلة الشيخوخة. وبذلك فاحتمال زيادة مدى حياة الأبناء تقل تبعاً لزيادة الترتيب الميلادي للطفل، أي أن مدى حياة الطفل الأول، أكبر من حياة الطفل الأخير. وتؤكد هذه الأبحاث أن نسبة الأطفال المشوهين، والمعتوهين تزداد تبعاً لزيادة عمر الأم وخاصة بعد سن الـ 45 سنة.

6- البيئة المدرسة:

تؤثر المدرسة في النمو العقلي للطفل، من خلال إكسابه معارف وخبرات جديدة لم يكن يعرفها من قبل. وتؤثر في النمو الاجتماعي من خلال تكوين علاقات جديدة و صداقات مع أقرانه. كما تؤثر في النمو الجسمي من خلال النشاطات الحس-حركية. وأخيرا تؤثر في النمو اللغوي من خلال للغة الفصحى، فيزداد عدد الكلمات التي يكتسبها، إضافة إلى قدرته على اكتساب لغة ثانية.

7- وسائل الإعلام:

تؤثر في النمو الاجتماعي من خلال التواصل بين المجتمعات والتعرف على ثقافة الآخر. كما وتؤثر في النمو اللغوي من خلال استعمال الوسائل السمعية البصرية أو المرئية.

خامساً: العوامل الثانوية:

1- المرض و الحوادث:

هناك مجموعة من الأمراض التي قد تتعرض لها الأم الحامل مثل الزهري والحصبة الألمانية والولادة المتعسرة قد تؤثر على النمو العقلي للطفل، وكذلك إذا تعرض لها الطفل نفسه فهي تؤثر على نموه الجسمي والعقلي، والمريض بمرض معد مثل السل أو الهيموفيليا يعيش قلقا مضطربا خائفا على حياته فتضيق دائرة معارفه ويتأخر نضجه، كما أن العاهات الجسمية قد تؤدي إلى بعض الاضطرابات في الشخصية والتوافق العام.

2- الولادة المبتسرة:

حيث تؤدي إلى تأثير سيء في حياة الطفل وسرعة نموه، وتزداد نسبة الوفيات بينهم، وقد أثبتت الدراسات أنه كلما نقصت فترة الحمل زادت نسبة الوفيات.

3- عوامل الطقس والمناخ:

يتأثر معدل النمو بدرجة نقاء الهواء الذي تنفسه الطفل، فمعدل نمو أطفال الريف أسرع من أطفال المدن، كما أن لأشعة الشمس أثرها الفعال في سرعة النمو خاصة الأشعة فوق البنفسجية.

4- السلالة:

تختلف سرعة النمو تبعاً لاختلاف نوع سلالة الطفل، فنمو الطفل الأردني يختلف إلى حد ما عن نمو الطفل الصيني، ويختلف أيضًا عن نمو الطفل الأوروبي، وهكذا يتفاوت النمو تبعاً لاختلاف السلالة الإنسانية التي ينتمي إليها الطفل. وتدل الأبحاث العلمية الحديثة على أن سرعة نمو أطفال شعوب البحر الأبيض المتوسط تفوق سرعة نمو أطفال شعوب شمال أوربا.

5- الهواء النقي وأشعة الشمس:

يتأثر النمو بدرجة نقاوة الهواء الذي يتنفسه الطفل فأطفال الريف والسواحل ينمون أسرع من أطفال المدن المزدحمة بالسكان. ولأشعة الشمس أثرها الفعال في سرعة النمو وخاصة الأشعة فوق البنفسجية.

تعليق حول العوامل المؤثرة في نمو الفرد:

لقد اجمع العلماء على دور كل من الوراثة والبيئة في نمو الإنسان ولكنهم اختلفوا في تقدير وتحديد مستوى تأثير كل منهما. إن الوراثة والبيئة تتفاعلان معا في نمو الفرد ومسالك حياته ومستويات نضجه ومدى تكيفه وشذوذه.

وتختلف صفات الفرد اختلافاً بينياًَ في مدى تأثرها بتلك العوامل المختلفة، فالصفات التي لا تكاد تتأثر بالبيئة تسمى الصفات الوراثية الأصلية وأهمها لون العين، ولون ونوع الشعر سبطاً كان أم جعداً، ونوع الدم، وهيئة الوجه ومعالمه، وشكل الجسم.

والصفات التي تعتمد في جوهرها على البيئة ولا تكاد تتأثر بالمورثات تسمى صفات مكتسبة ومن أهمها الخلق والمعايير الاجتماعية والقيم المرعية.

والصفات التي ترجع في جوهرها إلى الوراثة وتتأثر بالبيئة تأثراً يتفاوت في مداه بين الضعف والشدة، تسمى صفات وراثية بيئية، أو استعدادات فطرية تعتمد على البيئة في نضجها وتتأثر بها في قصورها وعجزها عن بلوغ هذا النضج، ولعل أهم هذه الصفات هي لون البشرة، وذلك لتفاوت تأثير أشعة الشمس في هذا اللون كما يحدث عادة لمن يتعرض لأشعة شمس مرتفعة فإنها وبلا شك تؤثر على لون بشرته. وكذلك ما يتعلق بالذكاء، والمواهب العقلية المختلفة وسمات الشخصية والقدرة على التحصيل المدرسي.

هذا، ويمكن اكتشاف الأثر النسبي لكل من الوراثة والبيئة في نمو الأطفال وذلك بدراسة صفات التوأمين المتماثلين حينما يعيشان في بيئة واحدة وحينما يعيش كل منهما في بيئة تختلف عن بيئة أخرى، وبما أن التوائم المتماثلة تنتج من تلقيح بويضة أنثوية واحدة بحيوان ذكري واحد، إذن تصبح الصفات الوراثية لكل توأمين من هؤلاء التوائم المتماثلة.

فإذا عاش توأمان متماثلان في بيئتين مختلفتين ظهر أثر البيئة في التفرقة بينهما في الصفات التي تتأثر بالبيئة. هذا ويمكن أيضًا إجراء مثل هذه التجربة على توأمين متماثلين آخرين يعيشان في بيئة واحدة، وعلى توأمين غير متماثلين يعيشان معاً في بيئة واحدة.

وهكذا قد نصل من مقارنة نتائج هذه التجارب إلى معرفة الأثر النسبي لكل من الوراثة والبيئة في النمو، ومدى اعتماد الصفات الجسمية والعقلية المختلفة على الوراثة من ناحية وعلى البيئة من ناحية أخرى.

وبالتالي فإن النمو يكاد يتأثر في بعض مظاهره تأثراً كلياً بالوراثة ثم تخف حده الوراثة في بعض المظاهر الأخرى، وتزداد أهمية البيئة ثم يبلغ أثر البيئة أشده في مظاهر

أخرى من مظاهر النمو. وبذلك فحياة الفرد في تفاعل دائم مستمر بين الوراثة والبيئة، ويصعب علينا أن نفصل بينهما فصلا حاداً قاطعاً، ذلك لأن الوراثة لا توجد بمعزل تام عن البيئة، فالمورثات التي تتآلف بعضها مع بعض وتنتظم على خيوط الصبغات تحيا في بيئة تؤثر فيها وتتأثر بها بدرجات تتفاوت في شدتها.

الفصل الخامس

متطلبات ومراحل ومظاهر النمو

📖   متطلبات النمو.

📖   مـراحـل النمو.

📖   مظاهـر النمو.

متطلبات النمو:

يعرف "هافجهرست" متطلبات النمو على أنه مطلب ينشأ في مرحلة معينة من حياة الفرد، وإنجاز ناجح يؤدي إلى سعادته ونجاحه في واجبات تالية، بينما يؤدي الفشل إلى التعاسة وعدم تقبل المجتمع له، وصعوبة مع المتطلبات التالية. ويرى "كوري وهيريك" أن متطلبات النمو تشبه الدروس التي يجب تعلمها إذا ما كان على الفرد أن يتكيف بدرجة سليمة وصحية مع ثقافته.

تنشأ متطلبات النمو أساساً نتيجة:

- النضج الجسمي. (تعلم المشي).

- الضغوط الثقافية للمجتمع (تعلم القراءة).

- قيم الفرد وطموحاته (الإعداد للمهنة).

ولكل مرحلة من مراحل النمو مطالبها الخاصة بها. و يلخص هافيجهيرست هذه المطالب على النحو التالي:

1- **مرحلة من الميلاد ─ 6 سنوات** (مرحلة الرضيع والطفولة المبكِرة أي إلى 6 سنوات، وتتمثل هذه المطالب في تعلم:

- تناول الطعام.
- المشي والكلام وضبط الإخراج.
- الثقة في الذات وفي الآخرين.
- استكشاف البيئة.
- التطابق مع طفل آخر من جنسه.
- الارتباط اجتماعياً وعاطفياً مع الآخرين.
- التمييز بين الخطأ والصواب وتكوين الضمير

2- **مرحلة من 6 سنوات - 12 سنة (الطفولة الوسطى):**

- توسيع معرفته عن بيئته المادية والاجتماعية.
- تعلم دور الجنس المناسب(تعلم دور الذكر والأنثى).
- نمو الثقة وتقدير الذات.
- اكتساب مهارات أكاديمية ومهارات التفكير والتمييز.
- تعلم المهارات الجسمية والاجتماعية.

3- **مرحلة النمو من 12 ─ 15 سنة (المراهقة).**

- نمو الثقة بالذات والإحساس بالهوية.
- التكيف مع التغيرات الجسمية.
- اكتساب الميول الجنسية وعلاقات أكثر نضجاً مع الأقران.
- تحقيق الاستقلال العاطفي عن الوالدين.
- استكشاف الميول والقدرات واختيار العمل.

- تكوين مجموعة من القيم والمثل التي تؤهله للأدوار الاجتماعية.
- التهيؤ للزواج والحياة الأسرية.

4- مرحلة النمو من 18- 35 (الرشد المبكر).

- إتمام التعليم الرسمي واختيار المهنة.
- الاضطلاع بالحياة الأسرية ورعاية الأبناء والانسجام الأسري.
- نمو المسؤولية والشعور بحاجات الأسرة.
- تشكيل فلسفة (نظرة) للحياة.

5- مرحلة النمو 35 – 60 سنة (متوسط العمر).

- تقبل وتحمل مسؤولية اجتماعية أكبر.
- بناء نموذج ومعيار للحياة.
- مساعدة أبنائه لكي يصبحوا راشدين أكثر فاعلية.
- التكيف للقيام بدور الأب المسن.
- تقبل التغيرات الفسيولوجية التي تحدث في خريف العمر.

6- مرحلة النمو الشيخوخة (ما بعد الستين).

- التكيف مع ازدياد القصور الجسمي.
- التكيف مع نقص الدخل.
- التقارب مع المسنيين.
- تقبل حياة الخروج من العمل (التقاعد).

مراحل النمو:

مع التسليم بعدم وجود فواصل واضحة في مسيرة النمو والارتقاء، وأن حياة الإنسان متصلة إلا أن الباحثين في النمو الإنساني، قد وضعوا تصورات معينة لهذا النمو وقسموه إلى مراحل بغرض الدراسة والتعمق في فهم طبيعة الإنسان. هناك عدة

تقسيمات لمراحل النمو تختلف باختلاف مظاهره، فبياجيه يقسمها على أساس الأنشطة العقلية، ويقسمها كولبرج على أساس المعتقدات الأخلاقية، وسليمان يقسمها على أساس قدرة الفرد على أن يضع نفسه موضع الآخرين، وأما أريكسون فيقسمها بناء على أوجه النشاط التي تتضمنها الشخصية بأكملها، وهناك تقسيم مبني على أساس العمر الزمني، وإن كانت الأعمار تقريبية في معظمها، وفي ضوء هذا التقسيم تستمر عملية النمو منذ الإخصاب وحتى الوفاة

ومن أهم هذه التقسيمات ما يلي:

المرحلة	العمر الزمني
1- مرحلة الجنين	تبدأ من بداية الحمل حتى الولادة.
2- مرحلة الرضيع	تبدأ من بعد الولادة وحتى عمر سنتين.
3- مرحلة الطفولة المبكرة	تبدأ من نهاية السنة الثانية وحتى عمر 6 سنوات.
4- مرحلة الطفولة المتأخرة	تمتد من عمر 6 سنوات حتى 12 سنة تقريباً.
5- مرحلة المراهقة	تمتد من بداية البلوغ والنضج الجنسي" من حوالي 13 سنة للذكور- حوالي 12 سنة للإناث" حتى سن 20سنة.
6- مرحلة الرشد والشباب	تمتد من 21 سنة حتى 40 سنة تقريباً.
7- مرحلة الكهولة "أوسط العمر"	تمتد من 40 سنة حتى60 سنة تقريباً.
8- مرحلة الشيخوخة	تمتد من 60 سنة إلى 70 سنة تقريباً.
9- مرحلة الهرم	تبدأ من 70 سنة وتمتد حتى الوفاة.

أما فيما يتعلق بالوصول إلى مرحلة النضج فيقسم علماء النفس حياة الفرد منذ اللحظة الأولى وحتى اكتمال النضج إلى ست مراحل:

1- مرحلة ما قبل الولادة في الرحم.

2- مرحلة الرضاعة والفطام وتشمل السنتين من العمر.

3- مرحلة الطفولة المبكرة وتشمل من (3-5) أعوام.

4- مرحلة الطفولة المتأخرة أو الطفولة الثانية وتشمل من (6-12) أعوام

5- مرحلة المراهقة وتمتد من 12 إلى 13 إلى حوالي سن العشرين.

6- مرحلة النضج والاكتمال أو البلوغ وهي المرحلة التي تلي ذلك.

أما في المجال التربوي التعليمي فيمكن تقسيم مراحل النمو على النحو الآتي:

1- مرحلة ما قبل الميلاد: من بداية الحمل حتى الميلاد.

2- مرحلة الوليد: من الميلاد حتى نهاية الأسبوع الثاني.

3- مرحلة سني المهد: من نهاية الأسبوع الثاني وحتى نهاية السنة الثانية.

4- مرحلة الطفولة المبكرة:من سن سنتين وحتى ست سنوات (مرحلة رياض الأطفال).

5- مرحلة الطفولة المتأخرة: من السادسة وحتى العاشرة أو الأثني عشر (مرحلة الدراسة الابتدائية).

6- مرحلة المراهقة المبكرة: وتمتد من الحادية عشر أو الثانية عشر إلى سن الرابعة عشر (مرحلة الدراسة المتوسطة).

7- مرحلة المراهقة الوسطي: وتمتد من الخامسة عشر إلى سن الثامنة عشر (مرحلة الدراسة الثانوية).

8- مرحلة المراهقة المتأخرة: وتمتد من الثامنة عشر وحتى سن الواحدة والعشرين (مرحلة الدراسية الجامعية).

9- مرحلة الرشد المبكر: وتمتد من الواحدة والعشرين وحتى سن الأربعين.

10- مرحلة العمر الأوسط: وهي من سن الأربعين وحتى سن الستين.

11- مرحلة الشيخوخة: وهي من سن الستين وحتى الوفاة.

أما شارولت بوهلر فيصف مراحل النمو على أساس وظيفي وذلك كما يلي:

1- مرحلة النمو حتى سن 14 سنة

2- مرحلة الاستطلاع بين 14-25 سنة

3- مرحلة البناء من 25-40 سنة

4- مرحلة الاستقرار من 40-60 سنة

5- مرحلة الهدم بعد سن الستين

وهناك تصنيف يعتمد على أساس عمليات التغذية والإخراج والإنجاب، وهو التصنيف الذي يعتمده علماء التحليل النفسي، ويتمثل فيما يلي:

1- مرحلة ما قبل الولادة

2- المرحلة الفمية وهي السنة الأولى من العمر

3- المرحلة الشرجية حتى الثالثة من العمر

4- المرحلة القضيبية حتى الخامسة من العمر

5- مرحلة الكمون حتى البلوغ

6- مرحلة البلوغ بين 12-14 سنة

7- مرحلة المراهقة حتى الرشد

8- مرحلة الرشد بعد العشرين

ومن التقسيمات الشائعة لمراحل النمو ما يستند بدرجة كبيرة على الخصائص الجسمية للنمو كأساس للتقسيم، ويتمثل هذا التقسيم بما يلي:

1- مرحلة ما قبل الولادة: ومدتها من 250-300 يوما مقسمة كما يلي:

• البويضة من الإخصاب حتى أسبوعين

• الجنين من أسبوعين إلى عشرة أسابيع

• الجنين الكامل من عشرة أسابيع إلى الولادة

• الولادة وهي 280 يوما في المتوسط

2- الطفل حديث الولادة من الولادة حتى أسبوعين

3- مرحلة المهد من أسبوعين حتى سنتين

4- مرحلة الطفولة المبكرة من 2-6 سنوات

5- مرحلة الطفولة الوسطى من 6-9 سنوات

6- مرحلة الطفولة المتأخرة من 9-12 سنة

7- مرحلة المراهقة المبكرة من 12-14 سنة

8- مرحلة المراهقة الوسطى من 14-17 سنة

9- مرحلة المراهقة المتأخرة من 17-20 سنة

10- مرحلة الرشد بعد سن العشرين

11- مرحلة الشيخوخة بعد سن الستين.

وفيما يلي شرحا موجزا لهذه المراحل:

1- مرحلة ما قبل الولادة:

تبدأ هذه الفترة منذ لحظة الإخصاب حيث ينتج من اتحاد البويضة مع الحيوان المنوي كائن فريد إلى حد كبير على الرغم مما سيكون بينه وبين أسلافه وأبويه وأخوته من تشابه أساسي، ويتأثر الجنين في هذه المرحلة بالحالة الصحية والنفسية العامة للأم. كما يتأثر باستخدام العقاقير والتعرض للأشعة فمثلا إذا تعرضت الحامل لبعض الأمراض أثناء الحمل فإنه يضر بالجنين، فالتعرض لمرض الزهري قد يؤدي إلى الضعف العقلي أو الصمم أو العمى عند المولود. وقد تؤدي إصابة الحامل بالحصبة الألمانية إلى الصمم أو البكم أو إصابات القلب أو الضعف العقلي عند المولود. كما أن استخدام بعض العقاقير أو الأشعة أثناء الحمل يؤدي إلى إحداث إصابات في بنية الجنين مما قد يؤدي إلى تلف في مراكز المخ. كما يتأثر الجنين بنقص الغذاء الذي تتناوله الأم الحامل، وللتدخين وتعاطي المشروبات انعكاسات غير مباشرة على الجنين.

2- مرحلة الطفل حديث الولادة:

تبدأ هذه المرحلة منذ الولادة وتستمر مدة أسبوعين، وفي هذه المرحلة يبدأ الطفل

بالتكيف مع الوسط الخارجي، حيث يبدأ بالرضاعة من ثدي الأم، كما أنه يبدأ بالتنفس عن طريق الرئتين، ويبدأ الجسم بتكوين الأجسام المضادة ضد مختلف الأمراض المعدية، ويتم في هذه المرحلة سقوط الحبل السري.

وينام الطفل حديث الولادة بمعدل 20 ساعة يوميا تقريبا.

3- مرحلة المهد:

تمتد هذه المرحلة من أسبوعين إلى سنتين، ويطلق عليها اسم مرحلة الرضاعة وفي هذه المرحلة يعتمد الرضيع على الآخرين تماما في إشباع حاجاته وفي التدريج يصبح أكثر استقلالية واعتمادا على نفسه من خلال تعلم ضبط عضلاته وقيامه بتغذية نفسه بنفسه، وبتعلم المشي والكلام واللعب.

وتتميز هذه المرحلة بصفة عامة بالنمو السريع، فالنمو الجسمي سريع، وتحدث زيادة في الوزن وزيادة في الطول، وتظهر الأسنان اللبنية في الشهر السادس، وتنمو العضلات في حجمها ولكن عددها لا يزيد، ويتطور الهيكل العظمي من الغضاريف إلى العظام والجهاز العصبي ينمو بسرعة كبيرة. أما عن الجهاز الهضمي فيلاحظ أن حجم معدة الرضيع صغيرة وهو يأخذ كميات صغيرة من الغذاء ولكن في مرات متعددة. ولا يستطيع الرضيع هضم الغذاء الجامد.

ويتعلم الرضيع اللغة، فتظهر عنده الكلمة الأولى في الشهر التاسع تقريبا، وتعتبر السنة الأولى من العمر مرحلة الكلمة الأولى، أما مرحلة الكلمتين فتأتي في السنة الثانية خاصة في النصف الأخير منها.ويتعلم الرضيع الاستجابة للمثيرات المرتبطة باهتمام الكبار والصغار به جسميا واجتماعيا في البيت، فيعمد إلى الصراخ أو البكاء عند شعوره بالرغبة لإشباع حاجته. وتتميز انفعالات الطفل الرضيع بأنها حادة وعنيفة ومتغيرة، فهو يغضب بحدة، ثم يعود للهدوء. وفي هذه المرحلة تتمايز انفعالات الطفل حيث يشعر بالحزن والفرح والغضب، ويكوّن بعض العواطف نحو الآخرين، فيجب والديه

ومن حوله، ثم تتسع دائرة انفعالاته نحو الآخرين حسب تزايد قدرته على الحركة والاتصال.

4- مرحلة الطفولة المبكرة 2-5 سنوات

وهي مرحلة ما قبل المدرسة، وتمتاز هذه المرحلة بما يلي:

1- نمو سريع ولكن بدرجة أقل من المرحلة السابقة

2- التحكم في عملية الإخراج، ويعتمد على النضج والتمرين ويتحكم الطفل بالتبرز في نهاية العام الأول ويتم ضبط التبول النهاري حوالي منتصف العام الثاني أما التبول الليلي في منتصف العام الثالث.

3- زيادة الميل إلى الحركة

4- محاولة التعرف إلى البيئة المحيطة

5- النمو السريع في اللغة

6- تكوين المفاهيم الاجتماعية

7- بداية التمييز بين الخير والشر وبين الخطأ والصواب وتكوين الضمير

ومن أهم مظاهر النمو في مرحلة الطفولة المبكرة:

1- في السنة الثالثة: يعبر الطفل عن نفسه بجمل مفيدة تتكون من 304 كلمات ويستجيب لمطالب الكبار

2- في السنة الرابعة: يسأل الطفل أسئلة كثيرة، ويصبح قادرا على تكوين المفاهيم الحسية مثل مفهوم الزمان والمكان، ويصبح قادرا على التعميم، ويعبر عن نفسه في أعماله اليومية الروتينية

3- في السنة الخامسة: يصبح قادرا على التسلق والقفز، ويتحسن النطق لديه ويختفي عنده الكلام الطفلي مثل الجمل الناقصة والإبدال وغيرها.

5- مرحلة الطفولة المتوسطة 6-9 سنوات

وفي هذه المرحلة يلتحق الطفل بالصف الأول الابتدائي، ويسر النمو في هذه المرحلة بشكل بطيء حتى أن هذه المرحلة تعد مرحلة كمون نسبي في معدل النمو.

وفي هذه المرحلة تسقط الأسنان المؤقتة وتظهر محلها الأسنان الدائمة.

وبصفة عامة تتصف هذه المرحلة بما يلي:

1- النشاط والطاقة الزائدة عند الطفل

2- زيادة الاعتماد على النفس والاستقلال عن الوالدين لتحقيق الذات

3- اهتمام الطفل بتكوين صداقات، وقد يهتم بأصدقائه أكثر من اهتمامه بأفراد أسرته.

4- يأخذ الأطفال في هذه السن الأمور بجدية، ويتوقعون الجدية من الكبار، لذلك يجب معاملتهم معاملة تتصف بالثبات وتخلو من التذبذب.

6- مرحلة الطفولة المتأخرة 9-12

ويبدي أطفال هذه المرحلة قفزة كبيرة في أنماط النشاطات المتطورة، وفي ذلك محاولة للسيطرة على ظروف بيئاتهم، ويحدد أطفال التاسعة والعاشرة مستويات لانجازهم، كما يمارسون نشاطات يحبون أن يتعلموها، ومع أنهم لا يعتمدون على المديح في أعمالهم إلا أنهم يتوقعونه حين ينجزون عملا ما بنجاح. وقد أشار (كلبا تربك) المربي الشريك إلى هذه المرحلة بأنها مرحلة التنافس الاجتماعي.

وفي هذه المرحلة يمقت الأطفال كل أمر يبدو غير عادل، والرغبة في اللعب تسيطر عليها وحدة الجنس في بدء المرحلة ولكن سرعان ما تتحول إلى الرغبة في الجنس الآخر، وخاصة في نهاية المرحلة حيثما تبدأ بوادر المراهقة بالظهور. وتتسع دائرة الصداقة في هذه المرحلة وفي مرحلة الطفولة المتأخرة يزداد التمايز بين الجنسين بشكل واضح، ويتعلم الطفل المعايير الخلقية والقيم، ويصبح قادرا على ضبط انفعالاته، كما أنه يكون مستعدا لتحمل المسؤولية.

7- مرحلة المراهقة 12-20

وتمتاز هذه المرحلة بما يلي:

1- أنها مرحلة البلوغ الجنسي حيث تبدأ الغدد التناسلية بالعمل

2- في هذه المرحلة يسير النمو نحو الجسمي والعقلي والاجتماعي والانفعالي

مظاهر النمو:

يتضمن النمو مظاهر عدة، وكل مظهر يشكل جانبا من جوانب شخصية الفرد، وتقسيم النمو إلى مظاهر متعددة ليس إلا من باب البحث العلمي والتطبيق العملي، ولا يوجد ما يقابل هذا التقسيم في حياة الفرد الواقعية، ويلاحظ من خلال دراسة مظاهر النمو وجود علاقة إيجابية ومرتفعة بين تلك المظاهر المتعددة بعضها ببعض. ولأن الفرد يشكل كلا واحدا يصعب تجزئته لذلك فإن حياة الفرد يهتم بها المختصون في كل جانب من جوانب النمو. إذ يهتم المربون بالنمو العقلي، بينما يهتم المشرفون الاجتماعيون بالنمو الاجتماعي، والأطباء بالنمو الجسمي، والمعالجون النفسيون بالنمو الانفعالي. وهكذا فإن التجزئة تتم لغاية البحث والدراسة فقط. في الوقت الذي يشكل الإنسان وحدة متكاملة، ويتفق جميع الباحثين في علم نفس النمو على أن هناك جانبين للنمو، الأول عضوي مادي، والثاني وظيفي، ويرتبط الأول ارتباطا وثيقا بالثاني، وهذان الجانبان متلازمان معا ما دام الإنسان في حالة مستمرة من النمو والتطور. وعند دراسة النمو يتم تناولهما معا في كل مظهر من مظاهره، وفيما يلي عرض لمظاهر النمو المتعددة وما تشتمل تلك المظاهر من جوانب مختلفة:

أولا: النمو الجسمي Physical Development

يقصد به الزيادة في الوزن والطول ويشمل دراسة نمو الأعضاء والأجهزة الجسمية المختلفة كالجهاز العضلي والعظمي والرأس والأطراف والأسنان وما يطرأ على هذه الأجهزة من تغيير عبر مراحل النمو المختلفة.

ثانيا: النمو العقلي Intellectual Development

يقصد به نمو الذكاء العام والقدرات العقلية المختلفة مثل الإدراك والتذكر والنسيان والتخيل والتحصيل والتفكير والانتباه وغيرها. ويشمل دراسة الجهاز العصبي والدماغ الإنساني ووسائل الإحساس المختلفة ومراحل الإدراك والعمليات المعرفية والقدرات العقلية الخاصة، والتغيرات التي تحدث لهذه القدرات عبر مراحل النمو المختلفة.

ثالثا: النمو الانفعالي Emotional Development

يدرس في هذه الجانب الانفعالات المختلفة مثل الحب والغيرة والحزن والكره والغضب والفرح والسرور والتوتر، والزيادة والتطورات التي تطرأ على هذه الانفعالات عبر انتقال الفرد من مرحلة لأخرى من مراحل النمو المختلفة

رابعا: النمو الاجتماعي Social Development

يقصد به عملية التنشئة الأسرية والاجتماعية، وعلاقة الفرد بأفراد وجماعات المجتمع ممن هم في سنه أو أكبر أو أصغر منه، وعلاقته بأفراد الجنس الآخر. وتطور هذه العلاقات عبر المراحل المختلفة، ودراسة القيم والمعايير والأدوار الاجتماعية، وأنماط التنشئة الاجتماعية والتفاعل بين الأفراد وتطور هذه الأدوار مع تطور النمو.

خامسا: النمو اللغوي Linguistic Development

يتضمن دراسة عدد المفردات التي يمتلكها الفرد، وزيادتها عبر مراحل النمو المختلفة، وكذلك تطور جمله وزيادة عدد مفرداته، والمهارات اللغوية والتبدلات التي تحدث في أجهزة الصوت والكلام، والقدرة على التعبير اللفظي والكتابي.

سادسا: النمو الفسيولوجي Physiological Development

يتضمن دراسة الجهاز اللمفاوي والغدد ووظائفها، ووظائف أجهزة الجسم المختلفة مثل الجهاز التنفسي والهضمي والدوري، وكذلك أثر بعض العمليات التي يقوم بها الفرد من تغذية ونوم واسترخاء على سلوك الفرد عبر مراحل نموه المتتابعة.

سابعا: **النمو الحركي** Motor Development

يتضمن دراسة نمو حركة الجسم والمهارات الحركية المتنوعة من جلوس وحبو ومشي وقفز وهرولة وركض وتطور تلك الحركات عند الفرد عبر مراحل النمو المتلاحقة.

ثامنا: **النمو الحسي** Sensory Development

يشتمل على دراسة نمو الحواس الخمسة المختلفة: البصر والسمع والشم والذوق والإحساس الجلدي، وكذلك الإحساسات الحشوية المختلفة مثل الألم والجوع والعطش والنعاس والحاجة للجنس وجميع التغيرات التي تحدث عليها عبر مراحل النمو المختلفة.

تاسعا: **النمو الجنسي** Sexual Development

يشتمل على دراسة نمو الجهاز التناسلي لدى الذكر والأنثى ووظيفته وأساليب السلوك الجنسي وتطوره مع نمو الفرد.

عاشرا: **النمو الديني** Religion Development

يتضمن دراسة تطور المعتقدات والعبادات والمواقف العقائدية التي يقفها الفرد نحو الإيمان والشك والكفر، ومدى التغير الذي يحدث على تلك المواقف عبر مراحل النمو المتتابعة.

الفصل السادس

الإخصاب والحمـل

- سيكولوجية الحمل والولادة.
- العوامل المؤثرة في تكوين الجنين.
- مراحل تكوين الجنين .
- تطور الجنين خلال أشهر الحمل.

سيكولوجية الحمل والولادة:

من المفيد معاينة التشكل الرحمي في الإطارين النفسي والاجتماعي للمرأة الحامل ويدعي بعض علماء النفس بأن الحمل يشكل بالنسبة للمرأة أزمة كبرى توازي الأزمة التي يتعرض لها الناشئة في المراهقة لذلك فقد اهتم هؤلاء بالدلالة النفسية لهذا الحادث بالنسبة لكلا الوالدين وسنتناول أولاً بعض الجوانب النفسية لتلك الأزمة.

وقد تضاربت الآراء عبر السنين حول العلاقة بين سلوكية الأم وعاطفتها نحو سلامة الجنين فلقد ساد الاعتقاد في وقت ما بأن أضعف الضغوط أو حتى الإفراط في الطعام والشراب أو الفعل الجنسي وخلافها إنما يؤثر في الجنين. وتغير هذا الرأي في

وقت لاحق فاعتقد الناس بأن الجنين محمي تماماً ضد افراطات الأم التي لـن تـؤثر في العضوية الناشئة ويأخذ أطباء اليوم وعلماء النفس موقفاً وسطاً من هذا الأمر.

وتتوقف الطريقة التي يستجيب وفقها أي زوجين للحمل على عدد من العوامل أهمها:

1- رغبة الوالدين بالطفل.

2- نضجهما في النواحي كافة.

3- طبيعة علاقتهما ببعضهما وبأهليهما.

4- إحساسهما بهويتهما التي تحدد علاقتهما بالطفل.

وتتمثل أهم العوامل على الإطلاق في كون الاستجابة للحمل عاطفية لا عقلانية فقد يوجد بعض الأزواج الذين صرفوا وقتاً متعباً للتخطيط للحمل محاولين تأكيد ما فيه من آفاق عظيمة لإحساسهم بهويتهم إلا أن هؤلاء أنفسهم غالباً ما يصابون بضرب من خيبة الأمل المدمرة عند حدوث الحمل ويحدث أن بعض الأزواج الذين لم يخططوا للحمل ولم يرغبوا فيه يجدون أنفسهم عندما يفاجئون بمعرفة حدوثه مبتهجين لكل من الفكرة والحادث.

والأبوة عموماً مرحلة جديدة تزيد من بعد الزوجين عن والديهما، وفي الوقت نفسه تدفعهما إلى زيادة الاقتراب من هذين الوالدين نفسيهما فالمسؤوليات الجديدة المفروضة على الآباء تستدعي التخلي عن اتكاليتهم السابقة على أهليهم.

إن مشاعر المرأة بالضعف والتعب وتحولات المزاج تدفعها للإحساس بأنها تتغير بطرق تحد عن سيطرتها، وقد يجعلها ذلك غير سعيدة مع زوجها، فتشعر بأنه لا يعيرها الاهتمام الكافي.

وتتغير المظاهر الخارجية للمرأة بسبب الحمل وتحس بعض النساء بالبشاعة وهذا ما يستدعي اليأس عند بعض النساء والشك بأن أزواجهن يخرجون مع سواهن. وتنقلب نسوة أخريات أكثر سعادة بسبب التعبيـر عـن نضجهن كنسـاء وتتغير توجهـات الأم خلال الثلـث الأخير مـن الحمل فتغـدو أقل اهتماماً بمظهرها وأكـثر لهفة لمـا كانـت عليـه مـن قبـل

للوصول إلى نهاية الحمل بسلام. وعلى الرغم من ذلك فإن المرحلة الأخيرة لا تخلو من كثير من المضاعفات السيئة للحامل فالمرأة تصبح عاجزة تماماً عن القيام بالفعاليات البسيطة، وتتعرض لاضطرابات عضوية مغايرة لتلك التي عانتها في الثلث الأول ومن تلك الاضطرابات ما يخيف المرأة كالنزيف ومنها ما يزعجها كالرغبة القاهرة في التبول.

العوامل المؤثرة في تكوين الجنين:

أثبتت الدراسات أن نمو الجنين داخل الرحم يتأثر بالعوامل البيئية والوراثية بشكل كبير. وتأثير تلك العوامل يتوقف على الفترة التي يقع فيها الجنين تحت هذا التأثير. ومن هذه العوامل المؤثرة ما يلي:

1- العوامل المرضية:

ليست كل الأمراض التي تصاب بها الأم تنتقل إلى الجنين لوجود غشاء حاجز يفصل بين جسم الأم وما به من جراثيم أو فيروسات وجسم الجنين.

• الأمراض الالتهابية الفيروسية التي تصاب بها الأم تسبب تشوهات في خلقة الجنين وقد تؤدي إلى وفاة الجنين أو الإجهاض.

• الحصبة الألمانية / الزهري/ السكر لدى الأم الحامل.

• العوامل التسممية.

2- الإدمان:

• الإدمان على المخدرات والكحول: حيث يحرم الجنين من الدم النقي الذي يصل إلى الأم وفيه نسبة كبيرة من ثاني وأكسيد الكربون مما يعيق حركات الطفل الانعكاسية بفعل التخدير.

• العقاقير الطبية: والتي تؤدي إلى حرمان الجنين من الأوكسجين مما يؤدي إلى تلف في المخ بحيث يؤثر ذلك على التنفس والدورة الدموية.

- التدخين: إن تأثير التدخين يكمن في تباطئ تدفق الدم إلى المشيمة التي تغذي الجنين بالأوكسجين. ففي دراسة استرالية تبين أن وصول الدم إلى المشيمة يبطأ بمعدل 2 دقيقة بعد كل سيجارة تدخنها الأم.

3- العوامل الفيزيائية:

- تعرض الأم الحامل للأشعة في وقت مبكر من حملها يعد من العوامل الخطيرة التي تؤثر في نمو الجنين.

- التعرض للأشعة السينية، الطبية، الذرية والتي تؤدي إلى تشوهات في خلقة الجنين والضعف العقلي وفقدان البصر.

4- العوامل الغذائية:

أثبتت الدراسات في النمو مدى ارتباط الغذاء الكافي والصحي بسلامة نمو الجنين، وتبين أن هناك علاقة بين التغذية والإجهاض والولادة المبتسرة إذ تبين أن الأطفال المحرومين غذائيا أقل وزنا وسجلوا درجات أقل على الاختبارات العقلية ونسبة وفياتهم أكثر.

- سوء التغذية يعيق انقسام الخلايا وخاصة في المخ مما يعيق نموه الطبيعي إذ أن نضجه يتطلب قدر من البروتين والفسفور والمغنسيوم.

- سوء التغذية يكون سببا في ولادة غير ناضجة أو ميتة وولادة أطفال يعانون من فقر دم وتسمم وتشوهات خاصة نقص البروتين.

- سوء التغذية والحرمان من الحديد والفيتامينات يؤثر في قلة وزن الجنين وقد يعرضه للوفاة بعد الولادة وإلى إعاقة جسمية عقلية ومتاعب في النمو.

5- العوامل الانفعالية:

تلعب انفعالات الأم دورا غير مباشر في نمو الجنين كالاضطرابات الشديدة

المتكررة، (غضب زائد، قلق) والتي تؤدي إلى اضطرابات في إفرازات الغدد. مثال: إن زيادة هرمون الأدرنالين بفعل القلق يحدث توتر عصبي ينتج عنه مضاعفة حركة الجنين داخل الرحم. أي مواليد يعانون من عدم انتظام الرضاعة ونوم غير هادئ وبكاء واستجابات حشوية غير عادية.

6- **العوامل الوراثية:**

إن الأمراض الوراثية التي تنتقل بالوراثة تؤثر في نمو الجنين، وتزداد فرص انتقالها إذا كانت منقولة من كلا الوالدين، ومن هذه الأمراض الصرع، والتخلف العقلي، والفصام، والاكتئاب. ومنها:

- الاختلاف في العامل الريزيسي RH

وهنا يكون اختلاف لدم الأم عن دم الأب، والعامل الريزيسي RH عبارة عن بروتين وراثي يوجد في الدم، وينسب هذا العامل إلى القرد الهندي ريزوس R Hesus Monkey لأن التجارب الأولى في هذا المجال أجريت على هذا القرد.

وبناء على ذلك فإنه إذا كان دم الأم به عناصر +RH، وكان دم الأب به عناصر -RH فلا يوجد أي ضرر بالنسبة للجنين، ذلك لأن الجنين سوف يحصل بالضرورة على +RH وهي الصورة السائدة، لكي يتوافق دمه مع دم الأم. كذلك الحال إذا كان دم كلا من الأبوين يحمل عناصر -RH فلا يوجد أي ضرر. أما إذا كان دم الأم يحمل عناصر -RH، وكان دم الأب يحمل عناصر +Rh ففي هذه الحالة يحدث عدم توافق، بين +RH التي توجد في دم الجنين، و-RH الذي يوجد في دم الأم، وفي هذه الحالة تولّد الأم أثناء حملها الأول أجساما مضادة Anti Bodies لتقاوم +RH التي توجد في دم الجنين، ويكون ذلك عندما تدخل في دورتها الدموية خلايا قد انفصلت واستقلت عن الرحم. لذلك فإن الطفل الأول لا يتأثر بهذه الأجسام المضادة، أما إذا حملت الأم ذات العناصر -RH بعد ذلك، فإن هذه الأجسام المضادة التي تولدت في دمها تمر في الدورة الدموية للجنين عن طريق المشيمة، وتقتل كريات الدم الحمراء في

دمه الذي يحمل عناصر RH+، وقد يترتب على ذلك نتائج خطيرة، فقد يموت الجنين داخل الرحم، أو يولد ميتا، أو يموت بعد الولادة بساعات أو أيام، وقد يصاب بأنيميا حادة، أو بشلل، أو بضعف عقلي، أو بصمم، أو عمى.

- **الاختلالات الكروموسومية:**

يصاب الجنين باختلالات في النمو نتيجة اختلاف العناصر الوراثية في عدد الكر وموسومات داخل الخلية الأولى أو البويضة الملقحة. وأبرز هذه الاختلالات الخلل الذي يؤدي إلى تشوهات خلقية عقلية مثل مرض المنغولية (داون سندروم) حيث يولد الطفل بقدرات متخلفة وتعثر في نموه البدني والحركي. وسبب ذلك يعود إلى وجود كروموسوم زائد يكون ملتحم مع الكروموسوم رقم 21 ليكون عدد الكر وموسومات في الخلية 47 بدلا من 46.

- التركيب الصبغي YXX: يدعي بتناذر كلاينفلتر فالفرد الذي يملك صبغياً Y واحداً على الأقل يكون ذكراً إلا أن الصبغي X الزائد في حالة تناذر كلاينفلتر يولد صفات تتمثل بصغر الخصيتين والطول وبالنحول وطول الذراعين والساقين والعقم وانخفاض معامل الذكاء واضطرابات الشخصية ولم يرتبط هذا التناذر بالإجرام ولم تعرف أسبابه حتى الآن.

- ثلاثية أخرى YYX: نوقشت كثيراً حيث كان الصبغي Y يحد الذكورة فإن أحدنا يتوقع لرجل يحمل صبغياً Y زائداً أن تكون له صفات ذكرية مفرطة وهو ما يحدث فعلاً. وقد اعتقد بعض الناس بأن الرجال الذين يحملون التركيب الصبغي YYX يكونون دوماً مجرمين. وإن نسبتهم في السجون أكثر نسبياً منها في الحياة العامة، إلا أن علينا أن نكون حذرين من صدق التعميم الذي ننتقل به من ثلاثية الصبغي إلى الصفات السلوكية، فليس الذكور كلهم الذين يحملون الصيغة الصبغية YYX مجرمين. وإن أولئك الذين تضطرب علاقتهم بالقانون يفعلون ذلك نتيجة للتفاعل المعقد بين معطياتهم الجنينية وتجاربهم في الحياة.

- تناذر الفينيل كيتونوريا (Phenylketonuria) أكثر الحالات المعروفة والمرتبطة بنقص الأنزيم يتولد الأنزيم في أغلب الأفراد بحيث يستقلب الفينيل الأنين وهو حمض أميني يتوفر في أغلب الطعام البروتيني وعندما لا يتحطم الحمض الأميني لكي تستفيد منه الخلايا العضوية يتجمع بكميات مفرطة في الجسم ويتحول الفينيل الأنين الزائد بفعل أنزيمات أخرى في الجسم إلى مواد لا ينتجها الجسم في العادة وتخرج تلك المواد مع البول لذلك يشخص المرض من تحليل البول ويأخذ اسمه منه باللغات الأجنبية. ويجب أن يفحص كل وليد للتأكد من تعرضه لاضطراب الفينيل كيتونوريا فإن كانت نتيجة الفحص إيجابية خضع الوليد لحمية تمنع عنه المواد البروتينية، وتعد حمية البروتين في غاية الصعوبة ولا يعرف متى يجب إيقافها عن الطفل. خاصة أن الأطفال المصابين بهذا المرض الذين يخضعون لحمية البروتين يعانون درجات متباينة من التخلف العقلي ويميل المصابون بالفينيل كيتونوريا لأن يكونوا شقراً زرق العيون حساسي الجلد.
- وهناك حالة أخرى تنجم عن نقص الأنزيم تسمى (الابيضاض) كما يسمى من يعانيها بالالبينو (Albino) يعاني الالبينو من نقص في الميلانين يولد تبايناً في لون الجلد. ويتولد الميلانين من تحطيم عدد من الأحماض الأمينية ويعوز الالبينو الإنزيم الذي يستقلب تلك المادة الكيميائية والالبينية صفة متنحية ولا تحدث كثيراً. والمرض ضعيف الإقعاد للفرد إذا ما تجنب التعرض للشمس.

مراحل تكون الجنين:

إن عملية تكون الجنين وتخلقه عملية اعجازية. فهي عملية متصلة مستمرة إلا أنه يمكن تقسيمها إلى عدد من المراحل المتدرجة. وتنقسم مراحل نمو الجنين إلى ثلاث مراحل وتم جمع المعلومات من خلال التجارب على أجنة الحيوانات والأجنة الآدمية غير المكتملة والأجهزة والتحليلات الطبية:

1- مرحلة البويضة المخصبة: Zygote (العلقة)

أ- تبدأ منذ الإخصاب حتى نهاية الأسبوع الثاني حيث تغرز البويضة المخصبة (العلقة) في جدار الرحم. وفيها يتم الإخصاب عندما يقوم حيوان منوي ذكري (نطفة) قادم من المهبل بتلقيح بويضة أنثوية(نطفة) قادمة من أحد المبيضين.

شكل يوضح النطفة:

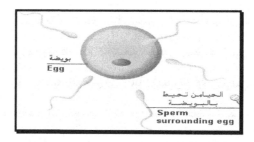

شكل يوضح العلقة:

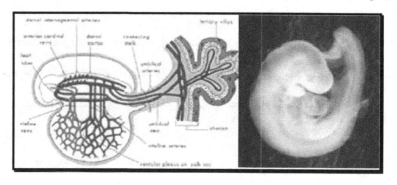

ب- تخرج البويضة إلى قناة فالوب باتجاه الرحم مدفوعة بحركة الأهداب وتقلص عضلات القناة.

ج- إذا ما صادف الحيوان المنوي خلال ثلاثة أيام من الجماع فإن الحيوان ينجذب تجاه البويضة بقوة هرمونية ويخترق جدار البويضة فتتم عملية الإخصاب.

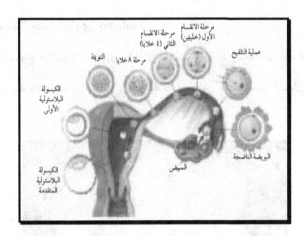

د- بعد 6 ساعات من الإخصاب تبدأ البويضة الملقحة zygote بالانقسام إلى خلايا جديدة ويتم الانقسام تبع متوالية هندسية تنقسم البويضة فيها إلى 2 ثم 4 ثم 8 ثم 16 دون أن تزيد من حجم البويضة. وبعد 10 إلى 14 يوم تكون البويضة قد خرجت منها زوائد في الغشاء المخاطي ويصل حجمها عند وصولها الرحم بحجم رأس الدبوس.

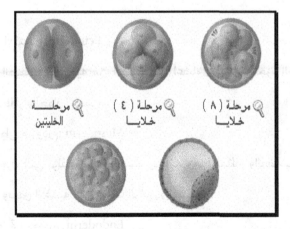

ثم تلتصق بجدار الرحم وتكون قد انتهت تلك المرحلة.

2- مرحلة المضغة "الجنين الخلوي" Embryo

تمتد من الأسبوع الثالث إلى الأسبوع الثامن (الشهر الثاني). وتبدأ البويضة الملقحة في تكوين ثلاث طبقات أساسية ومنها تنشأ الأعضاء والأغشية التي يتكون منها جسم الإنسان، وهذه الطبقات الثلاث كما يلي:

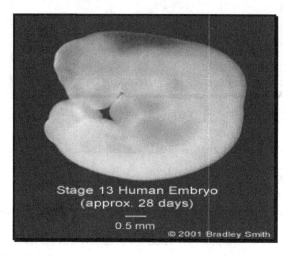

أ- طبقة خارجية الاكتودرم:Ectoderm

وتنشأ من الطبقات الخارجية من الجسم مثل أعضاء الحواس والجزء الخارجي من الجلد والشعر والأظافر والجهاز العصبي.

ب- الطبقة الوسطى ميزودرم: Mesoderm

وتتكون الأجزاء التي تؤلف هيكل الجسم ودعائمه وهي العظام والعضلات والجهاز الدوري والإخراجي وبعض الأغشية التي تغلف الرئتين والقلب.

ج- الطبقة الداخلية اندوديرم: Endoderm

ومنها يتكون الجهاز الهضمي كالمعدة والأمعاء والجهاز التنفسي كالرئتين والشعب الهوائية والبلعوم والجهاز الغدي وهي مرحلة تخلق الأعضاء والأجهزة.

شكل يوضح المضغة:

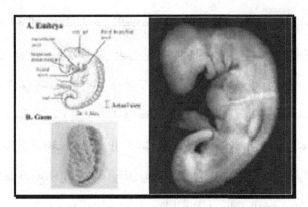

شكل يوضح تطور العظام في هذه المرحلة:

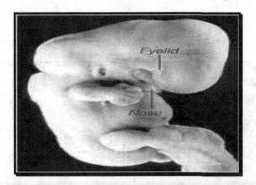

شكل يوضح تطور العضلات عند الجنين في هذه المرحلة:

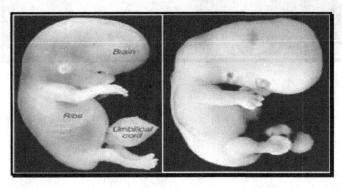

3- مرحلة الجنين Fetus

تمتد من بداية الشهر الثالث حتى الولادة، وفيها تنضج أجهزة الجسم المختلفة التي بدأت في مرحلة المضغة. ويتغير حجم الأعضاء التي ظهرت في المرحلة السابقة ويكتمل نموها وتتخذ شكلا آدميا. وينمو الجهاز التناسلي وتتشكل الأظافر وجفون الأعين في الشهر السادس.

كما تتغير نسبة الأعضاء إلى بعضها، وتصغر نسبة الرأس إلى طول الجنين فنسبة حجم الرأس في الشهر الثاني تكون النصف ثم تصل إلى الثلث وعند الولادة تصل إلى الربع. كما تظهر الحركات التلقائية مع الشهر الرابع. حيث يحرك الطفل يديه والأرجل وتحس الأم بهذه الحركة.

في نهاية الشهر السابع يصبح الطفل مستعدا للحياة في خارج الرحم ويزن تقريبا 3- 3، 5 كغم وطوله يقارب 50 سم.

شكل يوضح تطور الجنين في المرحلة الثالثة:

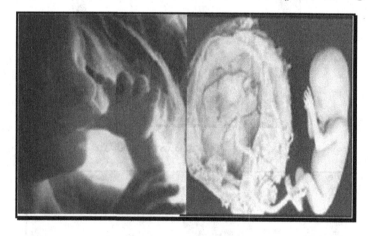

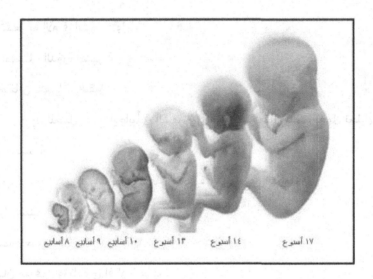

تطور الجنين خلال أشهر الحمل:

الشهر الأول:

1- يحدث الإخصاب و الإباضة بعد 14 يوم تقريبا من اليوم الأول لآخر فترة حيض.

2- بعد 10 أيام، تغرز البويضة المخصبة في جدار الرحم وتبدأ دورة الدم في المشيمة الرحمية.

3- في الأسبوع الثالث، يبدأ أنبوب النخاع الشوكي وأنبوب القلب ودماغ بدائي والعيون والكلية بالتشكل.

4- بعد حوالي شهر من الإخصاب، يصل طول البويضة إلى حوالي 5 ملم.

5- يمكن أن تشعر الأم الحساسة ببعض الأعراض (أعراض مشابهة لنزلة البرد العادية) في موعد الحيض التالي، ويجب الحرص على عدم تناول الدواء في هذه الفترة.

أهم ما تشعر به الأم في الشهر الأول:

– انقطاع الطمث - الدورة الشهرية

1- الإحساس بالغثيان والتقيؤ

2- اختبار البول للحمل يصبح ايجابياً في الشهر الأول، ولتأكيد الحمل ينصح بعمل تحليل للدم.

الأعراض الجسمية:

1- غياب الدورة الشهرية وقد تظهر بقعة دم خفيفة عند موعد الدورة.

2- تكرار عملية التبول.

3- تعب ونعاس.

4- غثيان مع قيء وزيادة في إفراز اللعاب.

5- حرقة في المعدة وصعوبة في الهضم.

6- انتفاخ في البطن وشعور بالامتلاء.

7- نفور للطعام أو اشتهاء نوع معين من الطعام.

8- شعور بألم أو ليونة في الصدر أو قد تصبح هالة الثدي غامقة اللون كما قد تظهر خطوط زرقاء تحت جلد الصدر بسبب ازدياد كمية الدم المتدفق له.

الأعراض الانفعالية:

1- شعور بعدم الاتزان كتلك الحالة التي تسبق الدورة الشهرية.

2- تحول سريع في المزاج.

3- قلة الصبر والتوتر والحيرة والقلق.

4- أو قد تشعر الأم بخوف وفرح وروح معنوية عالية.

نصائح للأم الحامل في هذا الشهر:

1- التوقف نهائياً عن تناول أية عقاقير أو أدوية أو التعرض لأشعة أكس دون استشارة الطبيب.

2- التوقف تماماً عن التدخين أو تناول الكحوليات

3- متابعة الحمل في المستشفى

في نهاية الشهر الأول يكون الجنين صغيرا جدا بحجم حبة أرز. وبعد أسبوعين تبدأ النواة العصبية بالتكون وكذلك القلب والجهاز الهضمي وأجهزة الحس. وتبدأ الأيدي والأرجل بالتشكل.

شكل الجنين في الشهر الأول:

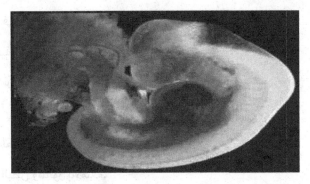

الشهر الثاني..

1- يمكن رؤية الذراعين والرجلين والوجه بوضوح، كافة الأجهزة الرئيسية موجودة.

2- يبدأ الدماغ بالنمو السريع، ليصل حجمه إلى نصف حجم الجسم

3- مع نهاية الأسبوع الثامن من الحمل، يصل حجم الجنين من 2-3 سم ويزن حوالي 4غ.

4- يبدأ غثيان الصباح.

5- يصبح الثديين لينين وثابتين، أما الحلمة والهالة المحيطة به فيصبح لونها أدكن.

6- لا تزال إمكانية إسقاط الجنين عالية بما أن المشيمة لم تتطور تماما بعد.

أهم ما تشعر به الأم الحامل في الشهر الثاني:

1- الشعور بالإرهاق والتعب

2- زيادة مرات القيء والغثيان

3- زيادة مرات التبول

الأعراض الجسمية:

1- غثيان مع قيء وزيادة في إفراز اللعاب.

2- تكرار عملية التبول.

3- تعب ونعاس.

4- إمساك.

5- حرقة في المعدة وصعوبة في الهضم.

6- انتفاخ في البطن وشعور بالامتلاء.

7- نفور للطعام أو اشتهاء نوع معين من الطعام.

8- صداع أحيانا بسبب التغيرات في الهرمونات.

9- دوار أحيانا وإغماء.

10- تبدأ الملابس تضيق حول الخصر والصدر.

11- امتلاء وثقل أو ليونة في الصدر ويغمق لون هالة الثدي كما تظهر الأوردة تحت جلد الثدي.

الأعراض الانفعالية:

1- شعور بعدم الاتزان كتلك الحالة التي تسبق الدورة الشهرية.

2- تحول سريع في المزاج.

3- قلة الصبر والتوتر والحيرة والقلق.

4- الشعور بخوف وفرح وروح معنوية عالية.

نصائح للأم الحامل في هذا الشهر:

ينصح بالتغذية السليمة لاحتياج الجنين للغذاء في تلك المرحلة المهمة لكن دون إفراط يستطيع الطبيب التأكد من الحمل عن طريق الفحص المهبلي.

حالة الجنين:

في نهاية الشهر الثاني يكون الجنين أكثر شبها بالإنسان. طوله حوالي 3.5 سم من الرأس إلى المؤخرة ويشكل الرأس ثلث الطول. يزن حوالي 9 غم. له قلب ينبض. له أطراف مع بداية ظهور الأصابع. وتبدأ العظام تحل محل الغضاريف.

شكل الجنين في الشهر الثاني:

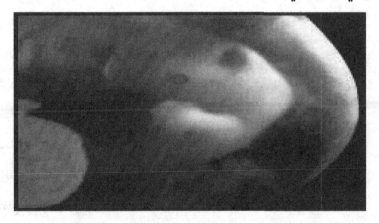

الشهر الثالث:

1- تكون قاعدة الأظافر قد تشكلّت، ويصبح الرأس أصغر نسبيا من المرحلة السابقة.

2- يمكن معرفة أعضاء التناسل.

3- يصبح حجم الجنين لغاية 10سم ويزن 30 غرام تقريبا.

4- وجود استمرار في البول عند الأم، ويصبح الإخراج أكثف.

5- تشعر الأم ببعض الثقل البطني والضغط على الكاحلين، سهولة الإصابة بالإمساك والإسهال.

أهما ما تشعر به الأم:

1- يبدأ الغثيان في الاختفاء

2- يبدأ الوزن في الزيادة.

3- تقل مرات التبول.

4- المعاناة من بعض الإمساك

الأعراض الجسمية:

1- غثيان مع قيء أو بدون قيء وزيادة في إفراز اللعاب.

2- تكرار عملية التبول.

3- تعب ونعاس.

4- إمساك.

5- حرقة في المعدة وصعوبة في الهضم.

6- انتفاخ في البطن وشعور بالامتلاء.

7- زيادة في الشهية.

8- صداع أحيانا بسبب التغيرات في الهرمونات.

9- دوار أحيانا وإغماء.

10- يبدأ البطن بالظهور في نهاية هذا الشهر.

11- الملابس تضيق حول الخصر والصدر.

12- امتلاء وثقل أو ليونة في الصدر ويغمق لون هالة الثدي كما تظهر الأوردة تحت جلد الثدي.

الأعراض الانفعالية:

1- شعور بعدم الاتزان.

2- شعور جديد بالهدوء.

3- التوتر والبكاء أحيانا.

4- قد تشعر الأم الحامل بفرح وروح معنوية عالية.

ينصح للام الحامل بالتغذية السليمة والتي هي في غاية الأهمية، والالتزام بتعليمات الطبيب.

حالة الجنين:

في نهاية الشهر الثالث يصبح طول الجنين 5سم-7.5سم. ووزن الجنين حوالي 15 غم. وتنمو أعضاء جسمه أكثر كالجهاز البولي والكبد وجهاز الدورة الدموية. والأجهزة التناسلية تبدأ بالنمو ولكن يصعب تحديد جنس الجنين في هذه الفترة من الشكل الخارجي.

شكل الجنين في الشهر الثالث:

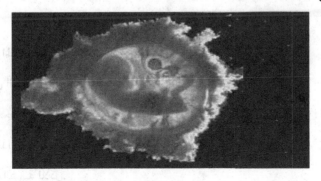

الشهر الرابع:

1- تتطور المشيمة تماما، ويعوم الجنين بنشاط في السائل الأمنيوسي الموجود في الكيس الأمنيوسي. ويكون طول الجنين حوالي 18 سم ويزن حوالي 120 غرام.

2- تطور الأعضاء يكون تقريبا مكتمل.

3- تتطور فروة الشعر.

4- حيث أن غثيان الصباح قد أصبح أقل، تزداد الشهية.

5- جوف الرحم منتفخ، ألم متقطع في الظهر.

أهم ما تشعر به الأم الحامل في هذا الشهر:

1- حلمة الثدي والمنطقة المحيطة بها تصبح داكنة اللون.

2- يزداد الوزن ويصبح الحمل واضحاً

الأعراض الجسمية:

1- الشعور بالتعب والإرهاق.

2- تقل عملية التبول عن السابق.

3- يقل أو يختفي الغثيان والقيء.

4- إمساك.

5- حرقة في المعدة وعسر في الهضم.

6- انتفاخ في البطن وشعور بالامتلاء.

7- يستمر حجم الصدر في الكبر ولكن يختفي التورم والليونة.

8- دوار وصداع أحيانا خاصة مع الحركة السريعة للرأس.

9- زيادة في الشهية للأكل.

10- احتقان في الأنف وانسداد في الأذن.

11- نفخ بسيط في الأيدي والقدمين وأحيانا الوجه.

12- حركة الجنين من الممكن أن تشعر بها الأم الحامل في نهاية الشهر.

الأعراض الانفعالية:

1- شعور بالقلق والتوتر.

2- الشعور بالفرح خاصة وأن الأم الحامل تشعر بأنها حامل فعلا.

3- شعور بالإحباط إذا لم تحس الأم بعد أنها حامل وفي نفس الوقت لأن الوزن يزداد.

4- إحساس بأن الأم الحامل على غير طبيعتها: نسيان، صعوبة في التركيز، شرود الذهن.

وينصح للأم الحامل بما يلي:

1- يجب ارتداء ملابس فضفاضة من الآن وحتى نهاية الحمل

2- يمكن رؤية الجنين عن طريق الكشف بالموجات فوق الصوتية وقد يصف الطبيب بعض أقراص الحديد في حالة حاجة الأم الحامل لذلك.

حالة الجنين:

في نهاية الشهر الرابع يصبح طول الجنين 10 سم. ويتغذى من المشيمة. وتنمو لديه انعكاسات كالمص والبلع. وتظهر الأصابع بوضوح ونتوءات الأسنان ويظهر الرأس بشكل واضح. ولا يمكن للجنين العيش خارج الرحم بالرغم من كونه على هيئة إنسان كامل.

شكل الجنين في الشهر الرابع:

الشهر الخامس:

1- يحرك الجنين ذراعيه ورجليه بنشاط، يمكن سماع نبضات قلبه، طول الجنين حوالي 25سم ووزنه حوالي 300 غرام.

2- ينمو الشعر على كل جسمه (الزغب).

3- يبدأ الأيض الجنيني (تجدد الخلايا)، يمكن فحص الجنين من خلال أخذ عينة من السائل الأمنيوسي.

4- يزداد وزن الأم بسرعة وبشكل إجمالي. يرتفع الرحم (رأس الرحم) ليصل إلى مستوى السرة.

5- تشعر الأم بحركات الطفل.

6- يجب على الأم أن تزيد من تناول الحديد سواء بالأكل أو التزود به لتجنب الأنيميا (يصف الطبيب الفيتامينات والحديد لمرحلة ما قبل الولادة).

أهم ما تشعر به الأم الحامل:

1- يستمر الوزن في ازدياد.

2- تزداد البقع والصبغات في الجسم وقد يظهر الكلف بالوجه.

3- تبدأ الأم بالإحساس بحركة الجنين.

4- تزداد إفرازات المهبل.

الأعراض الجسمية:

1- حركة الجنين.

2- ألم في أسفل البطن بسبب التمدد.

3- إمساك.

4- حرقة في المعدة وعسر في الهضم وانتفاخ وغازات.

5- دوار وصداع أحيانا.

6- احتقان في الأنف وانسداد في الأذن.

7- شهية مفتوحة للأكل.

8- شد في عضلات الأرجل.

9- انتفاخ معتدل في الأيدي والقدمين والوجه.

10- ألم في الظهر.

11- زيادة في نبضات القلب.

12- انصباغ (تغير لون أو بقع) في جلد البطن والوجه.

الأعراض الانفعالية:

1- تبدأ الأم بتقبل الحمل والتكيف معه.

2- تصبح الأم أقل توترا من السابق وأثبت في المزاج.

3- استمرار الأم في شرود الذهن.

وينصح للام الحامل في هذا الشهر بما يلي:

عدم التعرض لأشعة الشمس كثيراً حتى لا يزيد الكلف، والاهتمام بالتغذية السليمة

حالة الجنين:

في نهاية الشهر الخامس تزداد حدة نشاط الجنين ويتضح ذلك من خلال الركل والحركة. ويصبح طول الجنين 20- 25سم. ويظهر شعر الرأس والحواجب والرموش ويكون لونها أبيض. ويحيط بالجنين طلاء دهني واقي.

شكل الجنين في الشهر الخامس:

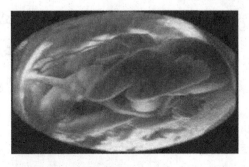

الشهر السادس:

1- طول الطفل حوالي 30 سم ويزن 700 غرام. هناك حواجب ورموش.

2- يتحرك الطفل بشكل أكثر نشاط ويغير وضعه باستمرار.

3- مغطى بشعر الزغب، إفرازات عنق الرحم (مادة ملساء مبيضة تشبه الجبنة).

4- يحدث تورّم وانتفاخ في الكاحلين والرجلين عند الأم بسهولة، وعليها أن ترفع رجليها باستمرار للتقليل من الاستسقاء.

5- زيادة تناول 10 % إضافة من السعرات الحرارية والتقليل من الملح.

أهم ما تشعر به الأم الحامل:

1- يزداد الوزن وتبدأ البطن في الظهور.

2- قد تشعر الأم بألم في الظهر.

3- تبدأ الأم بالإحساس بحركة الجنين في أسفل البطن.

الأعراض الجسمية:

1- حركة واضحة للجنين.

2- ألم في أسفل البطن بسبب تمدد الرحم.

3- إمساك.

4- حرقة في المعدة وعسر في الهضم وانتفاخ وغازات.

5- احتقان في الأنف وانسداد في الأذن.

6- شهية مفتوحة للأكل.

7- تقلصات في عضلات الأرجل.

8- انتفاخ معتدل في الأيدي والقدمين والوجه.

9- حكة في البطن.

10- ألم في الظهر.

11- انصباغ (تغير لون أو بقع) في جلد البطن والوجه.

12- تضخم الثدي.

الأعراض الانفعالية:

1- شرود الذهن.

2- الملل من الحمل.

3- مخاوف حول المستقبل.

ينصح للأم الحامل بما يلي:

في حالة وجود ألم بالظهر تنصح الأم بارتداء حذاء منخفض، رفع القدمين على مقعد في حالة الجلوس.

حالة الجنين:

في نهاية الشهر السادس يصبح طول الجنين حوالي32 سم ووزنه حوالي 750 غم. ويكون جلده رقيقا ولامعا. كما تكون بصمات أصابعه واضحة وتبدأ الجفون بالانفصال. وبعناية مركزة وفائقة يمكن أن يعيش الطفل إذا ولد في نهاية هذا الشهر.

شكل الجنين في الشهر السادس:

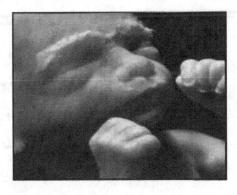

الشهر السابع:

1- الطول حوالي 37 سم والوزن حوالي 1000 غرام.

2- الجلد متغضن وشفاف ووردي.

3- يظهر أن الدماغ يبدأ بالتحكم بوظيفة الأعضاء.

4- الرئتين لا زالتا غير متطورتين، لذا فإن قابلية الحياة في هذه الفترة حوالي 67 %.

5- يزداد استمرار البول عند الأم. يمكن أن يظهر البواسير وعروق الدوالي.

6- إذا كان الوزن المكتسب للأم أكثر من 500 غم في الأسبوع، عليها استشارة الطبيب حالا.

أهم ما تشعر به الأم الحامل:

1- تحس الأم بالتحسن من أعراض الحمل

2- تصبح قادرة على رؤية حركة الجنين.

3- يزداد مرات التبول لضغط الرحم على المثانة.

4- يظهر بعض التورم في الكاحلين.

5- يمكن معرفة جنس الجنين.

6- يزداد التنفس سرعة.

7- تظهر بعض التقلصات في العضلات.

الأعراض الجسمية:

1- حركة الجنين تصبح أقوى وأكثر تكرارا.

2- ألم في أسفل البطن بسبب تمدد الرحم.

3- حرقة في المعدة وعسر في الهضم وانتفاخ وغازات.

4- احتقان في الأنف وانسداد في الأذن.

5- نزيف في اللثة أحيانا.

6- تقلصات في عضلات الأرجل.

7- انتفاخ بسيط في كعب القدم وأحيانا في الأيدي والوجه.

8- تقلصات خفيفة في الرحم.

9- ألم في الظهر.

10- صعوبة في النوم.

11- صعوبة في التنفس وقصر النفس.

12- نزول اللبأ (مادة يميل لونها إلى الصفرة تسبق نزول الحليب) من الصدر.

الأعراض الانفعالية:

1- زيادة في الانفعال والقلق بشأن الأمومة والآم الولادة.

2- شرود في الذهن.

3- أحلام وتخيلات عن الجنين.

4- ملل ونفاد الصبر من الحمل.

5- شعور قوي بأن تمر الفترة الباقية من الحمل بأسرع ما يمكن.

وينصح للام الحامل بأن ترفع قدميها في حالة وجود ورم بهما، وفي حالة وجود تقلصات بالعضلات تنصح الأم بزيادة كميات الكلسيوم في غذائها مثل الجبن واللبن.

حالة الجنين:

1- في نهاية الشهر السابع يتكون الشحم على الجنين.

2- من الممكن أن يمص الجنين إصبعه وأن يبكي.

3- يحس الجنين بالطعم (حلو أو مر).

4- يشعر بالآلام والضوء والصوت.

5- إذا ولد الجنين في هذه الفترة فيمكن له أن يعيش ويكون وزنه حوالي 1 كيلو و350 غم.

شكل الجنين في الشهر السابع:

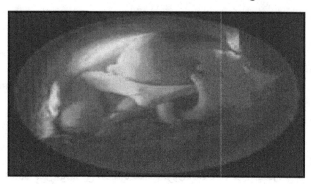

الشهر الثامن:

1- الطول حوالي 40 سم والوزن حوالي 1800 غم.

2- أدمة الجلد تبدأ بالتطور وتختفي التجاعيد.

3- جهاز السمع متطور بشكل شبه تام ويستجيب الطفل للأصوات.

4- تصبح وظيفة الجهاز العضلي_ العصبي أكثر نشاطا.

5- قابلية الحياة في هذا الوقت حوالي 67 %.

6- يظهر الضغط على البطن والصدر والمؤخرة.

7- يصبح جوف الرحم أعلى.

8- التقلصات المتقطعة تأتي وتذهب، تحتاج الأم أخذ قسطا كافيا من الراحة لتقليل الثقل على القلب.

أهم ما تشعر به الأم الحامل:

تزداد مرات التبول بشدة لنزول رأس الجنين في الحوض ويتحسن التنفس.

الأعراض الجسمية:

1- حركة واضحة وقوية للجنين.

2- حرقة في المعدة وعسر في الهضم وغازات.

3- احتقان في الأنف وانسداد في الأذن.

4- نزيف في اللثة.

5- شد وتقلصات في عضلات الأرجل.

6- تورم وانتفاخ في اليدين والقدمين الوجه.

7- تقلصات في الرحم.

8- ألم في الظهر.

9- صعوبة في النوم.

10- صعوبة في أخذ نفس عميق.

11- حكة في البطن.

12- نزول اللبأ من الصدر.

الأعراض الانفعالية:

1- قلة صبر ورغبة في أن تمر الفترة الباقية من الحمل بسرعة.

2- شرود في الذهن وقلة الانتباه والنسيان.

3- أحلام وتخيلات وهواجس عن الجنين وصحته وشكله.

4- فرح وسرور لأن موعد الولادة لم يعد ببعيد.

5- وينصح للأم الحامل بأن تتوقف عن رفع الأشياء الثقيلة ومتابعة الطبيب أسبوعيا.

حالة الجنين:

في نهاية الشهر الثامن يتقدم نمو دماغ الجنين وعقله بشكل كبير. ويستطيع أن يرى وأن يسمع. وتكتمل في هذه الفترة نمو كافة أجهزة جسمه باستثناء رئتيه حيث تستمر في النمو إلى نهاية الحمل. وإذا ولد الجنين في هذه الفترة فيمكن له أن يعيش ويكون وزنه حوالي 2.5 كغم.

شكل الجنين في الشهر الثامن:

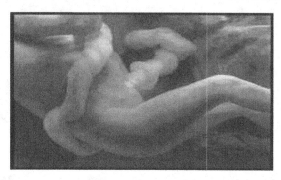

الشهر التاسع:

1- طول الطفل حوالي 50 سم ووزنه حوالي 300، 3غرام.

2- تتطور وظيفة الرئتين تماما، الأطراف كاملة ومستديرة أكثر.

3- الشعر رقيق وصوفي بطول 2- 3سم.

4- تكوين الجنين مكتمل.

5- مع نهاية الأسبوع الـ 40، تظهر حركة الطفل أقل من الفترة السابقة.

6- تبدأ تقلصات قوية وغير منتظمة.

7- يكون جوف الرحم أعلى مستوى له، تشعر الأم بالضغط على معدتها وقصر في التنفس.

8- كوني جاهزة للولادة في أي وقت.

9- الوزن الإجمالي المكتسب بحدود 10 كغم.

أهم ما تشعر به الأم الحامل:

تشعر الأم باقتراب موعد الولادة، وحركة الطفل تصبح قليلة لعدم وجود مساحة كافية لها، وقد يحدث بعض التنميل في الأطراف السفلية لضغط الرحم على أعصاب الساقين.

الأعراض الجسمية:

1- تغير في نشاط وحركة الجنين فتزداد حركة دوران الجنين بينما تقل حركات ركله.

2- شد وتقلصات في عضلات الأرجل أثناء النوم.

3- زيادة في ألم الظهر.

4- ألم في الحوض والأرداف.

5- زيادة في تورم وانتفاخ في اليدين والقدمين الوجه.

6- ازدياد حكة البطن.

7- صعوبة في النوم.

8- زيادة في تقلصات الرحم.

9- قلة النشاط وثقل في الحركة أحيانا والشعور بالنشاط أحيانا أخرى.

10- سهولة في التنفس نتيجة هبوط الجنين إلى الأسفل.

11- انخفاض الشهية للطعام غالبا.

12- نزول اللبأ من الصدر.

الأعراض الانفعالية:

1- شعور بالحيرة والقلق يخالطه شعور بالسرور والغبطة.

2- شرود في الذهن وقلة الانتباه والنسيان.

3- حساسية مفرطة وقابلية عالية للانفعال وحدة في الطبع وقلة في الصبر.

4- أحلام وتخيلات عن الطفل المرتقب.

وينصح للأم الحامل بأن تمشي لفترات متقطعة وطويلة ويفضل المشي خارج المنزل أي في مساحة مفتوحة. وعلى الزوج رفع الروح المعنوية لزوجته وتجنب أي مشكلة في هذه الفترة.

حالة الجنين:

اكتمال نمو الرئتين. ويصبح رأس الجنين في حوض الأم الحامل. كما يكون معدل طوله 50 سم ووزنه حوالي 3 كغم. كما يمكن أن تتم الولادة في أي وقت من هذا الشهر.

شكل الجنين في الشهر التاسع:

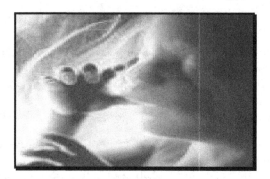

أجهزة تتطور لمساعدة الجنين على الاستمرار في الحياة:

أولا: المشيمة

نسيج يتكون من خلايا الجنين وبطانة الرحم ويرتبط به الجنين بواسطة الحبل السري.

وظيفتها: تزويد الجنين بالغذاء والأكسجين اللازم لحياته.

والشكل التالي يوضح المشيمية ودورها في تزويد الجنين بالغذاء والأكسجين:

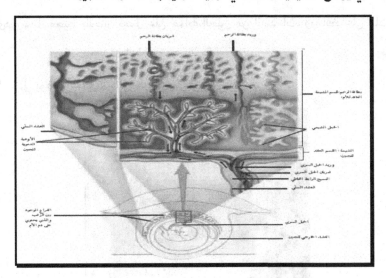

ثانيا: الحبل السري

وهو أنبوب طويل يحتوي على أوعية دموية مربوطة بسرة الطفل (يمتد من أمعاء الجنين – المشيمة للأم).

الشكل التالي يوضح الحبل السري:

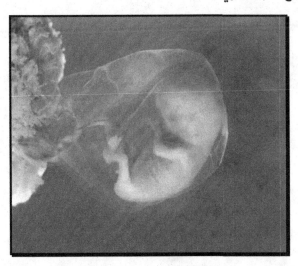

ثالثا: السائل الرهلي

وهو سائل محيط بالجنين يعمل على حماية الجنين من الصدمات، ويحافظ على ثبات درجة حرارته.

والشكل التالي يوضح السائل الرهلي:

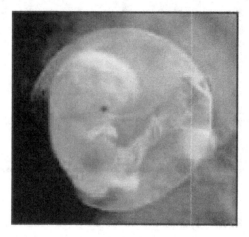

الفصل السابع

مرحلة المهد

- أهمية مرحلة المهد.
- اختبارات كفاءة الطفل حديث الولادة.
- مظاهر النمو المختلفة للطفل في مرحلة المهد.
- أولا: النمو الجسمي.
- ثانيا: النمو الفسيولوجية.
- منعكس الإطباق ومنعكس مورو ومنعكس الجذر.
- ثالثا: النمو الحركي.

أهمية مرحلة المهد:

معنى ميلاد الطفل هو قدوم إنسان لم يكن قبل 40 أسبوعا غير خلية واحدة، وهو يبدو عاجزا عند ميلاده ولكنه سرعان ما يدخل معترك الحياة وتتحول حركاته العشوائية إلى مهارات عديدة، وبعد أسابيع قليلة وربما ساعات سوف تبدو عليه خصائص تجعل منه شخصية فريدة مختلفة عن ما عداها من الناس، وسوف يصبح بعد عام أو اثنين قادرا على الكلام، وسوف يندمج ككائن اجتماعي في حياة زملائه وأقرانه.

ويجمع علماء النفس على أن الأسابيع الأولى من عمر الطفل ذات أثر يكاد يكون حاسما في قدرة الفرد على البقاء، وهذا دليل على أن حياة الطفل حتى وهو في هذه السن المبكرة لا يمكن أن تكون حياة بيولوجية تماما، بل أن لها جوانبها الانفعالية والعقلية وبالرغم من أننا لم نقف بعد وقوفا كاملا على الخصائص النفسية للطفل في عاميه الأولين إلا أن ما عرف منها يدلنا على أن الطفل يقطع فيها مراحل من حيث النمو العقلي والانفعالي بالإضافة إلى النمو الجسمي الظاهر، ولا شك أن ملاحظة الأطفال حديثي الميلاد، وما هم عليه من عجز باعتمادهم على غيرهم، يبين أهمية الأسبوعين الأوليين من حياة الطفل في نموه بوجه عام، فالطفل الحديث الميلاد عاجز عن الانتقال من مكان إلى مكان بمفرده، كما أنه لا يستطيع القبض على الأشياء، وهو بمعنى آخر ما زال مجموعة من القوى الكامنة التي لم تتحرر بعد، وتبدأ هذه القوى في الانطلاق في العامين الأولين، فالطفل في نهاية هذه المرحلة يجيد المشي والكلام وهما عمليتان أساسيتان بالنسبة لهذه المرحلة.

لا يمثل ميلاد الطفل أول تكوينه إنما يدل على وصوله إلى العالم الخارجي وعلى وهذا فالميلاد ما هو إلا بداية مرحلة جديدة من مراحل النمو الذي بدأ قبل ذلك بحوالي 280 يوما قضاها الطفل في بيئة جسم أمه.

ويلاحظ أن الطفل يخرج إلى العالم الخارجي وهو كامل التكوين من الناحية الجسمية، أي أن أجهزة جسمه كاملة النمو وعلى استعداد للعمل، وعندما يولد الطفل ينتقل إلى بيئة طبيعية مختلفة تمام الاختلاف عن البيئة التي كانت تضمه طوال أشهر الحمل. فبعد أن كان في بيئة محمية تماما لا يتعرض فيها إلا لأقل عدد ممكن من المثيرات، ولا يصدر عنه أي نشاط إلا بضع حركات محددة بحدود الرحم وأوضاع الجنين إذا به يخرج إلى بيئة متغيرة تماما يتعرض فيها للعديد من المثيرات مثل الضوء القوي والهواء والحرارة المتغيرة والأيدي التي تحمله، ولذلك فإن على الطفل أن يصارع في سبيل البقاء منذ اللحظة التي يخرج فيها للعالم ويتمثل هذا الصراع في عمليات توافق لا بد له من القيام

بها حتى يتكيف مع البيئة الجديدة ويساعد الطفل في عمليات التوافق هذه عاملان:

1- استعداداته الفطرية وقد زود به بالأجهزة المختلفة

2- عناية أمه ومن حوله من الكبار به

وتتميز فترة التوافق الأولي في حياة الطفل بعد استقراره إذ أنه يرتعش ويعطس ويبكي وتنفسه غير منتظم، وكذلك درجة حرارته، ويظل الطفل على هذه الحال حتى الأسبوع الرابع، وحينئذ يمكن أن يقال أن الطفل قد وصل فعلا إلى الحياة، وبدأ يتصل بالعالم الخارجي ويكاد يكون نشاط الطفل في الأسابيع الأربعة الأولى قاصرا على الوظائف الفسيولوجية كالتغذية والنوم والإخراج، وما يتصل بها من عمليات أي أن نشاط الطفل الكلي وأن ينام مستريحا وأن يفرزا إفرازا طبيعيا.

وخلاصة القول أن الأسابيع الأربعة الأولى ما هي إلا تكملة لشهور الحمل التسعة، وهي بذلك فترة انتقال تعد الطفل للتكيف مع العالم الخارجي الذي سيقضي بقية عمره في وسطه.

اختبارات كفاءة الطفل حديث الولادة:

قد وضعت مقاييس للتأكد من قدرة الطفل الوليد على القيام بمهامه في الحياة لاحقا، ومن أهم هذه المقاييس مقياس أبجر Apgar ويتناول هذا المقياس خمسة جوانب هي:

1- النبض (سرعة دقات القلب).

2- التنفس.

3- قوة العضلات.

4- درجة الاستثارة الانعكاسية.

5- لون الجلد.

ويقيم كل جانب من الجوانب الخمسة المذكورة بدرجة تتراوح من 0-2، وبذلك

تكون النهاية العظمى للجوانب الخمسة هي 10. ومن كانت درجته على هذه المقياس 7-9 درجات كانت لديه قدرة أكثر من غيره على مواجهة تحديات العالم الجديد خارج الرحم. أما من يحصل على درجة تتراوح بين 4-6 درجات فإنه قد يواجه بعض الصعوبات في تكيفه مع البيئة الجديدة في المستقبل، وهو يحتاج إلى عناية خاصة. أما إذا قلت الدرجة عن ثلاث درجات فإن ذلك يشير إلى أن المولود غير قادر على التكيف مع البيئة خارج الرحم، وعندها يجب وضعه في جهاز خاص لرفع درجة كفاءته، ويسمى هذا الجهاز (الحاضن Incubator) ويوفر هذا الجهاز الأوكسجين الكافي للوليد، لإزالة ضيق التنفس والازرقاق عنده، كما أنه يحفظ حرارة الجسم، وتكون الحرارة داخله مصممة بحيث تساوي حرارة الوليد (36.5م) وتكون نسبة الرطوبة في هذا الجهاز من 60-70%.

ويبين الجدول التالي معاني الدرجات التي يحصل عليها المولود على قياس ابجر في كل جانب من الجوانب الخمسة:

الجانب / الدرجة	صفر	1	2
النبض (سرعة دقات القلب)	غير موجود	أقل من 100 دقة في الدقيقة	100-140 دقة في الدقيقة
التنفس	لا تنفس لمدة تزيد عن دقيقة	بطيء وغير منتظم	تنفس منتظم
العضلات	مرتخية	ضعيفة في الأطراف	حركتها نشطة
الاستجابة الانعكاسية	غير موجودة	تألم	صراخ قوي كحة، وعطاس
لون الجلد	أزرق شاحب	الجسم وردي والأطراف زرقاء	جميع الجسم وردي

مظاهر النمو المختلفة لدى الطفل في مرحلة المهد:

أولا: النمو الجسمي

يبلغ طول الطفل الحديث الميلاد حوالي 50 سم وبعد عام واحد يزداد طوله إلى أكثر من الثلث ويبلغ وزنه عند ميلاده حوالي 3.5 كغم تقريبا، ويقل وزنه قليلا في أيامه الأولى، ولكنه يعود إلى اكتساب ما فقد منه ويزداد وزنه بعد ذلك ليصل إلى 9 كغم في نهاية السنة الأولى، ويلاحظ بوجه عام على النمو الجسمي تغيرات مستمرة في نسب أجزاء الجسم المختلفة، فالرأس مثلا كبيرة نسبيا عند الميلاد، ولا يزداد حجمها بنفس نسبة أعضاء الجسم الأخرى، ويلي الرأس في نسبة النمو القفص الصدري فالذراعان ثم الرجلان. أي أن النمو الجسمي يتبع اتجاها يبدأ من الرأس وينتهي بالأرجل.

يميل جلد المولود إلى اللون الأحمر الفاتح ويكون رقيقا وحساسا، حتى عند الأطفال الذين بشرتهم سوداء، وتكثر التجاعيد في مناطق مختلفة من جسم الوليد، ويغطي جلده طبقة شمعية دهنية سرعان ما تزول نتيجة اعتماده عليها في التغذية عليها خلال 5-8 ساعات بعد ولادته، وتكون رقبة الوليد قصيرة وشكل الرأس غريبا نتيجة عملية الولادة، ويوجد فراغ وسط عظام الجمجمة من الأعلى (اليافوخ) وتكتمل نمو هذه العظام بعد الشهر الثامن عشر إلى الرابع والعشرين من عمره.

وتبلغ مساحة جلد الوليد حوالي 2500 سم وتتضاعف هذه المساحة بعد سنة من الولادة، وإلى ثلاثة أضعاف خلال مرحلة الطفولة الوسطى، وسبعة أمثالها في سن الرشد، ويقسو الشعر بعض مناطق الجسم مثل الرقبة والظهر.

ويكون الذكور أطول من الإناث بـ 2% وأكبر حجما منهن بـ 4%، وأثقل منهن بحوالي 4/1 كيلوغرام.

النمو الحسي:

إن النمو الحسي للطفل رهن بكفاءة عمل الجملة العصبية المكونة من الدماغ وأجزائه

والنخاع الشوكي ومجموعة الأعصاب، وبعد ولادة الطفل بفترة قصيرة تنتظم حياته يوما بعد يوم لتصل إلى وضع تؤدي فيه كل الحواس وظيفتها على خير وجه.

حاسة الإبصار: يتقدم نمو الطفل في القدرات البصرية بمعدل سريع، فبعد الميلاد بفترة وجيزة يبدي الطفل قدرة على رؤية الأضواء المتحركة في محيط مجاله البصري. ويتلو ذلك القدرة على تتبع هذه الأضواء المتحركة ثم التركيز على وجه الأم أو يديها.

حاسة السمع: يتضح من البحوث أن الوليد قادر على سماع الأسماع منذ الوهلة الأولى للحياة، وبعض البحوث تؤكد على أن الجنين وهو في بطن أمه يسمع الأصوات قبل ولادته، حيث يسمع صوت دقات قلب الأم، ويسمع الشريان الأبهر في منطقة البطن، والذي يرتكز رأسه عليه وهو في رحم الأم هذا إذا لم يكن هناك عيب أو نقص في أجهزة الوليد السمعية، فقد وجد بعض الباحثين أن المواليد يمكن أن يستجيبوا لأصوات في مستوى حدة الصوت الإنساني العادي. أما الأصوات الأعلى أو الأقل حدي فإن استجابة الوليد لها أقل، هذا إذا كان جهاز السمع كامل النمو عند الوليد، وكانت المادة السائل في قناة ستاكيوس في الأذن قد نظفت، لأنها تمنع سماع الأصوات. ومعلوم أن الوليد لا يفهم معنى ما يسمعه، وقد استخدمت مثيرات سمعية أثبتت وجود فروق فردية بين وليد وآخر في الاستجابة لها.

حاسة الشم: تشير الدراسات أن المولود يستجيب بصورة واضحة للروائح القوية خاصة الروائح المنفرة مثل النشادر، إلا أن الإحساس ضعيف وبدائي، وذلك بعد أيام قليلة من الولادة. فقد لوحظ أن الطفل حديث الولادة يظهر تمييزا أقل بين الروائح الضعيفة، ويظهر تمييزا واضحا لبعض الروائح النفاثة أو القوية الحادة التي تسبب خدش الأغشية المخاطية بالأنف، مثل بعض الأحماض الكيماوية أو يحاول الطفل أن يدير رأسه بعيدا إذا وضع حامض الأستيك قريبا من أنفه.

حاسة الذوق: تبين الدراسات التي أجريت في هذا المجال أن الوليد يستطيع التمييز بين أنواع التذوق الأساسية الحلو والمر والمالح. فإذا قدمت سائلا حلو للوليد في

أيامه الأولى تجده يزيد من عملية الامتصاص، وبنفس الوقت ينفر من امتصاص السوائل المرة والمالحة، ويقوم لسانه بالتذوق منذ الأيام الأولى.

الإحساس باللمس: تعتبر حاسة اللمس من أقوى الحواس عند الأطفال منذ الولادة فالوليد لديه قدرة عالية على اللمس خاصة في مناطق الفم واليدين. فاللمس الخفيف لشفتي الوليد ينتج عن ذلك حركة المص، واللمس الخفيف للأنف ينتج عنه إغماض العينين، والوليد حساس للسخونة والبرودة التي تزيد أو تنقص عن حرارة الجسم، وهو نشيط في الجو البارد، وقليل النشاط في الجو الدافئ. وهناك إحساسات أخرى مثل الإحساس بالألم والإحساسات الحشوية الأخرى تظهر عند الوليد.

ثانيا: النمو الفسيولوجي

يتنفس الطفل المولود بحجابه الحاجز التنفس البطني أكثر مما يتنفس بقفصه الصدري، فيفضل استخدام انفه أكثر من استخدام فمه في التنفس، وتنفسه غير منتظم، بسبب عدم نضج سيطرة الحنجرة واللهاة والتنفس عنده أسرع من الكبار. أما ضغط الدم فهو أقل عنده من الكبار. بينما دقات القلب أسرع مما هي عليه عند الكبار من 120-160 ضربة في الدقيقة.

يتمكن الوليد من امتصاص حلمة الثدي بعد ولادته بفترة قصيرة جدا، ويولد وهو مزود بعضلات تحيط بالفم والأنف تكاد تكون كاملة النمو لتقوم بوظيفة الامتصاص بعد الولادة مباشرة.

يميل الوليد الجديد إلى النمو لفترة تمتد ما بين 17-20 ساعة يوميا، وينام المولود ما نسبته 80% من ساعات الليل والنهار وبعد أسبوع تقل هذه النسبة لتصل إلى 60% وفي نهاية العام الأول تصل إلى 50%. وتمتد فترة النمو الواحدة عنده بين ثلاثة أرباع الساعة إلى الساعتين. ويولد الطفل ولديه عدد من الحاجات الفسيولوجية والتي لا بد من إشباعها ومنها:

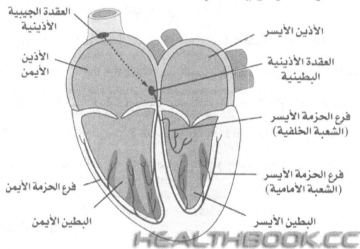

المسارات التوصيلية للقلب

1- الحاجة إلى الغذاء: حيث يحتاج الطفل إلى ثمان وجبات في اليوم

2- الحاجة إلى النوم: وينام يوميا حوالي ثمان فترات ولا يصحو إلا للتغذية والإخراج

3- الحاجة إلى الإخراج: فهو يتخلص من فضلاته بطريقة لاإرادية حيث لا يستطيع السيطرة على عمليتي التبول والإخراج.

4- الحاجة إلى تنظيم درجة الحرارة: فيتعرض الوليد الجديد إلى درجة حرارة تختلف عن درجة حرارة الرحم، وعلى الأم تهيئة درجة حرارة جديدة من درجة الحرارة التي كان يعيش وسطها.

ثالثا: النمو الحركي

يقوم الوليد خلال يقظته بحركات عشوائية متنوعة غير منتظمة وسبب ذلك عدم نضج الجهاز العصبي لديه، وسلوكه الحركي يتمثل بمجموعة من الحركات المنعكسة، وفيما يلي أهم الحركات المنعكسة التي يقوم بها:

1- المنعكس الانتقائي Rooting: ويتمثل بإدارة رأس الوليد آليا نحو المصدر عند ملامسة أسفل خده.

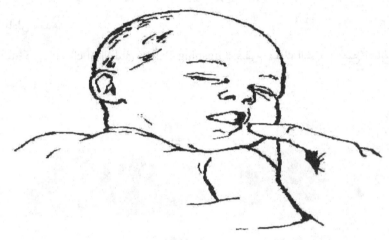

2- منعكس مورو ReflexMoro: ويتمثل بحركة تقويس الظهر وإبعاد الرأس والدفع بالذراعين والساقين إلى الأمام ثم إلى الأسفل عند سماع صوت مرتفع أو ضوء مبهر، أو عند الشعور بفقدان السند أو الدعم.

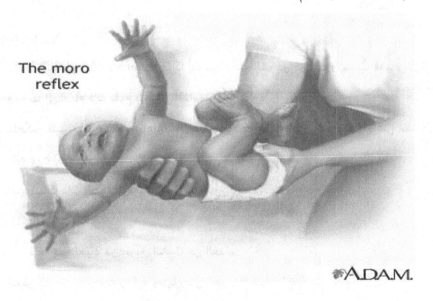

The moro reflex

A.D.A.M.

3- منعكس بابنسكيBabinski Reflex: وهو انفراج أصابع القدم عند ضرب الكعب أو حك باطن القدم.

4- منعكس الإمساك أو الإطباق Grasping Reflex: فيقوم بمسك الشيء بجميع أصابع اليد إذا وضع في راحته.

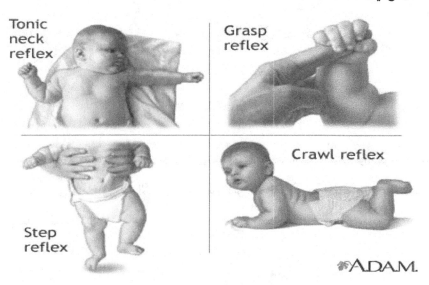

5- منعكس الخطو Stepping Reflex: إذا أمسك الوليد بالشخص الواقف ولامست قدماه الأرض وسحب إلى الأمام فإنه يقوم بتحريك أقدامه، وكأنه يمشي.

6- منعكس السباحة Swimming Reflex عندما يوضع الطفل على وضع استلقاء على معدته، فإنه يمدد يديه ورجليه.

7- المنعكسات ذات الصفة الوقائية: مثل رمش العين والكحة.

فوائد الأفعال المنعكسة:

1- المحافظة على الحياة عن طريق البحث عن الغذاء.

2- لبعض الانعكاسات صفة وقائية ومنها رمش العين وإقفالها إذا تعرضت للضوء.

3- إن وجود هذه الانعكاسات دليل على النضج العصبي السليم، وعدم وجودها يشير إلى تلف عصبي.

4- الاستجابات الانعكاسية ضرورية لتعلم خبرات أكثر تطورا في حياة الطفل فيما بعد، ومثال ذلك انعكاس الامتصاص الذي يقوم به الوليد عندما يوضع الثدي في فمه يتطور فيما بعد عن طريق التعليم إلى تعلم طريقة تناول الطعام ووضعه في فمه إلى الجلوس إلى المائدة واستخدام أدوات المائدة، وتعلم آداب الأكل، والسلوك الاجتماعي المرتبط بالتغذية.

رابعا: النمو العقلي

يعد مخ الوليد متكاملا في خلاياه العصبية، ويمكن الحكم على سلامة الجهاز العصبي عند المولود من خلال الأفعال المنعكسة المختلفة والتي يمكن ملاحظتها، ولا يمكن قياس القدرات العقلية في هذه المرحلة.

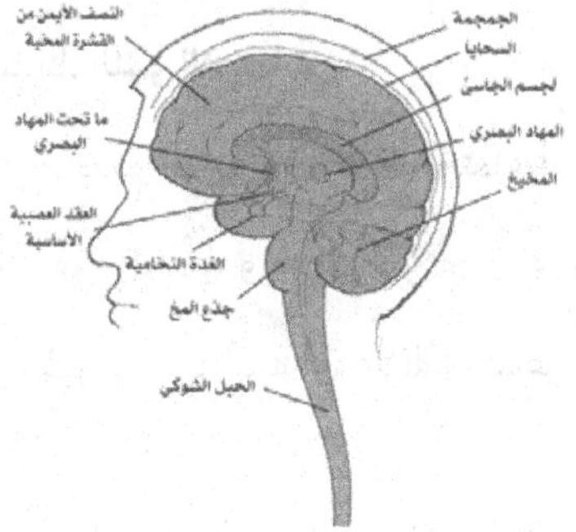

خامسا: النمو اللغوي

يعد بكاء الأطفال حديثي الولادة الأسلوب الوحيد في التفاهم مع الآخرين، لذلك نجد أن الكثير من الأمهات قادرات على معرفة دافع البكاء ونوعيته. وللبكاء أنواع عند الطفل منها:

1- صرخة الولادة: وتستمر مدى ثانية أو عدة ثواني إذ يأخذ بها الطفل نفسين عميقين وهي بداية التنفس، وتنتج من اندفاع الهواء بقوة عبر الحجرة في طريقه للرئتين فتهتز الحبال الصوتية لأول مرة.

2- الصرخة الرتيبة المتقطعة: وتعني الضيق والجوع

3- الصرخة الحادة: ويعبر فيها الطفل عن الألم وتكون طويلة وعنيفة

4- الصرخة الطويلة: تدل على الغضب

5- الأصوات العشوائية: لا معنى لها وهي عشوائية.

سادسا: النمو الانفعالي

يبدأ الوليد بالصراخ والبكاء منذ أيامه الأولى وهو أمر طبيعي ووسيلة لتفاعله مع بيئته الجديدة، وبالبكاء يعبر عن حاجاته، وفي بادئ الأمر يصعب معرفة سبب صراخه، ولكن بعد مضي عدة أيام يمكن للأم التعرف على سبب البكاء من طريقته ومن الخبرة والتجربة.

سابعا: النمو الاجتماعي

يقيم الوليد أول علاقة اجتماعية مع والدته، ولهذه العلاقة الأولية إشارات ومفاهيم تفهمها الأم عن وليدها، ويفهمها هو عن أمه. وفي هذه المرحلة لا يميز الوليد بين ذاته وبين العالم المحيط به، فهو لم تنمو لديه أي علاقة اجتماعية وذلك لقصور نواحي نمو أخرى متعددة لديه.

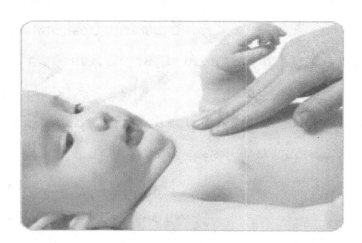

الفصل الثامـن

مرحلة الرضاعة (أول سنتين من عمر الإنسان)

- 📖 خصائص نمائية للطفل في أول سنتين.
- 📖 متطلبات الطفولة في أول سنتين.
- 📖 أولا: النمو الجسمي.
- 📖 المشي وأهميته.
- 📖 التحكم في عملية الإخراج.
- 📖 ثانيا: النمو الحسي.
- 📖 ثالثا: النمو العقلي.
- 📖 رابعا: النمو اللغوي.
- 📖 العوامل المؤثرة في نمو لغة الطفل.
- 📖 مراحل تطور النطق عند الطفل.
- 📖 خامسا: النمو الانفعالي.
- 📖 سادسا: النمو الاجتماعي.
- 📖 التعلق.
- 📖 الفطام والفردية.
- 📖 العلاقة مع الآخرين.
- 📖 العدوانية.

خصائص نمائية للطفل في أول سنتين من العمر:

سيتم استعراض في بداية هذا الفصل خصائص نمائية عامة للطفل في أول سنتين من العمر:

من الولادة إلى عمر 6 أشهر	• يستجيب الطفل للصوت المفاجئ والرقيق • يختلف بكاؤه باختلاف احتياجه من جوع أو بلل أو ألم.. الخ • يميز صوت أمه • يبتسم للآخرين • يصدر أصوات مختلفة عند المناغاة • يتابع بعينيه جسماً متحركاً في جميع الاتجاهات • إذا حمل عموديا وأسند إلى أرضية ثابتة فإنه يقوم بحركات مثل المشي
من 6 ـ 12 شهرا	• يحمل أشياء بيديه الاثنتين وينقلها من يد إلى أخرى • يقلد الأصوات ويكررها • يمد يديه ليُحمل ويلوح للوداع • يستطلع الأشياء بفمه وأصابعه • يدير رأسه باتجاه الصوت • يلعب ألعاباً مثل تغطية الوجه • يشرب من الكوب • يستدير من على البطن إلى الظهر • يبدأ خطواته الأولى ويحاول أن يحمي نفسه من الوقوع

من 12 ـ 18 شهرا	• يلعب بالأقلام والأوراق ويرسم خربشات • يتوقف سيلان لعابه • مفرداته معظمها أسماء وتصل إلى 20 كلمة • يقلد الكلمات • يهتم بالأشياء ذات الغطاء
من 18 ـ 24 شهرا	• تصل مفرداته بين 50 ـ 200 كلمة • يبدي اهتمامه بالصور • يبدأ باستخدام الضمائر والسؤال • يعرف خمسة من أعضاء جسمه • يعبر عن مشاعره وحاجاته • يجيب عن سؤال ما هذا؟ ويشير لصورة عند تسميتها • يرجع للخلف ويركل الكرة

متطلبات الطفولة أول سنتين:

• تنمو القدرة الحركية حسب بياجيه حس-حركي

• تنمو المهارات الحسية وخاصة الحسية الدقيقة كاستخدام أصابع اليدين.

• ينمو استخدام اللغة حسب بياجيه بدء الكلام

• يتطور التعلق بأعضاء العائلة حسب بوندنك

• يطور الثقة مقابل عدم الثقة حسب نظرية اريكسون

• يتعلم التعبير عن الحب فنتيجة ثقته بالآخرين يعبر عن حبه لهم

• يتعلم التعبير عن المشاعر والانفعالات حيث يعبر عن مشاعره

أولا: النمو الجسمي

1- **الطول:** عند الولادة يكون طول المولود 50سم، وفي مرحلة الرضاعة يبدأ الطول بزيادة مستمرة ومضطردة وتتناقص هذه الزيادة في نهاية المرحلة، والجدول التالي يبين الزيادة في الطول خلال مرحلة الرضاعة:

العمر	الطول بالسنتمترات
عند الولادة	50 سم
4 شهور	60 سم
سنة واحدة	75 سم
سنتان	85 سم

2- **الوزن:** يكون وزن الطفل في المتوسط عند الولادة 3 كغم تقريبا، ثم يشهد زيادة مضطردة وفي نهاية هذه المرحلة يتناقص، وتكون الزيادة في الوزن أكثر من الزيادة في الطول، ففي الشهر الرابع يصل وزن الطفل إلى ضعف ما كان عليه عند الولادة (6كغم). وفي نهاية السنة الأولى يصبح ثلاثة أضعاف ما كان عليه عند الولادة (9 كغم). وفي نهاية السنة الثانية يصل وزن الطفل إلى (12 كغم) في المتوسط.

3- **نمو العضلات والعظام:** عندما يأتي الوليد تكون عظامه لينة وعظم الرأس به فجوة يحميها غشاء متين تحت الجلد. وفي مرحلة الرضاعة يحدث تطور في نمو الهيكل العظمي فيزداد حجم العظام وعددها وتتحول الغضاريف إلى عظام وفي نهاية السنة الثانية يلتحم اليافوخ ويبدأ ظهور الأسنان وذلك في الشهر السادس من العمر، والبنات يسبقن الأولاد في

ذلك. وكذلك تنمو العضلات في حجمها أما عددها فلا يحدث له زيادة، ومع نمو حجم العضلات تنمو قدرة الرضيع على التحكم في العضلات الطويلة بصفة عامة.

ويؤثر على النمو الجسمي في مرحلة الرضاعة تغذية الرضيع ونشاطه وحركته، والعادات الصحية التي يمارسها من نوم منتظم ونظافة ووقاية من الأمراض، ويلاحظ من ناحية الفروق بين الجنسين بأن الذكور أكبر حجما وأثقل وزنا وأطول قليلا من الإناث، لكن الإناث يسبقن الذكور بظهور الأسنان.

ومن الضروري العناية التامة بنمو الرضيع من ناحية جسمية لما له من انعكاس على غيره من جوانب النمو الأخرى. وهذا يستدعي توفير الأمور التالية للطفل لكي ينمو نموا جسميا سليما:

1- التغذية الملائمة من حيث الكمية والنوعية

2- تكوين عادات صحية سليمة (كالجلوس، والنوم، والأكل، والنظافة، وتجنب الأخطار، وغيرها من العادات الصحية)

3- التطعيم ضد الأمراض، وإجراء الفحوصات الدورية لجسم الطفل من أجل اكتشاف ما قد يتعرض له من أمراض جسمية في وقت مبكر لكي يتم علاجها.

4- تعليم الطفل الجلوس والمشي في الأوقات الملائمة لمستوى النضج عند الطفل.

5- تشجيع حركة الطفل وتوفير الفرص له لممارسة الألعاب الرياضية.

6- تكوين مفهوم إيجابي لدى الطفل عن جسمه، وعدم التركيز على الجوانب السلبية لديه، وعدم استخدام الألعاب الكاريكاتيرية المرتبطة بجسمه مثل: (الأزعر، أبو رأس، الفيل.. وما شابه ذلك).

7- الاهتمام بأسنان الطفل ونظافتها وتدريبه على ذلك.

المشي وأهميته:

يرى جيزيل إن النمو عملية مستمرة تبدأ عند الإخصاب وتمر في مراحل وخطوات تمتاز كل منها بمستوى معين من مستويات النضج) وسيتم توضيح رأي جيزيل من خلال دراسة التطور التاريخي لمهارة المشي عند الأطفال باعتباره مظهرا من مظاهر النمو الحركي الذي يعتمد اعتمادا كبيرا على النضج العضلي،ابتداء من الشهر الثالث حيث تأخذ عضلات الطفل في النمو، ومن أولى الدلائل على ذلك أننا نلاحظ أن عضلات رقبته تكتسب شيئا من الصلابة تساعد على السيطرة على حركاته وتنتقل هذه السيطرة بالتدريج من الرقبة إلى الكتفين ثم إلى الذراعين حتى تعم الجزء العلوي من الجذع.

وبعد ذلك تنتقل سيطرة الجسم تدريجيا إلى الجزء الأسفل من الجذع والساق فيصبحان أكثر صلابة وفي هذه الفترة تبدو بعض المهارات الحركية الأساسية مستقلة بالتدريج.

ويمكن القول أن عامل النضج هنا هو العامل المسيطر على نمو الطفل في هذه السن المبكرة وأن عامل التعلم أو التدريب ضئيل الأثر. والجدول التالي يوضح المراحل التي يمر بها الطفل حتى تكتمل لديه القدرة على المشي:

الشهر	نوع الحركات
الثاني	الانبطاح على الوجه
الثالث	الانبطاح على الوجه مع رفع الرأس وحمل الجسم على الذراعين
5،3	الجلوس بمساعدة
2،6	الجلوس بدون مساعدة لمدة 30 ثانية فأكثر
8،2	الزحف

الشهر	نوع الحركات
12	الوقوف
14	المشي بمساعدة
15	المشي بدون مساعدة إلى الأمام
16	المشي بدون مساعدة إلى الخلف
18	صعود الدرج وحده
20	ينزل الدرج بمساعدة الآخرين
22	يمشي وأثناء ذلك يستطيع ركل الكرة بقدمه دون الوقوع
24	يجري ويركض مسافة تتجاوز 20 مترا دون الوقوع

التحكم في عملية الإخراج:

تتوقف قدرة الطفل على التحكم في عملية التبرز على عاملين هما النضج والتمرين، فمن ناحية النضج ينبغي أن يصل جهاز الإفراز إلى درجة تساعد الطفل على التحكم في هذه العملية متى تكونت هذه العادات التي تمكنه من ذلك. وتخطئ كثير من الأمهات حين يتعجلون تحكم الطفل فيها قبل اكتمال النضج وحين يعمدون إلى التهديد وإلى العقاب في ذلك مما تنشأ عنه غالبا بعض الانحرافات لدى الطفل وبالتمرين يمكن تدريبه.

ومن ناحية التمرين يمكن تدريب الطفل على ضبط هذه العملية منذ الأسبوع الثامن من عمره ويكون ذلك بتعويده الجلوس بعد وجبة الإفطار على الكرسي الخاص بذلك لمدة لا تتجاوز ثلاث دقائق حتى لا يشعر بالتعب، وفي الشهر السادس من عمر

الطفل ينبغي أن نحاول تدريبه على إحداث صوت أثناء القيام بهذه العملية، فلذلك أثر كبير في تدريبه على الاستعانة بمن حوله إذا أراد التبرز. ويمكن تنظيم الوقت الذي تحدث فيه هذه العملية تنظيما يساعد على تدريب الطفل والإشراف عليه. وتحدث هذه العملية عادة مرة أو مرتين في السنة الأولى، وقدرة الطفل على التحكم فيها وضبطها تسبق ضبطه على عملية التبول، وقد لوحظ أثر هذه الإرشادات في تمكين كثير من الأطفال من ضبط عملية التبرز في السنة الأولى من حياتهم.

أما التبول: فتكتمل قدرة الطفل على ضبط هذه العملية والتحكم فيها في وقت متأخر عن تحكمه في العملية السابقة، وهي أيضًا تحتاج إلى عاملي النضج والتمرين ولتدريب الطفل على هذه العملية، يحسن ملاحظة المواعيد التي يحدث فيها التبول النهاري حتى يمكن تنظيمها وضبطها وينبغي أن يدرب الطفل منذ الشهر الثامن من عمره على الكرسي الخاص بذلك لقضاء هذه العملية، ويكون التمرين على ذلك قبل وبعد كل من النوم وتناول وجبات الطعام والخروج لقضاء بعض الوقت بعيدا عن المنزل وغير ذلك، ويصح أن يتكرر التمرين كل ساعتين، ويحسن هنا أيضًا تدريب الطفل على صوت معين عند قيامه بهذه العملية، ويمكننا استغلال التشجيع والمدح في تعويد الطفل على ضبط التبول، ولنحاول دائمًا أن نجعل الطفل في حالة جفاف حتى يشعر بالفرق بينها وبين حالة البلل.

وقد أثبتت ملاحظات بعض الدارسين أن الطفل العادي تكتمل قدرته على التحكم في عملية التبول النهاري في الشهر الثامن عشر غالبا، وقد تتأخر إلى العامين، فإذا تأخر الطفل أكثر من ذلك وجب عرض حالته على الطبيب، إما التحكم في التبول الليلي فيتم بين منتصف العام الثالث ونهايته.

ثانيا: النمو الحسي

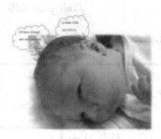

عند ولادة الطفل وطيلة الأسابيع الثلاثة أو الأربعة الأولى يكاد الإدراك عند الوليد يكون منعدما، وتدل التجارب في الإدراك على أن الطفل في هذه الفترة يكون أشبه بكائن حي ضائع في عالم يختلف كلية عن عالم الحمل الذي تركه قبل وقت قصير، ولكن هذا الإدراك يبدأ بالنمو، ففي مرحلة الطفولة المبكرة يبدأ الطفل بإدراكه لنفسه على أنه شخص بين الآخرين. فهو في المرحلة السابقة لم يكن واعيا لشخصه، أما في هذه المرحلة فيبدأ في إدراك ذاته وفي أنه شخص مستقل عن غيره من الناس إلى حد ما.

وفي سن العامين يلاحظ أن الطفل يدرك الشكل ويميل إلى اختياره قبل أن يميل لإدراك اللون، لأن الشكل أهم من اللون، فكل زهرة تقدم للطفل هي وردة في نظره، فهو لا يفضلها بسبب لونها الأحمر الأبيض، بل بسبب خبرات الطفل المحدودة بالنسبة لطبيعة المواد، وكذلك لعدم نضج عضلات الطفل وعجزه على السيطرة عليها وهذا إلى سقوط الأشياء التي يقبض عليها الطفل لا سيما إذا كان وزنها ثقيلا.

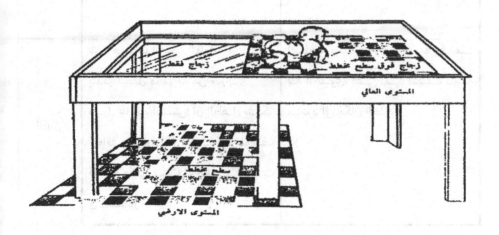

ثالثا: النمو العقلي

تمتاز مرحلة الرضاعة بالخصائص العقلية التالية:

العمليات العقلية	ما يميز مرحلة الرضاعة	أمثلة عن ذلك
الحواس	يعتمد الطفل بالدرجة الأولى على حواسه في التعرف على الأشياء.	يستخدم فمه للتعرف على الأشياء.
الذكاء	يرى بياجيه أنه في هذه المرحلة يكون الذكاء حسيا حركيا ويلاحظ سرعة نمو الذكاء في هذه المرحلة	في ستة أشهر يميز بين وجوه والديه وإخوته و ووجوه الغرباء. في عامين يعرف اسمه و ينطق جمل قصيرة.
التعلم	يكون بطيئا و عن طريق المحاولة والخطأ. يعتمد الطفل على التقليد.	لا يستطيع أن يمسك ملعقة و لكن عن طريق المحاولة و الخطأ يتعلم تدريجيا. يقلد والده في الصلاة دون أن يعرف معناها.
التذكر	من العمليات العقلية الهامة. يتذكر الطفل ما مر به من خبرات. يقول علماء النفس: أن الطفل يتذكر المواقف السارة أكثر من تذكره المواقف المحزنة والتي سببت له ألما، فهي تكبت في اللاشعور.	اصطحبه والده يوما عند أقاربه وقدمت له الحلوى، ففي المرة المقبلة يتجه مباشرة إلى مكان الحلوى.

وقد حدد جيزل Gesell معايير النمو العقلي العام عند الطفل في هذه المرحلة على الشكل

التالي:

- أربعة شهور يتتبع الرضيع ببصره ضوءا يتحرك ببطئ ويحرك الذراعين بقصد إزاحة ورقة في حجم الخطاب ملقاة على وجهه وهو في حالة استلقاء على ظهره

- ستة شهور يميز بين الوجوه المألوفة والغرباء وينظر إلى أسفل إذا وقع من يده شيء.

- تسعة شهور يستجيب لصورة نفسه في المرآة ويقبض على حلقة مربوطة في خيط معلق فوق الرأس مباشرة ويشدها إلى أسفل.

- سنة يضع مكعبا في وعاء إذا طلب منه ذلك دون أي إشارة ويمشي ويضع ثلاثة مكعبات فوق بعضها بعض ليكون منها برجا بعد أن يرى إجراء هذه العملية أمامه.

- سنة ونصف يميز بين الطبق والكوب ويشير إلى جزأين من أجزاء الجسم كالعين الأذن ويبني برجا من أربعة مكعبات.

- سنتان يرسم خطا أفقيا بعد أن يراه عمل مرة أمامه وينفذ ثلاثة أوامر بسيطة ويبني برجا من ستة مكعبات ويكون جملة من ثلاث كلمات ويعرف اسمه.

ويرى علماء نفس النمو أن النمو العقلي هو الوظائف العقلية مثل الذكاء العام والعمليات العقلية العليا الإدراك والحفظ والتذكر والانتباه والتخيل والتفكير... الخ، ولتحديد ذكاء المولود في هذه المرحلة يمكن الاهتمام بالتقسيم التالي للتعرف على النمو العقلي لدى الطفل في أول سنتين كما يلي:

أولا: من الولادة إلى الشهر الثالث

ويمتاز الطفل فيها بالخصائص التالية:

1- عالمه الوحيد الموجود هو ذلك الذي يراه في الوقت الحاضر

2- يحدد الطفل موقع الصوت الصادر من أمامه وليس من خلفه، ويلتفت إلى الاتجاه الصحيح، إذا سمع صوتا دون القدرة على تحديد موقعه.

3- يرد على الابتسامة بابتسامة

4- يبكي عند الجوع والانزعاج.

5- يستجيب للعالم المحيط بمجموعة من الانعكاسات اللاإرادية

ثانيا: من الشهر الثالث إلى الشهر السادس:

1. يميز الطفل والدته من بين الوجوه التي يشاهدها.

2. ينظر إلى من حوله بطريقة أكثر ترتيبا

3. يحدد الطفل موقع الصوت

4. إذا صدر من الطفل أصوات معينة فإنه ينساها بسرعة، ولا يلتفت للأشياء التي يوقعها

5. لديه اهتمام لوقت قصير بالدمى والأصوات

ثالثا: من الشهر السادس إلى الشهر التاسع

1- يميز الطفل بين الوجوه المألوفة وبين الغرباء

2- يبدأ بالبحث عن الأشياء التي أوقعها

3- يبتسم لنفسه في المرآة، لكنه لا يدرك أنه هو

4- يفهم معنى كلمة "لا"

5- يحدق باهتمام إلى الأشياء المثيرة

6- يربط سلوكين معا كأن يصل للعبة ثم يضعها في فمه. ويعيد نفس الفعل للحصول على نفس النتيجة فبعدما يقوم بهز (الخشخاشة) بالصدفة فيمكنه إعادة نفس الحركة والقيام بهزها حتى تثير سمعه.

رابعا: من الشهر التاسع حتى الشهر الثالث عشر:

1- يشير إلى الأشياء التي يريديها

2- يبدأ بتقليد سلوك الآخرين (الأعمال البسيطة) كتغطية العين- التصفيق باليدين- تقليد الأصوات- محاولة مشط الشعر.. الخ.

3- يشير إلى الأشياء التي يريدها.

4- يهتم لوقت أطول بالألعاب ويتعامل معها بطريقة ملائمة كالضغط على الأزرار في اللعب أو معانقة الدمى.

5- ينظر بعيدا ثم يعود إلى ما كان يفعله

6- يضع الأِشياء داخل وعاء

7- يضع مكعبين فوق بعضهما مقلدا

8- يحب النظر إلى الصور

9- تبرز المخاوف الأولى لديه كالخوف من الغرباء

10- يقوم بإشارة مع السلامة.

خامسا: من الشهر الثالث عشر إلى الشهر الثامن عشر

1- يشير للأشياء للدلالة عليها وقد يسمى واحدا وأثنين

2- يلبي تأشيرات سهلة مثل" أغلق الباب".

3- يبني أبراجا من ثلاثة أو أربعة مكعبات

4- يستمتع بتصفح الكتب المصورة بنفسه (عدة صفحات في المرة الواحدة) ويشير إلى بعض الصور.

5- يظهر معالم الخجل

6- يشير إلى جزء واحد أو اثنين من جسمه عند الطلب

7- يبدى احتجاجه حين لا تسير الأمور حسب رغبته.

8- لا ينسى على الفور ويثابر على طلبه لشيء انتزعته منه.

9- يخبئ الشيء ثم يحاول العثور عليه مجددا.

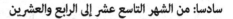

سادسا: من الشهر التاسع عشر إلى الرابع والعشرين

1- يرسم خطا أفقيا بعد أن يراه قد رسم أمامه.

2- يبني برجا من ستة مكعبات.

3- يبني جسرا من ثلاثة مكعبات.

4- يكون جملة من ثلاث كلمات.

5- يعرف اسمه

6- يستجيب للمثيرات بطرق تشبع حاجاته.

نصائح وإرشادات للتعامل مع الطفل من ناحية النمو العقلي:

من الضروري التركيز على مربية الطفل حتى لا تكون خبرة مزعجة وهنا لا بد من الإعداد لوجود مربية للطفل وبحضور الأهل في البداية.

من الضروري الانتباه أيضًا للحضانة التي يترك فيها الطفل بحيث لا تكون مكتظة بالأطفال وغير مؤهلة للعناية بهم، أو تقدم خدمات غير مناسبة ويسمح فيها للعب وأن يتعرف على معلمته والسماح للوالدين بالبقاء مع الطفل خلال الفترة الأولى وتركه بالتدريج.

رابعا: النمو اللغوي

يلاحظ في هذه المرحلة تقليد الرضيع للأصوات البشرية المحيطة به والتي يسمعها ويستجيب لها لغويا معبرا عن سروره ورضاه وعن قبوله أو ضيقه وتوتره وتبدأ هذه الأصوات في الشهر التاسع، ويستجيب الرضيع للتحية في نهاية عامه الأول. كما ويلاحظ المناغاة التلقائية في هذه المرحلة حيث يناغي الرضيع نفسه دون أن يكون هناك من يستجيب لصوته وتظهر في الشهر الثالث تقريبا وتستمر إلى نهاية السنة الأولى.

ويبدأ الرضيع النطق بالحروف الحلقية (أ) ثم تظهر حروف الشفة (م، ب) ثم يجمع بين الحروف الحلقية وحروف الشفة (ما، با) ثم تظهر الحروف السنية (د، ت) ثم الحروف الأنفية مثل (ن) وهكذا. يلي ذلك مرحلة المعاني وفيها تلتصق بالحروف والكلمات معان محددة فكلمة ماما تعني الأم وبابا تعني الأب.

العوامل المؤثرة في نمو لغة الطفل:

1- النضج والعمر الزمني:

يتهيأ الطفل للكلام عندما تكون أعضاؤه الكلامية ومراكزه العصبية قد بلغت درجة كافية من النضج. فالطفل لا يستطيع تعلم الاستجابات اللغوية إلا بعد أن يصل من العمر والنضج إلى حد كاف يسمح له بتعلمها، ويزداد المحصول اللفظي للطفل كلما تقدم في السن، كما يدق فهمه وتتحدد معاني الكلمات في ذهنه.

ويعود الارتباط بين السن والنضج لدى الطفل إلى نضج الجهاز الكلامي لديه، حيث يبدأ الطفل بنطق الكلمة الأولى غالبا في نهاية السنة الأولى من عمره. وما أن يصل العام السادس حتى تصبح عدد مفرداته (2652) مفرده. ويتركز الكلام حول الذات في عمر من (5-6) سنوات، ويأخذ طابعا اجتماعيا كلما تقدم في العمر.

2- الذكاء:

إن ذكاء الطفل يكيف إلى حد ما السرعة التي يستجيب بها جهازه الصوتي للنطق بالكلام، كما يكيف مدى قدرته على استخدام لغة الحديث، حيث تبين البحوث أن الطفل ضعيف الذكاء أبطأ من الذكي في حديثه وانه كذلك اقل قدرة على التمكن من الكلمات والتراكيب. ومن هنا كان للقدرة اللغوية دلالتها على ذكاء الفرد.

وكثيرا ما نلاحظ أن الطفل ضعيف القدرة على استخدام اللغة يكون ضعيفا في ذكائه العام. فالتأخر اللغوي الحاد يرتبط ارتباطا كبيرا بالضعف العقلي. ومما بجدر ذكره أن التخلـف في النمـو اللغـوي لـيس سببه تخلفـا في الـذكاء دائمـا، فقـد تكـون لـه أسبـاب

أخرى فسيولوجية أو عصبية أو انفعالية أو بيئية أو غيرها من الأسباب، إلا أن العكس صحيح وهو أن تأخر الذكاء يؤدي إلى تأخر الكلام.

3- **الصحة:**

لقد أثبتت الأبحاث أن هناك علاقة ايجابية كبيرة بين نشاط الطفل ونموه اللغوي، فكلما كان الطفل سليما من الناحية الجسمية كان أكثر نشاطا، ثم يكون أكثر قدرة على اكتساب اللغة. وتؤثر الحالة الصحية للطفل على اغلب عمليات النمو المختلفة، وبالتالي قد تؤثر مظاهر النمو هذه على تقدم لغة الطفل، فقد وجد أن أي تأخر في النمو الحركي في مرحلة الطفولة المبكرة بسبب المرض ينتج عنه قلة اللعب بالأصوات في المرحلة الخاصة به.

4- **الجنس:**

لم تتفق الدراسات التي أجريت فيما يخص علاقة اللغة بجنس الطفل على نتيجة واحدة حول دلالة الفروق في النمو اللغوي بين البنين والبنات. فقد وجدت بعض الدراسات أن النمو اللغوي عند البنات أسرع مما هو عليه عند البنين ولاسيما في السنوات الأولى من العمر. في حين أظهرت دراسات أخرى عدم وجود فروق بين البنين والبنات.

ويبدو من النتائج التي خرجت بها اغلب الدراسات وعلى وجه العموم، إن البنات يبدأن المناغاة قبل البنين، وان قدرتهن على تنويع الأصوات أثناء المناغاة تفوق قدرة الذكور ويستمر تفوق البنات على البنين خلال مرحلة الرضاعة وفي كل جوانب اللغة (بداية الكلام، عدد المفردات اللغوية، طول الجملة ودرجتها في التعقيد، سهولة فهم الكلام عدد الأنماط الصوتية المستخدمة، غير أن هذه الفروق تقل وضوحا وبروزا كلما تقدم في العمر.

5- **التوائم:**

لا يكون لدى التوائم ما نجده عند غيرهم من الأطفال من الدافع القوي لتعلم

الاستجابات الكلامية أو اللغوية ما دامت أكثر حاجاتهم (وخصوصا الحاجات الاجتماعية) تشبع بدون الاتصال اللفظي، لذا نجد تأخر التوائم في النمو اللغوي خلال مرحلة ما قبل المدرسة. وقد وجد انه إذا وصل عدد التوائم إلى ثلاثة (cripples) فإنهم يكونون أكثر تأخرا في نموهم اللغوي من زوج التوائم.

وقد جاءت دراسات عديدة مؤيدة لهذه النتائج، حيث يتأخر التوائم لغويا بين سنة وستة أشهر إذا ما قيسوا بغيرهم من الأطفال ثم يختفي التأخر عند الالتحاق بالمدرسة. وقد يعود سبب هذا التأخر لما عندهم من لغة تواؤمية، إذ يقوم التوأم بتقليد أخيه التوأم. الأخر، كما يربطون الواحد بالآخر ويتعلمون لغتهم المضطربة وهذا يضعف دافعهم لتعلم الكلام كالآخرين. كما قد يقوم التأخر الظاهر على أساس ما بين التوائم من تعاطف وتقارب في كثير من الصفات، وعلى الخصوص حالة التوائم المتماثلة، وهكذا يتيسر الحديث بين التوائم بلغة الأصوات الفجة والإشارات، ثم إن التوأم يهيئ لأخيه التوأم الآخر إرضاءات انفعالية اجتماعية شتى، وهكذا لا تتهيأ النوازع الكافية لإتقان عملية الكلام كما هي معروفة في المجتمع. ويظهر التأخر في سن ما قبل المدرسة حيث يكون ارتباطهم أقوى.

6- المهارات الحركية:

يرتبط النمو اللغوي في تطوره لمظاهر نمو المهارات الأخرى. وقد أظهرت الدراسات أن نمو اللغة يوازي نمط النمو الحركي. وفي نمو الكلام فإن النمط يسير ففي اندفاعات يليها فترات سكون أو تسطحات – أوقات لا يظهر فيها تحسن واضح – وعندما تتكون مهارة حركية جديدة فإنه يحدث تسطح مؤقت في نمط النمو اللغوي. ويبدو أن الحث على السير يكون أقوى من الحث على الكلام بين العمر (9 و 18 شهرا).

وبعد أن يصبح المشي آليا فإن انتباه الطفل يركز على الكلام فيحدث زيادة في سرعة الكلام. وعندما يذهب الطفل إلى المدرسة فإن شوقه للتعلم يمنحه دفعة جديدة لتعلم كلمات جديدة.

أما العوامل التي تساعد على اكتساب المهارات اللغوية:

إن العوامل المؤثرة في اكتساب اللغة ترجع إلى الفرد في بعضها والى البيئة الخارجية في بعضها

الآخر وفيما يلي بعض هذه العوامل:

أ-   الممارسة والتكرار بحيث تمارس اللغة بصورة طبيعية وفي مواقف حياتية متجددة.

ب- الفهم والتعلم: كلما زاد التواصل والفهم زاد تفاعل الطفل وزادت رغبته في تعلم المزيد.

ج-   التوجيه: توجيه الأطفال لأخطائهم ضمن جو هادئ.

د-   القدوة الحسنة سواء من الأم والإخوة والأب والمربين أو المدرسين.

ه-   التشجيع والنجاح الذي يؤديان إلى تعزيز التعليم والتقدم فيه.

و-   الذكاء وارتباطه بالمحصول اللفظي عند الأطفال.

ز-   الوضع الصحي والحسي للطفل.

ح-   الوسط الاجتماعي والحالة الاقتصادية: وجدت رابطة قوية بين الحالة الاجتماعية والوضع

الاقتصادي والبيئة ومدى تأثيرهم في تنمية مهارات الطفل اللغوية. علاوة على ذلك، فإن

الأطفال الأشد فقرا تتدنى مهارتهم اللغوية، في حين إن أطفال البيئة الاجتماعية الموسرة

يتكلمون تلقائيا ويعبرون بوضوح عن آرائهم.

ط-   البيئة اللغوية والقراءة والكتابة في المنزل ودورها في اكتساب مهارات أي لغة.

مراحل تطور النطق عند الطفل:

إن الأطفال حديثي الولادة عادة تكون لديهم أشكال بكاء مختلفة التعبير عن احتياجاتهم

وأحاسيسهم، وكلما زادت شدة بكاء الطفل كلما تيقن الأطباء من أن صحة المولود ممتازة، لأن

البكاء عند الأطفال يدل على أن مركز التنفس وعضلات التنفس والرئتين والحنجرة والحبال الصوتية

تعمل بتوافق، كما تستطيع الأم بعد الولادة غالباً أن تميز صوت طفلها بين أصوات الأطفال الآخرين.

وخلال الشهر والنصف الأول من عمر الطفل يبدأ بالاستجابة إلى الابتسامة والحديث وعادة ما تكون الابتسامة والحركات السريعة لأطراف الطفل دليلاً على سعادته وطريقة للتعبير عنها. أما في الشهر الثاني فيبدأ الطفل بإضافة بعض الأصوات الخاصة به.

وفي الشهر الثالث من عمر الورد يبدأ الطفل بتمييز الابتسامة عن الكلام أو الحديث معه فيطلق أصوات المناغاة، ويعد هذا العمر من أسعد الأوقات المشتركة بين الأم وطفلها لممارسة المناغاة والتي تعتبر بداية الطريق لتعليم الطفل أخذ الأدوار في الحديث لأن الأطفال في هذا العمر لا يحاولون إصدار الأصوات إلا بالتحدث المباشر إليهم، أما عند إكمال الطفل النصف الأول من السنة الأولى، فيكون قد بدأ بربط الأصوات ببعضها كمحاولة لمزجها عن طريق المناغاة وبالتمرين المستمر للطفل تصبح الأصوات أكثر تعقيداً أو تطوراً.

أما في الشهر الثامن فأغلبية الأطفال يمتلئون سروراً بالحديث حتى ولو لم يكن موجهاً إليهم، فلو لاحظنا عند تحدث شخصين بالغين في موضوع معين أثناء وجود طفل صغير بالعمر المذكور آنفاً بينهما، فإن الطفل يلتفت برأسه نحو الشخص المتكلم بالتوالي كأنه كرة تنس، والتركيز بعينه على حركات شفاههم بينما إذا مضت فترة من الزمن ولم يشركوه في الحديث أو النظر فإنه سيستخدم لغته الخاصة أو إطلاق صرخة للتنبيه بوجوده.

خلال الشهر التاسع يبدأ الطفل بإعادة الكلمات المألوفة بطريقة تساعده على تعلم العلاقة بين الصوت والشيء أو العمل؛ لذلك لا بد من استخدام جمل قصيرة أو عبارات مختصرة مع التلفظ الواضح والتوقف عند الكلمة عدة مرات.

فالإعادة والتكرار مهمان جداً في هذه المرحلة، لاسيما ربط الكلمة بمدلولها، وحتى الشهر العاشر، عادة يتعلم الأطفال الطبيعيون بعض الكلمات البسيطة والتي تثير اهتمامه لخطوة أولى للكلام.

وتقسم مراحل تطور اللغة في الفترة قبل اللغوية لدى الطفل إلى ما يلي:

أولا: الفترة قبل اللغوية

1. مرحلة البكاء: Crying stage

يشير علماء الجنين إلى إن أجهزة الصوت لدى الجنين تكون قادرة على العمل منذ الشهر الخامس، وهو أقل عمر جنيني أمكن ملاحظة بعض الأصوات الناعمة لدى الجنين، وتتطور اللغة لدى الوليد بدءا من الصرخة الأولى التي تأتي بعد الميلاد مباشرة، وهي عملية عضوية تنتج بسبب دخول الهواء لأول مرة في الجهاز التنفسي. ويكون بداية اندفاع الهواء في الرئتين بطريقه للقصبة الهوائية، وتتميز هذه المرحلة بنمطين من السلوك الصوتي هما:

الأول: السلوك الصوتي ذي الطبيعة الانفعالية، حيث يستخدم الوليد الصراخ كمظهر من المظاهر الانفعالية إذا غضب أو أراد لفت انتباه الآخرين إليه، أو إذا جاع.

الثاني: تشمل التعبيرات الصوتية التي تحتوي على مقاطع جزئية يمكن إن تصدر تلقائيا أو استجابة لأي مثير خارجي ربما تكون تعبيرية سوا كان صراخا أم مقاطع ذات طبيعة خاصة.

2. مرحلة المناغاة crying stage

تبدأ المناغاة في الشهر الرابع وتنتهي بالشهر السابع، وتعتبر المناغاة نشاطا انعكاسيا يحدث نتيجة استثارة الطفل داخليا عن طريق الإحساس الاستكشافي للشفتين واللسان والحلق، وفي هذه المرحلة يبدأ السلوك الصوتي عند الأطفال بالتنوع كما وكيفا، ويزداد تحكم الطفل في عملية التنفس وأجهزة النطق، المناغاة أصوت متحركة إماميه (ى- ى أ-أ).سواكن أمامية م- ب).

يؤديها الطفل تلقائيا وحده وأحيانا عندما يكلمه الآخرون، وبالنسبة لهذه المرحلة فإن الطفل يسمع الصوت الذي يصدره ويتعرف على خصائصه في النطق وان أعجبه الصوت أو الكلمة أعادها كنوع من تقليد ذاتي. إذا تعطلت هذه المرحلة نتيجة مرض فقد تسبب تأخر لغوي.

3. مرحلة التقليد: limitation stage

تبدأ عملية تقليد الأصوات لدى الطفل من الشهر السابع وحتى بداية الشهر الحادي عشر، ويتميز كلام الطفل بهذه المرحلة بالرطانة أي الكلام غير مفهوم، ويتضمن تركيبات من أصوات ساكنة ومتحركة، وذات أطوال مختلفة فهي تخرج بسهولة. ومع تقدمه بالعمر تقترب أصواته من كلام الكبار ويميل إلى التحكم في الأصوات التي يصدرها شيئا فشيئا، واستخدامه للأصوات هو تقليد للراشدين لكن تقليده لا يكون كاملا بسبب عدم اكتمال الجهاز الصوتي لديه.ويقوم الطفل في هذه المرحلة بالاستجابة لبعض الأصوات وبالتعبير عن نفسه بتقليد الحركات التي يقوم بها الآخرون، ويستخدم الإيماءات والحركات كهز الرأس تعبيرا عن الرفض أو الرضا وتبادل اللعب.

ثانيا: الفترة اللغوية، وتنقسم هذه الفترة إلى:

1- مرحلة الكلمة الأولى:

يبدأ الطفل كلمته الأولى مع نهاية الشهر الحادي عشر من عمره تقريبا، وتعد هذه

المرحلة بداية النطق الحقيقي عند الطفل وتتطور لديه الرموز اللغوية الممثلة للأشياء والأفعال والإحداث والعلاقات والأفكار.

ومن خصائص هذه المرحلة التعميم الزائد حيث يستخدم الطفل كلمة واحدة ليغطي عددا من المثيرات والمفاهيم وفي هذه المرحلة يفهم الطفل بعض الأوامر البسيطة ويعرف أجزاء جسمه ويشير لها. وهي مرحله مهمة للنمو ككل تزداد فيها قدرة الطفل على الفهم، يمشي، يبدأ إطعام نفسه، يبدأ بالتعبير عن نفسه بكلمه تكون أساسا مقطع أو مقطعين من السلاسل الطويلة التي كان يصدرها.

إن تقليد الوالدين هو الذي يعلم الطفل خاصة إن كان الصوت يصاحبه فعل (جمل الطفل) باي باي مع إشارة باليد للخروج.يتطلب خلق ظروف ملائمة لان الطفل لا يتعلم الكلمة فحسب وإنما يتعلم المعنى فيها من خلال الموقف السليم.

2. مرحلة الكلام الحقيقي وفهم اللغة:

يبدأ الطفل في هذه المرحلة بالكلام ويفهم مدلولات الألفاظ ومعانيها، وفي السنة الثانية تبدأ مراحل تكوين الجملة بدأ بالكلمة الواحدة، ويدخل الأطفال مرحلة إصدار الأصوات أو التعبير عن أنفسهم بكلمتين، إذ يقوم هنا الطفل بالجمع بين كلمتين لتكوين جملة ما. وتتطور لغة الطفل في هذه المرحلة حتى مرحلة الثلاث سنوات بحيث يستطيع فهم الأفعال والأنشطة المختلفة، ويستوعب القصص المصورة، ويعرف أسماء الأعضاء الصغيرة، ويتقدم النمو اللغوي لدية بشكل ملحوظ مع تقدمه في العمر، وتنمو لغته الاستقبالية والتعبيرية فيستطيع الإجابة على تساؤلات الآخرين، ويستطيع اختيار الكلام المناسب للمواقف المختلفة، ويقلد الأصوات، ويكمل الجمل الناقصة وغير ذلك.

التطور اللغوي عند الأطفال الطبيعيين:

وفيما يلي وصفا يبين هذا التطور اللغوي مع المهارات المفترض اكتسابها لدى الأطفال العاديين:

العمر	المهارات اللغوية
شهر- شهرين	المناغاة، القرقرة، التبسم استجابة لاستثارة الآخرين، الجفلان، والالتفات عند سماعه لصوت عالي.
3 -6 أشهر	البأبأة (تكرار مقطع با.. با) المأمأ (تكرار مقطع ما... ما) القرقرة والضحك، والرغبة في جذب الانتباه، يتجه نحو الشخص المتحدث.
6- 9 أشهر	يضاعف المقاطع التي ينتجها (بابا، ماما) يقلد الأصوات الساكنة والتصاريف، ينظر إلى المجسمات والصور عند تسميتها له.
9-11 شهرا	تزداد عنده مضاعفة الأصوات يقلد الأصوات المتتابعة(مثل كلام الببغاء) تظهر الإيماءات التواصلية قبل اللفظية في هذه المرحلة مثل التأشير باليد باي.. باي وهز الرأس عند الرفض،اللعب الثنائية مثل boo-peek A حيث تقوم الأم بوضع يدها على وجهها ثم تنادي على الطفل وتنتظر استجابة الطفل وتقابلها في العربية(بي عينه). يحاول الطفل رفع يديه تمهيدا للحمل، يصل للأشياء، يفهم يستجيب عند مناداة اسمه، يفهم معنى كلمة لا.
12-18 شهرا	تظهر أول كلمة خفيفة للطفل في الفترة من 10-18شهرا، يمتلك الطفل من 3-20 كلمة،الكلمات قد تكون غير واضحة،عادة يستخدم الأسماء، الكلمات التي تتكرر في البداية هي (بابا، ماما،أكل، سيارة، باي باي، لا). وفي هذه المرحلة يستخدم الطفل لغة خاصة به تدعى اللغة غير المفهومة، تجميع المقاطع لإنتاج جمل بلغة الطفل الخاصة تتوقف البأبأة والمأمأ والتقليد، ويصبح اتصاله عن طريق الإيماءات والإشارة أفضل وأوضح من ذي قبل، يستجيب للطلب، الاحتجاج، التعليق، التحية، النداء، والظهور، يتبع التعليمات البسيطة، يؤشر إلى مجسمين أو أكثر ويعرف ويميز جزء أو جزئيين من أجزاء الجسم.
18-24 شهرا	عادة ما تكون جمل الطفل في هذه المرحلة مكونة من كلمتين إلى ثلاث كلمات يكتسب الطفل ما يقارب العشرين كلمة، ومن الأمثلة على هذه الجمل (كمان الحليب) يستطيع تسميه خمس صور في الشهر الرابع والعشرين

العمر	المهارات اللغوية
	ويقول اسمه صحيحا ويكون الأسئلة حيث يتطور عنده مفهوم النغمة، يستخدم الرفض والملكية ومبادلة الأدوار، يصل محصوله اللغوي إلى 200 كلمة تقريبا،يحب الاستماع للقصص.

خامسا: النمو الانفعالي

ينقسم الباحثون فيما يتعلق بدراسة النمو الانفعالي إلى فريقين:

1- فريق يؤكد أن الطفل يولد مزودا ببعض الانفعالات ويتزعم هذا الفريق واطسن الذي يرى أن لدى الطفل ثلاثة انفعالات هي: الغضب والخوف والحب. وقد توصل إلى هذا القول بعد إجراء عدة تجارب ببعض المثيرات الخاصة ثم تدوين استجابات المواليد لها من أطفال أمريكيا. فمثلا عندما يوضع الوليد بين ذراعي المربية التي تقربه من صدرها وتهزه بعطف، لاحظ واطسن أن الطفل يكون في حالة تدل على الارتياح. وفسر هذه الاستجابة على أنها عبارة عن نماذج تدل على الحب والراحة. وفي حالة وخزه بدبوس أو عند إحداث أصوات مرتفعة مفاجئة فقد كانت تحدث استجابة انفعالية كالخوف والألم. وعندما كان يثبت ذراع الطفل إلى جانبه أو عندما يعاق عن القيام بأية حركة من حركاته فقد كانت تؤدي هذه الأعمال إلى البكاء مع احمرار وجهه ورفع ذراعيه، وقد عبر واطسن عن هذه الاستجابة الأخيرة بالغضب.

2- أما الفريق الآخر فإن نتائج أبحاثه لم تؤيد النتائج التي وصل إليها واطسن وقد أجريت عدة تجارب على أطفال عمرهم يقل عن 12 يوما لمعرفة أثر الاستجابات الانفعالية عند تعرضهم لمثيرات خاصة مثل الجوع عن طريق تأخير الطعام لمدة 30 دقيقة عن الميعاد الذي تعود عليه الطفل أو إسقاطه من ارتفاع معين على سرير رخو، فقد وجدوا أن ما يعتبره واطسن مثيرا طبيعيا عاما لا يحدث نفس الاستجابة

الانفعالية لدى جميع الأطفال، ففي حالة سقوط الطفل من يد مربية مثلا لم تكن الاستجابة الانفعالية قاصرة على انفعال الغضب وكما يرى واطسن بل إن ما حدث كان بناءا على التجارب السابقة تفسيرات أخرى فقد رأى بعضهم أنها حالة ألم أو حالة غضب أو خوف.. الخ.

وابتداء من الشهر السادس يلاحظ أن انفعال الضيق يتضح ويتخذ عدة أشكال ليست سوى انفعالات متميزة وهي انفعالات الغضب والتقزز والخوف. ويقابل ذلك التنوع في جانب الشعور العام بالضيق، تنوعا آخر في حالة الشعور العام بالارتياح، ويلاحظ في الشهر الثاني عشر أن هذا الشعور العام يأخذ صورتين جديدتين متميزتين هما الحنان والزهو.

وفي حوالي الشهر الثامن عشر يتخصص انفعال الحنان أو الحب ويتخذ مظهرين هما حنان نحو الصغار وحنان نحو الكبار، وهكذا نرى أن انفعالات الطفل في نهاية السنة الثانية تنمو وتتنوع وتتخصص بعد أن كانت عبارة عن حالة تهيج انفعالي غامض، أي أن (بريدجز) تؤكد فكرة التطور الانفعالي شأنه في ذلك شان التطور العقلي والجسمي، ومن أهم ما يتميز به انفعال الطفل قوته، ولا يوجد لدى الطفل اتزان بين رغباته وإمكانياته، فرغباته شديدة وإمكانياته محدودة للغاية، وأمه هي وسيلة تحقيق رغباته، ومما تتميز به انفعالات الطفل كذلك هو قصور الطفل عن إدراك فترة الزمن، فالطفل لا يستطيع أن يقبل تأجيل تحقيق ما يشعر به من رغبات فغير الملموس بالنسبة له غير موجود، وأن اختفاء أمه أو الطعام من أمامه يجعله يصبح لأن تأجيل الطلب معناه رفضه فلذلك فإن الطفل يبكي بمجرد شعوره برغبة ما.

وفيما يلي جدولا يبين التطور الانفعالي في السنتين الأوليتين من العمر.

ويلاحظ عند بعض الأطفال النشاط الزائد والاندفاعية وضعف الانتباه من خلال سلوكيات معينة مثل الثرثرة والركض والتسلق وصعوبة في إتباع التعليمات المعطاة لهم وهنالك علاج بالعقاقير وآخر بالدواء وأخر نفسي وآخر تعليمي.

ولابد من التركيز على حدوث الثقة في العامين الأولين من حياة الطفل عن طريق:

1- تلقى مشاعر مناسبة ومنتظمة.

2- الحصول على رضاعة كافية.

3- العناق والتلامس الجسدي.

4- مشاهدة الوجه السعيد وسماع الصوت السار.

5- إظهار الآباء المحبة للأطفال من خلال الكلمات والاتجاهات.

6- التهدئة للطفل لإشباع حاجاته الانفعالية.

ويختلف الأطفال في مزاجهم والمزاج هو الطباع الأساسية الفطرية أو الموروثة في الأشخاص والتي تعكس معظم السلوكيات الصادرة عنهم وهي ثابتة نسبيا.

جدول يبين التطور الانفعالي في السنتين الأوليتين من العمر

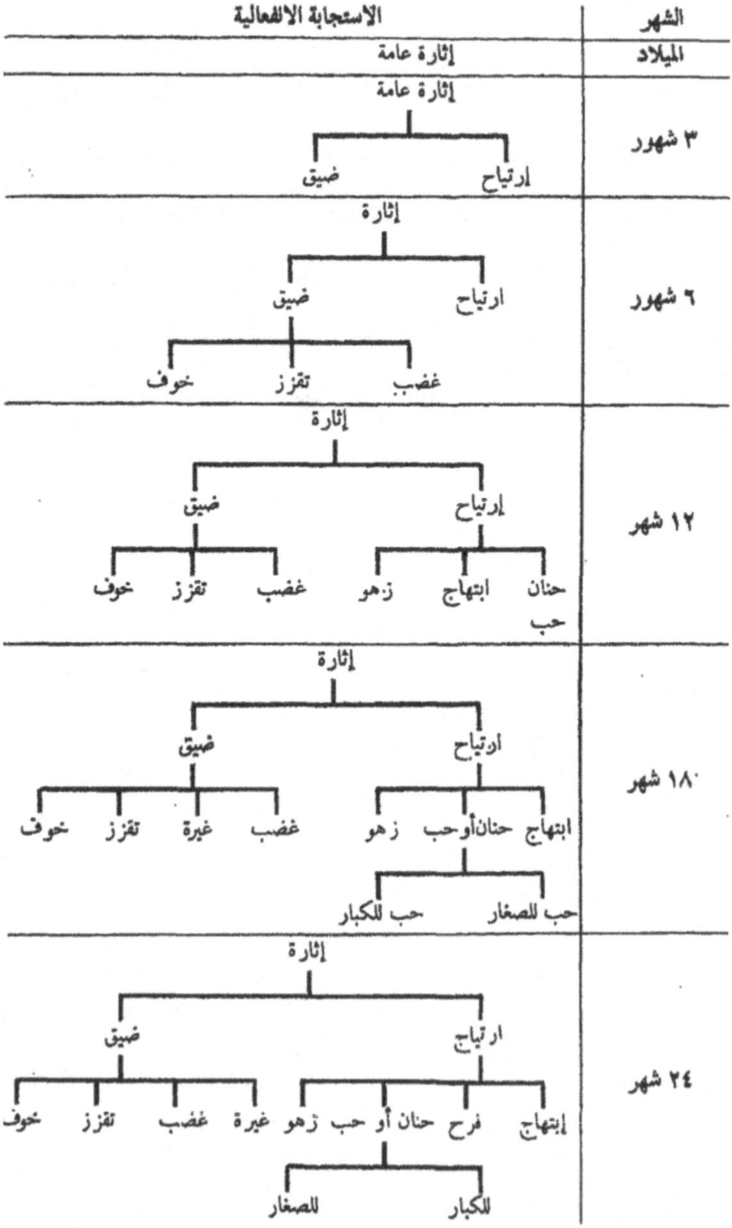

الاستجابة الانفعالية	الشهر
إثارة عامة	الميلاد
إثارة عامة ↳ ارتياح — ضيق	٣ شهور
إثارة ↳ ارتياح — ضيق ضيق ↳ غضب — تقزز — خوف	٦ شهور
إثارة ↳ ارتياح — ضيق ضيق ↳ غضب — تقزز — خوف ارتياح ↳ حنان/حب — ابتهاج — زهو	١٢ شهر
إثارة ↳ ارتياح — ضيق ضيق ↳ غضب — غيرة — تقزز — خوف ارتياح ↳ حنان أو حب — زهو — ابتهاج حنان أو حب ↳ حب للكبار — حب للصغار	١٨ شهر
إثارة ↳ ارتياح — ضيق ضيق ↳ غضب — غيرة — تقزز — خوف ارتياح ↳ ابتهاج — فرح — حنان أو حب — زهو حنان أو حب ↳ للكبار — للصغار	٢٤ شهر

تعليم الطفل التعبير عن الغضب عن طريق:

1- تقديم نموذج إيجابي للطفل من قبل الآباء.

2- تعليم الأطفال تصريف الغضب بطرق مناسبة.

3- تمرين الطفل على الضبط، مثلا خلال النشاطات الجسدية واللفظية واللعب الموجه كإخراج الطفل للعب بالساحة حتى يتوقع غضبه.

4- جعل الطفل يستعمل دمى تمثل الغضب ويعبر عن غضبه بواسطة دمى أخرى.

5- أخبار الأطفال أننا نلاحظ ونعرف أنهم غاضبون.

6- البحث عن الأسباب إذا اشتد الغضب.

7- التحذير من العقاب وخاصة البدني وخطورة نبذ الطفل والسخرية منه ومراعاة الغيرة بينه وبين إخوته من جهة وبينه وبين الآخرين من جهة أخرى، والثبات في معاملة الطفل.

ويؤثر غياب الأب على الطفل حيث يجعل غياب الأب الطفل يفقد الأمن ويبتعد عن الآخرين، ولا يتلقى الدعم الانفعالي المناسب لعمره.

كما يبدأ الخوف من الغرباء في حوالي 6-7 شهور ويتزايد لغاية عمر سنتين وبعدها يبدأ بالتراجع وعلينا أن نعرض الطفل للغرباء بوجودنا بالبداية وبالتدريج

سادسا: النمو الاجتماعي

إن أول ما يبدأ به اتصال الطفل هو الأم ويليها الأب، فالأفراد الآخرين الموجودين في البيت من إخوة وأخوات وجد وجدة وبعد ذلك يبدأ في اتصالاته الاجتماعية خارج البيت. ويتأثر نمو الطفل الاجتماعي بعوامل عديدة منها: طبيعة العلاقات الاجتماعية بين أفراد الأسرة التي نشأ فيها من جهة وبين الأسرة والمجتمع من جهة أخرى، وإدراك

الطفل لاتجاهات والديه نحوه، جنس الطفل ونظام التنميط الجنسي المتبع واتجاهات الأبوين نحو جنس الطفل فيما إذا كانا يفضلان الولد أو البنت، وترتيب الطفل بين إخوته كان يكون الطفل الأول أم الأخير أو الأوسط أو أن يكون طفلا وحيدا، وشخصية الأبوين وغياب أحدهما عن البيت، وفوق ذلك يتأثر النمو الاجتماعي للطفل بنظام النمو العام لدى الطفل في مختلف الجوانب الجسمية والعقلية والانفعالية فإذا كان نموه العام حسنا فإن نموه الاجتماعي سيكون كذلك. وفيما يلي أهم مظاهر النمو الاجتماعي في سن الرضاعة:

التعلق

من مظاهر السلوك الاجتماعي عند الطفل التعلق، وهو رغبته الشديدة في أن يكون قريبا جدا إلى درجة الالتصاق بشخص من الكبار ممن حوله له مكانة معينة لديه. فهو يلحقه ويلاعبه ويطلب منه أن يحمله، ويبكي إذا تركه. والتعلق وخاصة بالأم هو أشد الأنماط السلوكية تأثيرا وأكثرها أهمية بالنسبة للنمو في المراحل التي تلي مرحلة المهد والرضاعة.

يبدأ تعلق الطفل بشخص معين أو أكثر، ممن لهم مكانة معينة عنده، فيما بين الشهر السادس والشهر التاسع من عمره، ويزداد ذلك حدة في الأشهر القليلة التالية، ويكون التعلق عندئذ مصحوبا بمشاعر قوية وأحيانا عنيفة، فهو يسر ويبتهج إذا لازم الشخص الذي يتعلق به، ويضطرب إذا فارقه.

والجدير بالذكر أن سلوك التعلق تخف حدته في العادة عندما يبدأ الطفل ينشغل في نشاط إنساني أساسي آخر وهو اكتشاف البيئة المحيطة به، والتفاعل الاجتماعي مع الآخرين من ناحية أخرى.

وهناك وجهة نظر حول التعلق اتفق عليها كثير من الباحثين، وهي أن الأطفال يولدون ولديهم حاجة أولية وهي أن يكونوا بالقرب من آخرين من أفراد المجتمع، وهذه الحاجة ليس لها شكل واحد بل تظهر في عدة أشكال وتختلف من طفل لآخر ومن

مرحلة نمو لمرحلة أخرى. ولا تقل أهمية هذه الحاجة عن حاجاته البيولوجية (الحاجة للطعام والشراب والإخراج والبعد عن الألم). بل إن لها نفس الوظيفة في المحافظة على بقائه كما للحاجات البيولوجية سواء بسواء.

والشخص الذي يستطيع أن يشبع حاجات الطفل المرتبطة بالتعلق بأن يحتضنه ويلاعبه ويحادثه ويبتسم له ويستثير انتباهه الذي يكسب تعلقه به أكثر من ذلك الذي يهتم فقط بتغذيته وتنظيفه ثم يضعه في فراشه ويجلس معه كمراقب فقط دون أي مداعبة أو محادثة أو ابتسام أو لعب معه. فقد تتاح الفرصة للأب لكي يقوم بالتفاعل مع طفل لفترة قصيرة ولكنها مليئة بالانفعال كل مساء مثلا، ويكون تأثيرها أكبر من الساعات الطوال التي تقضيها الأم مع الطفل وهي مهمومة أثناء النهار.

ويختلف الأطفال في درجة التعلق بالكبار، ويرجع ذلك إلى أمرين: أحدهما يتصل بالخصائص التكوينية للطفل، حيث أن الأطفال مختلفون من حيث المستوى الأمثل للاستثارة التي يحتاج إليها كل منهم. أما الأمر الثاني فيرجع إلى عوامل بيئية، أي إلى الأفراد المحيطين بالطفل. إذ أن بعض هؤلاء يستطيعون استثارة الطفل أكثر من غيرهم. أي أنه إذا وجد الطفل من يشبع له حاجته إلى الاستثارة بالدرجة التي تتفق مع المستوى الأمثل له، فإن مثل هذا الشخص هو الذي يفضله الطفل على غيره من حيث التعلق، أي أن الطفل يتعلق بهذا الشخص بدرجة أشد من غيره.

أنواع التعلق:

هناك نوعان لتعلق الطفل هما: التعلق الآمن والتعلق القلق. أما التعلق الأمن فقد عرف بأنه ذلك الذي يُظهر في الطفل درجة أقل من الانزعاج عند غياب حاضنه (الأم مثلا) كما يظهر فرحة وترحيبه بها عندما تعود إليه، وهو الذي يبدو فيه الطفل وكأنه واثق من أن الحاضن في متناول يده، فإذا كان الشخص الذي يتعلق به الطفل قادرا على التعبير عن الحب وكانت استجابته لمشاعر الصغير واضحة لا غموض فيها، وإذا توفرت له المناسبات العديدة التي تحقق له الاستثارة الاجتماعية كاللعب، فإن ذلك يساعده على

تنمية التعلق الآمن لدى طفله. وأن تعلقا من هذا النوع يحصن الطفل ضد أية هزات مستقبلية في علاقاته الاجتماعية عموما، ذلك أنه يجد في تلك العلاقة الإيجابية نمطا يعيش على أساسه علاقاته التالية.

أما التعلق القلق (غير الآمن) فهو ذلك الذي يعبر عنه الطفل ببكائه الشديد لمدة طويلة عندما يفصل عن أمه ثم بكائه مرة أخرى عندما يجتمعان، كما أن الطفل ذا التعلق غير الآمن يبكي عندما يبتعد عن الالتصاق العضوي بجسم الأم، أي عندما تضعه على الأرض أو على الفراش بعيدا عنها حيث يريد الطفل أن تكون الأم قريبة منه باستمرار. أما كيف يتكون التعلق القلق عند الطفل، فإن ذلك يحدث إذا لم يستجيب الكبير إلى حاجات الصغير بشكل مستقر وثابت، أو إذا استجاب بطريقة غير مناسبة، كأن يهمل طالبه مثلا، أو يؤجل استجابته لبكائه فتتزعزع ثقة الطفل به.

ولقد أظهرت الدراسات أنه إذا نشأ الطفل في ظروف يحصل فيها على رعاية من أكثر من شخص كالأم والأب والجدين والأنداد، فإنه يكون مستعدا لإقامة علاقة تعلق مع كل هؤلاء، وفي هذه الحالة فإن ابتعاد الطفل عن أمه بتركها له في فترات متقطعة ولمدة قصيرة لا يقلل من علاقاته الآمنة معها، وأظهرت الدراسات كذلك أن قلق الانفصال يزداد عند الطفل إذا تركته الأم في الوقت الذي يكون فيه مريضا، أو عندما يكون في مكان غير مألوف لديه. أي في مكان مختلف تماما عن المنزل الذي يعيش فيه. ومن العوامل المؤثرة في قلق الانفصال طول المدة التي يبتعد فيها الطفل عن الأم.

الخوف من الغريب:

يتوافق سلوك التعلق لدى الأطفال باثارات من القلق لوجود الغرباء في عالمهم فيتضايق معظم الأطفال بين الشهرين الخامس والثامن من اقتراب الغرباء منهم تضايقاً أميل لأن يتحول إلى العبوس والصراخ والابتعاد ويبلغ خوف الطفل من الغريب

ذروته في نهاية السنة الأولى ثم يبدأ بالاضمحلال وذلك عندما لا يجد الرضيع في الغريب ما يستدعي خوفه يعجز الوالدان عن تقبل ظاهرة خوف الطفل من الغريب فينتابهم القلق من تدهور التطور النفسي للولد هذا مع العلم أن ظاهرة الخوف من الغريب ليست عامة وبعض الأطفال يتخطى هذا الخوف بسرعة مذهلة ومع ذلك فإن من المفيد للوالدين أن يتعرفا أبعاد خوف الطفل من الغريب وأن يدربا الطفل على الخطوات التي تساعد على التغلب عليه، وعلى الأهل ألا يحثوا رضيعهم على معاناة الكآبة مع الغريب بإعداده للمعاناة الاجتماعية الإيجابية خلال الأشهر الستة الأولى من العمر.

قلق الانفصال:

يميل أغلب الرضع وبعد أن يتضح قلقهم من الغريب إلى أن يخافوا البعد عن والديهم أو عن الآخرين الذين سبق لهم أن تعلقوا بهم، ويبلغ قلق الانفصال ذروته بين الشهر 13 و18 من العمر حيث يبدأ بالزوال هو الآخر ويعبر الأطفال عن قلق الانفصال بالإضافة إلى الصراخ والعبوس بالتعلق بالراشد عندما يحاول ترك المكان إلى آخر. وذلك لقدرة الطفل على المشي والحركة في تلك السن. ولقد درس (بل واينزوورث) ردود فعل الرضيع إزاء هجر الراشد له في موقف لعب حيث تجلس الأم مع طفلها في غرفة اللعب ثم ترجع بعد برهة من الزمن ووجد الباحثان أن ابن السنة لا يحتمل غياب أمه عنه لعدد من الدقائق فتراه يصرخ ويركض إلى الباب ويتجول في الغرفة كما لو أنه يبحث عنها ويفقد كل اهتمام باللعب والدمى. ويهدأ الصغير برجوع أمه ويتعلق بها ويقاوم أية حركة لإبعادها عنه. ولقد أكد باحثون آخرون تلك الملاحظات على الأولاد بين العمرين عشرة أشهر وثمانية عشر شهراً.

النظريات التي تفسر أصول التعلق الطفلي بالراشد:

يتفق علماء النفس على شمولية قلق الانفصال لدى الأطفال كلهم في المجتمعات كلها إلا أنهم يختلفون في نظرياتهم التي تشرح أسباب ذلك القلق، ويؤكد تقليديو

التحليل النفسي ونظريو التعلم انبعاث الاهتمامات الاجتماعية من الحاجات البيولوجية للفرد مباشرة فالطفل برأي جماعة التحليل النفسي يبدأ بالشعور بالحب نحو أمه لأنه يقرنها بتجربة الإطعام واللذة. أنا بالنسبة لنظريي التعلم فإن إرضاء الدافع الأولي من جانب الأم في أثناء إطعامها وليدها يدفع الأخير ليكون دافعاً ثانوياً يتمثل بتقربه من الأم واتكاليته عليها. ويضيف هؤلاء بأن الاهتمام الاجتماعي المصاحب لحب الولد لأمه واتكاليته عليها يتعمم نحو الناس الآخرين.

دفعت تلك النظريات غالبية علماء النفس ولسنوات عديدة إلى التمييز بين الدوافع الأولية (البيولوجية) من جهة والدوافع الثانوية (الاجتماعية) من جهة ثانية. إلا أنه ظهرت نظريات جديدة رأت أن الاهتمام الاجتماعي دافع إنساني متميز وأولي.

يعتقد بولبي (Bowlby) الذي يعد من أهم الآخذين بالنظريات الحديثة أن التعلق بالآخر ينبعث من سلوك (التأثير والتوجيه) ومن الاهتمام الشخصي الذي يوليه الآخرون. فالاستجابات الاجتماعية من جانب الراشدين هي التي تشكل السلوك التعبيري للناشئ في أنماط من التعلق التبادلي. وتميل نتائج الدراسات العلمية لترجيح وجهة نظر بولبي على النظريات التقليدية الأميل للأخذ بنظرية إشباع الحاجة في تفسير النمو الاجتماعي.

الفطام والفردية:

تضعف أهمية التعلق بالأشخاص الذين يتعلق الطفل بهم في مرحلة جاهزية الطفل لدخول المدرسة إذ يدخل العديد من الناس في تلك الفترة عالم الطفل ويزيدونه غنى بالاهتمامات الاجتماعية. وبذلك يتخطى الناشئة (القلق من الغريب) و(قلق الفصل عن الأم) ويكون أبناء السنة الثالثة أقل تأثراً بترك الوالد من أبناء الثانية. ولا يتأثر أبناء السنة الخامسة قط بغياب الوالدين أو أحدهما. ومع سيطرة الطفل على ضربي القلق المذكورين يزداد ميله للانفصال عن الوالدين والانسياق مع فرديته الخاصة. ويمكن

تسمية ميل الطفل للانفصال والتفرد (بالفطام النفسي) الذي يمهد السبيل لنمو الذات واستقلاليتها.

بداية الفردية:

يبقى الصغار خلال السنة الأولى في أي مكان تضعهم فيه أمهاتهم وقد يسوء سلوك الرضيع ويرفض تعليمات الأم بملازمة المكان إلا أن ذلك يبقى عرضاً، ولا يرتبط بمشاعر الولد نحو أمه. غير أن أمرين على درجة كبيرة من الأهمية يظهران في السنة الثانية إذ تزداد أولاً مهارة الأولاد في معالجة الأشياء وفي التجول ويبدؤون يحسون أن سلوكهم يؤثر في أهلهم وتبقى على الرغم من ذلك سلطة الوالدين على الطفل على صدارتها فيعاقبان الطفل على تمرده على أوامرهما ويعززان حركاته الخضوعية. إلا أن الأولاد في هذه المرحلة يعرفون كيف يتلاعبون بمشاعر والديهم.

تؤشر مهارة الطفل ووعيه لتأثيره في والديه بداية انطلاقه نحو الاستقلال فينتقم الطفل لنفسه من الحرمان والسيطرة التي تمليها عليه الأم ويعمد إلى معاقبتها على الفور ببصق الحليب وبرفضه الركون عن الحركة عندما تريد إلباسه وبتفجره الانفعالي الذي يعمل على (تمزيق) أعصاب الأم وتساعد اللغة الطفل على رفع صوته بالاحتجاج وإعلان حاجاته والإفصاح عما يريد فتخرج اللغة عن كونها مجرد واسطة مفرحة للاتصال بين الأم ووليدها لتكون واسطة للتعبير عن الصراع الدائر بين الاثنين.

ولا تعني قولة الطفل (لا) أنه يرفض هذا الأمر أو أنه يطلب القيام بأمر آخر يرضي حاجة أخرى بل تكون تلك الـ (لا) محاولة لتأكيد ذات الطفل كفرد متميز. أي على إرضاء الحاجات الأولى. ومعارضة الطفل لوالديه إنما هي الأداة الأساسية لإثبات هويته المستقلة ورعايتها.

العلاقة مع الآخرين:

لا يصل الطفل في عامه الثاني إلى الاهتمام باللعب القائم على التفاعل مع الآخرين

أو الانتماء إلى الأقران (الرفاق)، صحيح أن بعض الأطفال في سن الثانية قد يلعبون إلى جوار غيرهم، ولكننا لا نجد لديهم إلا اهتماما قليلا بنشاط الأقران أو بالألعاب التعاونية أو بالمحادثة، ولعل أكثر ما نجده عند الأطفال، فيما بين سنة ونصف وسنتين من العمر، أن يتبادل أحدهم مواد اللعب مع صديقه أو أن يقوم بين الحين والحين بلمسه أو الابتسام له. أم اللعب التعاوني وإظهار الرغبة في النشاط الجمعي فلا يظهر شيء من ذلك إلا في مرحلة الطفولة المبكرة بين الثالثة والخامسة من العمر وهي سنوات ما قبل المدرسة.

العدوانية:

العدوانية هي الاستجابة التي تكمن وراء الرغبة في إلحاق الأذى والضرر بالغير، وهي ضرب من السلوك الاجتماعي غير السوي يهدف إلى تحقيق رغبة صاحبه في السيطرة، كما أنها رغبة أو ميل نحو التدمير والتخريب، وتتخذ العدوانية عند الأطفال في سن الثانية من العمر في دفع الآخرين، ورفسهم وضربهم بالأيدي، والصراخ والعض والهجوم اللفظي إذا كانت اللغة ميسورة.

الفصل التاسع

مرحلة الطفولة المبكرة من 3-5 سنوات

📖 مقدمة.

📖 خصائص مرحلة الطفولة المبكرة.

📖 مطالب النمو.

📖 أولا: النمو الجسمي في مرحلة الطفولة المبكرة.

📖 ثانيا: النمو العقلي في مرحلة الطفولة المبكرة.

📖 ثالثا: النمو اللغوي في مرحلة الطفولة المبكرة.

📖 رابعا: النمو الانفعالي في مرحلة الطفولة المبكرة.

📖 تطور مفهوم الذات في مرحلة الطفولة المبكرة.

📖 خامسا: النمو الاجتماعي في مرحلة الطفولة المبكرة.

📖 اللعب لدى الأطفال.

مقدمة عن المرحلة:

تعد مرحلة الطفولة المبكرة مرحلة هامة في حياة الطفل إذ فيها يقل اعتماده على الكبار ويزداد ثباته ويبدأ في اكتساب أساليب التكيف الصحيحة مع البيئة الخارجية، كما أنه يتلقى أول دروس التقاليد والعرف ويشرع في تكوين عواطف نحو من حوله من الأفراد، كما أن خطوط الصحة النفسية للأطفال توضع وتقرر في هذه السن، ولذلك تعظم قيمة هذه المرحلة من الناحية التربوية، وتمثل هذه الفترة في الواقع مرحلة انتقال بين سني المهد وسنوات الدراسة الابتدائية. ومما هو جدير بالذكر أن ما حصله الطفل من مستوى النضج والنمو في مختلف الجوانب في سني المهد يتيح له تعاملا أكثر وضوحا عن ذي قبل مع بيئته.

والنمو في هذه المرحلة محتاج إلى إمكانيات بيئية غنية، فهو محتاج إلى جو اجتماعي ومواقف للخبرة يسمحان له باستغلال مبدأ التعلم في نموه كما أنه محتاج إلى من يحسن تدبير وتصميم هذه المواقف، ومن يجيد تنظيم هذا الجو الاجتماعي وما تسوده من علاقات، أي أن نمو الطفل هنا في حاجة إلى الأم الواعية المستنيرة إلى جانب حاجته إلى المواقف المليئة بمصادر الخبرة المنظمة.

ولما كانت هذه الاحتياجات التي يتطلبها نمو الطفل في هذه المرحلة غير ميسورة في الأسرة فإن الحاجة دعت إلى إقامة دور الحضانة للأطفال. وتزويدها بكل الإمكانيات الضرورية من مشرفات تخصص في رعاية الطفولة إلى اهتمام بالتغذية الملائمة والجو الصحي العام إلى حدائق وملاعب متسعة ولعب منوعة تناسب أعمار الأطفال المختلفة في هذه المرحلة بحيث يجد الطفل في هذا المحيط المصمم المنظم احتياجات نموه ميسورة متوفرة.

خصائص مرحلة الطفولة المبكرة:

فيما يلي أهم خصائص مرحلة الطفولة المبكرة بشكل عام:

1- استمرار عمليات النمو بسرعة ولكنها أقل من معدلها في المرحلة السابقة.

2- الاتزان الفسيولوجي والتحكم في عملية الإخراج.

3- زيادة الحركة ومحاولة كشف البيئة المحيطة.

4- أكبر مرحلة نمو لغوى في حياة الطفل.

5- بداية التفرقة بين الصواب والخطأ والخير والشر وتكوين الضمير.

6- بداية نمو الذات (مفهوم الذات).

الخصائص النمائية العامة بالتفصيل للطفل في مرحلة الطفولة المبكرة:

من سنتين إلى ست سنوات

من 24 ـ 30 شهرا:

- يرسم دوائر.

- يطابق الأشكال.

- يفهم: واحد، كل، صغير، كبير.

- يستوعب جملاً من 3 ـ 4 كلمات.

- يفهم معاني من 500 إلى 900 كلمة.

- يستخدم الفروق اللغوية مثل صيغ الجمع، حروف الجر، الأفعال.

- يمشي جيدا ويقفز بقدميه معا.

من 30 ـ 36 شهرا:

- يرسم خطوطاً أفقية وعمودية.

- يشرب بـ "المصاصة" وينفخ فقاقيع.

- يعرف ملابسه ويلبس بنفسه تقريباً.

- يفرز الأشكال.

من 3 ـ 4 سنوات:

- يلبس ويغتسل بنفسه.

- يعد حتى 5 أو 15 ويربط العدد بالمعدود.

- يفهم المتشابه ويقوم بالقياس والمطابقة.

- يرسم صورة إنسان.

- يفهم وظائف الأشياء.

- يفرق بين الماضي والمستقبل.

- يقفز ويركض جيدا ويصعد وينزل الدرج من دون الإمساك بشيء.

من 5 ـ 6 سنوات:

- يذهب للحمام بنفسه.

- يركض ويركل الكرة.

- يستمتع بالسجع ويعرف مفهوم كم عمره.

- يعرف أسماء الأسبوع بالتسلسل.

- يستخدم التفاصيل في حديثه ويستطيع رواية قصة بدقة.

- يتعرف على 6 ألوان والأشكال جميعها.

- يكتب اسمه ويعد حتى 30.

- يرسم الأشكال ويلون داخل حيز.

- يحجل بقفزات عالية.

مطالب النمو:

بعض مطالب النمو في مرحلة الطفولة المبكرة كما ذكرها هافجيرست:

1- تعلم عادات النظافة.

2- تعلم الكلام.

3- تعلم استعمال العضلات الصغيرة.

4- تعلم التفريق بين الجنسين.

5- تعلم مهارات القراءات والكتابة والحساب.

6- تعلم استكشاف البيئة المحيطة به.

7- تعلم التمييز بين الصواب والخطأ.

8- تعلم التفاعل مع الآخرين.

9- الإحساس بالثقة بالذات وبالآخرين.

10- تعلم تحمل المسؤولية.

11- تكوين مفهوم الذات الإيجابي.

12- تعلم العادات الاجتماعية السليمة.

13- -تعلم القواعد والقوانين للعلب الجماعي.

14- تعلم ممارسة الاستقلال الشخصي.

أولا: النمو الجسمي في مرحلة الطفولة المبكرة:

إن سنوات ما قبل المدرسة أقل إثارة وفجائية من فترة السنوات الأولى من حياة الوليد البشري فيما يتعلق بالنمو الحركي، ولا يوجد في النمو الجسمي لأطفال هذه المرحلة شيء نستطيع مقارنته بالتغير أو الإثارة التي تحدث للرضع بصفة عامة. حيث نجدهم يجلسون ويقفون ويمشون لأول مرة، وليس معنى ذلك أن النمو الجسمي لأطفال ما قبل المدرسة يتوقف، لكنه يتسم بالتدرج ويكون أكثر تنوعا وأكثر ارتباطا بنماذج معينة من الخبرة والتدريب إذا ما قورن بالنمو الذي يحدث للرضيع. وفيما يلي أهم الخصائص التي يتميز بها النمو الجسمي في هذه المرحلة:

- ظهور الأسنان المؤقتة.

- الزيادة في الطول في السنوات (3، 4، 5، 6) وتكون الزيادة (9 – 8 – 7 – 6 سم بالترتيب).

- الوزن: ويكون بالمتوسط زيادة كل عام ما بين كيلو غرام إلى اثنين كيلو غرام.

- وزن المخ 90% عند سن ست سنوات.

- ازدياد ضغط الدم وتباطؤ في ضربات القلب.

- ساعات النوم حوالي (11-12) ساعة.

- الأطفال في هذا السن ذو نشاط فائق، ولديهم سيطرة جيدة على أجسامهم، ويستمتعون بالنشاط ذاته.

- الأطفال في هذا العمر ينغمسون في النشاط بحيوية وحماس إلى حد الإنهاك.

- تكون عضلات الطفل الكبيرة في هذه المرحلة أكثر نمواً من عضلاته الدقيقة التي تسيطر على أصابعه ويديه. ومن هنا فإن الأطفال قد يتعثرون أو حتى يعجزون جسمياً عن القيام بمهارات مثل ربط الأحذية وتزرير القمصان... الخ.

- يجد أطفال هذا العمر أن من الصعب أن يركزوا أعينهم على الأشياء الصغيرة، ولذلك فإن التآزر أو التناسق بين العين واليد قد يكون غير ماهر أو غير متقن.

- يتحول شكل البدن خلال هذه الفترة نحو ازدياد النضج ذلك أنه عندما تبدأ الأجزاء العليا عند بعضهم في الوصول إلى حجمها عند الراشد يبطؤ نموها ثم يتوقف الأمر الذي ينتج للأطراف. ويستمر نموها إلى أن تلحق بالأطراف العليا، وهكذا نجد في سنوات ما قبل المدرسة أن نمو الرأس بطيء، وأن نمو الأطراف سريع، وأن نمو الجذع يكون بدرجة متوسطة. وحين يصل الطفل إلى تمام عامه السادس تكون نسبة جسمه أشبه بنسبة جسم الراشد عما كانت عليه في سن الثانية. كما نجد أن ملامح وجهه كادت أن تشرف على نهاية مرحلة التغير.

- وبإضافة إلى هذه التغيرات في نسب الجسم، يزداد نضج أجهزة الطفل العصبية، كما نجد أن قدرا متزايدا من الغضاريف في الهيكل العظمى للطفل قد بدأ يتحول إلى عظام، وأن عظام الجسم بدأت تزداد من حيث الحجم والعدد والصلاب، وأن عدد الآسنان المؤقتة أكتمل فيما بين الثانية والثالثة عند الطفل بحيث يصبح مهيأ بدرجة كافية لتناول طعام الراشدين.

- على الرغم من أن أجسام الأطفال في سنوات ما قبل المدرسة مرنة وتقاوم الضغوط إلا أن العظام التي تحمى المخ ما تزال رخوة.
- على الرغم من أن الأولاد يكونون أقل وزنا بدرجة طفيفة من البنات، ألا أن هناك فروقا جنسية ملحوظة بينهما من حيث تركيب الجسم إذ يكون الأولاد أكثر حظا من النسيج العضلي، على حين تكون البنات أكثر حظا من الأنسجة الشحمة، غير أن البنات يسبقن البنين في جميع مجلات النمو الأخرى وخاصة في المهارات الحركية الدقيقة.
- التركيز على استخدام إحدى اليدين دون الأخرى عند معظم الأطفال حيث يستخدم حوالي 90% منهم يده اليمنى أكثر من اليسرى، ومن غير الحكمة أن تجبر طفلا يفضل استخدام يده اليسرى على أن يغير إلى اليد اليمنى.
- يتميز النمو الحركي في هذه المرحلة بالسرعة والدقة والقوة، حيث يتمكن من ضبط الاتزان الحركي نسبيا، ففي بداية هذه المرحلة تكون حركات الطفل غير متسقة، وبعد ذلك يسيطر الطفل تدريجيا على حركاته وعضلاته الصغيرة، بقصد التدريب والتعلم. ويستمر التآزر الحسي والحركي والعضلي حيث يتمكن الطفل من حمل الأواني المملوءة بالسوائل دون سكبها.

توصيات في النمو الجسمي:

- أن لا يخلق الأهل مشكلات غذائية مع الأطفال ويكون ذلك من خلال:
  1- تجنب الحث الشديد على الأكل
  2- الاعتقاد بأن شهيات الأطفال تختلف
  3- إعطاء مقدمة تدريجية عن الطعام
  4- جعل من فترات الطعام أوقات مفرحة
  5- تقديم وجبات متوازنة

6- عدم إعداد طعاما خاصا بالأطفال

7- عدم رشوة الأطفال حتى يأكلوا

8- عدم سؤال الأطفال ماذا يريدون تناوله من أطعمة باستمرار.

- الرعاية الصحية: وتكون من خلال:

1- الكشف المبكر عن الأمراض التي قد يتعرض لها الأطفال.

2- الوقاية المبكرة من الأمراض.

- التعامل مع أسئلة الطفل الجنسية بما يتلائم ومرحلته العمرية.

- وضع الأدوية والسموم في أماكن لا يصل إليها الأطفال

- تشجيع النشاط الحر للطفل وإتاحة الفرصة لحرية الحركة وعدم الحد من حركته

- التعرف على حواس الطفل وتشخيصها والعمل على معالجة الضعف فيها.

- تشجيع الطفل في دور الحضانة على الرسم واللعب

- مراعاة أن يكون فناء المدرسة واسعا لكي يسمح بحرية الحركة ومراعاة أن تكون كتب القراءة في الروضة مصورة وذات خط كبير.

- العمل على راحة الطفل أثناء نومه، ويكون ذلك من خلال:

1- تجنب السماح للأطفال بالاستيقاظ والنوم

2- تجنب النوم مع الأطفال

3- إرسال الأطفال إلى النوم بنفس الوقت يوميا

4- تطوير روتين متعلق بالنوم

5- تجنب الإثارة الزائدة قبل النوم (اللعب العنيف)

6- خذ الطفل للنوم بسعادة

7- تجنب إرسال الطفل للنوم كنوع من التأديب

8- تجنب قصص الرعب والبرامج التلفزيونية التي تسبب الكوابيس

- عدم إكراه الطفل على ضبط الإخراج قبل نضجه

- العمل على إشباع حاجاته الفسيولوجية كالغذاء والأكسجين بالوقت والكمية المناسبة.

- يلعب النضج والتدريب دورا في استخدام التواليت (الحمام) وعلى الأهل والمربين مراعاة ذلك.

- ضرورة زيارة طبيب الأسنان باستمرار بشكل ثابت

- تعليم الأطفال منذ الصغر استخدام الفرشاة والمعجون

- المحافظة على اللياقة البدنية للأطفال عن طريق تشجيع الرياضة وتنظيم وجبات الطعام وتعويدهم تنظيم أوقات لمشاهدة التلفاز

- تعليم الأطفال على ممارسة اللعب في المنزل بحيث لا يقترب من العدوان وبنفس الوقت يقوم بتفريغ طاقته الزائدة وفيه يجب التركيز على اللعبة أكثر من التركيز على الفوز

- الاهتمام بالتغذية الجيدة للأطفال، وكثيرا ما يتم تشجيع الرضاعة الطبيعية لأنها أكثر قدرة على الهضم،وتحمي الطفل وبالإضافة للحنان الذي يربط عن طريقه الطفل به بالأم، وفي حالة كانت الأم تستخدم الرضاعة الصناعية فلا بد من احتضان الطفل.

- تقديم وجبات متوازنة خالية من النسب المرتفعة من السعرات الحرارية

- ضرورة الاهتمام بلعب الطفل: واللعب على أنواع:

1-   لعب غير مشغل(عشوائي غير مفيد) ينشغل فيه الطفل بأنشطة عشوائية

2-   لعب المنعزل: يلعب الأطفال فيه مع الألعاب والأدوات وليس مع آخرين

3-   لعب الموازي: يلعب الأطفال فيه إلى جانب الآخرين وليس معهم

4-   لعب الترابطي: يتعامل الأطفال مع الآخرين بنفس الأنشطة

5-   لعب التعاوني حيث ينشغل الطفل فيه بمجموعات منظمة من الأطفال.

- شجع الأطفال على اللعب دون اعتبار لدور الجنس، علم الأولاد على إمكانية القيام

بالدور المهني التقليدي للذكر أو الأنثى، اترك للأولاد أن يمتلك مشاعر ضعف وأن يعبر عن عواطفه واجعل البنت تعرف بأنه يمكنها أن تؤكد فرديتها واستقلالها.

ثانيا: النمو العقلي في مرحلة الطفولة المبكرة

يستمر النمو العقلي في هذه المرحلة بالتزايد، حيث نجد تغيرات واضحة فيه إذا ما قورن بالمرحلة السابقة، وينمو النمو العقلي في هذه المرحلة من وجهة نظر بياجيه بمرحلة ما قبل العمليات، وهي المرحلة التي تلي المرحلة الحس حركية، ففي هذه المرحلة لا يكون الطفل بعد. قد اكتسب القدرة على القيام بالعمليات المنطقية التي تتصف بها المراحل التالية في النمو العقلي، ففي مرحلة ما قبل العمليات تأخذ قدرة الطفل على استخدام الرموز والصور الذهنية في الازدياد بالشكل الملحوظ، وتزداد قدرته اللغوية ويصبح بإمكانه أن يتصور أساليب جديدة للعب الإبداعي، ويقضي معظم وقته في اللعب الإيهامي الذي يعتمد على الرموز والصور الذهنية، كما يتعامل مع الصور الذهنية والرموز ويتناول الأفعال والتصرفات الصريحة الظاهرة، فالطفل يعامل العصا وكأنها شمعة وينفخ فيها ليطفئها، أو يعامل مكعب الخشب وكأنه سيارة ويحركه يمينا ويسارا ويصدر له ضجيجا كالذي يصدر عن السيارات.

يطلق بعضهم على هذه المرحلة مرحلة السؤال، إذ تكثر أسئلة الطفل بشكل واضح، حيث أن حوالي 10-15% من حديث الطفل في هذه المرحلة يكون عبارة عن أسئلة (ماذا؟ لماذا؟ متى؟ أين؟ من؟) وتكون أسئلة الطفل عن الأشياء وأسبابها وقد يكون مدفوعا بهذه الأسئلة بالخوف، والقلق، وحب الاستطلاع، ولفت الانتباه إليه. وقد يضيق الآباء ذرعا بهذه الأسئلة مما يجعلهم يجيبون إجابات خاطئة وعشوائية. أو يهربون كليا من الإجابة عنها. والقاعدة الصحيحة في الإجابة عن أسئلة الأطفال، أن تكون هذه الإجابات صحيحة، وبسيطة، ومناسبة لمستوى نموهم العقلي دون الدخول في التفاصيل.

لذلك فإن الطفل تزداد لديه الثروة اللغوية بشكل ملحوظ ويتزايد نموه العقلي مما يدفعه باستمرار لمحاولة فهم ما يجري حوله، وهو ينصت وقتا كافيا لسماع الإجابات عن أسئلته، وقد لا يفهم هذه الإجابات.

ومن مظاهر النمو العقلي لدى الطفل في هذه المرحلة ما يلي:

أولا: الإدراك الحسي

الإدراك الحسي هو العملية التي يستخدمها الأطفال في الكشف عن المعلومات التي يتلقونها من التنبيه المادي المستمر الموجه إليهم من البيئة، من حولهم في كل الأوقات، وفي التعرف على هذه المعلومات وتفسيرها.

وبناء على ذلك، يعد الإدراك وسيلة الطفل الأولى للاتصال بنفسه وبالبيئة من حوله حيث يهدف إلى فهم الواقع، ومعرفته عن طريق عملية التعلم. ولذلك فإن النمو الإدراكي عند الطفل في هذه المرحلة يرتبط بنمو قدرته اللغوية، كما يتأثر إدراك الطفل بالبيئة المحيطة وبالثقافة السائدة. كما تزداد قدرة الطفل على إدراك الأشكال والأحجام والأوزان فالطفل يختار الأشكال قبل اختيار الألوان لأن الشكل لديه أهم من اللون، كما يستطيع الطفل في عامه الثالث أن يقارن بين الأحجام المختلفة الكبيرة والصغيرة أولا ثم يتدرج به الأمر إلى إدراك الفرق بين إدراك الأحجام الكبيرة والمتوسطة والصغيرة.

أما إدراك الألوان فيمكن للطفل أن يميز بينها في هذه المرحلة، وخاصة الألوان الأساسية (الأحمر، الأزرق، الأسود، الأبيض،...)، ولكنه يجد صعوبة في التفريق بين درجات اللون الواحد. أما إدراك الزمن فيكون عند الطفل في هذه المرحلة ضعيفا حيث يدرك الحاضر الذي يحيا فيه لاتصاله المباشر بنشاطه وسلوكه. أما إدراك الماضي والمستقبل فيكون غامضا في سن الثالثة من العمر ويتطور تدريجيا، فالطفل يرفض فكرة التأجيل إذ يعني التأجيل بالنسبة له الرفض وإذا كان لا بد من التأجيل فليكن لفترة قصيرة من الزمن حتى يتمكن من إدراكه.

ثانيا: التفكير

يرى العالم بياجيه أن تفكير الطفل يختلف بمظاهره عن تفكير الإنسان الراشد، ذلك أن الطفل ذاتي في تفكيره ويدور حول نفسه ويكون التفكير في هذه المرحلة خياليا، ويعتمد على الصور الحسية أكثر من اعتماده على المعاني، ويرى بياجيه أن التفكير في هذه المرحلة، يمتاز ببعض الخصائص منها:

1- السببية الظاهرة: فالطفل عندما يخاف من شيء ما فإنه يختبئ تحت الغطاء معتقدا أن الغطاء هو السبب في إنقاذه من الخوف.

2- الغرضية: يعتقد الطفل أن لكل شيء في محيطه غرضا فالشمس وجدت لتدفئنا، والسيارة لتنقلنا، والكرة لنلعب بها.

3- الإحيائية: حيث يعتقد أن الأشياء الجامدة حية، وتحس وتتألم كما لدى الأطفال.

4- التمركز حول الذات: فالأطفال يدركون العالم من منظورهم الخاص فهم لا يستطيعون أن يأخذوا وجهة نظر الآخرين في إدراكهم للأشياء ويظهر التمركز حول الذات واضحا في رسوم الأطفال في هذه المرحلة.

ثالثا: التذكر

للتعرف على طبيعة التذكر عند أطفال هذه المرحلة نطرح السؤال التالي: كيف يتذكر الأطفال الصغار ما يرونه أو يسمعونه؟ إن الإجابة على هذا السؤال ليس بالأمر اليسير إذ أن تذكر الأطفال يعتمد على مستوى نموهم العقلي والمعرفي وكذلك على نوع المادة المتذكرة هل هي صور للأشياء أم لأسمائها.

وبشكل عام إن قدرة أطفال ما قبل المدرسة على تذكر صور الأشياء أفضل من تذكر أسمائها بمعنى أن ذاكرة الأشكال تتفوق لديهم على ذاكرة الأسماء، ففي إحدى الدراسات التي أجراها (مايرز) والتي عرض فيها أشكالا وصورا في سن الرابعة من العمر تبين من خلالها أن 93% من هؤلاء الأطفال تمكنوا من استدعاء 16 شكلا قدمت

إليهم عن طريق الرؤية، أما الذين استطاعوا استدعاء هذه الأشكال لفظيا فلم يتجاوز 71% فقط.

رابعا: التخيل

يمتاز خيال الطفل في هذه المرحلة بالقوة، ويطغى الخيال على الحقيقة والواقع، فالطفل في حياته مع الكبار يعاني من سيطرتهم عليه، وهو يسعى بخياله ليتخفف من مظاهر هذه السيطرة. والضغط الذي يشعر به متجاوزا بخياله حدود الزمان والمكان والمنطق والواقع.

ولأهمية ما تم ذكره وليسهل استيعابه، فيما يلي نقدم جدولا يبين الخصائص العقلية المختلفة السابقة:

الخصائص المميزة للنمو العقلي بشكل عام مع أمثلة:

العمليات العقلية	ما يميز مرحلة الطفولة المبكرة	أمثلة عن ذلك
الإدراك الحسي	- خطوة أرقى من الإحساس. - هو إضفاء معاني على الصورة الحسية السمعية و البصرية و رصدها بالجهاز العصبي المركزي. - يعتمد الطفل كثيرا على الإدراك لفهم معاني الحياة. **1- إدراك الأشكال و الألوان** - يتعذر على الطفل حتى سن الرابعة إدراك الفرق بين المثلث و المستطيل و المربع. - يسهل على الطفل في هذه المرحلة أدراك الحروف المتباينة أكثر من إدراكه للحروف المتماثلة.	- رؤية صورة والتعليق عليها. المتباينة: أ، م. المتماثلة: ب، ت، ث. الأحمر، الأخضر. الأحمر الفاتح والأحمر القاتم.

العمليات العقلية	ما يميز مرحلة الطفولة المبكرة	أمثلة عن ذلك
	- يتعرف على الألوان القاتمة. - يصعب عليه التعرف على درجات اللون الواحد. **2- إدراك الأحجام الأوزان:** - منذ بداية العام الثالث يميز بين الأحجام الكبيرة و الصغيرة دون المتوسطة. - إدراكه للأوزان يأتي في مرحلة متأخرة لعدم اكتمال نضج عضلاته. **3- إدراك المسافات:** - لا يقدر المسافات تقديرا صحيحا. **4- إدراك الأعداد:** - يتطور من الكل إلى الجزء. - الطفل قبل الثالثة، يميز بين القلة والكثرة. - في سن الخامسة والسادسة، يدرك التماثل والتناظر. - يمكنه العد على أصابعه ويجمع الأعداد ويتعذر عليه الضرب والقسمة. **5- إدراك العلاقات المكانية:** - بين ثلاث سنوات و أربع يدرك العلاقات المكانية الذاتية فقط أي المتصلة به. - بعد سن أربع سنوات، يدرك العلاقات المكانية الموضوعية.	مربع كبير، مربع صغير. إذا أعطيته أربعة أقلام وأخفيت قلم واحد، أدرك نقصان العدد. - يكون مماثلة لمجموعة أخرى.

العمليات العقلية	ما يميز مرحلة الطفولة المبكرة	أمثلة عن ذلك
	6- إدراك الزمن: - يكون تقديره للزمن غير صحيح. - لا يفرق بين الليل والنهار، الصباح والمساء. - يتزايد إدراك الطفل مع نموه فيصبح يميز بين الليل و النهار، الصباح والمساء.	يدرك مكان منزله وغرفه. كائن حي وسط مجموعة من الكائنات في وسط معين. - يعيش حاضره كأنه ماضيه. - تأجيل العمل إلى وقت لاحق يجعله ينفعل لأنه يظن أنك رفضت.
التذكر	عملية يتم بواسطتها استرجاع الصور الذهنية، البصرية و السمعية و غيرها. من العمليات العقلية المبكرة. تزداد قدرة التذكر بازدياد النمو. تساير نمو الإدراك و الانتباه. يتذكر الألفاظ والأرقام والصور والحركات. التذكر الآلي يكون واضحا	- يتذكر الأرقام التي ذكرتها له ويعيدها عقب انتهائك. - حفظ و استرجاع الأناشيد دون إدراك معناها.
التخيل والتفكير	التفكير في هذه المرحلة لا يصل إلى المستوى المنطقي. تفكير عملي يعتمد على الصور الحسية أقرب ما يكون إلى التخيل، فلا يميز بين الواقع و الخيال.	

العمليات العقلية	ما يميز مرحلة الطفولة المبكرة	أمثلة عن ذلك
	يثري الطفل خيالاته أثناء لعبه، و أحلامه من واقعه. يكذب الطفل أحيانا و يسمى الكذب الخيالي. أهمية التخيل: 1- عن طريق التخيل و أحلام اليقظة، يخلق الطفل لنفسه عالما وهميا يحقق فيه رغباته التي لم يستطع تحقيقها في الواقع. 2- يعتبر التخيل حمام أمن لصحة الطفل النفسية، فهو يخفف من التوتر النفسي ويقلل من مشاعر النقص والعدوان والغيرة.	يتخيل أنه طبيب في عيادته يكشف عن المرضى والكراسي التي حوله هي المرضى. أنه سائق قطار والكراسي هي الركاب...
الذكاء	يستعين الطفل في هذه المرحلة بالنطق والمشي في نموه العقلي والمعرفي، فيقلب الأشياء و يبحث عن مكانها. أسفرت البحوث أن نسبة الذكاء تتأثر بصحة الطفل وحالته الانفعالية وعلاقاته المنزلية و الاجتماعية و بالتعلم و الخبرات المتعددة. لا يمكن الوثوق بنتائج اختبارات الذكاء في هذه المرحلة لأن الطفل يتأثر بالعوامل الانفعالية مع عدم قدرته على تركيز الانتباه.	

توصيات للنمو العقلي:

- مراعاة وسائل الأعلام ومراقبة ما يشاهده الطفل لأنه يتأثر بها كثيرا

- التعامل مع أسئلة الطفل والحديث مع الطفل وقضاء وقت للعب معه ولتنمية ذكاءه، وهنا لا بد من الاهتمام باللعب والبدء بالمحسوسات قبل الانتقال إلى الأمور المجردة.

- عدم دفع الطفل دفعا إلى التعلم قبل اكتمال قدرته على ذلك، ومراعاة ترغيبه بالمدرسة بالمعززات والمكافآت.

ثالثا: النمو اللغوي في مرحلة الطفولة المبكرة

لقي النمو اللغوي في سنوات الطفولة المبكرة اهتماما كبيرا من قبل الباحثين، وخاصة فيما يتعلق بمدى التعبير اللفظي عند الأطفال، فكلما ازداد العمر الزمني للطفل كلما كانت جملته أطول، ويعد ذلك مؤشرا لكفاءته اللفظية، فالجملة المكونة من كلمتين، تعد تحسنا في فعالية اتصال الطفل عن كلماته المفردة. كما أن تقدم الطفل في استخدام الجمل ذات الكلمات الثلاث أو الأربع يعد تنوعا أكبر في بنائه اللغوي.

أما فيما يتعلق بنمو الاستجابات اللفظية لأطفال هذه المرحلة فإنهم يتمكنون من فهم لغة الأفراد المحيطين بهم، قبل أن يتمكنوا من التعبير عن أفكارهم تعبيرا لغويا صحيحا، فالمحصول اللغوي للأطفال يتباين تباينا كبيرا تبعا لمدى فهمهم للألفاظ المختلفة، وتبعا لمدى قدرتهم على استخدامهم هذه الألفاظ في تعبيرهم.

وفيما يلي يظهر الجدول التالي تطور النمو اللغوي لدى الطفل في هذه المرحلة:

تطور النمو اللغوي

العمر	الصفات
من سنتين- سنتين ونصف	يستخدم جمل من ثلاث كلمات مثل(انظر سيارة بابا) ويستخدم الضمائر، يستخدم الأفعال والأسماء، يستخدم (ال) التعريف ويستخدم حرفي الجر (في، على) وفي عمر سنتين وستة أشهر يستخدم الطفل 400 كلمة تقريبا،يبدأ باستخدام اللغة الوظيفية ويستطيع الإجابة على تساؤلات ماذا؟ وأين؟ ويستمع لقصة مدتها 5- 10 دقائق، وتبع أمرين مرتبطين.
من سنتين ونصف- ثلاث سنوات	يسأل أسئلة أساسية يستخدم الضمائر (أنا، الياء المتصلة،أنت، لي، هو،هي)، يبدأ باستخدام الملكية، الإجابة على تساؤلات (من، لماذا، أين) في عمر ثلاث سنوات، التأشير لعشرة مجسمات مثلا عند سؤاله ارني الشيء الذي نأكل به؟ يدرك الفرق في الكمية (كثير وقليل)، يستخدم ثلاثة حروف جر (من،على، تحت) ويستخدم الطفل في هذه الفترة تقريبا 500كلمة.
4- 5سنوات	معدل طول جمل الطفل من 5- 8 كلمات، يسأل عن معاني الكلمات يحكّي قصة طويلة نسبا يستخدم الأفعال المستقبلية مثل سوف، نحويا يمكننا اعتباره يتحدث مثل أفراد الأسرة مستخدما اللغة التمثيلية.

توصيات للنمو اللغوي:

1- يعتمد عدد الكلمات على محيط الوالدين والتفاعل معهم وعلى الوالدين عندما يتحدثوا مع الطفل أن يتحدثوا ببطيء.

2- لمعالجة الألفاظ النابية يمكن استخدام ما يلي:

3- عدم استخدام الوالدين هذه الألفاظ أمام الطفل

4- عدم الاستغراب والدهشة والاستفزاز من جانب الأبوين لأن الطفل سيقلدها بعد ذلك

5- استعمال اللغة الصحيحة للتعبير عن الأجزاء والوظائف الجنسية

6- على الوالدين شرح معنى الألفاظ عندما يستخدمها الطفل وإعلام الطفل بعدم استحسانها

7- مراعاة اللهجة أمام الطفل لأنه سيقلد ما يسمعه

8- زيادة رواية القصص والحكايات له

9- تشجيع الأطفال على الكلام والاستماع لهم أثناء حديثهم، وعدم الإسراف في تصحيح الأخطاء اللغوية وإتاحة الفرصة للتنفيس والتعبير الانفعالي عن طريق اللعب والموسيقى والرسم والتمثيل.

10- تقديم مثيرات بيئية: والمهم هو نوعية هذه المثيرات ومقدارها وتوقيتها وكيفية عرضها واستمراريتها مثل تقديم الإثارة الحسية في البيت.

رابعا: النمو الانفعالي في مرحلة الطفولة المبكرة

تتميز الانفعالات في هذه المرحلة بالحدة و القوة كما يستمر نمو الاستجابات الانفعالية بشكل تدريجي ومتمايز وتدور معظمها حول الذات مثل: الخجل، الخوف...، ويرى علماء النفس" بأن مطالب النمو الجديدة، و معرفة اللغة، وزيادة القدرة على التغيير، والقدرة على الحركة والتنقل والرغبة في التعرف على الأشياء، وفحصها، وتجربتها، والرغبة في الشعور بالاستقلال، تصطدم جميعها بالبيئة التي يعيش فيها الطفل، مما يؤدي إلى ظهور تلك الانفعالات الحادة".

فيما يلي أهم خصائص النمو الانفعالي في هذه المرحلة:

• يزداد تمايز الاستجابات الانفعالية و خاصة الاستجابات الانفعالية اللفظية لتحل تدريجيا محل الاستجابات الانفعالية الجسمية.

- تتميز الانفعالات هنا بالشدة و المبالغة فيها(غضب شديد، حب تنديد..)
- تظهر الانفعالات المتمركزة حول الذات مثل: الخجل، الإحساس بالذنب و مشاعر الثقة بالنفس.تظهر نوبات الغضب المصحوبة بالاحتجاج اللفظي والأخذ بالثأر أحيانا، ويصاحبها أيضًا العناد و المقاومة والعدوان خاصة عند حرمان الطفل من إشباع حاجاته، وكثيرا ما نسمع كلمة "لا" في بداية هذه المرحلة.
- تتأجج نار الغيرة عند ميلاد طفل آخر و تظهر "عقدة قابيل" أو عقدة الأخ (complex brother)، فعند ميلاد أخ جديد يشعرا لطفل بتهديد رهيب يهدد مكانته ويشعر كأنه عزل من عرشه الذي كان يتربع عليه وحده دون سواه.
- يميل الأطفال في رياض الأطفال إلى التعبير عن انفعالاتهم بحرية وصراحة. وتكثر نوبات الغضب.
- وتتصل استجابات الغضب عند الأطفال الصغار، بمجموعة من العوامل الداخلية والخارجية. ويتوقف التقليل منها على الطرق التي يستخدمها الكبار ممن يتفاعلون مع الطفل، في استجابتهم لغضبه، وحين تؤدى نوبة الغضب إلى نتائج تتمشى مع رغبات الطفل، أو تجعله يسيطر على الآخرين، فإنه يميل إلى الاستمرار في استخدام هذه النوبات كنمط سلوكي.
- ويصعب التنبؤ بمخاوف الأطفال بسبب ما يوجد بينهم من فروق فالمثير الواحد قد يكون مخيفا لطفل وغير مخيف لأخر. كما أن الطفل قد يضطرب لمثير خاص في موقف معين ثم لا يلتفت إليه في موقف أخر.

وأبرز انفعالات الأطفال في مرحلة الطفولة المبكرة ما يلي:

1- الغيرة:

وهي عبارة عن شعور الطفل بخطر يهدد مكانته العاطفية لدى من يحب كالوالدين، ويبرز هذا الشعور بعنف مع قدوم

طفل جديد، سواء من والدته أو طفل زائر ونحو ذلك، وتظهر الغيرة في سلوك عدواني ضد من يهدد مكانة الطفل، وعلى الوالدين مراعاة مشاعر الطفل وعدم مواجهة سلوكه العدواني الناتج عن الغيرة بعقاب أو بشدة، فإن فعلوا ذلك فقد يتعرض الطفل للنكوص فيمص أصابعه أو يتبول على نفسه،أو يصاب بأمراض نفسجسمية كالقيء والحزن الشديد ونحو ذلك.

2- الأطفال في هذه المرحلة سريعو الغضب، متقلبو المزاج، فهم يغضبون لأتفه الأسباب وسرعان ما يرضون.ويعتبر الغضب انفعال صحي يؤدي الطفل من خلاله دوراً هاماً لنمو الذات، حيث يعتبر الغضب أحد أساليب إثبات الذات، ولكن من المهم عدم السماح للطفل بأخذ ما يريد من خلال ثورات الغضب وإلا فسوف يعمد الوالدان عند ذلك إلى توسيع حاجات الطفل،مما يعني مكافأة الطفل على ثوراته الغضبية.

3- الخوف:

يعتبر الخوف أحد الانفعالات الأولية والذي يساعد الإنسان على البقاء، فخوف الطفل من مصدر معين يؤدي إلى إحساسه بفقدان الأمن مما يولد سلوكاً لمواجهة الموقف المخيف يتمثل في الهروب بعيداً عن مصدر الخوف مع ظهور بعض التغيرات الفسيولوجية كتسارع نبضات القلب، وسرعة التنفس، وشخوص العين، وارتعاش الأطراف، ويقلد الأطفال في العادة الكبار في مخاوفهم، وبالذات الأم كونه أكثر التصاقاً بها.

ولأهمية انفعالات الخوف التي يمر بها الأطفال في هذه المرحلة فسيتم الحديث عن أنواع المخاوف بشكل مفصل فيما يلي.

أنواع المخاوف عند الأطفال في هذه المرحلة:

تقسم المخاوف التي تصيب الأطفال إلى نوعين تبعاً لتقدم نمو الطفل: النوع الأول بسيط يتعلق بدافع المحافظة على البقاء ويشمل مخاوف الأطفال العادية التي

تظهر في الحياة اليومية وتسهل ملاحظتها كالخوف من الظلام والحيوانات واللصوص. فالظلام هو ما يعده الطفل نوعاً من الوحدة حيث يترك الطفل وحيداً دون وقاية أو طمأنينة. وهو المكان الذي يتوقع مجيء الأخطار فيه وهذا ما يسمى بالخوف من المجهول. ولعل الطفل حين يصدر وهو يصعد الدرج في الظلام صفيراً خفيفاً أو يغني لا يفعل أكثر من تعزيز إحساسه بالطمأنينة والأنس كما يفعل البسطاء بإبعاد الخطر الكامن في الظلام بوساطة التعاويذ. ونظراً لما يحدثه الظلام من رعب فإنه يصبح شخصاً يمكن أن ينزل العقاب بالطفل ويمكن تفادي الخوف من الظلام بأن يعود الطفل على النوم وحده وألفة الظلام حيث تكون الحالة الملازمة للنوم الهادئ.

والخوف من الحيوانات والشرطة والأطباء والأماكن العالية كلها من المخاوف الموضوعية البسيطة الأكثر شيوعاً في هذه المرحلة، وعلى الآباء أن يعرفوا ذلك ليسهل التغلب على الخوف ويصبح أمراً ممكناً. فالأطفال يخافون من أي شيء جديد أو غريب ولكن هذا يزول بسرعة إذا ما هيئ للطفل الوقت الكافي حتى يألف موضوع خوفه. إلا أنه لا بد من الإشارة هنا إلى أنه لا يجوز دفع الصغار وإقحامهم في المواقف التي تخيفهم بغية إعانتهم في التغلب على الخوف. والخوف الذي يتصل بالتجارب الحقيقية في مرحلة الطفولة قد يكون أمراً ضرورياً للإبقاء على النفس وتوجيه السلوك. غير أنه يجب عدم الإسراف في إثارة مثل هذه المخاوف لئلا تزداد شدتها وتصبح عاملاً معوقاً لنشاط الطفل.

ومن الحكمة أن يشجع الطفل بعد تعرضه لإحدى التجارب المزعجة على التحدث عنها كما يشاء حتى تظهر أقل غرابة وأكثر ألفة بدلاً من دفنها في أعماق نفسه مما يكون له أثرا بالغا في حياته المقبلة. ومن المستحسن أن يمتنع الأهل عن الاستهزاء بالطفل إذا خاف واتهامه بالغباوة أحياناً وأن يظهروا له بأنهم يقدرون مشاعره وإن هذه المشاعر المنافية لن تدوم طويلاً.

أما النوع الثاني من المخاوف فهو يرتبط بالشعور بالإثم في نفس الطفل نتيجة

لصلته بالقائمين على توجيه سلوكه. إن أطفال الآباء الهادئين ينشئون غير خائفين، ويرجع ذلك إلى رزانة عقولهم أولاً وتنظيم انفعالاتهم ثانياً. مما يجعلهم قدوة حسنة لأطفالهم يسرعون في تقليدها. يضاف إلى أن الآباء الهادئين يثيرون في نفس الطفل شعوراً بالخير يمكن أن ينغص حياته ويتحول إلى ضمير له مطالب مرهقة.

وتعد القصص الخرافية أشكالاً جميلة يحاول الطفل من خلالها التعبير عن آماله وشكوكه بالنسبة إلى الراشدين المحيطين به وتشمل أغلب مخاوفه فيجد فيها التنين والمردة وأغرب من ذلك أيضًا حيث تتحول الوحوش إلى بشر. إن تلك القصص تغذي خيال الطفل ولكنها لا تخلقه فهو يؤلف القصص بمحض إرادته وطبيعته ومع ذلك فإن تنقية خيال الطفل من الأشياء المخيفة المرعبة تتطلب العناية بتربيته في السنوات الأولى وتعويده ضبط نفسه بعيداً عن الصرامة الشديدة.

ويلعب التقليد دوراً هاماً في مخاوف الأطفال. فالأطفال لا يقلدون والديهم في الأخلاق والعادات الاجتماعية فحسب وإنما يمتد ذلك إلى المواقف الانفعالية التي يتخذها الأطفال حيال أي موقف رأوا أهلهم فيه. فالأم التي تخاف من الظلام أو الحيوانات أو النار..الخ. يمكن أن تخلف هذه المخاوف في ولدها صورة نماذج من السلوك يقوم الطفل بتقليدها ومحاكاتها لذلك ينصح الآباء والأمهات الذين يعانون من بعض المخاوف بألا يظهرونها أمام أطفالهم لأنها ستنعكس وربما بشكل دائم في تصرف الطفل وهو يواجه المواقف المماثلة.

وكثيرا من المخاوف التي قد يتعرض لها الطفل هي من النوع الهدام الذي لا يجديه نفعاً بل يفتت نشاطه ويشل فعاليته. ويلعب التقليد هنا دوراً كبيراً في تكوين هذه المخاوف نتيجة لعلاقة الطفل بوالديه إذ يجد الآباء أحياناً أن الخوف من الطرق المجدية في فرض الطاعة وتنفيذ الأوامر. ولكن هذا ليس أساساً صحيحاً للتحكم بسلوك الطفل بل إن مثل هذه التجارب قد تترك وراءها ندوباً وآثاراً سلبية في تصرفات الطفل قد يصعب التخلص منها.

ومن السهل جداً أن يصير الخوف طاغية متمكنة من عقل الطفل إذاً ما أضيف إلى ذلك التلميح والإيحاء له بإمكانية تعرضه للخطر. إن كثيراً من الآباء لا ينفكون عن تحذير أطفالهم وتنبيههم إلى الأخذ بلون ما من النشاط والامتناع عن غيره حتى لا يصيبهم الأذى. ويعتاد الطفل على سماع عبارات محددة مثل: لا تتسلق الشجرة لئلا تقع- سيخطفك الشحاذ إذا خرجت من البيت – إذا أكلت الحلوى ستصاب بالمرض – سوف تتركك أمك وحيداً إذا كنت شقياً وغير ذلك من عبارات التخويف. وقد يكون هذا التحذير وسيلة مؤقتة للتهذيب لكنها ليست ذات أثر طيب في غرس السلوك الحميد. ولحسن الحظ فإن كثيراً من الأطفال سرعان ما يكتشفون زيف هذه التحذيرات ويتصرفون حيالها على أنها ليست كذلك. ومع أن الخوف وسيلة مجدية أحياناً في ضبط الطفل ضبطاً مؤقتاً غير أنه من الخير للآباء أن يوقنوا بأن أطفالهم قادرون – وبخبرتهم الخاصة – على اكتشاف الخداع والتهديد من جانبهم دليلاً واضحاً على ضعفهم وقلة درايتهم في معالجة المواقف بشكل صريح وإيجابي يحقق مصلحة الآباء والأبناء.

ومن الجدير بالذكر أن الحذر ليس إلا نوعاً من الخوف ضرورياً وملازماً للنجاح. فكلما أقدم الطفل على خبرة جديدة لازمه نوع ما من الخوف يتجلى في كثير من ألوان الشك والحيطة مثله في ذلك مثل الكبار الذين يتوقعون الإخفاق وقد يصل إلى درجة تمنع تحقيق أهدافه وتؤدي إلى إخفاقه.

وكثير من المخاوف التي يشعر بها الصغار ليست موضوعية أي متصلة بالأشياء المرئية أو المسموعة بل تنتج على الأغلب من خيال الطفل وتصوراته الذاتية. وهذه المخاوف الذاتية يصعب تحديد أسبابها إلا بعد وقت طويل من الدراسة الدقيقة. والطفل الخيالي قد يتصور أنواع المواقف المرعبة كلها فتبدو أمامه حقيقة لا لبس فيها مع أنها من صنع خياله فتراه يخاف منها ويرتعب كما لو كانت في الواقع المحسوس. ويظهر هذا النوع عندما يسمع الطفل قصة مرعبة تدور أحداثها في الظلام عن الكوارث

والمعجزات فإذا ما أوى إلى فراشه ليلاً – وكان وحيداً في غرفته راح خياله يستعيد شريط القصة التي سمعها ويقرنها مع الوحدة والظلمة التي تحيط به. فينتابه الرعب والذعر ويخرج من فراشه وسط البكاء والصراخ. ومن المعروف أن الخوف من الظلام لا يبدأ إلا في سن الثالثة من العمر إلا إذا تعرض الطفل قبل ذلك لخبرة مفزعة في الظلام. ورغم ذلك فإذا ما أحسن الوالدان تدبير حياة الطفل كان هذا الطور قصيراً وكان أثره في مستقبل حياة الطفل الانفعالية محدوداً الغاية.

من كل ما تقدم عن الخوف يمكن إن نستخلص الأمور التالية:

1- الخوف من المظاهر الطبيعية لدى الأطفال جميعهم وهو من الأمور المستحبة إذا كان في الحدود المعقولة إذ يمكن استخدامه وسيلة لحماية الطفل من الحوادث التي يمكن أن يتعرض لها. أما إذا زاد على حدود التحذير والتوجيه وسبب قلقاً كبيراً للطفل فسيكون عندها مشكلة يجب النظر فيها ومعالجتها بشتى الأساليب وبالسرعة الممكنة.

2- يلاحظ بوجه عام أن نسبة الخوف عند الإناث أكثر منها عند الذكور أي أن الإناث أكثر إظهاراً للخوف من الذكور. كما تختلف شدة الخوف تبعاً لشدة تخيل الطفل. إذ تتناسب شدة الخوف طرداً مع شدة الخيال. فكلما كان الطفل أكثر تخيلاً كان أكثر تخوفاً. وإن تجارب الطفل في المواقف مع الأشياء وتكرار مصادفته لها واحتكاكه مع أترابه من الأطفال تخفف الخوف تدريجياً من هذه المواقف والأشياء حتى يألفها ويتكيف معها.

3- تدل أبحاث جيرسيلد (Jersild .T.A) وهولمز (Holmes .B.F) على أن مخاوف الطفل تتأثر بمستوى نضجه ومراحل نموه. فالطفل في نهاية عامه الثاني لا يخاف من الأفعى وقد يحلو له أن يمسكها ويلعب بها. وهو في منتصف السنة الرابعة يخشى منها ويبتعد عنها ثم تتطور هذه الخشية في نهاية سنته الرابعة إلى خوف واضح شديد.

وتؤكد دراسات – هاغمان (Hagmen.R.F.) أن مثيرات الخوف عند الطفل فيما

بين الثانية والسادسة من سني حياته تتجلى في الخوف من الخبرات الماضية المؤلمة. كالخوف من علاج الأطباء والخوف من الأشياء الغريبة كالحيوانات التي لم يعتد عليها الطفل من قبل والخوف مما يخشاه الكبار فهو يقلد أهله وذويه في خوفهم من العواصف والظلام والشياطين. أي أن الطفل يتأثر في مخاوفه بأنماط الثقافة التي تسيطر على بيئته.

4- تنشأ مخاوف الأطفال بسبب ما يصادفونه في خبراتهم نتيجة للأخطاء التربوية التي يرتكبها الوالدان في أحيان كثيرة. فهناك أولاً المخاوف التي تهدف إلى حماية النفس وهي بمثابة النذير بالخطر من جهة والدافع الذي يحرك المرء ويهيئ له سبل الفرار من الضرر الذي قد يقع عليه من جهة أخرى وثانياً المخاوف الخارجة عن طبيعة الطفل وتنشأ عن الأشياء الموضوعية نتيجة احتكاكه بالمشرفين على رعايته ونموه ذلك النمو الذي يتطلب خضوع السلوك بمظاهر كلها لقواعد نظامية تنتهي إلى حياة اجتماعية منتظمة.

5- من الصعوبة أن يقف الوالدان على كل خبرة قد تكون مبعثاً للخوف عند أطفالهما ولكننا نستطيع أن نقول: أن الآباء الذين ينالون ثقة أطفالهم يمكنهم الوقوف على مخاوف صغارهم حالما يشعرون بها تقريباً. ويستطيعون في هذه الحال أن يقدموا لهم التوجيه والعون وكل ما يستطيعه الأب الواعي تقديمه هو وقاية الطفل من التجارب التي تبعث الخوف في نفسه، وإذا وقعت وجب عليه أن يعمل جاهداً للقضاء على تلك المخاوف في أقرب وأسرع وقت ممكن.

تطور مفهوم الذات في مرحلة الطفولة المبكرة (نمو انفعالي):

مفهوم الذات هو الطريقة التي ينظر بها الفرد إلى نفسه، ويكون تفكيره وشعوره وسلوكه غالبا متسقا ومنسجما مع مفهومه عن ذاته، أو هو مجموعة من القيم والاتجاهات والأحكام التي يملكها الإنسان عن سلوكه وقدراته وجسمه وجدارته كشخص. وهو

مفهوم متعلم مكتسب يتكون لدى الفرد من خلال تفاعله مع بيئته. ويلخص (ميد) تطور مفهوم الذات في ثلاث مراحل هي:

1- الأدوار الخاصة: حيث يقوم الطفل بتجربة الأدوار المختلفة للكبار منفصلة.

2- الأدوار العامة: وهنا يتمكن الطفل من لعب أدوار الآخرين جميعا في الموقف الواحد، ويقوم بتنظيم هذه الأدوار في شكل عام متماسك متكامل، وفي تحديد سلوكه ودوره تبعا لهذه الأدوار.

3- الذات المنفردة والذات الاجتماعية: وفي هذه المرحلة من مراحل تطور مفهوم الذات، تتكون الذات الاجتماعية، من خلال ما يعطيه الآخرون له من أحكام عن جدارته وسلوكه.

4- ويرى إريكسون أن الطفل وقبل أن يتعلم اللغة يستقبل من الأم إحساسا بالرضى يؤثر على مفهومه لذاته. ويتأثر مفهوم الذات وما يدركه الطفل من اتجاهات الأبوين والمعلمين نحوه. فتشير إحدى الدراسات إلى أن الفكرة التي يكونها المعلمون في مفهوم الطفل عن ذاته. ومن الواجبات الأساسية للتربية في البيت والمدرسة مساعدة الطفل على تكوين مفهوم موجب مناسب عن الذات، ومن العوامل التي تعوق ذلك:

5- القصور البدني أو التشوهات الجسمية أو النمو البطيء.

6- البيئة المنزلية المتشددة.

7- الانتماء إلى جماعة الأقلية.

8- البيئة المدرسية المتشددة.

ويعتبر مفهوم الذات بداية لفهم الصحة النفسية للطفل، فالأسوياء يمتلكون صورة واقعية وموجبة عن الذات، والأطفال الذين يحملون مفهوما سالبا عن الذات هم الأكثر قلقا. أو الأكثر ميلا إلى كتمان مواقف الفشل في حياتهم وإنكارها.

ويزيد النقد الذاتي عند الطفل كلما زاد الفرق بين الذات المثالية والذات الواقعية، أي بين ما يجب أن يكون وما هو كائن بالفعل، ويرتبط ذلك بضعف التكيف ونقص الشعور بالأمن، وزيادة القلق، والميل إلى الاكتئاب.

وفي نفس الوقت فإن اختفاء النقد الذاتي لا يدل على الصحة النفسية. والإيجابية في مفهوم الذات لدى الطفل مرتبطة بإدراكه للإيجابية في مشاعر الكبار نحوه، وخصوصا الوالدين والمعلمين منهم.

وتشير دراسة أجراها(ستاينر) إلى أن الملاحظات اليومية العابرة للمعلمين تؤثر بشكل جدي على حالة الطفل الانفعالية وعلى مفهوم الذات وبالتالي على صحته النفسية.

ولذا فإن التعامل مع السلوك غير المقبول يجب أن يتضمن تقبل للطفل ومشاعره، ورفضا متجها بشكل واضح إلى السلوك غير المناسب لا إلى شخص الطفل ككل.

الاتجاهات السلبية نحو الذات ونحو الآخرين:

يتمتع الأفراد الأسوياء الأصحاء باتجاهات إيجابية واثقة وطمأنينة نحو الناس ونحو العالم ونحو أنفسهم. إلا أن هناك فترات في حياة كل فرد يشعر

فيها بالسلبية والكراهية، أو الميل إلى السلوك العدواني تجاه نفسه وتجاه الآخرين. وتبقى هذه الأنماط السلوكية طبيعية وعادية ما دام الفرد يرجع بعد فترة إلى وضعه الإيجابي الصحي.

ولكن الاتجاهات السلبية نحو الذات ونحو الآخرين تصبح علامة سوء تكيف إذا ما استمرت وسيطرت على سلوك الفرد. وتظهر الاتجاهات السلبية لدى الفرد في الأنماط السلوكية التالية: الغيرة، الشك، الحقد، الكراهية، الأنانية، العداء، وفي الأنماط السلوكية الشفهية على شكل تعليقات ساخرة متكررة، والتقليل من قيمة الآخرين،

والنقد، والنميمة،وشتم الآخرين. وتظهر كذلك في أنماط سلوكية تجذب الانتباه إليه. وخرق الأنظمة والعادات بشكل فاضح وبلا مبالاة.

وعندما تتخذ السلبية طابع الخطورة فإنها تظهر في تعبيرات الفرد مثل قوله: (لا يمكن أن تثق بأحد من الناس)، (أن العالم كله ضدي)، (يحاول جميع من حولي استغلالي)، (الناس جميعا سيئون ولم يعد فيهم صالح). ويحمل هذا الاتجاه إمكانية التطور ليصبح المرض المعروف بالبارانويا (مرض الشك والاضطهاد).

هناك ارتباط قوي بين النظرة إلى الذات والنظرة والاتجاه نحو الآخرين ونحو العالم، فعندما يرى الفرد نفسه دون غيره، وتحمل نفسيته طابع السلبية، يلاحظ في ذلك في نظرته واتجاهاته نحو الناس ونحو الحياة، فالعالم بالنسبة له ليس صديقا، كله تهديدا وأخطائه. ولربما كله اضطهاد ومؤامرات.

توصيات للنمو الانفعالي:

- ألا يتحدث الآباء مع الأبناء بصورة انفعالية شديدة اللهجة بصفة متكررة حتى لا يكتسب الأبناء هذه الطريقة في الحديث.

- من الخطأ أن يعتبر الآباء حديث الأبناء عن مشاعرهم الخاصة سلوكا سلبيا، فلا يقال لهم مثلا لا تبك أو خليك رجل أو كوني مهذبة، فهذا يرسخ في أذهانهم أن التعبير عن العواطف هو نوع من الضعف أو قيمة سلبية.

- ضرورة تشجيع الآباء لأبنائهم بالتعبير عن عواطفهم.

- عدم السخرية من مشاعر الأبناء حين يعبرون عنها.

- من الخطأ إعادة رواية ما حدث أمام الآخرين بأسلوب استهزائي مما يثير شجون الأبناء وضيقهم ويشعرهم بالخجل وامتهان كرامتهم، وكذلك عدم الاستهزاء من مشاعر الآخرين أمامهم.

خامسا: النمو الاجتماعي في مرحلة الطفولة المبكرة

تعد مرحلة الطفولة المبكرة أكثر المراحل حساسية من حيث تشكيل شخصية الطفل وتحديد سلوكه الاجتماعي، فالأسرة تلعب دورا مهما في تشكيل السلوك الاجتماعي للطفل، من خلال عملية التنشئة الاجتماعية، إذ عن طريق هذه العملية يكتسب الطفل السلوك والعادات، والقيم والأدوار الاجتماعية، وكيفية التعامل مع الآخرين، والتمييز بين الخطأ والصواب،

وخلال الفترة الأولى من الحياة لا يلعب الأتراب دورا هاما في حياة الطفل، ولا يكون هناك ألا الشيء القليل جدا من اللعب القائم على المبادلة والتعاون. وابتداءً من سن الثالثة تتزايد أهمية رفاق اللعب في خبرة الطفل، غير أن هناك فروقا كبيرة بين الأطفال من حيث أنماط تفاعلاتهم مع رفاق اللعب. والخصائص الأساسية لما يقوم به طفل قبل المدرسة من اتصالات بغيره من الأطفال تكون إلى حد كبير انعكاسا لما تعلمه في بيته.

تدل ملاحظة الأطفال في هذه المرحلة على أن لمعظم الأطفال صديقاً أو صديقين، ولكن هذه الصداقات قد تتغير بسرعة. ويميل الأطفال في هذا السن إلى المرونة اجتماعياً. وهم مرنون وقادرون على اختياره أصدقائهم من نفس الجنس وأن وجدت صداقات بين الأطفال من الجنسين.

وتميل جماعات اللعب إلى أن تكون صغيرة وليست منظمة تنظيماً كبيراً ولذلك فإنها تتغير بسرعة.

ويبدأ الوعي بأدوار الجنس - "التنميط الجنسي": حين يلتحق الأطفال برياض الأطفال، ذلك أن معظمهم يتوافر لديه فهم أولي للسلوك الذي يعتبر مناسبا للأولاد وللبنات في مجتمعهم. وترى فلورانس هو Florence Howe (1971) بعد تحليلها للمواد التعليمية والأنشطة المستخدمة في المدارس الابتدائية أن الأولاد يصورون على أنهم نشطون، ومغامرون، وواثقون من أنفسهم وطموحون، بينما يصور البنات في الأساس كربات بيوت. وتذهب إلى أنه ابتداء من رياض الأطفال تشكل البنات ليتقبلن عمل ربة البيت كدورهن الوحيد وبنهاية المدرسة الابتدائية يكون هذا التعميم الجامد قوياً جدا ومسيطراً ويصعب تنحيته جانباً. ونتيجة لذلك، تعد البنات لدور ربة البيت التزاما بالواجب.

ومن أهم أشكال السلوك الاجتماعي في الطفولة ما يلي:

1- اتساع دائرة العلاقات الاجتماعية: فالعلاقات الاجتماعية للطفل تتسع لتشمل رفاق اللعب خارج الأسرة، ويقل تعلقه بوالديه تدريجيا.

2- التقمص والتقليد: يعد التقليد من السمات المميزة في هذه المرحلة، حيث يتم التقليد في بداية هذه المرحلة ويصل إلى أقصاه في أواخرها.

3- تحديد الدور الجنسي: يقصد بذلك ظهور سمات سلوكية لدى الطفل تتناسب مع جنسه، أي أن يكتسب الطفل الذكر صفات الذكورة، وتكتسب الطفلة الأنثى صفات الأنوثة، وعملية تحديد الدور الجنسي تختلف من ثقافة إلى أخرى. ولكن أول ما يتعلمه الطفل في مجال تحديد هويته الجنسية هو الاستخدام الصحيح للأسماء المناسبة للجنس.

4- الميل إلى التنافس: يظهر التنافس واضحا لدى أطفال ما قبل المدرسة، ويبلغ ذروته في سن الخامسة، حيث تظهر المنافسة لدى الأطفال من خلال اللعب مع الأطفال الآخرين. فالطفل يلعب مع طفل آخر أو طفلين ويتضايق من خلال اللعب مع الجماعات الكبيرة من الأطفال.

5- الأنانية: تصل الأنانية عند الأطفال إلى ذروتها ما بين الرابعة والسادسة من العمر، فالطفل في سنوات عمره الأولى كان محور اهتمام كل من حوله، ويكون متمركزا حول ذاته، ويرغب في أن تسير الأمور كما يريد، ومع التقدم في العمر ومن خلال اللعب يتعلم الطفل من الأطفال الآخرين أن الأنانية معوق له، مما يجعله يحاول تدريجيا إخفاء ميوله الأنانية لتحل محلها ميول متصلة بالجماعة.

6- العدوان: يكون العدوان عند الأطفال في هذه المرحلة استجابة للإحباط ويزداد ما بين سن الثانية والرابعة من العمر، ويقل بعد ذلك حيث تزداد اتجاهات الصداقة والحب للأطفال الآخرين.

توصيات للنمو الاجتماعي:

1- ضرورة السماح للأطفال باللعب مع الآخرين رغم أن هناك سلوكيات سلبية قد يتعلمونها منهم.

2- ضرورة تشجيع الطفل على تكوين صداقات مع الآخرين ومن الجنسين في هذا العمر.

3- على الأسرة مساعدة الطفل في اختيار الألعاب والملابس المناسبة للجنس دون التضييق الشديد على الطفل لأنه في هذه المرحلة يكون لديه حب استطلاع للتعرف على الجنس الآخر.

اللعب لدى الأطفال:

تعد هذه المرحلة من أكثر المراحل التي يقوم الأطفال باللعب والاستمتاع بها، وبسبب أهمية هذه المرحلة لذلك تم الحديث عن اللعب في هذه المرحلة وبالتفصيل فيما يلي.

نظرة ل.س فيجوتسكي (Vygotsky) للعب

يرى فيجوتسكي أن الطفل الصغير يميل إلى إشباع حاجاته بصورة فورية ويصعب عليه تأجيل هذا الإشباع لفترة طويلة. ولكن مع تقدم الطفل في العمر ودخوله في سن ما قبل المدرسة فإن كثيراً من رغباته تظهر تلقائياً ويعبر عنها من خلال اللعب. وإن لعب الطفل في هذه المرحلة هو دوماً التحقيق التخيلي والوهمي للرغبات التي لا يمكن تحقيقها. فالمخيلة في هذه الحال تشكيل جديد ليس له وجود في وعي الطفل الصغير جداً وإنما يمثل نموذجاً إنسانياً خاصاً للنشاط الواعي. فاللعب التخيلي إذا لا يعد نمطاً من أنماط اللعب وإنما هو اللعب ذاته حيث يبدع الطفل فيه موقفاً تخيلياً من ذخيرته الفكرية.

ويرى فيجوتسكي أن للعب دوراً رئيساً في نمو الطفل. فالنشاط التخيلي وإبداع الأهداف وصوغ الدوافع الاختيارية كل ذلك يظهر من خلال اللعب ويجعله في أعلى مراحل نمو ما قبل المدرسة. أي أن فيجوتسكي يرى أن اللعب يحتوي على الميول النمائية كلها ويسهم في تحقيق ما يلي:

1- التفكير المجرد:

إذ يعد اللعب مرحلة ممهدة لا بد منها لتنمية التفكير المجرد وعندما يكبر الطفل فإن الفرصة تصبح متاحة أمامه لاستخدام اللعب دون وعي وفي مرحلة ما قبل المدرسة ينقلب اللعب إلى عمليات داخلية وفكر مجرد.

2- ضبط الذات:

إن التزام الطفل بقواعد اللعب وأنظمته يوفر له متعة قصوى حيث يحول الالتزام دون تحقيق رغباته المباشرة وبذلك يتعلم الطفل أن يسيطر على حوافزه ويضبطها.

3- اللعب نشاط رائد لا مجرد نشاط سائد:

إذ بفضل هذه القوة النمائية يتجاوز الطفل من خلال اللعب عمره الواقعي ولهذا

يعد اللعب أفضل مجال نمائي حيوي للطفل. إنه بهذا حقل النمو ومختبره الأمثل. وهكذا نرى أنه في الوقت الذي يرفض فيه فيجوتسكي عد المتعة أساساً لتعريف اللعب فإنه يرفض بالمقابل عد اللعب نشاطاً غير هادف. إذ يرى أن الطفل يشبع من خلال اللعب حاجات وحوافز معينة تتغير من مرحلة عمرية إلى مرحلة أخرى.

نظرة جان بياجيه في اللعب:

إن نظرية جان بياجيه في اللعب ترتبط ارتباطاً وثيقاً بتفسيره لنمو الذكاء ويعتقد بياجيه أن وجود عمليتي التمثل والمطابقة ضروريتان لنمو كل كائن عضوي وأبسط مثل للتمثل هو الأكل فالطعام بعد ابتلاعه يصبح جزءاً من الكائن الحي بينما تعني المطابقة توافق الكائن الحي مع العالم الخارجي كتغيير خط السير مثلاً لتجنب عقبة من العقبات أو انقباض أعصاب العين في الضوء الباهر. فالعمليتان متكاملتان إذ تتمم الواحدة الأخرى كما يستعمل بياجيه عبارتي التمثل والمطابقة في معنى أعم لينطبق ذلك على العمليات العقلية. فالمطابقة تعديل يقوم به الكائن الحي إزاء العالم الخارجي لتمثل المعلومات كما يرجع النمو العقلي إلى التبادل المستمر والنشط بين التمثل والمطابقة ويحدث التكيف الذكي عندما تتعادل العمليتان أو تكونان في حالة توازن وعندما لا يحدث هذا التوازن بين العمليتين فإن المطابقة مع الغاية قد تكون

لها الغلبة على التمثل وهذا يؤدي إلى نشوء المحاكاة وقد تكون الغلبة على التعاقب للتمثل الذي يوائم بين الانطباع والتجربة السابقة ويطابق بينها وبين حاجات الفرد وهذا هو اللعب فاللعب والتمثل جزء مكمل لنمو الذكاء ويسيران في المراحل نفسها.

ويميز بياجيه أربع فترات كبرى في النمو العقلي فالطفل حتى الشهر الثامن عشر يعيش مرحلة حسية حركية، إذ يبدأ الطفل في هذه المرحلة بانطباعات غير متناسقة عن

طريق حواسه المختلفة. وذلك لعدم قدرته على تمييز هذه الانطباعات من استجاباته المنعكسة لها. ويحصل التناسق الحركي والتوافق تدريجياً في هذه المرحلة حيث تصبح هذه الأمور ضرورية لإدراك الأشياء ومعالجتها يدوياً في المكان والزمان. وفي المرحلة التالية الواقعة بين عامين وسبعة أو ثمانية أعوام – وهي المرحلة التشخيصية تنمو حصيلة الطفل الرمزية واللفظية فيصبح قادراً على تصور الأشياء في غيابها ويرمز إلى عالم الأشياء بكامله مع ما بينها من علاقات وهذا يتم من خلال وجهة نظره الخاصة ولا يستطيع الطفل في هذه المرحلة تجميع الأشياء وفق خصائصها المشتركة بل يصنفها تصنيفاً توفيقياً إذ استرعى انتباهه شيء ما مشترك بين مجموعة أشياء.

وفي المرحلة الثالثة في الحادية عشرة أو الثانية عشرة يصبح الطفل قادراً على إعادة النظر في العمليات عقلياً بالنسبة للحالات المادية فقط. ومع تقدم النمو يتوزع الانتباه وتصبح العمليات القابلة لإعادة النظر ممكنة عقلياً في بادئ الأمر ثم تنسق مع بعضها حتى ينظر إلى العلاقة المعينة كحالة عامة لكل فئة.

وفي المرحلة الرابعة – مرحلة المراهقة – تصبح العمليات العقلية عمليات مجردة تجريداً تاماً من الحالات المحسوسة جميعها وفي كل مرحلة من هذه المراحل تنمو مدارك الطفل بالتجربة من خلال التفاعل والتوازن بين مناشط التمثل والمطابقة لأن التجربة وحدها لا تكفي وترجع الحدود الفطرية في النمو لكل مرحلة إلى نضج الجهاز العصبي المركزي من جهة وإلى خبرة الفرد عن البيئة المحيطة من جهة أخرى.

ويبدأ اللعب في المرحلة الحسية الحركية إذ يرى (بياجيه) أن الطفل حديث الولادة لا يدرك العالم في حدود الأشياء الموجودة في الزمان والمكان فإذا بنينا حكمنا على اختلاف ردود الأفعال عند الطفل فإن الزجاجة الغائبة عن نظره هي زجاجة مفقودة إلى الأبد وحين يأخذ الطفل في الامتصاص لا يستجيب لتنبيه فمه وحسب بل يقوم

بعملية المص وقت خلوه من الطعام ولا يعد هذا لعباً حتى ذلك الوقت لأنه يواصل لذة الطعم. وينتقل سلوك الطفل الآن إلى ما وراء مرحلة الانعكاس حيث تنضم عناصر جديدة إلى رد الفعل الدوري بين المثيرات والاستجابات ويقلل نشاط الطفل تكراراً لما فعله سابقاً وهذا ما يطلق عليه بياجيه التمثل الاسترجاعي ومثل هذا التكرار من أجل التكرار هو في حد ذاته طليعة اللعب.

وليس هناك ما يلزم بياجيه بافتراض وجود خاص للعب طالما يرى فيه مظهر من مظاهر التمثل الذي يعني تكراراً لعمل ما بقصد التلاؤم معه وتقويته. وفي الشهر الرابع يتناسق النظر واللمس عند الطفل ويتعلم أن دفع الدمية المعلقة في سريره يجعلها تتأرجح وإذا ما تعلم الطفل عمل شيء ما فإنه يعيد هذا العمل مراراً وهذا هو اللعب ابتهاج (وظيفي) وابتهاج لأنه سبب نابع من تكرار الأفعال التي يتم التحكم بها فإذا ما تعلم الطفل كشف الأغطية بغية البحث عن الدمى والأشياء الأخرى يصبح هذا الكشف في حد ذاته لعبة ممتعة لدى الطفل من الشهر السابع وحتى الثاني عشر من عمره. فاللعب لم يعد تكراراً لشيء ناجح بل أصبح تكراراً فيه تغيير وفي أواخر المرحلة الحسية الحركية يصبح العمل ممكناً في حال غياب الأشياء أو وجودها مع الإدعاء والإيهام. فاللعب الرمزي أو الإيهام يميز مرحلة الذكاء التشخيصي الممتدة من السنة الثانية إلى السابعة من العمر فالتفكير الأولي يتخذ شكل الأفعال البديلة التي لا تزال منتمية إلى آخر تصورات الحركة الحسية.

 أما اللعب الرمزي الإيهامي فله الوظيفة نفسها في نمو التفكير التشخيصي كالوظيفة التي كان يقوم بها التدريب على اللعب في المرحلة الحسية الحركية إذ أنه تمثل خالص وبالتالي يعمل على إعادة التفكير وترتيبه على أساس الصور والرموز التي يكون قد أتقنها. كذلك يؤدي اللعب الرمزي إلى تمثل الطفل لتجاربه الانفعالية وتقويتها. ومع ذلك فالصفة الخاصة للعب الإيهامي تستمد من الصفة الخاصة لعمليات

الطفل العقلية في هذه المرحلة. ويصبح اللعب الإيهامي في المرحلة التشخيصية أكثر تنظيماً وإحكاماً ومع نمو خبرات الطفل يحدث انتقال كبير إلى التشخيص الصحيح للحقيقة. وهذا ما يتضمن المزيد من الحركات الحسية والتدريبات الفعلية بحيث يصبح اللعب ملائماً بشكل تقريبي للحقيقة. ويصبح الطفل في الوقت نفسه أكثر مطابقة للمجتمع. وينتقل الطفل في الفترة الواقعة بين الثامنة والحادية عشرة إلى اللعب المحكوم بالنظم الجماعية الذي يحل محل ألعاب الإيهام الرمزية السابقة وعلى الرغم من أن هذه الألعاب التي تحكمها القواعد تتكيف اجتماعياً وتستمر حتى مرحلة البلوغ فإنها تظل وكأنها تمثل أكثر منها مواءمة للحقيقة.

وتضفي نظرية بياجيه على اللعب وظيفة بيولوجية واضحة بوصفه تكراراً نشطاً وتدريباً يتمثل المواقف والخبرات الجديدة تمثلاً عقلياً وتقدم الوصف الملائم لنمو المناشط المتتابعة.

مما تقدم نستخلص أن نظرية بياجيه في اللعب تقوم على ثلاثة افتراضات رئيسة:

1- إن النمو العقلي يسير في تسلسل محدد من الممكن تسريعه أو تأخيره ولكن التجربة لا يمكن أن تغيره وحدها.

2- إن هذا التسلسل لا يكون مستمراً بل يتألف من مراحل يجب أن تتم كل مرحلة منها قبل أن تبدأ المرحلة المعرفية التالية.

3- إن هذا التسلسل في النمو العقلي يمكن تفسيره اعتماداً على نوع العمليات المنطقية التي يشتمل عليها.

سيكولوجية اللعب:

يعد اللعب نشاطاً هاماً يمارسه الفرد ويقوم بدور رئيس في تكوين شخصيته من جهة وتأكيد تراث الجماعة أحياناً من جهة أخرى. واللعب ظاهرة سلوكية تسود عالم الكائنات الحية – ولاسيما الإنسان – وتمتاز بها الفقريات العليا أيضًا.

ومن الجدير بالذكر أن اللعب - بوصفه ظاهرة سلوكية - لم ينل ما يستحقه من الدراسات الجادة والبحث المتعمق في الدراسات النفسية والسلوكية. ولعل السبب في قصور الدراسات عن تناول مثل هذا الموضوع يعود إلى وضوح الظاهرة وعموميتها أو صعوبة الدراسة الجادة لهذه الظاهرة السلوكية أو كل هذا معاً.

واللعب في الطفولة وسيط تربوي هام يعمل على تكوين الطفل في هذه المرحلة الحاسمة من النمو الإنساني. ولا ترجع أهمية اللعب إلى الفترة الطويلة التي يقضيها الطفل في اللعب فحسب بل إلى أنه يسهم بدور هام في التكوين النفسي للطفل وتكمن فيه أسس النشاط التي تسيطر على التلميذ في حياته المدرسية.

يبدأ الطفل بإشباع حاجاته عن طريق اللعب حيث تتفتح أمام الطفل أبعاد العلاقات الاجتماعية القائمة بين الناس ويدرك أن الإسهام في أي نشاط يتطلب من الشخص معرفة حقوقه وواجباته وهذا ما يعكسه في نشاط لعبه. ويتعلم الطفل عن طريق اللعب الجمعي الذاتي (self - control) والتنظيم الذاتي (self - regulation) تمشياً مع الجماعة وتنسيقاً لسلوكه مع الأدوار المتبادلة فيها. واللعب مدخل أساسي لنمو الطفل عقلياً ومعرفياً وليس لنموه اجتماعياً وانفعالياً فقط. ففي اللعب يبدأ الطفل في تعرف الأشياء وتصنيفها ويتعلم مفاهيمها ويعمم فيما بينها على أساس لغوي. وهنا يؤدي نشاط اللعب دوراً كبيراً في النمو اللغوي للطفل وفي تكوين مهارات الاتصال لديه.

واللعب لا يختص بالطفولة فقط فهو يلازم أشد الناس وقاراً ويكاد يكون موجوداً في كل نشاط أو فاعلية يؤديها الفرد يقول فولكييه: (لا يزول اللعب بزوال الطفولة فالراشد نفسه لا يمكن أن يقوم بفاعلية هائلة إلا إذا اشتغل وكأنه يلعب). فاللعب يمتاز بالحرية والمرونة بينما يتطلب العمل التفكير بالنتائج والانتباه المتواصل. ويحتل العمل مكانة هامة في نمو الطفل لكل دوره يختلف في حياة الطفل عنه في حياة الكبار.

إن العمل ينطوي على إمكانات تربوية وتعليمية هائلة في عملية النمو. فنشاط العمل يشبع في الطفل حاجة أصيلة إلى الممارسات الشديدة والفعالة ويكون العمل جذاباً بقدر ما يبعث من مشاعر السرور لدى الطفل نتيجة لمساهمته بالنشاط مع الكبار والأطفال الآخرين. فالأطفال الصغار يقومون بمهام عملية منفردة توجههم إليها دوافع ضيقة تتسم بالتركيز حول الذات. وهم يعملون بغية الحصول على استحسان الوالدين والكبار. ومع تقدم المراحل العمرية تأخذ دوافع العمل في التغير عند الأطفال. فطفل الثالثة من العمر يكون العمل لديه أكثر اجتذاباً واستثارة وإذ يقوم بأداء ما يطلب إليه بالاشتراك مع الكبار يشعر بنفسه وكأنه شخص كبير.

وتأخذ دوافع العمل لدى أطفال السادسة والسابعة والثامنة من العمر في اكتساب مغزى اجتماعي أكثر وضوحاً. وللعمل قيمة كبيرة في نمو المهارات اليدوية والقدرات العقلية. فالطفل عندما يقلد الكبار وينفذ تعليماتهم يمكنه استخدام ما يتوفر له من أدوات المائدة وأدوات المدرسة. فينبغي أن يتعلم انتقاء الأدوات والوسائل والمواد المناسبة لعمل وهدف معينين وأن يتمكن من تحديد الأداء واستخدامها بتتابع دقيق. والعمل إلى جانب ذلك يعد مجالاً لتنمية الإرادة عند الأطفال حيث يقوم الطفل بتحديد مواقف العمل ويخطط لتحقيق الأهداف المرجوة ويحاول التغلب على الصعوبات والمعوقات التي تعترضه. ومن خلال العمل تترسخ معالم النمو الاجتماعي والعاطفي للطفل. وهكذا نجد أن العمل المنظم تربوياً ينطوي على إمكانات هائلة للنمو المتكامل للطفل بما في ذلك حركاته وإحساسات ذاكراته وانتباهه وتفكيره وفي نشاط العمل تتوفر إمكانات كبيرة لنمو السلوك الهادف والمثابرة والإرادة والمشاعر الإنسانية الراقية.

العوامل المؤثرة في لعب الأطفال:

يتخذ لعب الأطفال أشكالاً وأنماطاً متباينة. فالأطفال لا يلعبون بدرجة واحدة من الحيوية والنشاط كما لا يلعب الطفل نفسه في كل وقت بشكل أو نمط واحد لا يتغير وإذا عددنا أن اهتمامات الأطفال باللعب لها خط نمائي فليس من الضروري أن نعد

لعب الأطفال يجري بصورة مطلقة إذ تتحكم فيه عوامل كثيرة متباينة ومختلفة منها ما يلي:

العامل الجسدي:

من المسلم به أن الطفل الصحيح جسدياً يلعب أكثر من الطفل المعتل الجسد كما أنه يبذل جهداً ونشاطاً يفرغ من خلالهما أعظم ما لديه من طاقة. وتدل ملاحظات المعلمين في المدارس الابتدائية والمشرفين على دور الحضانة ورياض الأطفال إن الأطفال الذين تكون تغذيتهم ورعايتهم الصحية ناقصة هم أقل لعباً واهتماماً بالألعاب والدمى التي تقدم إليهم.

ولا شك أن مستوى النمو الحسي – الحركي في سن معينة عند الطفل يلعب دوراً هاماً في تحديد أبعاد نشاط اللعب عنده فقد تبين أن الطفل الذي لا يملك القدرة على قذف الكرة والتقاطها لا يشارك أقرانه في الكثير من ألعاب الكرة كما أن النقص في التناسق الحركي عند الطفل ينتهي به إلى صده وإعاقته عن ممارسة الألعاب التي تعتمد بصورة أساسية على التقطيع والتركيب والرسم والزخرفة والعزف. وقد كشفت الدراسات التي أجريت على استخدام مواد من لعب الأطفال أن اللعب يتوقف إلى حد كبير على مستوى الاتساق العصبي العضلي الذي بلغه الطفل.

العامل العقلي:

يرتبط لعب الطفل منذ ولادته بمستوى ذكائه فالأطفال الذين يتصفون بالنباهة والذكاء هم أكثر لعباً وأكثر نشاطاً في لعبهم من الأطفال الأقل مستوى من الذكاء والنباهة. كما يدل لعبهم على تفوق وإبداع أعظم. وتبدو الفروق الفردية بين هذين النموذجين من الأطفال واضحة في نشاط لعبهم منذ العام الثاني فسرعان ما ينتقل الطفل الأكثر ذكاء من اللعب الحسي إلى اللعب الذي يبرز فيه عنصر الخيال والمحاكاة جلياً واضحاً عنده ولا يتضح هذا التطور في لعب الأطفال الأقل ذكاء. إذ أن لعبهم

يأخذ مع انقضاء الشهور والسنوات شكلاً نمطياً لا يبرز من خلاله مظهر أساسي للتغير فيبدو تخلفهم عن أقرانهم من السن نفسها في نشاط لعبهم وأنواعه وأساليب ممارستهم فيه.

أما بالنسبة لاختيار مواد اللعب وانتقائها فإن الأطفال العاديين أو ذوي المستويات الأعلى في الذكاء يظهرون تفضيلاً لمواد اللعب التي تعتمد إلى حد كبير على النشاط التركيبي البنائي بنسبة أعلى من الأطفال ذوي العقول الضعيفة كما يهتم الأطفال العاديون والأذكياء بمواد لعبهم التي يختارونها فترة أطول وأكثر ثباتاً من أولئك ضعاف العقول.

وقد دلت بعض الدراسات أن الأطفال الذين كانت نسب ذكائهم عالية في مرحلة ما قبل المدرسة قد أبدوا اهتماماً واضحاً بالأجهزة والمواد التي تستخدم في الألعاب التمثيلية والفعاليات التي تتطلب الابتكار. وتصبح هذه الفروق بين الأطفال من النموذجين أكثر وضوحاً كلما تقدمت بهم السن. ويبدي الأطفال المرتفعو الذكاء اهتماماً بمجموعة كبيرة من نشاطات اللعب ويقضون في ذلك وقتاً أطول. ويكونون أكثر ميلاً إلى الألعاب الفردية من ميلهم إلى الألعاب الجماعية. وهم أقل اشتراكاً في الألعاب التي تحتاج إلى نشاط جسمي قوي على عكس الأطفال ذوي الذكاء المتوسط كما أن النابهين يميلون إلى الألعاب الرياضية ويكون ميلهم أكثر إلى الألعاب العقلية وهم يستمتعون بالأشياء جميعها وتتكون لديهم هوايات مختلفة أكثر من الأطفال الآخرين.

ويبدو عامل الذكاء عند الأطفال في القراءة خاصة. فالميل المبكر إلى القراءة والقدرة على القراءة يتجليان عند الأطفال ذوي النسب العالية من الذكاء. فيقضي الأطفال المرتفعو الذكاء في كل مرحلة عمرية وقتاً أكبر في القراءة كما تنصب اهتماماتهم القرائية على أنواع معينة فيستمتع الأطفال الموهوبون بقراءة القواميس والموسوعات والعلم والتاريخ والأدب ولا يبدون اهتماماً بالحكايات الخرافية مع أنهم يفضلون الروايات البوليسية على قصص المغامرات العنيفة.

عامل الجنس:

تقوم في معظم المجتمعات فروق بين لعب الصبيان ولعب البنات وهذه الفروق تلقى التشجيع الإيجابي من الكبار. ففي مجتمعنا يسمح لصغار الصبيان باللعب بعرائس أخواتهم دون سخرية أو اعتراض وقلما تقدم لهم عرائس خاصة بهم وإن كان يسمح لهم بدمى من الدببة والحيوانات المحنطة. فالصبي في سن السابعة يحتمل أن يكون موضع سخرية إذا أكثر من اللعب بالدببة المحشوة ووضعها في مهد صغير خاصة إذا كرر ذلك مرات عدة وكذلك البنات يجدن المتعة بدمى السيارات والقطارات مع أن هذه الدمى قلما تقدم لهن هدايا. والبنات الأكبر سناً لا يشجعن على القيام بالألعاب الخشنة التي يوصفن بسببها بأنهن (مترجلات) كما أن الصبيان الذين يهربون من الألعاب الخشنة أو يفضلون القراءة أو العزف على البيانو يتعرضون لتسميتهم بالمخنثين. وتختلف في المجتمع الغربي تنشئة الصبيان عن البنات اختلافاً كبيراً فالأطفال بصفتهم أفراداً معرضون للمواقف المناسبة والوسائل التدريبية على اختلاف درجاتها فالصبيان في سن الثالثة بأميركا الشمالية أظهروا فروقاً جنسية في الروح العدوانية وذلك من خلال لعبهم بالعرائس الصغيرة أما الصبيان في سن الرابعة فقد كان أكثر انشغالهم بالتهريج والأنشطة التي تعتمد على العضلات القوية بينما لجأت البنات إلى لعبة البيوت أو الرسم. وقد أجريت دراسة أخلاقية حديثة على أطفال من الإنكليز في سن الثالثة فكانت نتيجتها أن الصبيان يمارسون لعبة الحرب أكثر من البنات وأن الضحك والقفز علامات تدل على أن مشاجرتهم ودية.

كما أجريت دراسة قديمة على أطفال أكبر سناً فوجد أن معظم ألعاب الأطفال يؤديها الجنسان من الصبيان والبنات كما وجد أن الاختلاف الأكبر ينحصر في طبيعة اللعب.

فالصبيان بصورة عامة أكثر خشونة ونشاطاً من البنات على الرغم من وجود فروق بين الصبيان والبنات غير الناضجين جنسياً من حيث الوزن والطول والسرعة.

وربما كان للتساهل الشديد مع سلوك الصبيان العدائي الخشن والذي يفوق التساهل مع البنات تأثير في نوع اللعب الذي يبرز بوضوح في كثير من مجتمعاتنا لكن الاختلاف في اختيار الألعاب عند الجنسين يتوقف على مقدار النشاط حتى في مرحلة قبل البلوغ واحتمال تشكله وتضاعفه أقرب من احتمال تكونه عن طريق التربية الاجتماعية.

ويظهر التنافس أكثر شيوعاً بين ألعاب الصبيان منه عند البنات في سن العشرين ولا سيما الألعاب التي تتطلب المهارة العضلية والرشاقة والقوة ككرة القدم والمصارعة والملاكمة بينما كانت الزيارة والقراءة والكتابة والمكايدة وغيرها من الألعاب التي تتضمن لغة أكثر شيوعاً بين البنات منها بين الصبيان فيما بين سن الثامنة والخامسة عشرة. كذلك تبدو البنات أكثر مهارة لغوية في مقتبل العمر من الصبيان بينما يكن في حالة العدوان أكثر جنوحاً إلى استعمال ألسنتهن من استعمال أيديهن. ولعل الحرية التي يتمتع بها الصبيان في الخروج بعيداً عن البيت والإشراف الصارم على البنات هي التي تدفعهم إلى المجتمع وتجعل البنات أقل اعتماداً على أندادهن. ففي دراسة أجريت في جنوب غربي المحيط الهادي دلت على أن معاملة الصبيان تختلف اختلافاً كبيراً عن معاملة البنات بدءاً من فترة الفطام. فلقد كان الصبيان يبتعدون عن القرية ويلعبون في مجموعات تحت رقابة شاملة من الأفراد الكبار في القرية بينما تبقى البنات في البيت بالقرب من إحدى النساء الطاعنات في السن أما في أوروبا وأميركا فيسمح للبنات بقدر أقل من حرية الحركة ويكون الإشراف عليهن أكثر دقة ويغلب أن يحتفظ بهن قريباً من البيت أكثر من الصبيان. وقد أظهرت دراسة حديثة عن الألعاب التي يمارسها الجنسان في أميركا أنه في الوقت الذي تؤدي فيه البنات الألعاب التي تعد (أنثوية) من الناحية التقليدية فإن ألعاباً أخرى (رجولية) لم يبق فيها اختلاف بين الجنسين مثل كرة السلة وهناك دراسات أقدم من هذه كشفت عن اختلاف أكبر في لعب الصبيان إذا قورن بلعب البنات كما تغيرت الفروق في لعب الصبيان والبنات إلى حد ما خلال السنوات الأربعين الأخيرة.

عامل البيئة:

يتأثر الأطفال في لعبهم بعامل المكان ففي السنوات الأولى يلعب معظمهم مع الأطفال الذين يجاورونهم في المسكن وبعد فترة يلعبون في الشوارع أو الساحات أو الأماكن الخالية القريبة من مسكنهم وبذلك يكون للبيئة التي يعيشون فيها تأثير واضح في الطريقة التي يلعبون بها وفي نوعية الألعاب أيضًا. وإذا لم تتهيأ لهم أماكن ملائمة وقريبة من منازلهم للعب أو إذا لم تتوفر مواد اللعب المستخدمة في لعبهم فإنهم ينفقون وقتهم في التسكع أو يصبحون مصدراً للإزعاج وقد أوضحت بعض الدراسات (مثل دراسات ليهمان 1926 ميري وميري 195.) أن الأطفال الفقراء يلعبون أقل من الأطفال الأغنياء وربما يرجع السبب ولو جزئياً إلى الاختلاف في الحالات الصحية ولكنه يرجع بصورة أساسية إلى أن البيئات الفقيرة فيها لعب أقل ووقت أقل ومكان أضيق للعب من البيئات الغنية. وفي مناطق الريف والصحراء تقل الألعاب بسبب انعزالها ولصعوبة تنظيم جماعات الأطفال كما تقل فيها أيضًا أوقات اللعب وأدواته لأن الأطفال ينصرفون إلى مساعدة الوالدين في أعمالهم.

وللبيئة أثر واضح في نوعية اللعب فطبيعة المناخ وتوزعه على فصول السنة تؤثر في نشاط اللعب عند الأطفال فيخرج الأطفال للعب في الحدائق شتاء وذلك في المناطق المعتدلة بينما يقومون بالتزحلق على الجليد واللعب في الثلج في المناطق الباردة كما يتحدد الإطار الذي يلعب فيه الأطفال في الأماكن المغلقة في المناطق التي تشتد فيها الحرارة صيفاً في حين ينتقل الأطفال إلى شواطئ البحر وحمامات السباحة في المناطق ذات الحرارة المعتدلة صيفاً. ومن الألعاب ما يختص بفصل معين من فصول السنة فلعبة كرة القدم تعد لعبة شتوية بينما السباحة تعد لعبة صيفية. وقد تختلف اهتمامات الأطفال باللعب ومواده باختلاف البيئة. فالأطفال في المناطق الساحلية تختلف اهتماماتهم عن الأطفال في المناطق الداخلية أو الصحراوية كما أن الأطفال في البيئات الصناعية يهتمون بألعاب تختلف عن ألعابهم في البيئات الريفية.

العامل الاجتماعي والثقافي:

وكما يتأثر لعب الأطفال بالبيئة والجنس والحالة الجسمية والمستوى العقلي كذلك يتأثر أيضًا بثقافة المجتمع وبما يسوده من عادات وقيم وتقاليد كما ترث أجيال الأطفال عن الأجيال السابقة أنواعاً من الألعاب تنتشر في المجتمع وتشيع فيه وهي ألعاب كثيرة لا نجد ضرورة لذكرها في هذا المقام. ويكشف تقرير الأمم المتحدة الذي أعد عام 1953 عن ألعاب تقليدية تتكرر بين الأطفال في كثير من الشعوب فقد نجد على سبيل المثال أن لعبة الاختفاء تنتشر لدى الأطفال في كثير من البلدان الأسيوية والأوروبية والعربية.

وللمستوى الاقتصادي دور رئيس في لعب الأطفال فالمستوى الاجتماعي والاقتصادي يؤثر في نشاطات اللعب كماً وكيفاً على السواء وإذا كانت هذه الفروق لا تتضح خلال سنوات الطفولة الأولى فإنها تظهر واضحة كلما تقدم الأطفال في السن. فالأطفال الذين تكون أوضاعهم الاجتماعية والاقتصادية أعلى يكونون أكثر تفضيلاً لنشاطات اللعب التي تكلف بعض الأموال كالتنس مثلاً في حين أن الأطفال الذين تكون أوضاعهم الاقتصادية والاجتماعية أقل مستوى فإنهم يميلون إلى الألعاب الأقل تكلفة كألعاب كرة القدم (ونط الحبل) كما يتأثر الوقت المخصص للعب بالطبقة الاجتماعية فوقت اللعب المتاح للأطفال من الأسر الفقيرة هو أقل من الوقت المتاح للأطفال من الأسر الغنية ذلك لأن الأسر الفقيرة تشرك أبناءها في أداء بعض الأعمال والأعباء الاقتصادية.

وقد ظهر أن للطبقة الاجتماعية التي ينتمي إليها الطفل أثراً في نوع الكتب التي يقرؤها وفي الأفلام التي يراها والنوادي التي يرتادها فالأطفال الأغنياء يمارسون ألعاباً ذات طابع حضاري كالموسيقى والفن والرحلات والمعسكرات. في حين نجد أن الأطفال الفقراء ينفقون وقتاً أكبر في مشاهدة برامج التلفزيون أو اللعب خارج المنزل كما أن للعامل القومي أثراً واضحاً في نشاط اللعب وفي توجيه غاياته.

أنواع اللعب عند الأطفال:

تتنوع أنشطة اللعب عند الأطفال من حيث شكلها ومضمونها وطريقتها وهذا التنوع يعود إلى الاختلاف في مستويات نمو الأطفال وخصائصها في المراحل العمرية من جهة وإلى الظروف الثقافية والاجتماعية المحيطة بالطفل من جهة أخرى وعلى هذا يمكننا أن نصنف نماذج الألعاب عند الأطفال إلى الفئات التالية:

1- الألعاب التلقائية:

هي عبارة عن شكل أولي من أشكال اللعب حيث يلعب الطفل حراً وبصورة تلقائية بعيداً عن القواعد المنظمة للعب. وهذا النوع من اللعب يكون في معظم الحالات إفرادياً وليس جماعياً حيث يلعب كل طفل كما يريد.

ويميل الطفل في مرحلة اللعب التلقائي إلى التدمير وذلك بسبب نقص الاتزان الحسي الحركي إذ يجذب الدمى بعنف ويرمي بها بعيداً وعند نهاية العام الثاني من عمره يصبح هذا الشكل من اللعب أقل تلبية لحاجاته النمائية فيعرف تدريجياً ليفسح المجال أمام شكل آخر من أشكال اللعب.

2- الألعاب التمثيلية:

يتجلى هذا النوع من اللعب في تقمص لشخصيات الكبار مقلداً سلوكهم وأساليبهم الحياتية التي يراها الطفل وينفعل بها.

وتعتمد الألعاب التمثيلية – بالدرجة الأولى – على خيال الطفل الواسع ومقدرته الإبداعية ويطلق على هذه الألعاب (الألعاب الإبداعية). تذهب البنات الصغيرات – ربات البيوت إلى المخزن ويتشاورن حول إعداد طعام الغداء فتقول إحداهن وقد بدت على وجهها علامات الجد: (إن زوجي يحب أكل اللحوم ولكن ابنتي لا تأكل سوى الفطائر – وتقول الثانية محركة رأسها: وزوجي يحب أكل السمك لأنه كما يقول كره النقانق) وعندما تدخل ربة البيت إلى المخزن تطوف فيه وتنتقل من قسم إلى آخر

وتسأل عن الأسعار وتشم رائحة اللحم المقدد وتدفع الحساب لقاء جميع ما اشترته وتحسب الباقي. وهنا تتذكر أن ابنها سيعود الآن من المدرسة وأن طعام الغداء غير جاهز بعد فتمضي مسرعة إلى البيت.

ويتصف هذا النوع من اللعب بالإيهام أحياناً وبالواقع أحياناً أخرى إذ لا تقتصر الألعاب التمثيلية على نماذج الألعاب الخيالية الإيهامية فحسب بل تشمل ألعاباً تمثيلية واقعية أيضًا تترافق مع تطور نمو الطفل.

3- الألعاب التركيبية:

يظهر هذا الشكل من أشكال اللعب في سن الخامسة أو السادسة حيث يبدأ الطفل وضع الأشياء بجوار بعضها دون تخطيط مسبق فيكتشف مصادفة أن هذه الأشياء تمثل نموذجاً ما يعرفه فيفرح لهذا الاكتشاف ومع تطور الطفل النمائي يصبح اللعب أقل إيهامية وأكثر بنائية على الرغم من اختلاف الأطفال في قدراتهم على البناء والتركيب.

ويعد اللعب التركيبي من المظاهر المميزة لنشاط اللعب في مرحلة الطفولة المتأخرة (10-12) ويتضح ذلك في الألعاب المنزلية وتشييد السدود. فالأطفال الكبار يضعون خطة اللعبة ومحورها ويطلقون على اللاعبين أسماء معينة ويوجهون أسئلة لكل منهم حيث يصدرون من خلال الإجابات أحكاماً على سلوك الشخصيات الأخرى ويقومونها.

ونظراً لأهمية هذا النوع من الألعاب فقد اهتمت وسائل التكنولوجيا المعاصرة بإنتاج العديد من الألعاب التركيبية التي تتناسب مع مراحل نمو الطفل كبناء منزل أو مستشفى أو مدرسة أو نماذج للسيارات والقطارات من المعادن أو البلاستيك أو الخشب وغيرها.

4- الألعاب الفنية:

تدخل في نطاق الألعاب التركيبية وتتميز بأنها نشاط تعبيري فني ينبع من الوجدان والتذوق الجمالي في حين تعتمد الألعاب التركيبية على شحذ الطاقات العقلية المعرفية لدى الطفل ومن ضمن الألعاب الفنية رسوم الأطفال التي تعبر عن التألق الإبداعي عند الأطفال الذي يتجلى بالخربشة أو الشخطبة scripling هذا والرسم يعبر عما يتجلى في عقل الطفل لحظة قيامه بهذا النشاط. ويعبر الأطفال في رسومهم عن موضوعات متنوعة تختلف باختلاف العمر. فبينما يعبر الصغار في رسومهم عن أشياء وأشخاص وحيوانات مألوفة في حياتهم نجد أنهم يركزون أكثر على رسوم الآلات والتعميمات ويتزايد اهتمامهم برسوم الأزهار والأشجار والمنازل مع تطور نموهم.

وتظهر الفروق بين الجنسين في رسوم الأطفال منذ وقت مبكر فالصبيان لا يميلون إلى رسم الأشكال الإنسانية كالبنات ولكنهم يراعون النسب الجسمية أكثر منهن. فبينما نجد أن الأطفال جميعهم يميلون إلى رسم الأشخاص من جنسهم ما بين سن الخامسة والحادية عشرة نجد أن البنات يبدأن في رسم أشكال تعبر أكثر عن الجنس الآخر بعد الحادية عشرة. وتشتمل رسوم الأولاد على الطائرات والدبابات والمعارك في حين تندر مثل هذه الرسوم عند البنات ويمكن أن نرجع ذلك إلى أسلوب التربية والتفريق بين الصبيان والبنات من حيث الأنشطة التي يمارسونها والألعاب التي يقومون بها. ومما يؤثر في نوعية الرسوم أيضًا المستويات الاقتصادية والاجتماعية للأسر إلى جانب مستوى ذكاء الأطفال.

5- الألعاب الترويحية والرياضية:

يعيش الأطفال أنشطة أخرى من الألعاب الترويحية والبدنية التي تنعكس بإيجابية عليهم. فمنذ النصف الثاني من العام الأول من حياة الطفل يشد إلى بعض الألعاب البسيطة التي يشار إليها غالباً على أنها (ألعاب الأم mother games لأن الطفل يلعبها غالباً مع أمه. وتعرف الطفولة انتقال أنواع من الألعاب من جيل لآخر مثل (لعبة

الاستغماية) و (السوق) و (الثعلب فات) و (رن رن يا جرس) وغير ذلك من الألعاب التي تتواتر عبر الأجيال.

وفي سنوات ما قبل المدرسة يهتم الطفل باللعب مع الجيران حيث يتم اللعب ضمن جماعة غير محددة من الأطفال حيث يقلد بعضهم بعضاً وينفذون أوامر قائد اللعبة وتعليماته. وألعاب هذه السن بسيطة وكثيراً ما تنشأ في الحال دون تخطيط مسبق وتخضع هذه الألعاب للتعديل في أثناء الممارسة.

وفي حوالي الخامسة يحاول الطفل أن يختبر مهاراته بلعبة السير على الحواجز أو الحجل على قدم واحدة أو (نط الحبل) وهذه الألعاب تتخذ طابعاً فردياً أكثر منه جماعياً لأنها تفتقر إلى التنافس بينما يتخلى الأطفال عن هذه الألعاب في سنوات ما قبل المراهقة ويصبح الطابع التنافسي مميزاً للألعاب حيث يصبح اهتمام لا متمركزاً على التفوق والمهارة.

والألعاب الترويحية والرياضية لا تبعث على البهجة في نفس الطفل فحسب بل إنها ذات قيمة كبيرة في التنشئة الاجتماعية. فمن خلالها يتعلم الطفل الانسجام مع الآخرين وكيفية التعاون معهم في الأنشطة المختلفة. ويؤكد (دي بوا) على قيمة هذه الأنشطة في تنشئة الطفل وفقاً لمعايير الصحة النفسية: (فهذه الأنشطة تتحدى الطفل لكي ينمي مهارة أو يكون عادة وفي سياقها يستثار بالنصر ويبذل جهداً أكبر. وحينما لا يشترك الناس في صباهم في ألعاب رياضية فإنهم يحصلون على تقديرات منخفضة وفقاً لمقاييس التكيف الاجتماعي والانفعالي للناجحين. فمثل هؤلاء الأشخاص كثيراً ما يتزعمون الشغب ويثيرون المتاعب لأنه لم تكن لديهم الفرصة لأن يتعلموا كيف يكسبون بتواضع أو يخسرون بشرف وبروح طيبة، أو يتحملون التعب الجسمي في سبيل تحقيق الهدف وباختصار فإن أشخاصاً كهؤلاء لا يحظون بميزة تعلم نظام الروح الرياضية الطيبة وهي لازمة للغاية لحياة سعيدة عند الكبار).

والواقع أن الألعاب الرياضية تحقق فوائد ملموسة فيما يتعلق بتعلم المهارات

الحركية والاتزان الحركي والفاعلية الجسمية لا تقتصر على مظاهر النمو الجسمي السليم فقط بل تنعكس أيضًا على تنشيط الأداء العقلي وعلى الشخصية بمجملها.

فقد بينت بعض الدراسات وجود علاقة إيجابية بين ارتفاع الذكاء والنمو الجسمي السليم لدى الأطفال منذ الطفولة المبكرة وحتى نهاية المراهقة.

6- الألعاب الثقافية:

هي أساليب فعالة في تثقيف الطفل حيث يكتسب من خلالها معلومات وخبرات. ومن الألعاب الثقافية القراءة والبرامج الموجهة للأطفال عبر الإذاعة والتلفزيون والسينما ومسرح الأطفال وسنقتصر في مقامنا هذا على القراءة.

إن الطفل الرضيع في العام الأول يجب أن يسمع غناء الكبار الذي يجلب له البهجة وفي العام الثاني يحب الطفل أن ينظر إلى الكتب المصورة بألوان زاهية ويستمتع بالقصص التي تحكي عن هذه الصور هذا إلى جانب ذلك تعد القراءة خبرة سارة للطفل الصغير وخاصة إذا كان جالساً في حضن أمه أو شخص عزيز عليه كما يقول (جيرسيلد). ويمكن تبين الميل نحو القراءة عند الأطفال في سن مبكرة حيث تجذبهم الكتب المصورة والقصص التي يقرؤها الكبار لهم ويحب الطفل في هذه السن الكتب الصغيرة ليسهل عليه الإمساك بها.

وغالباً ما يميل الأطفال الصغار إلى القصص الواقعية بينما أن اتجاه الأم نحو الخيال له تأثير هام في تفضيل الطفل للقصص الواقعية أو الخيالية. ويفضل معظم الصغار القصص التي تدور حول الأشخاص والحيوانات المألوفة في حياتهم ويميلون إلى القصص الكلاسيكية مثل (سندريلا – وعلي بابا والأربعين حرامي) كما يميلون إلى القصص العصرية التي تدور حول الفضاء والقصص الفكاهية والدرامية. ويميلون أيضًا في سنوات ما قبل المدرسة بسبب ما يتصفون به من إحيائية animism إلى القصص التي تدور حول حيوانات تسلك سلوك الكائنات الإنسانية.

ومع تطور النمو يتغير تذوق الطفل للقراءة إذ أن ما كان يستثيره في الماضي لم يعد يجذب انتباهه الآن. ومع نموه العقلي وازدياد خبراته يصبح أكثر واقعية. إن القدرة القرائية لدى الطفل تحدد ما يحب ويفضل من القصص. والاهتمام الزائد بالوصف والحشد الزائد مما هو غريب على الطفل يجعل الكتاب غريباً عنه وغير مألوف لديه.

وتكشف الدراسات أن الميل نحو القراءة عند الطفل تختلف من مرحلة (عمرية) لأخرى في سنوات المدرسة حيث يتحدد بموجبها أنماط الكتب التي يستخدمها.

ففي حوالي السادسة أو السابعة يميل الطفل إلى قراءة القصص التي تدور حول الطبيعة والرياح والأشجار والطيور كما أنه يهتم بحكايات الجن أو الشخصيات الخرافية التي تكون قصيرة وبسيطة.

وفي حوالي التاسعة والعاشرة من عمر الطفل يضعف اهتمامه بالحكايات السابقة ويميل إلى قصص المغامرة والكوميديا والرعب وقصص الأشباح. ومع نهاية مرحلة الطفولة تتعزز مكانة القراءة في نفوس الأطفال وخاصة لدى البنات. أما في مرحلة المراهقة تصبح الميول القرائية لدى المراهقين أكثر صقلاً وأكثر إمتاعاً من الناحية العقلية. فبينما يهتم الأولاد بالموضوعات التي تتعلق بالعلم والاختراع تهتم البنات بالشؤون المنزلية والحياة المدرسية. وفي المراهقة يصل الولع بالقراءة إلى ذروته. نتيجة للعزلة التي يعاني منها المراهقون. حيث ينهمكون في القراءة بغية الهروب من المشكلات التي تعترضهم من جهة وإلى زيادة نموهم العقلي والمعرفي من جهة أخرى.

ويظهر اهتمام المراهقين بالكتب التي تتحدث عن الأبطال التاريخيين والخرافيين. فبينما يهتم الأولاد في هذه السن بالاختراعات والمغامرات تهتم البنات بالكتب المتعلقة بالمنزل والحياة المدرسية والجامعية.

والواقع أن حب الكتاب والقراءة تمثل أحد المقومات الأساسية التي تقوم عليها فاعلية النشاط العقلي. لذا يتطلب ذلك تكوين عادات قرائية منذ الطفولة وأن تتأصل عند الأطفال مع انتقالهم من مرحلة عمرية إلى مرحلة أخرى.

الفصل العاشر

مرحلة الطفولة المتوسطة والمتأخرة

- مقدمة.
- متطلبات مرحلة الطفولة المتوسطة والمتأخرة.
- أولا: النمو الجسمي.
- ثانيا: النمو الحركي.
- ثالثا: النمو الحسي.
- سادسا: النمو الانفعالي.
- ثامنا: النمو الأخلاقي الديني.

مقدمة:

تمتد مرحلة الطفولة الوسطى والمتأخرة من السادسة وحتى الثانية عشر من العمر، وتسمى مرحلة المدرسة الابتدائية حيث تبدأ ببداية دخول الطفل المدرسة الابتدائية، وتنتهي بنهايتها، وفي هذه المرحلة نجد أن معدلات النمو تتباطئ، إلا أننا نجد خلال العامين الأخيرين منها تغيرات جسمية ملحوظة وخاصة عند الإناث.

وفي هذه المرحلة يتم التركيز على إتقان المهارات الأساسية اللازمة للقراءة والكتابة والحساب، وهي مهمة تقع بالدرجة الأولى على عاتق المدرسة، كما تسهم الأسرة مع المدرسة في إكساب الطفل هذه المهارات. ويصرف الطفل في تعلم هذه المهارات جزءا كبيرا من حياته اليومية. وكلما اكتسب قدرا أكبر من الكفاءة والقدرة على القيام بمهارات معينة، كلما نما مفهومه عن ذاته بصورة أكبر، وازدادت معها درجة استقلاليته.

فضلا عن ذلك تنمو في هذه المرحلة اتجاهات الطفل نحو الجماعة والمؤسسات الاجتماعية، ويزداد وعيه بالجماعات، كما ينمو اتجاهه نحو العمل والانجاز نتيجة نمو إمكانياته المختلفة التي تمكنه من القيام بالعمل والإنجاز وهذا ما يرتب على الآباء والمدرسين مسؤوليات إضافية لتنمية هذه الاتجاهات.

متطلبات مرحلة الطفولة المتوسطة والمتأخرة بشكل عام:

1- يتعلم القراءة والكتابة والحساب

2- يهتم بالعالم ويفكر بشكل أكثر منطقية حسب بياجيه مرحلة العمليات المادية

3- يزداد التطور الأخلاقي والنفسي بمعدل سريع فينمو الضمير والقيم الأخلاقية

4- تستمر نوعية العلاقات العائلية بالتأثير على الانفعالات والتكيف

5- يتعلم دوره الجنسي في الحياة

6- يتعلم كيف يصاحب أقرانه

7- يكون اتجاها عاما حول نفسه ككائن حي نام

8- يكون المفاهيم والمدركات الخاصة بالحياة اليومية

أولا: النمو الجسمي في مرحلة الطفولة المتوسطة والمتأخرة:

1- متطلبات النمو الجسمي:

2- تنمية الجانب الرياضي

3- تزويده بالغذاء الكافي

4- تكوين عادات النظافة بالجسم

5- مراعاة عدد ساعات نومه

6- إعداده للكتابة

7- الاعتماد في تعليمه على تنمية حواسه كافة

8- إشراكه بكم كبير من الرحلات لتنمية الإدراك

9- مراعاة أن تكون كتب القراءة مصورة في بداية المرحلة

10- عدم الانزعاج من حركته والعمل على الاستفادة منها في تعليمه

11- أن تساعد المقاعد المدرسية على حرية الحركة

المقدمة:

إن الأطفال في هذه الفترة ما يزالون نشطين جداً. وبالتحاقهم بالمدرسة الابتدائية، فإنه يطلب منهم متابعة الدراسة إلى حد كبير وهم قعود، ومن هنا تظهر لديهم عادات تدل على التوتر والعصبية من قبيل قضم الأظافر ومضغ الأقلام وفتل الشعر والتململ وعدم الاستقرار في أماكنهم.

وما يزال الأطفال في الصفوف الابتدائية الأولى في حاجة إلى فترات للراحة، ويطرأ عليهم التعب بسهولة نتيجة للجهود الجسمية والعقلية التي يبذلونها. و ما تزال السيطرة على العضلات الكبيرة أفضل من التآزر الحركي الدقيق ومن الصعب على كثير من الأطفال وخاصة الأولاد أن يمسكوا بالقلم ويتناولونه للكتابة به. ومن هنا فمن الضروري للمعلم إلا يكلف الأطفال في الصفوف الثلاث الأولى بكثير من الكتابة في وقت واحد.

وتتميز هذه المرحلة بالنمو الجسمي البطيء المستمر، وتكون التغيرات النمائية في جملتها تغير في النسب الجسمية أكثر منها في زيادة الحجم، فيزداد طول الجسم في هذه المرحلة بنسبة (25%) عنه في المرحلة السابقة، ويزيد طول الأطراف حوالي (5.%) عنها

في الفترة المشار إليها، ويصاحب ذلك زيادة في الوزن، ويصل حجم رأس الطفل إلى حجم رأس الإنسان الراشد، وتظهر الأسنان الدائمة لدى الطفل بديلاً عن الأسنان اللبنية.

ويطرد النمو الفسيولوجي في استمرار وهدوء حيث يتزايد ضغط الدم ويتناقص معدل النبض، ويزيد طول وسمك الألياف العصبية وعدد الوصلات بينها، ويكون معدل فترة النوم للطفل في هذه المرحلة على مدار العام حوالي (10) ساعات يومياً، وتكون لدى الطفل القدرة على تحمل مسؤوليات الصحة الشخصية. ولتحسين الظروف الغذائية والصحية دور كبير في رعاية النمو الجسمي والفسيولوجي للطفل في هذه المرحلة.

ولم يكتمل نمو العظام، ولذلك فإن العظام وأوتار العضلات لا تتحمل الضغط الشديد والثقيل، فإذا لاحظت أن الأولاد منغمسين أو مندمجين في اختبارات قوية عنيفة (كأن يلكم الواحد منهم الأخر على الذراع حتى يعجز عن أخذ حقه) فقد تقترح أن ينتقلا إلى مباراة تتطلب مهارات التآزر أو التوافق الحركي.

ومن المعروف أنه بسبب ترسبات الأملاح المعدنية المختلفة وخاصة فوسفات الكالسيوم، تكون عظام الأطفال في سن الثانية عشر أقوى من عظام طفل السادسة ولكنها أسهل في الكسر، ويفقد الطفل المتوسط في سن السادسة أسنانه. ولكنه ما أن يبلغ الثانية عشرة حتى تكون قد نمت معظم أسنانه الثابتة ويتزايد ضغط الدم، ويتناقص معدل النبض بتقدم العمر من السادسة إلى الثانية عشرة، بل ويحتاج الطفل إلى طعام أكثر ويأكل كمية أكبر ويصاحب هذا التزايد النسيج العضلي بما يتناسب معه، وتنمو قوة الطفل ويبلغ الأولاد من القوة في سن 11 سنة ضعف ما كانوا عليه في سن السادسة ويعتمد هذا الحكم على عدد من المقاييس الجسمية وتتزايد قوة البنات بسرعة خلال هذه الفترة، على الرغم من بقائهن أضعف من الأولاد في جميع الأعمار.

ويستمتع الأولاد باللعب الخشن بحيث أنهم كثيراً ما يعرضون أنفسهم للأذى

والضرر، وقد يكون من الأفضل تجاهل قدراً معقولاً أو معتدلا من اللعب الخشن، واللكم ودفع الواحد منهم للآخر، ما لم يتبين تعرضهما لإثارة زائدة وأوشكا أن يفقدا السيطرة على نفسيهما، أو ما لم يؤدى هذا اللعب إلى الإخلال بنظام هذا الصف. وعلى أيه حال، فإن رغبة الولد في إظهار "رجولته" قد تؤدى به وبزملائه إلى أنشطة خطرة كإيقاف التنفس لمعرفة الأقوى احتمالا حتى الإغماء. وفي هذه الحالة إذا أخبرت الأولاد ببساطة ألا يقوموا بهذه الأنواع من النشاط يحتمل أن ينغمسوا فيها خارج المدرسة، ولذلك فمن الأفضل أن تشرح لهم الخطر الكامن في هذه الأفعال حيث أنها قد تؤدى إلى عاهة مستديمة أو تلف في المخ، وأن تشجع الأولاد أن يظهروا حيويتهم في الألعاب الرياضية المألوفة.

وتحدث زيادة مفاجئة في نمو معظم البنات وعند الأولاد ذوى النضج المبكر. والبنات من سن الحادية عشرة والرابعة عشرة في المتوسط أطول القامة. من الأولاد الذين في نفس السن وأثقل وزنا، وبسبب هذه السرعة في النمو عند الكثير من الأطفال في نهاية المرحلة الابتدائية، وخاصة لدى البنات ذوى النضج المبكر فإن الأطفال يتفاوتون تفاوتاً كبيراً في طول القامة، وفي وزن الجسم. وإذا اعتقدت بنت سريعة النمو والنضج أن المرأة المثالية هي الصغيرة الحجم فإن ذلك النمو قد يقلقها.

وتصل بعض البنات إلى البلوغ في نهاية هذه المرحلة، وتبدأ الخصائص الثانوية للجنس في الظهور، ويشيع وخاصة لدى بعض البنات الاهتمام بموضوع الجنس وحب الاستطلاع، ومتوسط عمر البنات عند البلوغ بين الثانية عشرة والثالثة عشرة، ويتراوح المدى بين 9 سنوات و16 سنة. أما بالنسبة للأولاد فإن متوسط عمر البلوغ هو 14 سنة، والمدى من 11 سنة إلى 18 سنة.

وبداية المراهقة ونهايتها يخضع لعوامل تتصل بالبيئة التي يعيش فيها الطفل، وطبيعة الطفل نفسه، فقد أتضح أن الأولاد الذين يعيشون في الريف يبلغون مبكرين عن الذين يعيشون في المدن بنصف عام، وعوامل البيئة تؤثر في سرعة البلوغ وبطئه،

كالتغذية والجو، وقد أتضح أن الشعوب التي تسكن شمال غرب أوربا أبطأ من سكان منطقة البحر الأبيض المتوسط في النضج الجنسي.

ويتصل بعملية البلوغ الجنسي ناحيتان الأولى هي:

أ‌- الخصائص الجنسية الأولية: يقصد بها أعضاء الجهاز التناسلي تكون صغيرة الحجم في فترة الطفولة وتعجز عن القيام بوظيفتها أي إفراز الحيوانات المنوية والبويضات. وعندما تحل مرحلة البلوغ يطرأ على هذه الأعضاء تغير في الحجم والقدرة على الإفراز اللازم لعملية الإخصاب.

ب‌- الخصائص الجنسية الثانوية: أما الخصائص الجنسية الثانوية فتتلخص فيما يأتي: تطرأ تغيرات ظاهرة على الفتاة استدارة المنطقة التي تعلو الفخذ وبروز الثديين وكبر الأرداف فجأة. ولذلك فهي تخجل أثناء اللعب وقد تحاول إنقاص وزنها. كما تظهر بعض الشعيرات على الشفة العليا والذقن والساقين مما يدفعها إلى إطالة النظر في المرآة والعمل على إزالة الشعيرات ويطرأ على أنفها كبر، وعلى يديها وقدميها زيادة في الحجم وقد تشعرها هذه الزيادات بالحرج فترتدي أحذية صغيرة لإخفائها.

أما عند الفتى فيظهر شعر في الذقن وفوق الشفة العليا وتحت الإبط وفوق العانة. ويتضخم صوته مما يجعله يخجل من القراءة الجهرية في الصف. ولما كان النضج الجنسي يتضمن توافقات بيولوجية وسيكولوجية كبيرة، فإن الأطفال يهتمون به ويبدو عليهم الرغبة الشديدة في استطلاعه، ويبدو أن تزويد الأطفال بإجابات غير انفعالية وصحيحة لأسئلتهم التي تتعلق بالجنس أمر مرغوب فيه.

وسيتم التوسع في النمو الجنسي في مرحلة المراهقة.

وفيما يلي ملخص لخصائص النمو الجسمي:

1- النمو الجسمي بطيء مقابل المرحلة السابقة والمرحلة اللاحقة.

2- نمو سريع للذات.

3- تغيرات في النسب الجسمية أكثر من كونها زيادة في الحجم وتتبدل هذه النسب مع نهاية المرحلة وتصبح أقرب ما تكون عند الكبار.

4- الرأس يصل إلى حجم رأس الراشد.

5- ظهور الأسنان الدائمة بعد تساقط الأسنان اللبنية.

6- العضلات موجودة وتزداد طولاً وسمكاً نتيجة النمو.

7- يزداد الطول بنسبة 5% في السنة تقريباً.

8- يزداد الوزن بنسبة 10% في السنة تقريباً.

9- يصل معدل الطول في نهاية المرحلة إلى 145سم.

10- الأولاد متساوون أو أطول قليلاً في بداية المرحلة.

11- البنات تتفوق كثيراً في الطول والوزن وجوانب النمو الأخرى مع نهاية المرحلة.

12- الجهاز العصبي: الجهاز الوحيد الذي لم يكتمل عند الميلاد.وزن المخ عند الميلاد = 4/1 وزنه عند الراشدين. ووزن المخ في سن السادسة = 90% من وزنه عند الراشدين. ووزن المخ في سن العاشرة = 95% من وزنه عند الراشدين.

التطبيقات التربوية:

أ- دور المدرسة:

1- تدريب الطفل وتعويده على طريقة الجلوس الصحيح في مقعد الدراسة.

2- الاهتمام بالهدف السلوكي والاستفادة من تطبيقات المواد العملية في تعريف الأطفال ببعض العادات السلوكية مثل الاهتمام بنظافة الجسم والملبس، وارتداء الملابس والأحذية، والعناية بنظافة الفم والإنسان الخ.

3- تبصير الطفل بالطريقة الصحيحة لحمل حقيبته المدرسية.

4- العناية بالأطفال المعوقين (ذوي الإعاقات والعاهات الجسمية البسيطة) بالمدرسة، وتوفير الخدمات التعليمية والتربوية والإرشادية الملائمة لهم والتنسيق مع المؤسسات الصحية والاجتماعية في المدينة أو القرية للاستفادة من الخدمات المتخصصة المتوفرة في هذا المجال.

5- توفير الأطعمة الجيدة والمشروبات المفيدة في مقصف المدرسة التي تتوفر فيها جميع عناصر الغذاء الصحي المتوازن.

6- الاهتمام بتطعيم الأطفال ضد الأمراض المعدية مثل (الحصبة، النكاف، الجدري المائي، الحمى الشوكية، وشلل الأطفال وغيرها).

7- تفعيل دور التوجيه والإرشاد الوقائي في المدارس من خلال الإذاعة المدرسية، والصحافة المدرسية وعن طريق الندوات والمحاضرات واللقاءات المتخصصة، وأسابيع التوعية الصحية مع الاهتمام بجوانب قواعد الأمن والسلامة وتبصير الطلبة بها.

8- الكشف عن الطلبة ذوي صعوبات التعلم من أجل إخضاعهم للبرنامج الخاص بهم، كما لا بد من الكشف عن الطلبة الضعاف البصر والسمع للعمل على مساعدتهم في استخدام المعينات المناسبة.

ب- دور الأسرة:

1- تعويد الطفل على العادات الصحية السليمة مثل نظافة الجسم من خلال الاستحمام اليومي ونظافة الأسنان والعينين والأذنين وتقليم الأظافر وما إلى ذلك.

2- الاهتمام بسلامة القوام البدني للطفل، وذلك بعدم جعله يحمل جميع الكتب الدراسية في حقيبته والاكتفاء بكتب المواد الدراسية المدونة في الجدول اليومي الدراسي.

3- الاهتمام بالغذاء الجيد للطفل والمحتوي على جميع العناصر الغذائية المتوازنة مع التأكد على أهمية تناول وجبة الإفطار بالمنزل قبل الذهاب إلى المدرسة.

4- التقليل من إحضار الحلويات والشيكولاته والمشروبات الغازية إلى المنزل أو تزويد الطفل بها لما يترتب على تناولها من آثار صحية سيئة للطفل.

5- استكمال تطعيمات الطفل الطبية الأساسية والجرعات المنشطة من قبل مراكز الرعاية الصحية الأولية، وذلك لغرض وقايته من بعض الأمراض الخطيرة.

6- الاهتمام بجوانب الوقاية من الحوادث المنزلية مثل الحرائق والانزلاقات الخطيرة والاستعمال السيئ للأدوات الكهربائية الموجودة بالمنزل وغيرها.

7- الاهتمام بعادات النوم السليمة من حيث اختيار الأوقات المناسبة للنوم والفترة الكافية لذلك

ثانيا: النمو الحركي في مرحلة الطفولة المتوسطة والمتأخرة:

دلت البحوث التجريبية على أن القدرة العضلية تتحسن من سن السابعة إلى سن الثانية عشر، وأن الطفل في هذه السن الأخيرة يستطيع أن يميز فروقا في الوزن نصف ما كان يميزها في سن السابعة. ودقة القدرة العضلية عامل هام من عوامل المهارة اليدوية وهذه الدقة تنمو وتطرد في هذه المرحلة لذلك يجب العناية بها في هذه المرحلة التعليمية، لأنها تساعد الطفل في دراسته لخصائص العالم الخارجي الذي يحيط به وخاصة أنه شغوف بالاتصال بالأشياء على نحو مباشر في الحركة والوزن، والدفع والوضع..... الخ. وفي سن الثانية عشر يستطيع الطفل أن يكتب لمدة طويلة، وتتيح مهارته الحركية له تعلم العزف على الآلات الموسيقية والأشغال اليدوية والرسم وغير ذلك من أنواع النشاط التي تحتاج إلى دقة في الحركة والأداة.

النمو الحركي فيظهر من خلاله ما يلي:

1- نمو العضلات الكبيرة والصغيرة للطفل حيث يزداد نمو التآزر بين العضلات الدقيقة، والتآزر بين العين واليد.

2- وتزداد مهارة الطفل في التعامل مع الأشياء والمواد.

3- وتزداد أهمية مهاراته الجسمية في التأثير على مكانته بين أقرانه وعلى تكوين مفهوم إيجابي للذات.

4- ويتقن الطفل تدريجياً المهارات الجسمية الضرورية للألعاب الرياضية المناسبة للمرحلة، ويتضح ذلك من خلال العمل اليدوي الذي يقوم به الطفل والألعاب الفردية والجماعية الحركية والرياضية المختلفة التي تتضح فيها المهارات الحركية.

التطبيقات التربوية:

أ- دور المدرسة.

1- الاهتمام بمادتي الفن والرياضة (مهارات اللعب) لما لهما من دور فاعل في تعزيز النشاط الحركي لدى الطفل ونمو شخصيته النفسية والاجتماعية وتكوين مفاهيم إيجابية عن الذات، حيث تتيح له فرصة اختيار قراراته واستخدام إمكاناته للتكيف مع الآخرين.

2- تدريب الطفل في بادئ الأمر على رسم أي خطوط ثم تعليمه على رسم خطوط مستقيمة ورأسية وأفقية.

3- تجنب توقع قيام الطفل بالعمل الدقيق الذي يحتاج إلى مهارة الأنامل (الأصابع) في بداية المرحلة.

4- عدم إجبار الطفل الأيسر على الكتابة باليد اليمنى حتى لا يؤدي ذلك إلى نشوء اضطرابات نفسية عصبية.

5- إعداد الطفل للكتابة – في بداية المرحلة – بتعويده على مسك القلم والورقة وتدريبه على الكتابة لتحقيق التآزر بين العين واليد.

6- تنظيم وترتيب مقاعد الدراسة وفقاً لنمو الأطفال الحركي بحيث تتيح لهم حرية الحركة الجسمية.

7- عدم انزعاج المعلم من كثرة حركة بعض الأطفال في الفصل نظراً لميلهم إلى كثرة النشاط الحركي (السوي) بحكم مرحلة النمو، إلا في بعض الحالات المرضية التي يصاحبها أعراض جسمية ونفسية وعقلية غير سوية (النشاط الحركي الزائد). ويمكن استشارة المرشد التربوي عن هذه الأعراض المرضية والتعاون معه في اتخاذ التدابير التربوية المناسبة لعلاجها.

8- استغلال رسوم الأطفال (باعتبارها لغة غير لفظية) في التشخيص لبعض الاضطرابات النفسية.

ب- دور الأسرة:

1- توفير أنواع من النشاط الحركي الملائم التي يمكن للأطفال مزاولتها في المنزل مثل العاب الدرجات والجري والقفز والحاسب الآلي.. الخ، و أهمية تشجيعهم على ممارسة الكتابة.

2- توفير فرص الترفيه البريء من خلال القيام برحلات عائلية يزاول فيها الطفل شتى الألعاب الحركية.

3- الاستفادة من الخدمات الرياضية التي تقدمها بعض المؤسسات التربوية في المجتمع مثل الأندية الرياضية والمراكز الصيفية ومراكز الأحياء وغيرها.

4- مراجعة المرشد التربوي أو المستشفي أو العيادات المتخصصة في حالة اتصاف الطفل بالنشاط الحركي غير المعتاد (الزائد أو الخامل) في المنزل لتشخيص حالته وإمداده بالعلاج المناسب.

ثالثا: النمو الحسي في مرحلة الطفولة المتوسطة والمتأخرة

لا تتكيف العينان تكيفاً تاماً حتى يصل معظم الأطفال إلى حوالي الثامنة من أعمارهم. وينتج عن ذلك أن كثير من التلاميذ في الصف الأول والثاني الابتدائي قد

يجدون صعوبة في التركيز على الحروف الصغيرة أو الأشياء الدقيقة فالتميز البصري إذن في هذه الفترة لم يبلغ النضج الكافي حيث أن حوالي 8% من الأطفال دون السابعة مصابون "بطول النظر" وحوالي 2 % مصابون بقصر النظر أي أن الأطفال في هذه المرحلة لا يجيدون قراءة الخط المطبوع الصغير أو العمل بتناول أشياء دقيقة قريبة من أعينهم مدة طويلة من الزمن، ولابد أن يتجنب المعلمون في هذه المرحلة تكليف الطالب بقراءة كثيرة متصلة.

خصائص النمو الحسي:

تتضح هذه الخصائص فيما يلي:

1- القدرة على الإدراك الحسي للأطفال من خلال بعض العمليات الحسية كالقراءة والكتابة والتعرف على الأشياء من خلال ألوانها، وأشكالها، وأحجامها ورائحتها.

2- القدرة على التعرف على الحيوانات من حيث التذكير والتأنيث، ومعرفتهم للأشكال الهندسية، وكذلك الأعداد وتعلم العمليات الحسابية الأساسية وإدراك الحروف الهجائية وتركيبها في كلمات وجمل (مع ملاحظة صعوبة التمييز أحياناً بين الحروف المتشابهة في بداية التعليم) وإدراك فصول السنة والمسافات والوزن.. الخ.

3- يتميز النمو الحسي للأطفال ابتداء من سن السادسة بالتوافق البصري والسمعي والمسي والشمي والتذوقي الذي يتجه نحو النضج المناسب من خلال التدريب، في نهاية المرحلة مع وجود بعض الصعوبات الحسية لبعض الأطفال التي يمكن لنا ملاحظتها وفهمها ومعالجتها منذ وقت مبكر حيث يعاني (8.%) من الأطفال من طول النظر، بينما يعاني (3%) فقط منهم من قصر النظر (خاصية فسيولوجية في هذه المرحلة)، وتكون حاسة اللمس لديهم قوية.

التطبيقات التربوية:

أ- دور المدرسة:

1- رعاية النمو الحسي من خلال تركيز المعلم على حواس الطفل وتشجيعه على الملاحظة والانتباه أثناء عملية التعليم أو التعلم في الفصل وخارجه ومن خلال أنواع النشاط المرتبط بالوسائل السمعية والبصرية واللمسية... الخ في المدرسية.

2- رعاية واستخدام الحواس المختلفة لدى الطفل وتوظيفها في خبرات ومواقف تعلميه وتعليمية مناسبة.

3- قيام المدرسة ببعض البرامج التربوية التي تساعد على توسيع نطاق الإدراك الحسي لدى الأطفال مثل الرحلات وزيارات المعارض والمتاحف وحدائق الحيوان والمصانع والمزارع، وفي هذه الحالة ينبغي على المعلم والمرشد الطلابي العمل على تحسين دقة الإدراك على الطلاب من خلال التعلم بالملاحظة.

4- تدريب الطفل على إدراك أوجه الشبه والاختلاف بين الأشياء، وعلى دقة إدراك الزمن والمسافات والوزان والألوان...الخ.

5- الاستفادة من كتب القراءة المصورة ذات الألوان المختلفة والزاهية والخطوط الكبيرة منع أهمية اكتشاف المعلم بعض التلاميذ الذين قد يكون لديهم عمى الألوان الوراثي (الألوان الأساسية).

6- الاستفادة من إستراتيجيات تعلم القراءة بطريقتيها الكلية والجزئية ليبدأ الطفل من الكل إلى الجزء (حيث يمكنه معرفة الكلمة أولاً ثم تحليلها وتجزئتها إلى حروف) والعكس.

7- تعويد الطفل على الكتابة بصورة تدريجية وفق القواعد التربوية المناسبة ومساعدته على بناء عادات سليمة في القراءة والكتابة.

ب- دور الأسرة:

1- تدريب الطفل على اكتساب القدرة على التمييز بين الأشياء المرئية أو المسموعة أو المقروءة أو تلك الأشياء التي يمكن تذوقها كالأطعمة مثلاً أو الأشياء التي يمكن لمسها من حيث حرارتها أو برودتها، وخشونتها أو نعومتها.

2- توفير الكتب والقصص المصورة أو المجلات المتخصصة بالأطفال والتي يمكن للأطفال التعلم عن طريقها، وكذلك الاستفادة من أجهزة التلفاز أو المذياع الموجودة بالمنزل لهذا الغرض.

3- تشجيع الطفل على قراءة اللوحات العامة الموجودة في الشوارع والأسواق والأماكن العامة وذلك بغرض التعرف على الرسومات والكتابات الموجودة بها.

4- توفير بعض الألعاب التي تشجع الطفل على تنمية الإدراك والتفكير.

5- تعزيز دافع حب الاستطلاع لدى الأطفال عند محاولاتهم اللعب ببعض الأدوات الخردة والأجهزة غير الصالحة للاستعمال والإجابة عن تساؤلاتهم المختلفة بالأساليب التربوية المناسبة.

6- القيام ببعض الرحلات الترفيهية من قبل الأسرة لبعض المعالم الحضارية والأثرية في المدينة والقرية مثل المتاحف والمتنزهات والحدائق، وذلك بغرض إثراء الجانب الحسي لدى الأطفال بشكل أكبر.

7- الكشف الطبي الدوري على الحواس والمبادرة في علاج أمراض العيون والأذنين مبكراً وكذلك الأمراض التي قد يترتب عليها مضاعفات أو نتائج سلبية على الحواس.

8- الحرص على تجنيب الطفل أخطار المؤثرات الحسية البصرية أو السمعية الشديدة.. الخ التي قد يكون لها نتائج سلبية على سلامة وكفاءة الحواس.

9- تزويد الطفل الذي يعاني من مشكلات سميعة أو بصرية بأجهزة التصحيح

البصرية أو أجهزة التعويض السمعية (المعينات البصرية والسمعية) التي يحتاج إليها للحافظ على ما تبقى من إمكانات الحسية.

رابعا: النمو العقلي في مرحلة الطفولة المتوسطة والمتأخرة

متطلبات النمو العقلي:

1- بحاجة قياس ذكاءه وتنمية ذكاءات متعددة لديه

2- بحاجة إلى تزويده بمعلومات حول كيف يتصرف بالمدرسة

3- بحاجة إلى تشجيع حب الاستطلاع لديه

4- بحاجة إلى تنمية الابتكار من خلال اللعب والرسم

5- بحاجة إلى التعرف على النموذج المناسب له للقراءة

6- بحاجة إلى تكوين عادات مناسبة له للقراءة

7- بحاجة إلى تشجيعه على تكوين مكتبة والاحتفاظ بالكتب

8- التعامل مع ضعف دافعيته المتوقع

9- بحاجة إلى تنمية هواياته وخلق هوايات لديه

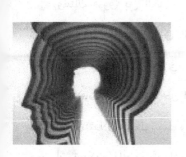

10- بحاجة إلى إجابة أسئلة الطفل وخاصة الجنسية وهي قليلة

11- بحاجة إلى عدم الضغط عليه في التعلم والحفظ

12- بحاجة إلى التعامل مع اضطرابات نطقه المتوقعة

13- بحاجة إلى التعامل مع عدم قدرته على الاستيعاب المتوقع

14- بحاجة إلى التعامل مع الألفاظ البذيئة المتوقعة

15- بحاجة إلى زيادة مفرداته

المقدمة:

يتميز النمو العقلي للطفل في هذه المرحلة بالسرعة سواءً من حيث القدرة على التعليم أو التذكر أو التفكير أو التخيل، وكذلك نمو الذكاء وحب الاستطلاع ونمو المفاهيم، وإدراك العلاقة بين الأسباب والنتائج وإدراك مفهوم النقود والقدرة على صرفها واستبدالها والتعامل معها. ويتأثر النمو العقلي للطفل سلباً وإيجاباً بالمستوى الاجتماعي والثقافي والاقتصادي للأسرة، وكذلك بالمدرسة ووسائل الإعلام. ويرتبط النمو العقلي إلى حد كبير بالنمو الاجتماعي والانفعالي لدى الأطفال، ولذلك فإن الأطفال الذين يعتمدون على والديهم يكون تقدمهم العقلي أقل من أولئك الذين يقطعون شوطاً أكبر في طريق استقلالهم الاجتماعي والانفعالي.

والأطفال في المدرسة الابتدائية محبون للاستطلاع، يريدون أن يعرفوا كل شيء حولهم تقريبا. وإذا أحيط الطفل بمجموعة من الأشياء فقد يهتم بشيء لينصرف عنه فجأة إلى شيء أخر. وأتضح أن حب الاستطلاع ميزة ينبغي أن نستثمرها، وأن نشجع الأطفال على أن يتوصلوا إلى الإجابات بأنفسهم بدلا من أن نزودهم بها ونقدمها جاهزة.

وهناك فروق بين الجنسين في القدرات الخاصة وفي الأداء الأكاديمي العام. ففي المدرسة الابتدائية وفي المتوسط تتفوق البنات في الطلاقة اللفظية والهجاء والقراءة وإجراء العمليات الحسابية. أما البنون فيتفوقون في المتوسط في الاستدلال الرياضي وفي الأعمال التعليمية التي يتطلب فهمها للعلاقات المكانية وفي حل المسائل التي تتطلب استبصارا. وأحد التفسيرات الممكنة لتفوق البنين في الاستدلال الربطى ميلهم الأكبر في المتوسط إلى التركيز على جوانب محددة من الموقف دون أن تربكهم المعلومات التي تتعلق بالخلفية. ومن التفسيرات الممكنة لتفوق البنات في المتوسط في النواحي اللفظية هو أن البنات يتفاعلن مع أمهاتهن بدرجة أكبر وبالتالي ينغمسن في تفاعل لفظي. ولذلك يزداد احتمال استخدامهن للكلمات أكثر من الأفعال للتعبير عن حاجاتهن.

والإناث يحصلن على الدرجات أعلى في المدرسة، ولكن البنين أكثر احتمالا من حيث تحصيل مستوى أعلى في كثير من الأنشطة فيما بعد في حياتهم. ويبدو أن تحصيل البنات المدرسي ينتج على الأقل جزئيا عن رغبتهن في أرضاء الآخرين. ويبدو الذكور أكثر اهتماما بالقيام بالأعمال التي تثير اهتمامهم وأقل اهتماما بإرضاء الآخرين. وبسبب هذه الاتجاهات تحاول البنات تحقيق درجات عالية للحصول على استجابة إيجابية من الوالدين والمعلمين، بينما ينغمس البنون في الدراسة بدافع من الذات. وإذا لم يجد الصبي موضوعا معينا يثير اهتمامه قد لا يبذل الجهد لتعلمه وهذا يؤدى بصفة عامة إلى تقويمات شاملة منخفضة.

وتظهر الفروق في الأسلوب المعرفي بالإضافة إلى الفروق بين الجنسين في قدرات التعلم العامة والخاصة، كما أن هناك أيضًا فروق في الأسلوب المعرفي ترتبط بالجنس. لقد أسفرت البحوث عن أن بعض الأطفال مندفعين Impulsive بينما نجد آخرين متأملينReflective ، وتتسم المجموعة الأولى بإيقاع تصوري سريع إذ يميلون إلى تقديم الإجابة الأولى التي يفكرون فيها ويهتمون بتقديم استجابات سريعة. أما الأطفال المتأملون فيستغرقون بعض الوقت قبل التحدث، ويبدو أنهم يفضلون تقويم الإجابات البديلة وتقديم الاستجابات الصحيحة أكثر من اهتمامهم بالسرعة. وحين نطبق اختبارات القراءة، والاستدلال الاستقرائي على تلاميذ الصف الأول والثاني الابتدائي يتعرض المندفعون لأخطاء أكثر من المتأملين. هذا فضلا عن أن الاندفاع سمة عامة تظهر في وقت مبكر من حياة الفرد وتظهر على نحو متسق في مواقف كثيرة منوعة.

ويمكن القول بصفة عامة أن طلبة الصفوف الابتدائية الأولى شغفون جدا بالتعليم. ومن أفضل الأشياء في تدريس هذه الصفوف أن تتوافر دافعية للطلبة منبثقة من داخل الأنشطة. والأطفال في هذا السن يحبون الكلام، ويميلون إلى أن تتاح لهم فرص أكثر للكلام والكتابة. وهم شغفون بالتسميع سواء عرفوا الجواب الصحيح أم لم يعرفوه.

التطبيقات التربوية:

أ- دور المدرسة:

1- تحديد سن دخول الطفل للمدرسة الابتدائية بناءً على استعداده وإمكاناته الجسمية والحركية والعقلية والانفعالية والاجتماعية، لأن الحد الأدنى للسن المناسب تربوياً للقبول في المرحلة الابتدائية هو سن ست سنوات، حيث يفترض في هذا السن أن الطفل قد حقق درجة

مناسبة من النمو (النضج) في تلك الجوانب تمكنه من البدء في التعليم بطريقة مناسبة (مع الأخذ في الاعتبار العوامل الأخرى المؤثرة في النمو في هذه الجوانب.

2- تنمية الدافع إلى التحصيل الدراسي والتعلم بأقصى قدر تسمح به استعداد وإمكانات الطفل.

3- توفير المثيرات التربوية والتعليمية المتنوعة المناسبة للنمو العقلي للطفل في البيئة المدرسية.

4- تشجيع واستثارة دافع حب الاستطلاع لدى الطفل وتوجيهه وتنمية ميوله واهتماماته المتعددة.

5- جعل مستوى طموح الطفل متناسباً مع ما لديه من استعدادات وقدرات وإمكانات متنوعة.

6- مراعاة الفروق الفردية في قدرات الأطفال المختلفة في عملية الإرشاد وتكييف العمل المدرسي حسب قدراتهم وميولهم ومواهبهم.

7- الاهتمام بقياس الذكاء وتحديد نسبة ذكاء كل طفل وقياس مستوى تحصيله من

خلال اختبارات الاستعداد الدراسي ونتائج الاختبارات المدرسية والعمل على توزيع الطلبة على الفصول الدراسية وفقاً لذلك، على أن تشمل جميع المستويات التحصيلية لفئات الطلاب مع أهمية مراعاة الجوانب الأخرى في الفروق الفردية.

8- تدريب الطلبة على كيفية اكتساب القدرة على التركيز وانتباه في مواقف التعليم والتعلم.

9- الاهتمام بالنمو العقلي للأطفال ذوي الإعاقات البسيطة والتعرف على تقدير كل منهم لذاته وأهمية غرس الثقة في نفوسهم.

10- اكتشاف وتنمية المواهب الخاصة والقدرات الابتكارية، عند الأطفال بفئاتهم ومستوياتهم التحصيلية المختلفة من خلال التحصيل الدراسي واللعب والرسم والأشغال اليدوية...الخ.

11- التخفيف من الاعتماد على التذكر الآلي والحفظ مع عدم إهمال تدريب الذاكرة عن طريق حفظ بعض السور والأناشيد.

12- الاهتمام بالتوافق المدرسي سواء كان الطفل مع زملائه أو مع مدرسية أو مع نظام المدرسة.

13- أهمية بتكوين بعض العادات الدراسية الجيدة كالاستذكار الجيد وطرق التفكير المتنوعة.

14- معاملة جميع الأطفال في المدرسة سواسية دون تفريق أو محاباة بينهم.

15- تنمية القدرة على عمليتي التصور والتخيل من خلال مادة التعبير ورواية القصص وممارسة الرسم...الخ.

16- تشجيع ولي الأمر وحثه على زيارة المدرسة وإيجاد علاقة متوازنة مع المعلمين وحضور الجمعيات العمومية ومجالس الآباء والمعلمين وجميع أنواع النشاط المتعلقة بها.

ب- دور الأسرة:

1- توفير المثيرات التربوية المناسبة لنمو الأطفال العقلي في المنزل مثل: الكتب والقصص والألعاب التي تتطلب قدرات معينة من التفكير وعقد المسابقات الثقافية بين الأطفال.

2- الاستفادة من جهازي المرئي والحاسب الآلي من خلال البرامج التي تعمل على تنمية جوانب النمو العقلي بأبعادها المختلفة.

3- تشجيع حب الاستطلاع لدى الطفل وتنمية ميوله واتجاهاته وقدراته ومحاولاته الابتكارية.

4- تشجيع الطفل على الاعتماد على نفسه عند القيام بأداء واجباته المدرسية، وحثه على التفكير في حل ما يعترضه من صعوبات قبل طلب المساعدة من الكبار وتوجيهه إلى ما يساعده على الوصول إلى حل أو إنجاز وجباته اليومية المدرسية دون التدخل من قبل الأسرة

خامسا: النمو اللغوي في مرحل الطفولة المتوسطة والمتأخرة

تتمثل أهمية النمو اللغوي في علاقته الكبيرة بالنمو العقلي والاجتماعي والانفعالي فكلما تقدم الطفل في السن تقدم في تحصيله اللغوي وفي قدرته على التحكم في استخدام اللغة بطريقة سليمة، وكلما كان في حالة صحية جيدة يكون أكثر نشاطاً وقدرة على اكتساب اللغة، والأطفال الذين يعيشون في بيئات ذات مستويات اجتماعية واقتصادية وثقافية مرتفعة تكون فرص نموهم اللغوي أفضل من الأطفال الذين يعيشون في بيئات ذات مستويات ثقافية واجتماعية واقتصادية متدنية.

إن الأطفال من ناحية لغوية بعد اكتشافهم لقوة الكلمات يجربون اللغة البذيئة أو السوقية وهم يعرفون أن الآخرين يستجيبون لها بانفعال، ولو إنهم لا يفهمون سبب ذلك على وجه الدقة.

ويحتمل أن تكون استجابتك الأولى للغة المبتذلة هي أن تتجاهلها على أمل أن الطفل أو الأطفال سوف يتخلون عنها بسبب نقص التعزيز. ولكن هذا التجاهل قد لا يحقق هذا الهدف، ومن هنا تتحدث مع الأطفال الأقوى تأثيرا في المجموعة لكي يتجنبوا هذا السلوك، ومن الطرق الفعالة أن تقرر بصراحة أن مثل هذه الكلمات بذيئة وسماعها عمل غير سار وعلينا إلا نستخدمها. وهذه الطريقة قد تعفيك وتريحك من بيان أسباب عدم تقبلها الأمر الذي قد يوقعك في المتاعب.

وفيما يلي ملخصا لأهم خصائص النمو اللغوي:

1- زيادة الحصيلة اللغوية.

2- تعلم قواعد اللغة (في هذه المرحلة).

3- الفروق بين الجنسين في النمو اللغوي:

4- القدرة اللغوية عند البنات أعلى منها عند البنين.

5- البنات يتكلمن في مرحلة أسبق ولديهن ثراء لغوياً بدرجة أكبر

6- كما أنهن أكثر مهارة في كل المطالب اللغوية.

التطبيقات التربوية:

أ- دور المدرسة:

1- تشجيع الأطفال على الاستعمال الصحيح لنطق الكلمات عن طريق تنمية عادتي الاستماع والقراءة الجهرية، وتدربيهم على طريقة الفهم في القراءة الصامتة.

2- تشجيع الأطفال على استخدام طرق التعبير الصحيحة في التخاطب والتحدث بالوسائل التربوية المناسبة.

3- إيجاد النماذج الكلامية الجيدة التي تجيد القدرة على التحدث لأنها تمثل أساساً جوهرياً للنمو اللغوي السليم للطفل في المدرسة والمنزل.

4- الاكتشاف المبكر لأمراض وعيوب الكلام مثل اللجلجة والتأوه والفأفأة... الخ، وتشخيص أسبابها حتى يمكن علاجها مبكراً.

5- تدريب الطفل على الكتابة الصحيحة رسماً وأسلوبا ونحواً وإملاء واكتشاف مكامن الأخطاء اللغوية لدى الطفل والعمل على تصويبها أو علاجها مبكراً.

ب- دور الأسرة:

1- قراءة القصص التربوية والأدبية الهادفة والمشوقة المناسبة لأعمارهم وملاحظتهم أثناء ذلك.

2- تشجيع الأطفال على الكلام والتحدث والتعبير الحر الطليق وتصويب أخطائهم ومنحهم الثقة بذاتهم.

3- توفير نماذج كلامية صحيحة ومفردات متنوعة وجمل وتعبيرات لغوية راقية في المنزل ليتمكن الطفل من محاكاتها واكتسابها لتصبح جزءاً من سلوكه اللغوي.

4- مراجعة المراكز الطبية والصحية والنفسية المتخصصة عند وجود أي صعوبات في سلامة اللغة (النطق) أو تعثر واضح في الكلام.

5- التعاون مع المدرسة من خلال المرشد التربوي ومعلم الصف أو أي أخصائي علاجي لوضع برنامج لمعالجة المشكلات اللغوية.

سادسا: النمو الانفعالي في مرحلة الطفولة المتوسطة والمتأخرة

تتهذب الانفعالات في هذه المرحلة نسبياً عن ذي قبل، إلا أن الطفل لا يصل في هذه المرحلة إلى النضج الانفعالي المناسب، فهو قابل للاستثارة الانفعالية السريعة حيث يكون لديه قليل من الغيرة والتحدي والمخاوف التي قد يكون أكتسبها في المرحلة السابقة، ويتعلم الأطفال في هذه المرحلة كيف يشبعون حاجاتهم بطريقة أكثر من ذي قبل. وتتكون لديهم العواطف والعادات الانفعالية المختلفة، ويبدي الطفل

الحب ويحاول الحصول عليه بكافة الوسائل وتتحسن علاقاته الاجتماعية والانفعالية مع الآخرين، وتكون لديه حساسية للنقد والسخرية من قبل الوالدين أو المعلمين أو الأقران، بينما يميل إلى نقد الآخرين، وتلاحظ في هذه المرحلة مخاوف الأطفال بدرجات مختلفة، وتظهر انفعالات الخوف والعلاقات الاجتماعية، وقد تظل مع الأطفال بعض المخاوف المكتسبة في المرحلة السابقة، وتظهر نوبات الغضب في مواقف الإحباط وتنمو لدية القدرة على كف نوازع العدوان، وتلعب الأسرة والمدرسة ووسائل الإعلام المختلفة دوراً كبيراً في نشوء العوامل الانفعالية المتنوعة لدى الأطفال.

ويصبح الأطفال في هذا العمر يقظين ومتنبهين لمشاعر الآخرين وهذا يتيح لهم لسوء الحظ أن يؤذوا الآخرين إيذاء عميقا، وذلك بالهجوم على النقطة الحساسة أو نقطة الضعف عندهم دون أن يدركوا مدى ما يؤدى إليه هذا الهجوم من تدمير، ويحدث أحيانا أن تؤدى السخرية من طفل معين إلى أن يصبح موضوعا تتسلى به الجماعة. كما أن طلبة الصفوف الابتدائية الأولى حساسون للنقد وللسخرية كما أنهم يجدون صعوبة في التوافق مع الإخفاق، إنهم في حاجة إلى مدح متكرر وتقدير. وذلك لان الأطفال يميلون إلى الإعجاب بمعلميهم على نحو مبالغ فيه، ومن هنا فإن النقد يقلل من تقديرهم لذاتهم.

إن كثير من الأطفال في هذا المستوى شغوفون يريدون إدخال السرور على المعلم وهم يحبون أن يساعدوا، وهم يستمتعون بالمسؤولية، ويريدون أن يتقنوا ويجيدوا في عملهم المدرسي، والأسلوب المعروف في إشباع الرغبة أو النزعة إلى المساعدة أن توزع الأعمال على الأطفال (على سبيل المثال، من ينظف السبورة من يفرغ سلة المهملات، من يوزع الأوراق) على أساس دوري وتبادلي.

وتكون الاضطرابات السلوكية في قمتها في الصفوف الأخيرة من المدرسة الابتدائية، ولكن معظم الأطفال يجدون طريقهم إلى التكيف ويظهر الأولاد مشكلات أكثر من البنات. وتفسر هذه الظاهرة في ضوء الضغوط الأكاديمية والأسرية والاجتماعية ومشكلات النمو النفسي الاجتماعي والتفاوت في التسامح مع السلوك عند الأطفال من الراشدين. إن التلاميذ في هذه الفترة قد بلغوا من النضج العقلي والحساسية حدا يجعلهم يدركون الصراعات والضغوط ولكنهم لم يبلغوا بعد حدا من الاستقلال يمكنهم من مواجهتها بكفاءة معتمدين على أنفسهم. ومن المشكلات الشائعة التي كشفت عنها البحوث في هذه المرحلة، ويغلب أن تنتشر بين الأولاد الغيرة، والنشاط الزائد، والحاجة إلى الاهتمام والانتباه، والتنافس، والكذب، والأنانية، والنوبات المزاجية والسرقة، ويغلب على البنات الخجل، والحساسية الزائدة والتذبذب الانفعالي.

وعلى المعلمين والآباء أن يوفرا للأبناء بيئة مستقرة، وان يقللوا الضغوط التي يتعرضون لها إلى حده الأدنى، وان يوفروا لهم الدعم والتقبل وان يتيحوا لهم الحرية لكي يتوصلوا إلى المواءمة بين العوامل المتعارضة.

وتبدأ مفاهيم الصواب والخطأ في النمو عادة بأفعال نوعية معينة وتعمم بالتدريج. ويظهر الميل إلى النميمة إزاء تصرفات الآخرين ويبدوا أن أفضل طريقة لمساعدة الأطفال عند هذا المستوى لكي

يكسبوا فهما أشمل للأخلاق هو أن تناقش أفعالا معينة حال وقوعها، وان تشجع التلاميذ على أن يفكروا لماذا يكون سلوك معين خيرا أو شريرا. ويبدوا أن لترديد الوصايا أو القواعد الخلقية تأثيرا ضئيلا، طالما أن الأطفال الصغار لا يستطيعون أن يطبقوا المفاهيم المجردة، بل إنهم كثيرا مالا يفهمون حتى الكلمات.

ومن الأمور البالغة الأهمية أن تسلك سلوكا متسقا غير متناقض وان تدرك أنهم مازالوا في مرحلة الواقعية الخلقية، ويجدون صعوبة في فهم الدقائق التي تتضمنها المواقف المختلفة. وإذا تضايق بعض التلاميذ مما يبدو غير متسق فقد تحاول أن تبرز الظروف التي جعلت تعديل القواعد أمرا ضروريا.

وفيما يلي ملخصا لخصائص النمو الانفعالي:

1- مرحلة الاستقرار أو الثبات الانفعالي (الطفولة الهادئة).

2- أهم الانفعالات في هذه المرحلة:الحب /الخوف / القلق / الغضب / الغيرة.

3- يحاول الطفل التخلص من الانفعالات السابقة المرتبطة بالطفولة المبكرة.

4- يحاول الطفل ضبط الانفعالات ومحاولة السيطرة على النفس وعدم إفلات الانفعالات.

5- تنمو الاتجاهات الوجدانية نحو بعض الأشياء أو الأشخاص.

التطبيقات التربوية:

أ- دور المدرسة:

1- رعاية النمو الانفعالي السوي لدى الأطفال وتعزيزه وتفهم سلوك الطفل وإشعاره بالأمن والتقبل والتقدير (إشباع حاجاته النفسية والاجتماعية) ليستطيع التعبير عن انفعالاته تعبيراً صحيحاً.

2- علاج مخاوف الأطفال المختلفة عن طريق ربط الشيء المخيف بأشياء متعددة سارة، حتى يتعود الطفل على رؤيته مقترناً بما يحب ويسر لرؤيته. وتشجيعه على اللعب مع الأطفال الذين لا يخافون نفس الشيء الذي يخافه وإزالة مصادر خوفه، ومساعدته على تكوين الاتجاهات والمفاهيم السوية التي تساعد على علاج أو إطفاء مخاوفه.

3- إتاحة فرص التنفيس والتعبير الانفعالية عن طريق اللعب والرسم والتمثيل والإذاعة المدرسية...الخ.

4- توفير النماذج السلوكية الانفعالية الحسنة من قبل المعلمين في المدرسة ليحتذي بها الطفل ويحاكيها.

5- فهم الأسباب والدوافع الكامنة وراء الاستجابات الانفعالية السطحية (السلوك الظاهري) وعلاجها بالأساليب النفسية والتربوية المناسبة.

6- تنمية قدرة الطفل على الحوار وإبداء الرأي والمناقشة من خلال المواقف التعليمية والبرامج التربوية وعقد الجلسات الإرشادية...الخ.

7- تنفيذ برنامج الأسبوع التمهيدي في بداية العام الدراسي بالأسلوب التربوي المرسوم وإدراك أهدافه التربوية البعيدة.

8- تجنب المعلمين للأساليب العقابية غير التربوية (كالعقاب البدني) أو السخرية والاستهزاء بالطفل عندما تصدر منه استجابات انفعالية خاطئة لا تتناسب والمواقف المثيرة لذلك.

9- اجتناب مقارنة الطفل سلبياً بزملائه الطلاب حتى لا يتولد لديه شعور بالنقص في أعين معمليه وزملائه وتتطور لديه مشاعر الكراهية والعدوانية تجاههم.

ب- دور الأسرة:

1- النظر إلى الاضطرابات السلوكية الانفعالية لدى الطفل على أنها أعراض (واجهات) سطحية لحاجات غير مشبعة يجب إشباعها، وإحباط مؤرقة يجب التغلب عليها، وصراعات عنيفة يجب تعليم الطفل كيف يحلها أولاً بأول.

2- اجتناب مقارنة الطفل سلبياً بأخوته على مسمع منه حتى لا تولد لديه الشعور بالنقص في أعين والدية وإخوته ويطور مشاعر الكراهية والعدوانية تجاههم.

3- التعامل مع الأطفال بمرونة بعيداً عن اللجوء إلى استخدام العنف والشدة والتزمت في المعاملة.

4- إقامة طرق الحوار الهادف بين الوالدين وأبنائهم في مناقشة المشكلات التي تقع لأبنائهم وتوجيههم المستمر لكل ما هو إيجابي في حياتهم.

سابعا: النمو الاجتماعي في مرحلة الطفولة المتوسطة والمتأخرة

متطلبات النمو الاجتماعي:

1- بحاجة إلى التعامل مع علاقته بالجنس الآخر وعدم انعزاله التام عن الجنس الآخر.

2- بحاجة إلى التعامل مع تعلقه بالآخرين وبعض المعلمين المتوقع تعاملهم معهم.

3- بحاجة إلى تشكيل الدور الجنسي المناسب بعدم تأكيد مثلا إن البنت ضعيفة الولد لا يبكي والبنت لا تصلح شيء الولد لا يساعد في أعمال المنزل.

4- التأكيد على الصداقة في المدرسة وعدم العزلة .

5- تظهر العصابات والأندية من عشر إلى إحدى عشرة سنة بسبب حاجة الطفل للاستقلال عن الوالدين.

6- تظهر الشعبية والذي يتمتع بالشعبية يكون متعاطف مرح ودود يتقبل الآخرين. يساعدهم لديه نسبة ذكاء عالية وإدراك ايجابي للذات ومستوى مرتفع من الطاقة.

7- يظهر القسوة والعدوان من اجل كسب السيطرة على الآخرين.

8- تظهر المعرفة الاجتماعية وفي عمر سبع سنوات يعي الطفل بأن الآخرين لديهم منظور اجتماعي ويبدأ يقل التمركز حول ذاته ويعرف وجهة نظر الآخرين وفي عمر إحدى عشر سنة يعرف وجهة نظر الآخرين وشخص ثالث محايد.

9- بحاجة إلى تعليمه كيفية التعامل مع النقود والتوفير.

10- بحاجة إلى تعليمه معنى العمل والطلب منه العمل لتحقيق دخل مبدأي.

11- بحاجة إلى تنمية عادة الاستماع لديه.

12- بحاجة إلى تنمية عادة انتظار الدور لديه .

13- بحاجة إلى تعليمه مفهوم الملكية وعدم قدرته على الحصول على كل ما يريد.

14- بحاجة إلى تزويده بكم من المهن وبداية التوجيه المهني.

15- ملاحظة أي نوع من أنواع الاضطرابات الجنسية وعلاجها مبكرا.

16- بحاجة إلى السماح له بحاجز من الرفض والعناد وهي ضرورية.

يتميز النمو الاجتماعي للطفل في هذه الفترة باتجاه الطفل نحو الاستقلالية واتساع دائرة ميوله واتجاهاته واهتماماته ونمو الضمير ومفاهيم الصدق والأمانة لديه، وتزايد الوعي الاجتماعي لديه، والقدرة والميل نحو القيام بالمسؤوليات ونمو مهاراته الاجتماعية، وتزايد الاهتمام والمسايرة للقواعد والمعايير التي يفرضها الأقران. وتزيد حدة تأثير جماعة الأقران في سلوك الطفل، ويضطرب سلوكه إذا حدث صراع أو معاملة خاطئة من جانب الكبار ويمكن التحقق من ذلك من خلال تفاعل الطفل مع أقرانه في المدرسة سواء في الفصل أو اللعب أو العمل المدرسي وذلك من خلال ممارستهم بعض ألوان النشاط المدرسي أو الاجتماعي، ويتأثر النمو الاجتماعي للطفل بعملية التنشئة الاجتماعية في المدرسة بعوامل منها، البناء الاجتماعي للمدرسة، وحجمها، وسعتها، وأعمار الطلاب، والفروق الاجتماعية والاقتصادية بين الطلاب، والعلاقة بين المعلم والطفل، والعلاقة بين الطلاب بعضهم ببعض، والعلاقة بين الأسرة والمدرسة أيضًا.

أما في الأسرة، فإن علاقة الطفل بوالديه (خلال عملية التنشئة الاجتماعية في المرحلة السابقة) لها تأثير كبير على سلوكه الاجتماعي، وذلك من حيث نوع العلاقات السائدة في الأسرة واستخدام أساليب الثواب والعقاب في التوافق الاجتماعي، ويتأثر النمو الاجتماعي أيضًا بوسائل الإعلام المختلفة مثل التلفاز والصحف والإذاعة والثقافة العامة والعوامل والخبرات المتاحة للطفل للتفاعل الاجتماعي.

وعند هذا المستوى من النمو يصبح الأطفال أكثر تخيراً وانتقاء لأصدقائهم ويزداد احتمال أن يكون لكل منهم علاقات التلميذ بزملائه. والأطفال في هذه المرحلة العمرية يحبون الألعاب المنظمة في جماعات صغيرة ولكنهم يهتمون اهتماما زائداً بالقواعد أو يتحمسون تحمساً زائداً لروح الفريق. وما تزال المشاحنات في هذه الفترة العمرية كثيرة. وتستخدم الكلمات بتكرار أكثر من العدوان الجسمي، ولكن ما يزال كثير من الأولاد ينغمسون في الملاكمة والمصارعة ودفع بعضهم بعضا. وينبغي على المعلمين أن يتوقعوا معارك بين الحين والأخر. كما يصبح التنافس بين الأطفال في هذه الفترة ملحوظا، والتباهي أو التفاخر شائعاً. والتنافس جانبا لا يمكن تجنبه في المدرسة والحياة وهو شكل مرغوب فيه من أشكال الدافعية. غير أن للتنافس كثيراً من النتائج السلبية. وإذا شعر الطفل أنه ينافس نفسه بنجاح فقد لا يحتاج إلى أن يلجأ إلى التباهي والتفاخر ليقنع نفسه ويقنع غيره بأنه متفوق أو ممتاز، وتلعب جماعة الأتراب دوراً هاما في تطبيع الطفل اجتماعيا. ويجيء ترتيبها من حيث التأثير بعد الوالدين، وتتوقف طريقة استجابة الطفل لما تمثله جماعة الأتراب من قوى اجتماعية إلى حد ما على الخصائص الأساسية لشخصيته تلك التي تشكلت في سن ما قبل المدرسة كما تتوقف أيضًا على طبيعة جماعة الأتراب التي يتفاعل معها وينتمي إليها. وتزود جماعة الأتراب الطفل بمعايير لسلوكه، وبأدوار يقوم بأدائها وبنماذج يتوحد معها، كما إنها توجه أنماطه السلوكية إيجابيا وسلبياً، وهى مصدر للمعلومات والإثارة والدعم الانفعالي. وتقبل الجماعة للطفل ورضاها عنه نوع من التعزيز يدفع الطفل إلى مسايرة الجماعة حتى يحظى بتقبلها له. ومتى أنضم الطفل إلى جماعة فإنه يظهر لديه حاجات جديدة ويكتسب حوافز ثانوية جديدة ويصبح تقبل أترابه له وموافقتهم على سلوكه غاية في ذاتها بعد أن كان وسيلة.

وتعتمد مكانة الطفل الاجتماعية ارتفاعاً وانخفاضا بدرجة كبيرة على المركز الاجتماعي لأسرته وعلى خصائص شخصيته التي تضرب بجذورها إلى مراحل النمو المبكرة ويستجيب الأطفال الآخرون بما يتفق مع شهرته الاجتماعية فالسمة القيادية والاجتماعية للطفل ذي المكانة العالية وما يصدر عنه من استجابات تلقى تعزيزاً

وتدعيماً من قبل أترابه الذين يتبعونه ويقلدون سلوكه. ومن ثم تحظى استجاباته التي ساعدته في الأساس على تحقيق الشهرة والشعبية بالتعزيز ويزداد احتمال تكرارها، ويزداد تبعاً لذلك محافظته على مكانته. وتدل الدراسات السوسيومترية على أن أطفال المدارس يميلون إلى الاحتفاظ بمراكزهم النسبية من حيث الشهرة من سنة إلى السنة التي تليها.

وهناك فروق عمرية تتصل بجاذبية أحد الجنسين للآخر في جماعة الأتراب فالأطفال في سن قبل المدرسة لا يهتمون بجنس من يلعبون معهم، ومع تقدمهم في العمر يتجهون إلى اختيار أترابهم من جنسهم.

ويختار الطفل أصدقائه المقربين من بين أترابه. ويحتمل أن يكونوا هم "أهم معلميه" ولهم أعظم الأثر في نمو سلوكه. كما أن خصائص الشخصية تلعب دوراً هاماً في تكوين الصداقات فالأطفال يميلون إلى اختيار أصدقائهم من بين من يشبهونهم في النضج الاجتماعي والعمر الزمني وطول القامة والذكاء والتشابه في السمات غير العقلية أكثر أهمية في الصداقة من التشابه في الذكاء. والصداقة في هذا السن غير مستقرة تماما، فبعد عدة أسابيع قليلة من جمع بيانات إحدى

الدراسات أتضح أن 60 % من أفراد العينة نبذوا طفلاً على الأقل ممن وقع عليه اختيارهم له كصديق من قبل. ولعل التذبذب السريع في الميول في هذا السن هو سبب عدم ثبات الصداقة. ومع تقدم العمر تتبلور الميول وتصبح الصداقة أكثر بقاء واستقرار. والطفل الذي ينشىء في جو منزلي غير مستقر نفسيا يشعر بعدم الأمن وتصبح حاجاته للتقبل والعطف من قبل الآخرين قوية وشديدة. فإذا قبلت جماعة الطفل عضوا فيها تمسك يقيمهم بشغف وحماس.

وتصبح ميول الأولاد والبنات أكثر تباعداً، وقد تظهر خلافات بين الجنسين في التعليم المشترك فيتبادلون السباب، ويتنافسون في الأعمال المدرسية والألعاب. وهذه العداوة يحتمل أن تنشأ من إدراك الأطفال للتمايز والاختلاف بين دور البنت ودور الولد في مجتمعنا. ويميل الأولاد إلى أن ينتقدوا البنات لفترة أطول، ولعل ذلك يرجع إلى تفوقهن أكاديمياً وجسميا وينبغي أن نتجنب التنافس وعمل سباقات بين البنين والبنات.

ولقد أقترح تايلور على أساس دراسته لمئتين من أطفال الصف الرابع الابتدائي أن معظم ميول الطفل المتوسط تتحدد وفقا لملاءمتها لجنسه، أي على أساس ملاءمة الميل أو عدم ملاءمته للتعليم الثقافي السائد لنشاط الذكر أو الأنثى. فيتجه الأولاد إلى الألعاب الرياضية والمهارات الحركية العنيفة والميكانيكا والعلوم. بينما تتجه البنات إلى الاهتمام بالملابس، والطبخ وتنسيق الزهور والموسيقى والفن. وفضلاً عن ذلك فإن الأطفال يرفضون على نحو قاطع نشاطات الجنس الآخر وأهدافه وميوله التي تميزه فترفض البنات مثلاً الألعاب الرياضية، كما يرفض الأولاد الطبخ، ويبدوا أن ملاءمة النشاط للجنس ذات تأثير هام في توجيه ميول الطفل وأهدافه واختياره المهني.

وفي هذه المرحلة تشيع عبادة الأبطال، ويكون المعلم أو المعلمة أحياناً هو البطل موضع الإعجاب. وكثيراً ما يكون لاعب كرة قدم، أو ممثلاً تليفزيونياً أو ممثلا سينمائياً. وقد يكون من الضروري أحياناً تخفيف هذه الظاهرة عند التلميذ بالتدريج.

وما بين سن السادسة والثانية عشر يؤدى نمو الاستقلال عن الآخرين إلى فهم أكبر لمشاعر الآخرين. وتدل مراحل النمو على أن الأطفال في المدرسة الابتدائية يدركون على نحو تدريجي أن أفعال الشخص الظاهرة أو كلماته لا تعكس دائماً مشاعره الداخلية. وبالتدريج يدركون أن استجابة الشخص للموقف الضاغط قد تتخذ صوراً عديدة. وفي نهاية هذه المرحلة وأثناء المراهقة على نحو أوضح يصبح الفرد قادراً على اتخاذ مواقف متباعدة ونظرة تخيلية لسلوكه وسلوك الآخرين. إن حساسية الطفل للعلاقات مع الآخرين ونضجه لها تأثير على تلك العلاقات.

ويقل اعتماد الطفل على والديه، ويثق الطفل بنفسه أثناء هذه الفترة أكثر من أي فترة سابقة فمعلوماته ومهاراته تتزايد ويصبح أقدر على إشباع حاجاته ولذلك يصبح أكثر استقلالا عن الكبار، وينتاب الطفل الضيق إذا ازداد توجيه الكبار له عما هو ضروري. وتقل رغبة الطفل في الاعتماد على الكبار وخاصة عندما يبلغ سن السابعة فثمة موضوعات يعتقد الطفل أنه لا يمكن بحثها بصراحة إلا مع أترابه لأن الكبار لا يفهمونها وهذه أحد أطوار عملية الفطام التي يجد الكبار صعوبة في تقبلها بصدر رحب، ومع ذلك فإن الأطفال ما يزالون في حاجة إلى دعم الكبار وإرشادهم وتوجيههم، وهذه الثنائية الوجدانية قد تؤدى إلى نتائج سلوكية لا يمكن التنبؤ بها، نتائج غير مناسبة وغير منتظمة تتحدى التحليل العقلاني.

وفيما يلي ملخصا لخصائص النمو الاجتماعي:

1- اتساع دائرة العلاقات الاجتماعية.

2- زيادة الاحتكاك بعالم الكبار (خاصة الذكور).

3- تأثير جماعة الأقران (الرفاق).

4- تقمص الطفل للدور الجنسي المناسب له (التنميط الجنسي).

التطبيقات التربوية:

أ- دور المدرسة:

1- تنمية التربية الاجتماعية (التربية الوطنية) للأطفال والتي تركز على الانتماء للمجتمع وتنمية القيم الصالحة والاتجاهات الإيجابية ومراعاة حقوق الآخرين والتزام الآداب الاجتماعية العامة، وعلى المرشد التربوي والمعلمين دور كبير في تنمية هذا الجانب.

2- تعويد الطفل مبادئ النظام واحترام الآخرين وحقوقهم.

3- تنمية التفاعل الاجتماعي التعاوني بين الطفل ورفاقه في المدرسة وتنظيم مواقف القيادة والتبعية التي تتطلبها البيئة المدرسية.

4- التعرف على البيئة الاجتماعية المدرسية وإمداد الطفل بخبرات سليمة وتعليمه كيفية ممارسة السلوك المناسب في المواقف الاجتماعية المختلفة وفي مواقف الحياة الواقعية.

5- إيجاد روح التنافس الموجه بين الأطفال في الفصل ومراعاة التجانس والاختلاف في الذكاء والقدرات والاستعدادات...الخ بينهم.

6- تعويد الطفل احترام والديه ومعلميه والكبار دون رهبة أو خوف.

7- الاكتشاف المبكر لحالات القلق الاجتماعي (الانطواء – الانسحاب – الانعزال) والمخاوف المرضية المختلفة (إن وجدت لدى الأطفال ومعرفة أسبابها وعلاجها نفسياً وتربويا ابتداء من الأسبوع التمهيدي لاستقبال التلاميذ المستجدين بالمرحلة الابتدائية).

ب- دور الأسرة:

1- لعب الوالدين مع أطفالهم والتفاعل الاجتماعي المستمر معهم وأهمية القيام بالمتنزهات الأسرية لهم.

2- تشجيع اللعب الذي ينظمه الأطفال أنفسهم ومشاركة الكبار فيه بأقل قدر ممكن من التدخل في تحديده وتنظيمه.

3- جعل الجو النفسي والاجتماعي للطفل في المنزل جواً صالحاً خالياً من التوترات والصراعات.

4- التأكيد على التفاعل الاجتماعي الفردي الذي يقوم به الطفل ذاته وكذلك على التفاعل الجماعي الذي يقوم به الطفل في تفاعله مع الجماعة.

5- إكساب الطفل المبادئ والقيم والعادات الاجتماعية المقبولة كاحترام الوالدين والمعلمين وتقدير الكبار، والعطف على الصغار، والرحمة بالضعفاء، وإفشاء السلام، وإكرام الضيف، والإحسان إلى الجار، والتسامح والتواضع والإيثار، ورفض العادات الاجتماعية السيئة كالتنابز بالألقاب والتعصب القبلي والإقليمي وغيره من السلوكيات.

ثامنا: النمو الأخلاقي الديني في مرحلة الطفولة المتوسطة والمتأخرة

تمثل هذه المرحلة بيئة خصبة مناسبة لغرس القيم والأخلاق في نمو الأطفال، حيث يتم إدراك قواعد السلوك الأخلاقي القائم على الاحترام المتبادل سواء مع زملائه أو معلميه أو رفاقه والمحيطين به ويرتسم من خلال سلوكه العام في المنزل والمدرسة وبيئته الاجتماعية.

إن أكثر الطرق فاعلية لمساعدة الأطفال على تنمية إحساس خلقي صحي،لا يكون بأن نحثهم على ترديد القواعد الخلقية لفظيا كالأناشيد، وإنما يكون من خلال مناقشة أفعال معينة حال حدوثها وعلى سبيل المثال، قد تدور مناقشة صفية

عن الأسباب التي تحمل طفلا يعثر على كيس للنقود على أن يعيده لصاحبة، وهذا أفضل من أن تجعل جميع التلاميذ يرددون شعارا مثل الأمانة أفضل سياسية وبالإضافة إلى ذلك، قد تقرأ قصصا أو تصف مواقف بقصد مناقشة المشكلات الأخلاقية التي يواجهها الأطفال، وفي النهاية، عندما تدرس الطلبة وتعلمهم أن يراعوا الآخرين وان يشاركوهم وجدانيا، وأن يكونوا أمناء، لابد أن تكون قدوة لهم، لان القدوة أو المثال له اثر على الأطفال.

التطبيقات التربوية:

أ- دور المدرسة:

1- الاهتمام بالتطبيقات العملية لمواد التربية الإسلامية ومادة التهذيب السلوك بالمدرسة من خلال حجرة الدراسة أو المسجد الموجود بالمدرسة أو بجوارها.

2- إبراز النشاط الديني من خلال الإذاعة والصحافة المدرسية واللوحات والنشرات والندوات واللقاءات والتسجيلات الدينية الإرشادية المتنوعة.

3- الاهتمام بالتربية الأخلاقية للأطفال من خلال القدوة الحسنة والنموذج الجيد مع الاستفادة من مناهج التربية للإسلامية وتطبيقاتها السلوكية.

4- تعليم السلوك الأخلاقي المرغوب للأطفال، وتوفير الخبرات المناسبة وتشجيعهم على ممارسة ذلك من خلال إقامة مسابقات للطفل المثالي في حلقة في الصفوف الدراسية وخاصة الصفوف الأولية والأطفال في وقت مبكر.

ب- دور الأسرة:

1- اصطحاب ولي الأمر لطفل المدرسة الابتدائية إلى المسجد لتأدية الصلوات المفروضة وغرس الشعور في الطفل بأهمية أداء الصلوات في المساجد وبيان فضلها مع الجماعة.

2- توجيه الأطفال نحو أداء الصلاة في أوقاتها المفروضة منذ سن السابعة امتثالا لقول الرسول ﷺ (مروا أولادكم بالصلاة لسبع واضربوهم عليها لعشر، وفرقوا بينهم في المضاجع) مع التأكيد على وجود سلوك النموذج الخير والقدوة الصالحة سواء في المنزل أو المجتمع.

3- تدريب الأطفال على اكتساب القيم الدينية التي يحث عليها الدين الحنيف كالصدق والأمانة والمعاملة الحسنة وإفشاء السلام واحترام الكبير وتوقير الغير وإماطة الأذى عن الطريق والعفة واختيار الرفقة الطيبة...الخ.

4- توفير الكتب والقصص الدينية التي توضح دور النماذج المشرقة في تاريخنا الإسلامي وذلك من خلال استعراض سير الأنبياء والصحابة والتابعين والصالحين وتوجيه الأطفال للاستفادة منها بشكل مناسب.

5- الاقتداء بأخلاق الرسول ﷺ في سلوكه (أقواله وأفعاله) في جميع أمور الحياة بصفة عامة، وفي تربية الأطفال بصفة خاصة.

6- تعليم الأطفال السلوكيات الأخلاقية الفاضلة وتوفير الخبرات والمواقف المعززة لذلك.

7- توجيه الأطفال لاكتساب القيم والمبادئ الحميدة والتأكيد عليها.

8- التأكد على القدوة الحسنة والنموذج التربوي الإيجابي للإقتداء بها ومحاكاتها في المدرسة والبيت.

9- توجيه ومساعدة الطفل على اختيار الأصدقاء والأقران من ذوي السلوكيات الحميدة، والتأكيد على ذلك من قبل الكبار في الأسرة.

10- الاهتمام بالتربية الأخلاقية والتنشئة الاجتماعية السليمة للأطفال والتعاون مع المدرسة في تقويم ما يعوج من سلوكياتهم ومعالجة ذلك بالأساليب التربوية المناسبة التي تؤدي إلى إصلاحهم.

الفصل الحادي عشر

مرحلة المراهقة

- المقدمة.
- سمات المراهق حسب المرحلة(المبكرة، المتوسطة، المتأخرة).
- حاجات المراهق الأساسية.
- أولا: النمو الجسمي.
- ثانيا: النمو الجنسي لدى المراهق.
- ثالثا: النمو الحركي لدى المراهق.
- رابعا: النمو العقلي لدى المراهق.
- خامسا: النمو الانفعالي لدى المراهق.
- نمو مفهوم الذات لدى المراهق.
- سادسا: النمو الاجتماعي لدى المراهق.

المقدمة:

المراهقة مرحلة من مراحل النمو السريع، وتنقسم مرحلة المراهقة إلى ثلاث مراحل هي:

1- مرحلة المراهقة المبكرة (12-15) ويصطلح عليها " مرحلة البلوغ "

2- مرحلة المراهقة الوسطى (15- 17)

3- مرحلة المراهقة المتأخرة (18-21)

وسوف نبرز الخصائص المميزة لها في مختلف جوانب النمو المعروفة (الجسمي، الانفعالي، العقلي و الاجتماعي) بالإضافة إلى جانب نمو جديد لم يكن سائدا خلال مرحلة الطفولة ألا وهو النمو الجنسي، إذ أنه هو المظهر البارز باعتبار أن المراهقة في بداياتها لا تختلف كثيرا عن مرحلة الطفولة إلا في التغير الحاصل على نشاط الغدد الجنسية، أما نهاياتها فتكون ممهدة بشكل واضح لمرحلة الرشد، ولا يظهر التأرجح أو الهامشية إلا في أواسطها، حيث يكون المراهق أشبه بإنسان على الحدود، فلا هو بالطفل ولا هو بالراشد.

والمراهقة بمعناها العام، هي المرحلة التي تصل الطفولة المتأخرة بالرشد. وهي بهذا المعنى تمتد عند البنات والبنين حتى تصل إلى اكتمال الرشد أي حتى يصل عمر الفرد إلى 21 سنة، وهكذا يدل معناها الخاص على ما يسميه العلماء بقبيل البلوغ، ويدل معناها العام على المرحلة كلها من بدئها إلى نهايتها.

وكلمة المراهقة تفيد معنى الاقتراب أو الدنو من الحُلم، وبذلك يؤكد علماء اللغة العربية هذا المعنى في قولهم رهق غشى أو لحق أو دنا من، فالمراهق بهذا المعنى هو الفرد الذي يدنو من الحلم واكتمال النضج.

وهكذا تصبح المراهقة بمعناها العلمي الصحيح هي المرحلة التي تبدأ بالبلوغ وتنتهي بالرشد واكتمال النضج، فهي لهذا عملية بيولوجية حيوية عضوية في بدئها، وظاهرة اجتماعية في نهايتها. هذا ويختلف المدى الزمني القائم بين بدئها ونهايتها

اختلافا بينا من فرد إلى فرد، ومن سلالة إلى أخرى، ويخضع هذا الاختلاف في جوهرة للعوامل الوراثية الجنسية البيئية الغذائية.

بما أن المراهقة هي المرحلة التي تجعل من الطفل إنسانا راشدا مواطنا يخضع خضوعا مباشرا لنظم المجتمع وتقاليده وحدوده، فهي إذن مرحلة مرنة تصطبغ بشعائر الجماعة التي تنشأ في إطارها، وتمتد في مداها الزمني أو تقصر وفقا لمطالب هذه الجماعة ومستوياتها الحضارية، ولهذا قد تصبح المراهقة أزمة من أزمات النمو وذلك عندما تتعقد المجتمعات التي يحيا المراهق في إطارها، وعند ما تتطلب من المراهق إعدادا طويلا، ونضجا قويا ليساير بذلك المستويات الاقتصادية السائدة في المجتمع، هذا وقد تنشأ هذه الأزمة من طول المدى الزمني الذي يفصل النضج الجنسي عن النضج الاقتصادي.

وتبدو هذه الأزمة في المدن أكثر مما تبدو في الريف، وذلك لتباعد النضج الجنسي عن النضج الاقتصادي في الأولى، ولتقاربهما في الثانية. فيما يكاد الفتى الريفي يبلغ حتى يتزوج ويقيم لنفسه علاقات جنسية صحيحة، لكن فتيان المدينة وخاصة المتعلمين منهم يتأخر بهم النضج الاقتصادي إلى أن تنتهي جميع مراحل التعليم، وإلى أن يقوى الواحد منهم على كسب رزقه، وعلى الزواج، وهو لهذا قد يعاني أزمات جنسية حادة خلال هذه المدة الطويلة التي تبدأ بالبلوغ الجنسي وتنتهي بالنضج الاقتصادي، فالأزمة بهذا المعنى أثر من آثار انتشار التعليم، وإطالة مدة الإعداد للحياة، والتطور الحضاري الذي ينمو بالمجتمعات نحو التعقيد والتنظيم والرقي.

سمات المراهقة حسب المرحلة (المبكرة، المتوسطة، المتأخرة):

أولا: سمات المراهقة المبكرة

1- تتميز هذه المرحلة في نظرية بياجيه بالانتقال من التفكير الواقعي(المادي الملموس) المميز للطفل إلى العمليات المنطقية المنهجية.

2- الشعور بعدم الاتزان.

3- زيادة إحساس الفرد بجنسه.

4- نفور الفتى من الفتاة و العكس.

5- ظهور العناصر الجنسية الثانوية مع عدم اكتمال نضجها ودون القيام بوظائفها.

6- ضغوط الدوافع الجنسية التي لا يعرف المراهق كيفية كبح جماحها.

7- الاهتمام بتفحص الذات وتحليلها.

ثانيا: سمات المراهقة الوسطى

1- الشعور بالمسؤولية الاجتماعية.

2- الميل إلى مساعدة الآخرين وتقديم العون لهم.

3- الاهتمام بالجنس الآخر ويبدو على شكل ميول واهتمامات بتكوين صداقات وإقامة علاقات مع أفراده.

4- اختيار الأصدقاء من بين الأفراد الذين يميل المراهق إليهم.

5- الميل إلى الزعامة.

6- وضوح الاتجاهات والميولات لدى المراهق

ثالثا: سمات المراهقة المتأخرة

1- يتميز سلوك المراهق في هذه المرحلة بالتوافق مع المجتمع الذي يعيش فيه

2- تقل لدى المراهق النزعات الفردية

3- تتحدد اتجاهاته السياسية والاجتماعية

4- تتضح ميوله المهنية

5- الانخراط في نشاطات اجتماعية

لقد أثبتت الدراسات أن المراهقة مرحلة نمو عادية، وأن المراهق لا يتعرض لازمة من أزمات النمو ما دام هذا النمو يسير من مجراه الطبيعي، وهو مرحلة البحث عن

الذات. إلا أن الكثير من الدراسات التي أجريت بينت أن ما يصادفه المراهق إحدى الحلقات من دورة النمو النفسي تتأثر بالحلقات السابقة وتؤثر بدورها في الحلقات اللاحقة لها. ومما يساعد على الهدوء والاستقرار في مرحلة المراهقة أن يكون للدين دورة وأثره الواضح والايجابي في حياة المراهق خاصة عندما تتغلغل العقيدة في النفس فإنها تدفعها إلى التزام السلوك السوي وتشعر الفرد بالأمان والثقة والوضوح.

هناك خمسة أوضاع يمر بها المراهق:

1- الصراعات النفسية التي تصبه أثناء محاولته الاستقلال وتحمل المسئولية وترك حياة الاعتمادية والمساندة والدعم من قبل الأسرة.

2- الضغوط الاجتماعية (الخارجية): التفكير المستقل، اختيار المهنة، اتخاذ القرارات، تحقيق الذات مع مراعاة أن يكون ذلك ضمن دائرة المعايير الاجتماعية والدينية.

3- الاختيارات والقرارات، اتخاذ قرارات فيما يتعلق بالتعليم والمهنة والزواج.

4- ظاهرة البطالة كما يسميها جيرسيليد وهي البطالة الاقتصادية بسبب الاعتماد على الآخرين والبطالة الجنسية كونه مؤهل جنسيا إلا أنه ممنوع من ممارسة الجنس إلا في الحلال شرعاً وبعد أن يستطيع الباءة.

5- الخلط في أذهان الكبار (الوالدين والمربين) فيما يتعلق بمفاهيم السلطة والحرية والنظام والطاعة وغيرها من المفاهيم واختلاف وجهات النظر بينهم وبين المراهق بخصوصها.

حاجات المراهق الأساسية:

• الحاجة إلى الأمن الجسمي والصحي والأسري

• الحاجة إلى الحب والقبول والصداقة وإسعاد الآخرين

• الحاجة إلى مكانة الذات والانتماء للجماعة والشعور بالعدالة والمساواة مع رفاق السن في المظهر والملبس والمصروف

- الحاجة إلى الإشباع الجنسي: التربية الجنسية، التخلص من التوتر والحاجة إلى المعلومات والاهتمام بالجنس الآخر

- الحاجة إلى النمو العقلي والابتكار: الحاجة إلى تفسير الحقائق

- الحاجة إلى تأكيد وتحسين الذات: الحاجة إلى العمل نحو هدف

- الحاجة إلى الترفيه والتسلية

- الحاجة إلى المال

أولا: النمو الجسمي:

تتميز مرحلة المراهقة عن الطفولة والرشد بمظاهر جسمية وعقلية وانفعالية واجتماعية، وتبدو مظاهر النمو الجسمي في النمو الغددي الوظيفي، وفي نمو الأعضاء الداخلية ووظائفها المختلفة، وفي نمو الجهاز العظمي والقوة العضلية، وفي أثر هذه النواحي على النمو الطولي والوزني.

النمو الغددي:

تضم الغدة الصنوبرية والغدة التيموسية في المراهقة لنشاط الغدد الجنسية، ويبقى هرمون النمو الذي تفرزه الغدة النخامية قويا في تأثيره على النمو العظمي خلال المراهقة حتى تؤثر عليه هرمونات الغدد الجنسية، فتحد من نشاطه وتعوق عمله. وتتأثر أيضًا هرمونات الغدة الدرقية بالنضج الجنسي فتزداد في بدء المراهقة ثم تقل بعد ذلك قرب نهايتها.

ويصل وزن الغدة الكظرية إلى نهايته العظمي عند الميلاد، ثم تضمر قليلا في الطفولة وينقص وزنها بالتدريج حتى آخر الطفولة، ثم تسترجع قوتها في المراهقة حتى تبلغ نصف حجمها الأول عند منتصف المراهقة، وتظل في نموها هذا حتى تصل إلى نفس حجمها الأول عند اكتمال الرشد.

ويبلغ وزن الغدة التناسلية الأنثوية 40% من وزنها الكامل في السنة الثانية عشر من عمر الفتاة، ثم يزداد نموها زيادة سريعة فيما بين 10-17 سنة، حتى تصل إلى 50% من وزنها الكامل ثم يستطرد بها النمو حتى تصل إلى وزنها الكامل في الرشد.

ويصل وزن الغدة التناسلية الذكرية إلى 10% من وزنها الكامل في السنة الرابعة عشرة من عمر الفتى، ثم تنمو سريعا فيما بين 14-15 سنة، ثم تبدأ سرعتها نوعا ما حتى تصل إلى اكتمال نضجها في الرشد.

هذا ويقاس بدء البلوغ عند الفتاة بأول طمث يحدث لها، ويتراوح مدى هذا البدء فيما بين 9-18 سنة، تبعا لاختلاف العوامل المؤثرة على النضج الجنسي عند الفتاة. ويقاس بدء البلوغ عند الفتى بظهور الصفات الجنسية الثانوية مثل غلظة الصوت وظهور شعر الشارب واللحية، وقد يبكر البلوغ عند الذكور فيظهر في سن العاشرة، وقد يتأخر حتى السابعة عشرة أي أن مداه يتراوح بين 10-17 سنة، هو بذلك يقل عن مدى الفتاة بسنتين.

ويؤثر هذا النشاط الغددي على جميع المظاهر الأخرى للنمو، وعلى المظاهر الجنسية الثانوية، وتخضع الغدد العرقية في تطورها إلى نشاط الجهاز الليمفاوي، وتكتسب لنفسها رائحة خاصة غريبة في المراهقة، وقد يخجل الفرد من هذه الرائحة أول ظهورها، ويخجل أيضًا عندما يتصبب عرقا لأي مجهود بسيط يبذله.

نمو الطول والوزن:

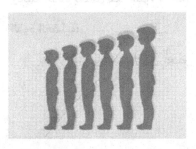

يرتبط النمو الطولي ارتباطا قويا بنمو الجهاز العظمي، وتبدأ مظاهر هذا النمو عند الميلاد فيتساوى الجنسان في هذه المظاهر، وفي السنة

الرابعة للميلاد تسبق الأنثى الذكر بما يقرب من سنة عظمية. وفي السنة الثامنة للميلاد تسبقه بما يقرب من سنة ونصف عظمية، وفي بدء المراهقة تسبقه بما يقرب من سنتين عظميتين. وتصل عظام الفتاة إلى اكتمال نضجها في سن 17 سنة، ويقترب النمو العظمي للفتى من نمو الفتاة في سن 14 سنة، ثم يسبقها بعد ذلك. ويقاس هذا النمو برصد درجة كثافة العظام وصلابتها وقوتها ولا يقاس بمدى طولها أو عرضها. وتقاس الكثافة بصور الأشعة السينية (Ray -X).

ويزداد النمو العظمي الطولي خلال المراهقة وتبلغ سرعته أقصاها عند البنين فيما 10،5-14،5 سنة، وعند البنات ما بين 10،5-14 سنة، ويسرع النمو بالذراعين قبل الرجلين فيختل بذلك اتزان الفرد، وقد يحطم الأواني عندما يحاول أن يمسكها وقد يؤثر هذا الأمر في نفسيته وفي تكيفه الصحيح للبيئة.

ويختلف النمو العظمي المستعرض تبعا لاختلاف الجنسين، فيزداد نمو قوس الحوض عند الفتاة خلال المراهقة بشكل واضح قوي، تمهيدا لوظيفة الحمل والأمومة التي تقوم بها الأنثى عندما تنضج، ويزداد اتساع المنكبين عند الفتى تبعا لازدياد نموه، تمهيدا لوظيفته الشاقة التي تعتمد على القوة في سعيه للرزق.

هذا ويرتبط النمو الوزني بتراكم الدهن في الأماكن المختلفة من الجسم، وبالنمو العضلي حيث تبلغ سرعة النمو الوزني أقصاها عند البنات فيما بين 11،5-14،5 سنة، ثم تقترب من نهايتها في سن ستة عشرة سنة. وتستمر في الزيادة الهادئة حتى الرشد، وتتميز الفتاة بتراكم الدهن في أماكن خاصة من جسمها، وخاصة في الثديين والأرداف، ولهذا تسمى كاعبا حينما تبرز ثدياها، وناهدا حينما يكتمل هذا النتوء نضجه.

القوة العضلية:

يتأخر النمو العضلي في بعض نواحيه عن النمو العظمي الطولي، ولذلك يشعر

المراهق بآلام النمو الجسمي، لتوتر العضلات المتصلة بالعظام النامية المتطورة. هذا ويتفوق البنين على البنات في القوة العضلية، وذلك لامتياز الفتى عن الفتاة في اتساع منكبيه وطول ذراعيه وكبر يديه، وتقاس القوة العضلية بجهاز خاص يسجل قوة الضغط بالكيلوجرامات وتبلغ زيادة الفتى عن الفتاة أربعة كيلوجرامات في سن الحادية عشرة سنة، ثم يزداد هذا الفرق حتى يصل إلى عشرين كيلو غرام في سن ثمانية عشرة سنة. ولهذه الزيادة أثرها القوي في التكيف الاجتماعي للمراهق وفي تأكيد مكانته وشخصيته.

رعاية النمو الجسمي:

المراهقة مرحلة تتميز بسرعة نموها فهي بذلك إرهاق للرشد المتزن المستقر، كما كانت الطفولة المتأخرة إرهاصا للمراهقة.

ولهذا يجب على المراهق أن يلم بالعادات الصحية وأن يمارسها في غذائه ونومه وعمله حتى لا يعوق نموه، وعليه أن يتجنب التخمة، وأن ينام ما يقرب من تسع ساعات حتى يوفر لجسمه الطاقة الضرورية له، وأن يتجنب الأعمال القاسية المرهقة التي قد تجهد قلبه وجهازه الدموي، وعلى المدرسة أن ترعى هذه النواحي المختلفة في برامجها وفي نشاطها، وان تيسر للمراهق الهوايات التي تساير مظاهر نموه وأن تحول بينه وبين العادات السيئة كالتدخين مثلا حتى لا يرهق جهازه التنفسي.

وهكذا يحتاج المراهق إلى رعاية صحية تربوية سوية تسير به قدما نحو النضج الذي يهدف إليه تطوره.

الخصائص الجسمية:

تحدث لدى المراهق تغيرات جسمية سريعة وعنيفة في الحجم، الوزن، الشكل وفيما يلي أبرزها:

المرحلة	الخصائص الجسمية
المراهقة المبكرة	• يحدث نمو سريع و مفاجئ في الطول و الوزن و الهيكل العظمي. • اتساع الكتف و الصدر بالنسبة للذكور. • تحدث أكبر زيادة في الطول متأخرة مدة عامين تقريبا عند الذكور، بينما تحدث هذه الزيادة عند البنات في الفترة التي تسبق أول حيض. • تتغير ملامح الفرد نتيجة للنمو السريع حيث يصبح الفم واسع و الفك العلوي ناميا أكثر من الفك السفلي.
المراهقة المتوسطة	• تباطؤ النمو الجسمي و دقة سرعته تدريجيا. • زيادة الطول و الوزن عند كل من الذكور و الإناث مع وجود فرق بينهما (استمرار الزيادة ببطء): • الزيادة لدى الذكور أعلى من الإناث. • وصول الإناث إلى أقصى النمو في الطول في نهاية هذه المرحلة تقريبا. • انخفاض سرعة النمو في الوزن لدى الإناث قبل الذكور. • زيادة سعة المعدة زيادة كبيرة. • تحسن الحالة الصحية للمراهق تحسنا واضحا. • تفوق الذكور على الإناث في القوة العضلية. • قلة ساعات نوم المراهق. • انخفاض طفيف في معدل النبض لدى المراهق و انخفاض استهلاك جسمه للأوكسجين. • ارتفاع ضغط الدم تدريجيا عند كلا الجنسين
المراهقة المتأخرة	• يتواصل النمو الجسمي في هذه المرحلة حتى يصل إلى غايته و تتضح السمات الجسدية للفرد و تستقر ملامح وجهه. • تستمر الزيادة الطفيفة أو البطيئة لدى الجنسين حتى الرشد و يلاحظ تفوق الذكور على الإناث في كل من الوزن و الطول.

المرحلة	الخصائص الجسمية
	• يصل الفرد إلى التوازن الغددي.
	• تكتمل الأسنان الدائمة بظهور أضراس العقل الأربعة و يكتمل النضج الهيكلي و النضج الجسمي.
	• تتضح درجة وضوح القوة البدنية عند الذكور عنها عند لدى البنات مما يجعلهم يتفوقون عليهن في الأنشطة الرياضية خلال سنوات هذه المرحلة.

رعاية النمو الجسمي:

1- العناية بالتربية الصحيحة والجانب الوقائي وبزيادة الاهتمام بالتغذية وعادات النوم والراحة والنظافة.

2- تهيئة المراهق للنضج الجسمي والتغيرات الجسمية التي تطرأ في هذه المرحلة.

3- عدم التركيز على النمو العقلي على حساب النمو الجسمي.

ثانياً: النمو الجنسي لدى المراهق

يبدأ النضج الجنسي بنضج الغدد التناسلية، ومن ثم الاستجابة للمثيرات الجنسية، ثم الاهتمام بالجنس الآخر وبناء العلاقات العاطفية والاهتمام بكل ما يتعلق بالجنس الآخر ونظرا لما لهذا الجانب من أثر في حياة المراهق ومن صور اكتماله بالنسبة للذكور التغير الفسيولوجي تبدأ بالبلوغ على صورة القذف. بالنسبة للإناث التغير الفسيولوجي تبدأ بالبلوغ على صورة الحيض.

الخصائص الجنسية:

يعرف النضج الجنسي على أنه نمو الغدد التناسلية وقدرتها على أداء وظائفها التناسلية، ويمكن تقسيم الصفات الجنسية إلى قسمين: صفات جنسية ثانوية و صفات جنسية أولية ناتجة عن نشاط الغدد الجنسية.

المرحلة		
المراهقة المبكرة	الصفات الجنسية الأولية	الصفات الجنسية الثانوية
الذكور	تنشط الغدد التناسلية وتصبح قادرة على أداء وظائفها التناسلية وهي الخلايا الجنسية أو ما تسمى بالحيوانات المنوية.	• نمو الشعر في مواضع خاصة من الجسم كالإبط و الوجه وغيرها. • خشونة الصوت.
الإناث	تنشط الغدد التناسلية وتصبح قادرة على أداء وظائفها التناسلية وهي المبيضات وتفرزان الخلايا الجنسية أو ما تسمى بالبويضة و هنا تبدأ العادة الشهرية (الطمث)	• نمو الشعر في مواضع خاصة من الجسم. • نعومة الصوت. • نمو عظام الحوض والفم والمهبل. • اختزان الدهن في الأرداف ونموها.
المراهقة المتوسطة	• ينشط الدافع لدى المراهق نشاطا يدفعه إلى الميل نحو الجنس الآخر. • الرغبة في تحصيل أكبر قدر من المعرفة في الأمور الجنسية. • يكون النشاط الجنسي لدى الذكور أسبق منه لدى الإناث، ويصل الذكور إلى الطاقة الجنسية.	
المراهقة المتأخرة	• تتحقق القدرة على التناسل عند الجنسين، ويصبح الدور الجنسي لكل منهما أكثر دقة و تحديدا. • تزداد المشاعر الجنسية خصوبة وعمقا وتندمج مشاعر الرغبة الجنسية مع مشاعر المودة و المحبة. • يصبح الفرد أكثر واقعية في إظهار ميله نحو الجنس الأخر.	

ثالثا: النمو الحركي لدى المراهق

تنمو القدرة الحركية ويلاحظ الميل نحو الخمول والكسل وتكون حركات الفتى غير دقيقة ويضاف إلى بعض العوامل الاجتماعية والنفسية حيث تؤدي التغيرات الجسمية الواضحة، وفيما يلي أهم الخصائص الحركية:

المرحلة	
المراهقة المبكرة	• يعاني البالغ من اضطرابات في حركاته فيتعرض للوقوع أو التعثر أو سقوط الأشياء من بين يديه. • يفقد كثيرا من توازنه وتبدو حركاته الناجم عن العضلات الكبيرة والدقيقة غير منتظمة، فقد نتوهم توفر لدى البالغ حيث يهب لمساعدتنا ولكنه سرعان ما يشعر بالتعب والإرهاق والإجهاد. • يتصف البالغ بالخجل و الكسل و الخمول مما يؤدي إلى اضطرابه وتشويه أدائه.
المراهقة المتوسطة	• توافق و انسجام حركات المراهق و ازدياد نشاطه. • ازدياد قدرة المراهق على اكتساب المهارات الحركية. • تحسن على مستوى السرعة التي تتضمن استخدام العضلات الكبيرة. • تحسن على التآزر البصري اليدوي.
المراهقة المتأخرة	• يصل المراهق إلى أقصى قوة عضلاته، ودقة حركتها سرعتها. • يزداد نشاطه و التنسيق بين حركاته. • تزداد قدرته على اكتساب مهارات حركية جديدة. • تحسن بعض الأنشطة لدى المراهق، وخاصة منها الأنشطة المركبة كالتوازن والمرونة والرشاقة، والقوة البدنية و التحمل. • يزداد و وضوح الفروق في النمو الحركي بين الذكور والإناث.

رابعا: النمو العقلي لدى المراهق

تتطور الحياة العقلية المعرفية للمراهق تطورا ينحو بها نحو التمايز والتباين تمهيدا لإعداد الفرد للتكيف الصحيح لبيئته المتغيرة المعقدة. ولهذا تبدو أهمية المواهب أو القدرات التي تؤكد الفروق العقلية الواسعة العريضة بين الأفراد المختلفين.

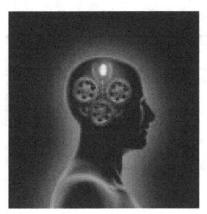

وهكذا تكتسب حياة الفرد ألوانا عدة خصبة تساير في جوهرها تباين المستويات الواحدة في المجتمعات المختلفة، وتفاوت المستويات العدة في المجتمع الواحد، وتساير حياة الفرد الحياة الإنسانية نفسها في تنظيمها العام، وفي تباينها وتفاوتها واختلافها وتنوعها وخصوبة ميادينها.

الذكاء والقدرات:

يدل الذكاء على محصلة النشاط العقلي كله، وتدل كل طاقة على نوع ما من أنواع هذا النشاط العقلي كما يبدو عند بعض الأفراد. فالقدرة العددية مثلا تبدو بوضوح في قدرة بعض الأفراد على إجراء العمليات الحسابية الأساسية في سهولة وسرعة ودقة.

هذا وتختلف سرعة نمو الذكاء، عن سرعة نمو كل قدرة من القدرات المختلفة، فيهدأ نموها نوعا ما في أول هذه المراهقة ثم يهدأ تماما في منتصفها، ثم يستقر استقرارا تاما في الرشد.

الذكاء والقدرات والميول العقلية:

تتضح في المراهقة الميول العقلية للفرد، وتبدو في اهتمامه العميق بأوجه النشاط المختلفة التي يتصل بها من قريب أو بعيد. وتتأثر هذه الميول بمستوى ذكائه وبقدراته العقلية. وتتأثر هذه الميول بمستوى ذكائه وبقدراته العقلية، وتنشأ في جوهرها من تمايز

هذه القدرات. وتهدف به إلى الأنماط العملية التي سيسلكها في حياته العقلية والمهنية المقبلة. ولهذا يهتم العلماء بدراسة هذه الميول العقلية تمهيدا لتوجيه دراسة الفرد أو لاختيار المهنة التي تناسب مواهبه المختلفة.

وفيما يلي استعراض لهذه العمليات العقلية:

1- عملية الإدراك:

يتأثر إدراك الفرد بنموه العضوي الفسيولوجي العقلي الانفعالي الاجتماعي، ولهذا يختلف إدراك المراهق عن إدراك الطفل لتفاوت مظاهر نموها. وتدل أبحاث تسكالونا escalona. S، على أن الحساسية الإدراكية في عتباتها العليا والدنيا تتأثر بالمجال الذي يهيمن على الفرد، وبالموقف المحيط به. أي أن هذه الحساسية تخضع لمدى تفاعل الفرد مع مقومات هذا الموقف لنوع ولشدة ولمستوى إدراكه له. فمدى إدراك الطفل للأصوات المرتفعة والمنخفضة، يختلف عن مدى إدراك المراهق لهذه العتبة الصوتية، وهكذا تؤكد الأبحاث الحديثة أن إدراك الفرد للعالم المحيط به مظهر من مظاهر نموه.

هذا ويختلف إدراك الطفل عن إدراك المراهق اختلافا ينمو بالفرد نحو التطور الذي يرقى به من المستوى الحاسي المباشر إلى المستوى المعنوي البعيد. وتدل دراسات كمينز Kimmins. W.C وغيره من الباحثين على أن إدراك الطفل للحروب يتلخص في الآثار المباشرة للغارات الجوية، وما يراه فيها من تخريب مباشر، وأن إدراك المراهق يزداد ليرى هذه الغارات الجوية نذير خراب مقبل يهدد حياة الناس ما دامت الحرب قائمة. أي أن إدراك المراهق يمتد عقليا نحو المستقبل القريب والبعيد، بينما يتمركز إدراك الطفل إلى حد كبير في حاضره الراهن.

2- عملية التذكر:

تنمو عملية التذكر في المراهقة، وتنمو معها مقدرة الفرد على الاستدعاء والتعرف، وتقوي الحافظة، ويتسع المدى الزمني الذي يقوم بين التعلم والتذكر، فيزداد تبعا لذلك مستوى الذاكرة في نوعه ومداه. هذا وتؤكد الأبحاث الحديثة خطأ الرأي القائل بأن الطفولة هي المرحلة الذهبية للتذكر. ذلك بأن التذكر أعقد من أن يشمله تعميم كهذا التعميم فالتذكر المباشر يختلف عن التذكر غير المباشر، والتذكر الآلي يختلف عن التذكر المعنوي. وهكذا يزداد التذكر حتى يبلغ ذروته في السنة الخامسة عشرة لميلاد الفرد، ثم يضعف وينحدر في سرعته وقوته ومداه. ويظل التذكر المعنوي في نموه طوال المراهقة والرشد. ويتأثر تذكر الفرد للموضوعات المختلفة بدرجة ميله نحوها أو عزوفه عنها، واستمتاعه بها أو بغضه لها، وبانفعالاته وخبراته المختلفة، ولهذا تقل أهمية التذكر المباشر للأرقام والألفاظ عند قياس الذكاء كلما زاد عمر الفرد وكلما اقترب من الرشد واكتمل النضج.

وترتبط عملية التذكر في آفاقها المختلفة بنمو قدرة الفرد على الانتباه، ولهذا يتأثر مدى تذكر الطفل تأثرا كبيرا بالنشاط العقلي الذي يعقب حفظه مباشرة ويقدر لاهي Lahey .F.M أن الانتقال المفاجئ من عملية تعلمية لأخرى يعوق حفظ العملية الأولى. وتقل شدة هذه الإعاقة في المراهقة لنمو مقدرة الفرد على الفهم العميق والانتباه المركز لما يتعلم. ولذلك يستطيع أن ينتقل عقليا من موضوع إلى موضوع آخر بعد إجادته للموضوع الأول. وتسمى هذه الظاهرة بالكف الرجعي. أي إعاقة النشاط العقلي الثاني للنشاط العقلي الأول إعاقة رجعية. وهكذا نرى أن المراهق يستطيع أن ينتبه لموضوعين في وقت واحد إذا ارتبطا من قريب ارتباطا كليا أو جزئيا، أو إذا قامت بينهما علاقات قوية تهدف إلى تنظيمها في وحدة عامة.

3- عملية التفكير:

يتأثر تفكير المراهق بالبيئة تأثرا يحفزه إلى أنواع مختلفة من الاستدلال وحل المشكلات

حتى يستطيع الفرد أن يكيف نفسه تكيفا صحيحا لبيئته المعقدة المتشابكة المتطورة مع نموه. ولذلك نرى أهمية الخبرة الواسعة العريضة في نمو تفكير المراهق.

هذا وتؤكد أبحاث بروكس Brooks.D.F وغيره من العلماء أهمية البيئة في نمو التفكير. وتقترب مفاهيم المراهقين في مستوياتها العليا الصحيحة من التعميم الرمزي، ويستطيع المراهق فهم معنى الخير والفضيلة والعدالة، بينما يعجز الطفل عن إدراكه لهذه المفاهيم المعنوية.

4- عملية التخيل:

يرتبط التخيل بالتفكير ارتباطا قويا خلال مراحل النمو المختلفة، وهذا الارتباط ينمو كلما اقترب الفرد من الرشد واكتمل النضج. وتؤكد دراسات فالنتينر Valentiner .F الفروق المختلفة القائمة بين تخيل الطفل وتخيل المراهق. وتتلخص التجربة التي أجراها الباحث على 2642 فتى، و2138 فتاة، تتراوح أعمارهم فيما بين 9-18 سنة في مطالبة هؤلاء الأفراد بإكمال القصة التالية:

((قال القمر ذات ليلة، كنت أسبح خلال السحب الثلجية المتراكمة، وكانت أشعتي تحاول اختراق حجاب السحاب لترى ما يحدث على الأرض، وفجأة انحسرت هذه السحب من أمامي و............)) وعلى المراهق أن يكمل هذه القصة مستعينا بإحدى الاحتمالات التالية:

أ- رأى القمر سفينة تغرق.

ب- تحدث القمر مع العملاق الذي يسكن في القلعة المسحورة.

ج- اهتم القمر بمؤاساة رجل مريض طريح الفراش.

د- تحدث القمر مع طالب لا يستطيع أداء واجبه المدرسي.

ولقد دلت نتيجة هذا البحث على أن المراهق يميل إلى وصف مشاعر القمر وانفعالاته وتفكيره، بينما يميل الطفل إلى وصف أعمال القمر وأفعاله. ويكمل المراهق

إكمال قصته فيضفي عليها جوا خصبا عاطفيا، بينما يلتزم الطفل الحدود الضيقة للقصة، ولا يكاد يحيد عنها. ويتميز أسلوب المراهق بطابع فني جمالي، بينما يخلو أسلوب الطفل من هذا اللون الجمالي، وتدل إجابات الفتيات على خيال خصب يفوق في مراميه خيال الفتيان.

نمو القدرات الطائفية:

تكاد تجمع أغلب الأبحاث الإحصائية النفسية الحديثة على أن أهم القدرات الطائفية تتلخص في:

1- القدرة اللفظية: وتظهر في مقدرة الأفراد المراهقين على فهم الألفاظ والتعبيرات اللغوية المختلفة، حيث ترتبط باللغة.

2- القدرة المكانية: وتتضح في قدرة المراهقين على فهم الأشكال الهندسية المختلفة وإدراك العلاقات المكانية في سهولة ويسر.

3- القدرة العددية: وتظهر في سهولة إجراء العمليات الحسابية الأساسية وخاصة عملية الجمع.

4- قدرة التذكر المباشر: وتبدو في مقدرة بعض الأفراد على استدعاء الأرقام والألفاظ استدعاء مباشرا، وقد تسمى أحيانا بقدرة التذكر الآلي السريع.

5- القدرة الاستقرائية: وتبدو في سهولة اكتشاف القاعدة من جزئياتها

6- القدرة الاستنباطية: وتبدو في سهولة معرفة الجزئيات التي تنطوي تحت لواء قاعدة معروفة.

7- السرعة: وتبدو في الإدراك السريع للأمور البسيطة. فهي بهذا المعنى قدرة إدراكية.

هذا وما زالت الصورة العملية الصحيحة لنمو هذه القدرات، غامضة في كثير من نواحيها.

الميول لدى المراهق:

تتضح الميول في المراهقة، وتتصل من قريب بتمايز مظاهر الحياة العقلية للفرد في هذه المرحلة، وتتصل أيضًا بالدعائم الأخرى للحياة النفسية الأساسية وبأنماط الشخصية وسماتها، ولهذا تختلف أنواع الميول تبعا لاختلاف هذه المظاهر. ويعرف الميل بأنه شعور يصاحب انتباه الفرد واهتمامه بموضوع ما. وهو في جوهره اتجاه نفسي يتميز بتركيز الانتباه في موضوع معين أو في ميدان خاص.

فالانتباه بهذا المعنى أهم عنصر من عناصر الميل، فغالبا ما ينتبه الفرد إلى ما يميل إليه، ويميل إلى ما ينتبه له. ويفرق ثورندايك وهاجن بين الاتجاه والميل على أساس العمومية والخصوصية، ذلك بأن الاتجاه النفسي لا يقتصر على مجرد النشاط الذي يميل بالفرد نحو موضوع ما، بل يتسع حتى يشتمل على مجرد تهيؤ الفرد لهذا الميل.

وهكذا يصبح الميل ناحية من نواحي النشاط التي تجعل الفرد ينتبه لموضوع ما، ويهتم به، ويرغب فيه. فيختار من بيئته ما يثير انتباهه وميله، ويقترب بذلك مما يختار، ويبتعد عما يترك. فالناحية الايجابية في الميل توضح مساره وهدفه، والناحية السلبية توضح حدود تمايزه ومعالمه. ويؤثر هذا الاختيار على العمليات العقلية للفرد، فيتذكر ما يميل إليه، وينشط بتفكيره وخياله في إطار ميله، ويدرك ما يهتم به، ويصبغ ما يدرك بألوان ميوله.

المظاهر الرئيسية للميول:

تتباين الميول في أنواعها تبعا لتباين موضوعاتها وأهدافها، ويتفاوت كل نوع منها في مداه الزمني، وفي اتساع ميدانه، وفي شدته وقوته، تفاوتا يضفي عليها صفات ومظاهر نفسية مختلفة.

1- المدى الزمني: فمن الميول ما يمتد في حياة الفرد حتى يكاد يستغرق أغلب مراحل نموه، ومنها ما يظهر بوضوح في طور خاص من أطوار الحياة ثم يختفي بعد ذلك فالإعجاب بالبطولة ميل يبدو بوضوح في طور خاص من أطوار حياة بعض الناس، وقد يمتد حتى يكاد يهيمن على أغلب مراحل حياة الآخرين.

2- الاتساع: قد يتسع ميدان الميل حتى يكاد يهيمن على أي مظهر عام من مظاهر النشاط النفسي، أو يضيق حتى يقتصر على ناحية خاصة منه. مثلا الميل الميكانيكي العام الذي يبدو في اهتمام الفرد بجميع الآلات والأجهزة التي يراها وفي رغبته الملحة لفهمها وتعديلها واختراعها.

3- الشدة: يمكننا أن نرتب ميول كل فرد تبعا لشدتها وقوتها، فمن الناس من يفضل ميلا على ميل آخر، فيسفر بذلك عن مدى شدة وقوة بعض ميوله. وهكذا قد يدل على أن ميله للقراءة أقوى وأشد من ميله للألعاب الرياضية.

العوامل المؤثرة في النمو العقلي:

1- الوراثة.التسهيلات البيئية.

2- التوافق الانفعالي.

3- مستوى وسرعة معدل النمو الجسمي.

4- وسائل الإعلام.

الخصائص العقلية:

المرحلة	
المراهقة المبكرة	• تقل سرعة النمو في القدرة العقلية نظرا لأن معظم طاقة الطفل البيولوجية تكون مشغولة بمواجهة مطالب النمو الجسمي السريع حتى أنه ليشعر بالإرهاق إذا قام بمجهود عقلي مركز. • يزداد الانتباه في هذه الفترة من حيث مداه وعدد مثيراته. • يصاحب قدرة الانتباه نمو القدرة على التعلم، ونمو القدرة على التذكر. • يكون التذكر في هذه الفترة قائما على الفهم و ليس على التذكر الآلي الذي كان مسيطرا في الطفولة. • ينتقل التخيل في هذه المرحلة من الخيال القائم على معالجة صور الأشياء إلى الخيال القائم على معالجة مفاهيم الفرد للأشياء، ولعل ذلك هو ما يسهل على المراهق تناول المواد الرياضية والقوانين العلمية والنظرية. • تتسع دائرة ميول الفرد الاستطلاعية فنجده يقلب صفحات الجرائد- يطالع القصص، ويقرأ دواوين الشعر و يكتب المذكرات الخاصة ويكثر من الرحلات.
المراهقة المتوسطة	• استمرار الذكاء في النمو بسرعة أقل من سرعته في المراحل السابقة. • استمرار نمو المواهب والقدرات العقلية الأخرى (اللغوية، العددية، المكانية...) • تبلور الميول العقلية للفرد.

المرحلة	
	• التباين في الفروق الفردية في الميول والاستعدادات والقدرات. • تطور موضوعات القراءة واتجاهها نحو كسب المعلومات توطئة للتخصص التعليمي والمهني. • يتميز أسلوب الكتابة لدى المراهق بطابع فني جميل. • يميل اتجاه خيال المراهق إلى الخيال المجرد. • نمو التفكير المجرد والابتكاري ويظل التذكر المعنوي مطردا في نموه. • زيادة قدرة الفرد على الفهم العميق و الانتباه المركز لما يتعلم وازدياد قدرته على التحصيل. • يغدو تفكير الفرد أكثر مرونة و أقل تمركزا حول الذات. • الاهتمام الواضح بالمستقبل التربوي والمهني.
المراهقة المتأخرة	• تطور البناء العقلي تطورا كبيرا. • تتطور طريقة التفكير لدى المراهق من التفكير العيني إلى الاستنتاج النظري. • يصل النمو في الذكاء إلى أقصاه مابين (18-20) ويستمر أو يزداد التباين في القدرات و الميول. • التمكن من استيعاب المفاهيم والقيم الأخلاقية المتعلقة بالصواب والخطأ. • يميل المراهق في حل مشاكله إلى وضع الفروض المختلفة، وتحليل المواقف تحليلا منطقيا متسقا.

المرحلة	
	• ازدياد قدرته على التفكير المستقل، واتخاذ القرارات واصطناع فلسفة معينة له في الحياة.
	• يصبح المراهق أكثر قدرة على تقويم نفسه والتمييز بين ما هو واقعي وما هو مثالي.
	• ازدياد القدرة على التحصيل و على الإحاطة بمصادر المعرفة المتزايدة.
	• تظهر النظرة المستقبلية لدى المراهق خاصة عند الذكور.
	• يرتبط التخيل بالتفكير ارتباطا قويا ويستمتع المراهق استمتاعا كبيرا بالنشاط العقلي.

رعاية النمو العقلي:

1- الاهتمام بالمناخ الأسري الانفعالي لأثره في رعاية النمو العقلي.

2- توفير مثيرات بيئية مناسبة من مثل الكتب والرحلات والقصص والحوار والمناقشة تسهم في نمو المراهق عقليا.

3- الاستفادة من الانتباه والذاكرة والتخيل الذي ينمو بشكل كبير في هذه المرحلة.

خامسا: النمو الانفعالي لدى المراهق

تكون انفعالات المراهق بالاندفاع وعدم الضبط أيضًا تتصف بعدم الثبات والتقلب وقد يغلب على المراهق الإحساس بالذنب والخطيئة نتيجة مشاعره الجديدة خاصة فيما يتعلق بالجنس، وتستمر الانفعالات لدى المراهق قوية

حتى نهاية المراهقة وحيث تتطور مشاعر الحب والميل إلى حيل الدفاع عن ذاته لحفظ التوازن بين القوى الداخلية المحركة والضغوط الخارجية الضاغطة على سلوكه من هذه الحيل:التبرير، النكوص، الكبت والعدوان.

وانفعالات المراهق في البداية شديدة مع تذبذب بين اندفاعات الأطفال وتحكم الكبار بسبب التغيرات الجسمية الشديدة. وينتاب المراهق في البداية الشعور بالخجل والانطواء على النفس نتيجة لتتابع التغيرات الجسمية المفاجئة. وقد يشعر بالذنب على بعض التصرفات أو الأفكار التي لا يرضى عنها.

وقد يستغرق المراهق في أحلام اليقظة هروباً من مشاعر القلق، ولكن فإن حب الوالدين وتقبلهم للأبناء يساعدهم على تجاوز هذه المرحلة الحرجة.

ويؤدى إلى زيادة الاتزان الوجداني لدى الذكور والإناث (فيما عدا ما ينتاب الأنثى من توتر وقلق وميل إلى الاكتئاب أثناء كل دورة حيض).

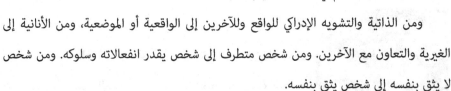

ويتحول المراهق مع الأيام نحو مزيد من الاتزان الانفعالي حيث يتحول من شخص لا يتحمل الإحباط ويثابر على العمل، ومن شخص سريع الانفعال إلى شخص يتحكم في انفعالات ويعبر عنها.

ومن الذاتية والتشويه الإدراكي للواقع وللآخرين إلى الواقعية أو الموضعية، ومن الأنانية إلى الغيرية والتعاون مع الآخرين. ومن شخص متطرف إلى شخص يقدر انفعالاته وسلوكه. ومن شخص لا يثق بنفسه إلى شخص يثق بنفسه.

يساعد على اكتمال النضج الانفعالي والاجتماعي للمراهق سيادة جو من الحب والرعاية داخل الأسرة، وإتاحة الفرصة لاكتساب المزيد من الخبرات التي تساعده على

الشعور بالثقة، مما يساعده على اجتياز العقبات وتحقيق التوافق الشخصي والاجتماعي، مما يمكنه من النجاح في الحياة العملية والمهنية ويعده لتحمل مسئوليات مرحلة النضج والرشد.

• **الخصائص الانفعالية:**

المرحلة	خصائص المرحلة
المراهقة المبكرة	• عدم التماثل بين سرعة النمو الجسمي والنمو الانفعالي، مما يؤدي إلى الاضطراب وعدم الثبات. • تذبذب الحالة المزاجية وتقلبات حادة في السلوك واتجاهات متناقضة أحيانا. • الميل إلى الخجل و الانطواء أحيانا، وقضاء المراهق بعضا من ووقته في جو من أحلام اليقظة أحيانا أخرى. • الرهافة: وهي زيادة الحساسية الانفعالية، فيضطرب ويشعر بالقلق لما يعتريه من نمو جسمي لأبسط الأمور، إذ يتأثر المراهق تأثرا سريعا بالمثيرات الانفعالية المختلفة نتيجة اختلال اتزانه الغددي الداخلي ولتغير المعالم الإدراكية لبيئته المحيطة.
المراهقة المتوسطة	• الاتجاه إلى تقبل الحياة بكل مافيا من اختلافات أو عدم الوضوح، وزيادة القدرة على التوافق مع التغيرات التي تطرأ على جسمها وتقبلها. • يزداد شعور المراهق بذاته، فتظهر مشاعر التمرد و الثورة والغضب. • تتسع أماله و أحلامه، وقد يتعذر عليه تحقيقها أو تحقيق معظمها. • تأخذ عاطفة الحب و تتبلور مما يولد إحساس القبول بالآخرين. • انفعالات قوية و حساسية مفرطة وعدم الثبات. • يعاني المراهق من عدم وضوح الرؤيا و الشعور بالحيرة.

المرحلة	خصائص المرحلة
	• يشعر بعض المراهقين كثيرا في أحلام اليقظة، تعويضا عما يعانونه من أنواع النقص و الحرمان. • تخف درجة المخاوف التي كانت تلازم المراهق في طفولته ومراهقته المبكرة. • الشعور أحيانا بالهدوء والسكينة. • تذبذب الحالة الانفعالية من الانبساط إلى الاكتساب.
المراهقة المتأخرة	• التميز بقوة الشعور والاستقلال والالتزام بعد أن يكون قد استقر على مجموعة من الاختيارات. • تبدو مشاعر الود والحب واضحة لدى المراهق، وتتكون عنده عواطف نحو الجماليات كحب الطبيعة. • تبلور بعض العواطف الشخصية كالاعتناء بالنفس. • تتضح الصفات المزاجية و تصبح أكثر تمايزا. • اقتراب الانفعالات من النضج و اتسامها بالرصانة و الثبات. • القدرة على المشاركة الوجدانية وازدياد الميل إلى الرحمة والرأفة. • إعادة النظر في المطامح و الآمال.

العوامل المؤثرة في النمو الانفعالي:

1- التغيرات الجسمية الداخلية والخارجية: حيث تتأثر انفعالات المراهق بالنمو العضوي الداخلي، وخاصة بنمو أو ضمور الغدد الصماء. وتتأثر أيضًا بالتغيرات الخارجية التي تطرأ على أجزاء جسمه، وبتغير النسب الجسمية لنمو أعضائه.

2- العمليات والقدرات العقلية: يتغير إدراك الفرد للعالم المحيط به نتيجة لتغير النمو العقلي بأبعاده المتباينة، وتتأثر انفعالات المراهق بهذا التغير.

3- التآلف الجنسي: يتباعد الجنسان في الطفولة المتأخرة ثم يتآلفان في المراهقة، ويبدأ هذا التآلف شاقا قاسيا على الجنسين لأنه تحول مضاد، لهذا يشعر المراهق بالحرج في باكورة علاقته بالجنس الآخر.

4- العلاقات العائلية: يتأثر النمو الانفعالي للمراهق إلى حد كبير بالعلاقات العائلية المختلفة التي تهمين على أسرته في طفولته ومراهقته، وبالجو الاجتماعي السائد في عائلته.

5- معايير الجماعة: يختلف أثر المثيرات الانفعالية تبعا لاختلاف مراحل النمو المتتابعة المتعاقبة. وتختلف الاستجابات أيضًا تبعا لعمر الفرد في طفولته ومراهقته، فبعض الأمور التي تضحك الفرد في طفولته لا تثير ضحكه في مراهقته، وبعض الأمور التي كانت تثير آلامه في طفولته لا تثير هذه الآلام في مراهقته، وهكذا يرى المراهق نفسه بين إطارين مختلفين، إطار طفولته وإطار مراهقته، ولهذا يشعر بالحرج بين أهله ورفاقه لشعوره باختلاف سلوكه ومثيراته.

6- الشعور الديني: يؤمن الفرد في طفولته بالشعائر والطقوس الدينية المختلفة، لكنه في مراهقته يتخفف كثيرا من هذا الإيمان الشديد ويتجه بعقله نحو مناقشتها وفهمها والكشف عن أسبابها. ولهذا قد ينحدر به الشك إلى الصراع، وقد يخشى أن يناقش أهله في تلك الأمور، وخاصة إذا كانت بيئته الأولى متزمنة جامدة. ويزيد في آلامه النفسية شعوره بالإثم لشكه في تلك الطقوس التي آمن بها في طفولته، وشعوره بذنوبه التي يقترفها وأخطائه التي يقع فيها.

رعاية النمو الانفعالي:

1- الانتباه إلى ظهور أية مشكلات انفعالية عند المراهق والمبادرة إلى حلها وعلاجها قبل أن تستفحل.

2- مساعدة المراهق على التخلص من الاستغراق الزائد في أحلام اليقظة.

3- تنمية الثقة بالنفس لتهذيب الانفعالات من أجل تحقيق التوافق الانفعالي السوي.

4- إشغال وقت الفراغ بالمفيد من الأعمال والهوايات.

نمو مفهوم الذات لدى المراهق:

يزداد الوعي بالذات والدقة في تقييم الذات حيث يؤثر البلوغ الجنسي في نمط شخصيته ونجد أن مفهوم الجسم مهم جداً في تقييم الذات في هذه المرحلة حيث تنعدل صورة الذات المثالية في هذه المرحلة ويتأثر مفهوم الذات بملاحظات الوالدين والمدرسين والقادة والأصدقاء.

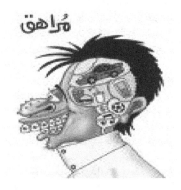

وقد يتأثر مفهوم الذات تأثراً سيئاً إذا لم يفهم الفتى مبدأ الفردية وظل عاكفاً على مقارنة نفسه بسابقين في النضج ويبذل الفتى كل جهوده لتدعيم ذاته فيلاحظ عليه تركيز اهتمامه بنفسه وأوجه نشاطه وتجاربه وينمو مع نمو الفرد منذ الطفولة مفهوم خاص للذات هو الجزء الشعوري السري من خبرات الذات ويتصف بأن معظمه مواد غير مرغوب فيها. وإذا شعر الفتى بأنه ليس له دور في المجتمع أو اضطرب دوره فإنه يحاول أن يتقمص صفات جماعة الأقران التي ينتمي إليها ولاشك أن خبرات الماضي لها دور فعال في تكوين انطباعات خاصة ومؤثرة على الفتى.

العوامل المؤثرة في نمو الذات:

1- صورة الجسم والقدرة العقلية.

2- المعايير الاجتماعية.

3- الدور الاجتماعي.

4- الخصائص الأسرية.

5- المقارنة.

6- التفاعل مع المجتمع.

سادسا: النمو الاجتماعي لدى المراهق

الحياة الاجتماعية في المراهقة أكثر اتساعا وشمولا، وتباينا وتمايزا من حياة الطفولة المتطورة النامية في إطار الأسرة والمدرسة، ذلك لأن المراهقة هي الدعامة الأساسية للحياة الإنسانية في رشدها واكتمال نضجها، كما كانت الطفولة دعامة للمراهقة.

وهي في مظاهرها الأساسية تمرد على سلطان الأسرة وتأكيد للحرية الشخصية، وخضوع لجماعة الرفاق، ثم تآلف سوي مع المجتمع القائم. لهذا تتأثر في تطورها بمدى تحررها من قيود الأسرة. وبمدى خضوعها لجماعة الرفاق واستقلالها عنهم، وبمدى تفاعلها مع الجو المدرسي القائم، ثم تنتهي من ذلك كله إلى الاتصال القوي الصحيح بعالم القيم والمعايير والمثل العليا.

وتنمو علاقة المراهق بالمجتمع ودوره فيه لذلك يبرز لديه الشعور بالمسئولية الاجتماعية والسعي نحو الاستقلال الاجتماعي (المهنة والزواج) الميل إلى مساعدة الآخرين، الانضمام إلى المجموعات والزمر، الميل إلى الزعامة الاجتماعية مستخدما قدراته لتحقيق هدفه والتفوق، والميل إلى التمرد على سلطة الكبار انتقاد الوالدين والراشدين، يسعى للتمدد من سلطتهم، ازدياد الوعي الاجتماعي، والرغبة في الإصلاح والتغير في المجتمع ولو بالعنف.

ويستطيع المراهق بفضل التفكير الصوري أن يعبر عن أفكاره بعدد قليل من الرموز المجردة مثل الولاء - الوطنية - العدالة. وقدرة المراهق على قبول فروضا أو تخمينا لا تتفق مع الواقع والتعامل معها منطقياً فهو يتصور الأسرة المثالية والسلوك الديني المثالي والمجتمع المثالي ويتبنى فلسفة مثاليه للحياة ويلتزم بمجموعة من القيم والمبادئ ويختار على أساسها أصدقاءه.

ومعظم مظاهر التمرد التي تبدو على سلوك المراهق ضد مجتمع الراشدين تصدر من قدراته على تصور مواقف مثالية، بطريقة عقلية خاصة دون تصور كيف يمكن تحويلها إلى واقع.

وقد فسر بعضهم خطأ هذا التمرد على أنه نوع من الصراع بين الأجيال، وأن المراهقين يجاهدون لتحرير أنفسهم من والديهم من أجل تحقيق الاستقلال والتوجه إلى صحبة الأقران.

ولكن الدراسات العلمية تؤكد أن معظم المراهقين يتحقق لهم درجة كبيرة من الاستقلال مما يجعل حاجتهم لمقاومة التبعية للراشدين ضئيلة؛ بل مع ميلهم إلى تحقيق الذات والاستقلال يتمسكون بقيم مثالية مع قيم الوالدين التي يسلكونها فعلاً، لا تلك التي يتحدثون عنها أمام الأبناء، لذلك فإن الآباء المتدينين يلتزم أبناؤهم بالسلوك الديني بطريقة مثالية، كما أن الآباء الذين يمارسون أنواعاً من الهوايات يغلب أن يحاكيهم أبناؤهم، كما أن الأقارب الراشدين يمثلون النماذج التي تحتذى في أنواع السلوك الذي يضر بصحة الفرد مثل التدخين، وتعاطي المخدرات.

وقد يبدو على المراهق بعض الخجل من مظاهر التغير الجسمي وتغير أصواتهم وملامحهم الخارجية؛ إلا أنه تزداد مع الأيام مهارتهم الاجتماعية مثل عقد الصدقات، وممارسة أنواع النشاط الاجتماعي، ومحاولة القيام بدور قريب من دور الراشد في التعامل مع الزملاء ولأساتذة والأقارب، والبدء في التخطيط للمستقبل المهني، والقيام بأنماط من السلوك الملائم لجنسه (السلوك القيادي والتنافس لدى الذكور، والرقة أو المجاملة لدى الإناث).

وفي نهاية المرحلة يصبح الفتى أو الفتاة محققاً لأكبر قدر من التوافق الشخصي والاجتماعي، ومستعد لتحمل المسئوليات الاجتماعية والأسرية والأخلاقية والمهنية التي تتفق مع دورة الجنسي، ما لم تحل بينه وبين هذا عوائق نفسية أو اجتماعية.

العوامل المؤثرة في النمو الاجتماعي:

1- الوالدان واتجاهاتهما: فالفرد المدلل في طفولته يظل طفلا في مراهقته، فيعجز عن الاعتماد على نفسه، ويتقهقر أو ينهار أمام كل أزمة تواجهه، ويشعر بالنقص عندما لا تجاب له رغباته، وكذلك يحدث للطفل المنبوذ والذي يمارس عليه القسوة من والديه. فهو أيضًا لا يمتلك صحة نفسية وينعكس ذلك على تعاطفه وحنانه في المجتمع.

2- الأسرة: يتأثر الفرد في نموه الاجتماعي بالجو النفسي المهيمن على أسرته، وبالعلاقات القائمة بين أهله. ويكتسب اتجاهاته النفسية بتقليده لأبيه وأهله وذويه، وبتكرار خبراته العائلية الأولى وتعميمها، وبانفعالاته الحادة التي تسيطر على الجو الذي يحيا في إطاره.

3- الشلة ورأي الرفاق: يتأثر نشاط الفرد في جماعة ما، بالتفاعل القائم بينه وبين الأفراد الآخرين، وبالعرف الذي ترتضيه الجماعة لنفسها، وبالعادات والتقاليد التي تفرضها الجماعة على أفرادها، وبالجو الاجتماعي السائد فيها؛ ولهذا يحاول المراهق أن يقلد زملائه في زيهم ولغتهم ولهجتهم وألفاظهم وأسلوبهم.

4- الفطام النفسي: يتخفف الفرد في مراهقته من علاقته بالأسرة، واتصاله المباشر بها، ويتصل اتصالا قويا بأقرانه وزملائه، ثم يقلل من علاقته بهم، ليتصل من قريب بالمجتمع القائم، ولهذا كان لزاما على أهله وذويه أن يساعدوه على هذا التحرر، ويخففوا من سيطرتهم عليه شيئا فشيئا، حتى يمضي قدما في طريق نموه. وللمغالاة في رعاية المراهق وحمايته من كل أذى وكل خبرة شاقة، أثر ضار على إعاقة فطامه النفسي. وخير للمراهق أن يعتمد على نفسه في شراء لوازمه وحاجياته وملابسه، وفي اختيار أصدقائه، وفي قضاء أوقات فراغه، والاستمتاع بهواياته، وتأكيد مكانته بين إخوته بما يتناسب ومستواه ونشاطه.

5- مفهوم الذات: يتأثر النمو الاجتماعي بنظرة الفرد التي يحملها حول ذاته، فكلما كانت مرتفعة تحسنت علاقته وتفاعلاته الاجتماعية مع المحيط.

6- المدرسة ومطالبها: البيئة الاجتماعية المدرسية أكثر تباينا واتساعا من البيئة المنزلية،

وأشد خضوعا لتطورات المجتمع الخارجي من البيت، وأسرع تأثرا واستجابة لهذه التطورات، وهي لهذا تترك آثارها القوية على اتجاهات الأجيال المقبلة وعاداتهم وآرائهم؛ وذلك لأنها الجسر الذي تعبرها هذه الأجيال من المنزل إلى المجتمع الواسع العريض. وتكفل المدرسة للمراهق ألوانا مختلفة من النشاط الاجتماعي، الذي يساعده على سرعة النمو واكتمال النضج، فهي تجمع بينه وبين أقرانه وأترابه، فيميل إلى بعضهم وينفر من بعضهم الآخر، ويقارن مكانته التحصيلية والاجتماعية بمكانتهم ويتأثر بفكرتهم عنه، ويدرك نفسه في إطار معاييرهم ومستوياتهم، ويتدرب على التعاون والنشاط والمناقشات والمشروعات الجماعية، ويدرك بذلك مظاهر المنافسة المشروعة، فيلتزم حدودها السوية.

7- النضج الجنسي والفسيولوجي: كلما كان نضج الفرد أبكر جنسيا كلما استدعى ذلك القيام بعلاقات اجتماعية أكثر فعالية وجرأة، بينما إذا تأخر النضج الجنسي مال الفرد إلى الحرج والضيق والابتعاد عن الآخرين.

8- المستوى الاجتماعي والاقتصادي: تدل دراسات بلوكسما Blockama.D.D على أن للمستوى الاجتماعي الثقافي الاقتصادي للأسرة، أثرا عميقا على سلوك المراهقين وعلى نموهم الاجتماعي؛ ولهذا يختلف سلوك الفرد تبعا لاختلاف المدارج المختلفة لأسرته. ذلك لأن لكل طبقة من الطبقات الاجتماعية أسلوبا معينا في الحياة، ونمطا خاصا في السلوك.

الخصائص الاجتماعية:

المرحلة	خصائص المرحلة
المراهقة المبكرة	• تختفي تدريجيا جماعات الأطفال، وتحل محلها بعض الأصدقاء، أو التحول من الارتباط بالقطيع إلى الارتباط بشلة منتقاة، ولا يزال يتردد في الاندماج معهما.

خصائص المرحلة	المرحلة
• التوجه نحو السلوك الأكثر انضباط. • التحول من عدم الاكتراث بالفوارق الطبقية إلى الاهتمام بدور هذه الأمور في تقرير علاقات الأفراد بعضهم لبعض. • عدم القدرة على الاستقلال عن الأسرة. • لا يزال غير قادرا على تحديد ميوله المهنية. • يبقى الطفل منجذبا نحو الطفولة.	
• يظل حائرا بين جاذبية الطفولة و جاذبية الرشد فهو ليس طفلا وليس راشدا كما يوضح ذلك الشكل التالي: • يميل المراهق إلى الاستقلال والتحرر من قيود الأسرة و تبعيتها. • يظهر الولاء والطاعة للشلة وجماعة الرفاق. • يتخلص من بعض جوانب الأنانية السائدة في المرحلة السابقة. • يميل إلى تقييم التقاليد القائمة في ضوء مشاعره وخبراته الشخصية. • يتبلور اعتزازه بنفسه.	المراهقة المتوسطة
• ازدياد الرغبة في التحرر من المنزل واكتساب الامتيازات التي يتمتع بها الكبار. • الرغبة في تحقيق استقلال اقتصادي. • الاتجاه أكثر نحو الاعتماد على النفس وتحمل المسؤولية وإتقان عمليات الأخذ والعطاء واختيار العمل المرغوب في مزاولته والتخطيط والاستعداد له. • تتطور لديه البصيرة الاجتماعية. • يزداد اهتمامه بالتعرف على المهن التي يمكن الالتحاق بإحداها.	المراهقة المتأخرة

المرحلة	خصائص المرحلة
	• يحاول التقليل من نزعاته الفردية والميل إلى العزلة. • تزداد قدرته على التمييز بين حاجاته وخططه وآماله الذاتية. • يزداد التفكير في تعاليم الدين ومبادئها التي يتعلمها في صغره ويزداد اتصاله بعالم القيم والمعايير والمثل. • يميل الفرد إلى التفكير في إمكانياته لتحسين ظروفه.

رعاية النمو الاجتماعي:

1- توفير النموذج السوي من خلال أفراد الأسرة للاقتداء بهم.

2- إتاحة الغرض للمراهق لممارسة المسؤوليات الاجتماعية لمساعدته على الاندماج في المجتمع.

3- فتح باب الحوار مع المراهق بعقل متفتح وتقبل آرائه ومناقشته حول موضوعاته الهامة بدلا من استخدام أسلوب الزجر أو الوعظ.

4- الاهتمام بالتربية الاجتماعية في الأسرة وترسيخ القيم الروحية والخلقية والمعايير السلوكية التي تساعد المراهق على تحقيق الانسجام مع المجتمع.

5- تشجيع التعاون بين الأسرة والمدرسة.

6- اشتراك المراهق في النشاطات الاجتماعية.

7- إعطاء المراهق الفرصة والحربة في اختيار أصدقائه مع توجيه إلى أسس الاختيار السليم.

8- احترام رغبة المراهق في التحرر والاستقلال دون إهماله مع مراعاة توجيهه بشكل غير مباشر.

الفصل الثاني عشر

مرحلة الرشـد

📖 نظريات تطور البلوغ والرشد.

📖 مرحلة الرشد المبكر.

📖 متطلبات الرشد المبكر.

📖 مظاهر النمو في الرشد المبكر.

📖 مرحلة الرشد المتوسط.

📖 متطلبات مرحلة الرشد المتوسط.

📖 مظاهر مرحلة الرشد المتوسط.

نظريات تطور البلوغ والرشد:

أولا: جولد وأطوار الحياة

وصف جولد أطوار الحياة على النحو التالي:

1- العمر 16-18 سنة يحقق الفرد الرغبة في الاستقلالية والابتعاد عن الوالدين وعلاقات حميمة مع الأقران.

2- العمر 18-22 سنة البحث عن الألفة مع الأقران ويحب أن لا يكون مطالبا من قبل الأسرة وتكون الحياة الحقيقية قريبة.

3- العمر 22-29 سنة ينخرط في العمل كبالغ وهنا وقت النمو وبناء المستقبل والحماية ضد الانفعالات المتطرفة.

4- العمر 29-35 سنة يكون اختلاط للدور وسؤال الذات والزواج والبدء بالتساؤل حول ما يفعلونه وقبول الأطفال بوضعهم.

5- العمر 35-43 سنة يكون زيادة الوعي بضغط الزمن وإعادة تنسيق الأهداف وتتضاءل السيطرة على الأطفال.

6- العمر 43-50 سنة قبول نهاية الزمن كأمر واقع والرغبة في النشاطات الاجتماعية والأصدقاء والتعاطف مع الأزواج.

7- العمر 50-60 سنة يظهر اللين والدفء وقبول أكثر للوالدين والأطفال والأصدقاء.

ثانيا: ليفنسون وفصول الحياة وصف ما يحدث على النحو التالي:

1- العمر 17-22 سنة الانتقال إلى البلوغ المبكر وترك الأسرة والمراهقة والخدمة العسكرية.

2- العمر 22-28 سنة الدخول في البلوغ وزمن الخيارات وتأسيس المهنة والزواج.

3- 3-العمر 28-33 سنة يعتبر سن انتقالي حيث هنا فترة إعادة العمل وتعديل هيكل الحياة وتنامي الإحساس بالحاجة للتغيير.

4- العمر 33-40 سنة مرحلة الاستقرار وتأسيس مكانته الشخصية وقبول أهداف رئيسية قليلة.

5- العمر 40-45 سنة أزمة منتصف العمر والربط بين البلوغ المبكر والمتوسط وتقييم فترة النمو المبكر والتكيف مع النصف الأخير من الحياة والتساؤل عن كل جوانب الحياة.

6- العمر 45-50 سنة الدخول في البلوغ المتوسط وتشكيل بناء جديد للحياة بالنسبة للزواج والمهنة والمكانة

7- العمر 50-60 سنة بلوغ منتصف الكهولة وزمن الإنجاز لمن يجدد حياته وشبابه

8- العمر 60-65 سنة الانتقال إلى البلوغ المتأخر والاستعداد للفترة القادمة

9- العمر 65 فما فوق البلوغ المتأخر والمواجهة مع الذات والحياة والحاجة إلى السلام مع العالم

وتحدث ليفنسون عن النساء وقال أن لديهن مشاكل أكثر لأن حياتهن أصعب من حياة الرجال، ويضعن تشديدا كبيرا على الألفة، وكذلك النساء يقمن بعمل كسكرتيرات وموظفات ومندوبات وممرضات ومدرسات وهذه الوظائف ذات اجر قليل ولذا لديهن أزمة حياة أعمق من الرجال.

ثالثا: فايلانت والتكيف مع الحياة وصف فايلانت ما يحدث في الحياة على الشكل التالي:

تقدم دراساته تواريخ شاملة لدورات حياة رجال معينين ممن كانوا من بين الرجال الألمع والأذكى في المجتمع والدراسة أكدت على مهمات النمو الرئيسية في مراحل الحياة لاريكسون خاصة ما يتعلق بالهوية والألفة والتكامل. وفي دراسته لمن كانت طفولتهم غير سعيدة مقارنة ممن كانت طفولتهم سعيدة وجد أن أصحاب الطفولة غير السعيدة كانوا: غير قادرين على اللعب، إتكالين ويفتقرون إلى الثقة، أكثر احتمالية لان يصبحوا مرضى عقليين،يفتقروا إلى الأصدقاء

وأكدت دراساته على ما يلي:

1- من الصعب التنبؤ بالتكيف الناجح منتصف الحياة

2- تحدث عن أهمية الود خلال البلوغ المبكر

3- كان الرجال الأكثر سعادة في الزواج ممن تزوجوا بين 28-30 وهم أفضل ممن تزوج بين 23-28 سنة

4- كان شكوى الرجال في العشرينات حول تحقيق الألفة أما في الثلاثينات كانت عاطفية

5- يتجه الرجال بين 25-35 سنة إلى العمل بحد ويهتموا بالأسر النووية

6- في حوالي الأربعينات يهتم الرجال في الاستعداد لمرحلة جديدة في الحياة

7- في الخمسينات يكتسبوا الهدوء.

ويتفق الباحثون الثلاث على وجود فترة انتقالية بين المراهقة والبلوغ المبكر، وكذلك العمر الدقيق ليس مهما بالمقارنة مع خطورة النمو الفعلية، كذلك وصف هؤلاء الباحثون فترة صراع وإنجاز ونمو عندما يكون الأفراد في العشرينات ويدخلون عالم الكبار

مرحلة الرشد المبكر: Early Adulthood

متطلبات الرشد المبكر

1- الانفصال عن الوالدين وهنا الاستقلال العاطفي أكثر من الاستقلال المادي ويتم تشكيل الروابط على أساس المساواة بالغ

2- تشكيل الهوية وهي عملية مدى الحياة والوصول إلى البلوغ يشكل دمج جوانب متعددة من الهوية

3- تطوير القدرة على تحمل التوتر والإحباط:أي التحكم في الانفعالات

4- الالتزام المهني وإكمال التعليم والدخول في عالم العمل ويصبح مستقل اقتصادي

5- أهـم مهمـة كـما يقـول اريكـسون هـي تحقيـق الألفـة وتـشمل الألفـة القـدرة عـلى تجربـة

علاقة منفتحة داعمة وودودة مع شخص آخر بدون الخشية من أن يفقد المرء هويته الخاصة في عملية نمو العلاقة أي تأسيس مشاركة وجدانية متبادلة ويمكن أن تشمل التعبير عن المشاعر الجنسية وترك العزلة والمشاركة في الجماعات الاجتماعية.

6- أن يصبح جزءا من المجموعات الاجتماعية المتجانسة وجزءا من المجتمع.

7- اختيار شريك والتكيف مع الزواج وهذا يتطلب منه تحمل المسؤولية.

8- تعلم إدارة منزل والقرار حول أين سيعيش ويسكن.

9- أن يصبح والدا ومربيا للأطفال (الانفصال الهوية التحمل للتوتر المهنة الألفة المجموعات الزواج السكن تربية الأطفال).

تعتبر مرحلة الرشد من المراحل التي قد يصعب تحديدها وتعريفها، إذا ما قورنت بفترات النمو السابقة، ويرجع ذلك إلى أنها لم تتلق الاهتمام بالدراسة بنفس القدر الذي درست به فترات النمو السابقة عليها، بالإضافة إلى أن فترات نمو الأفراد عادة ما تتنوع وتتباين بصورة كبيرة أثناء مرحلة الرشد. فقد نجد بعض الشباب ممن ناهز عمر العشرين ما يزال مشغولا بدراسته الجامعية. وقد يدخل بعضهم الآخر سوق العمل فور تخرجهم من المدارس الثانوية أو المهنية. وقد نجد بعضهم قد استقل عن أسرته وكون أسرة خاصة به، لذلك فإن مرحلة الرشد عادة ما يتم تعريفها في ضوء المهام والمسؤوليات التي تنجز خلالها.

مظاهر النمو في مرحلة الرشد المبكر:

النمو الجسمي: عادة ما يميل علماء النفس إلى تعريف ووصف مرحلة الرشد عن طريق النمو النفسي الاجتماعي الذي يحدث أثناء هذه المرحلة، كدخول الجامعة أو دخول مجال العمل، ومع ذلك فإننا نلاحظ أن هذه المرحلة تتميز أيضًا بوجود بعض الخصائص الجسمية التي يمكن تمييزها، ففي أثناء مرحلة الرشد أي ما بين العشرينات

وأوائل الثلاثينات يصل الفرد إلى ذروة نضجه البيولوجي والفسيولوجي، حيث نجد بالنسبة لمعظم الأفراد أن السرعة والتناسق والقوة والتحمل الجسمي عادة ما تكون بصورة أكبر عما كانت عليه في المراحل السابقة، أو ستكون عليه في المراحل اللاحقة، فالأبطال الأولمبيين عادة ما يقعون في هذه المرحلة العمرية.

وعادة ما تكون القدرة على الإنجاب خاصة بالنسبة للإناث في ذروتها أثناء مرحلة الرشد. فمن الناحية البيولوجية نجد أن أفضل عمر زمني لحدوث الحمل لأول مرة، عادة ما يكون بعد سن العشرين. وعلى الرغم من أن كثيرا من النساء يحملن بصورة مريحة في أواخر الثلاثين وأوائل الأربعين، إلا أن معدل الخصوبة يبدأ بالنقصان بعد سن الثلاثين من حياة المرأة. وبالإضافة إلى أن الولادة قد تكون أكثر صعوبة، كما توجد احتمالية أكبر لحدوث تشوهات في الجنين.

النمو المعرفي:

لقد كان يعتقد حتى وقت قريب أن قمة نضج المهارات الجسمية والعقلية التي تحدث في

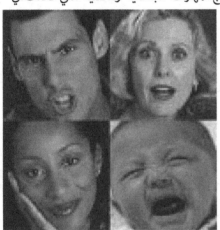

بداية فترة مرحلة الرشد تبدأ في النقصان أثناء فترة منتصف العمر، فتعريف الذكاء المبني على أساس بيولوجي والذي يشتمل على ثمة عناصر كزمن الاستجابة والقدرات المتضمنة في إدراك العلاقات المركبة قد تصل إلى ذروتها في أوائل مرحلة الرشد، ومع ذلك نجد نتائج الدراسات في هذا الميدان ما زالت موضع جدل وعدم اتفاق كبير.

لقد قام بياجيه بتحديد بعض أنواع النمو التي تحدث أثناء مرحلة الرشد المبكر، حيث يشير إلى أن هذه المرحلة يتم التوصل إلى العمليات الصورية في سن الشباب

البالغ وليس كما ذكر سابقا في سن الخامسة عشر حيث يصبح الأفراد في هذه المرحلة الذين بلغوا مستوى العمليات الصورية أكثر ألفة وتعودا على العمل وفقا لهذا المستوى. جملة القول أننا نجد في مرحلة الرشد عادة ما ينمي الأفراد ميولا وارتباطات مهنية معينة، كما أن البناءات المعرفية المختلفة قد تؤثر في تنظيم ميادين مختلفة من النشاطات وعموما، فإن البناءات المعرفية غالبا ما تكون شائعة وفي متناول جميع الأفراد في هذه المرحلة. إلا أنها تطبق بصورة متباينة بواسطة أولئك الذين يعملون في ميادين مختلفة.

النمو الخلقي:

يهتم كثير من الشباب بصورة مباشرة بجانب آخر من جوانب النمو وثيق الصلة بالجانب المعرفي، ألا وهو النمو الخلقي أو القيمي، ويجب أن تتوفر للفرد قدرة منطقية معينة قبل التمكن من التفكير عند مستوى خلقي معين، فعلى سبيل المثال، يجب أن يصل الفرد إلى مستوى العلميات الصورية في النمو المعرفي، قبل التمكن من تحليل بعض المبادئ المعينة، غير أن المستويات الأعلى من النمو الخلقي تبدو في حاجة أكثر من مجرد النمو المعرفي. حيث تتطلب أنواعا معينة من الخبرات الشخصية، فمثلا في الانتقال للبيئة الجامعية قد يعرض الشاب لقيم متصارعة، ولخيارات عاطفية ولإدراك جديد للذات. وفي بعض الأحيان نجد الطلبة الجامعيين يتفاعلون بنوع ما يسمى النسبية التشككية، وتتمثل في الحالة التي تكون فيها كل ما هو صادق وصحيح. ويعتبر بمثابة مسألة نسبية فقط، وبالتالي يعتمد على الشخص ذاته وحاجاته وظروفه.

وتشير دراسات كولبرج وكرامر إلى أن النمو الخلقي عند مستوى ما بعد العرف والتقاليد يصل إلى 23 % من الأحكام الخلقية التي يصدرها المراهقون في سن السادسة عشر. ويشير كولبرج إلى أن أخلاقيات ما بعد العرف والتقاليد عادة ما تظهر أثناء فترة المراهقة، إلا أن المرحلة الخامسة والسادسة لا تظهر إلا في مرحلة الرشد الأولى، حيث يكون الأفراد قد حققوا قدرا من الحرية في تحديد اختياراتهم.

مرحلة الرشد الوسطى Middle Adulthood

متطلبات مرحلة الرشد الوسطى:

1- التكيف مع التغيرات الجسدية لوسط العمر بين 40-50 حيث أن الأشكال ستتغير وليس بإمكانهم الجري بسرعة ورفع أثقال كبيرة وفقدان القدرة على الإنجاب والقدرة الجنسية.

2- تحقيق النجاح والتفوق والإبداع في العمل بسبب خبرتهم وأقدميتهم وقد يتطور لديهم شعور أن عملهم أصبح لا يبعث على التحدي وممل ويشكلوا الطبقة الحاكمة في المجتمع أو الجيل الآمر.

3- توالي المسؤولية الاجتماعية والمدنية.

4- دفع الأطفال نحو بلوغ سعيد ومسؤول.

5- إنعاش الزواج هنا عليهم تحدي لإنعاش الزواج ويمكن أن ينفصل الأزواج في منتصف العمر.

6- إعادة توجيه الذات نحو الوالدين والمتقدمين في السن هنا الوالدين في عمر 80-85 سنة وبحاجة إلى رعاية وفي منتصف العمر الأشخاص أكثر مسؤولية لرعاية والديهم الكبار.

7- إعادة ترتيب الأدوار الجنسية.

8- تطوير شبكة اجتماعية وأنشطة تتعلق بأوقات الفراغ.

9- إيجاد معنى جديد للحياة حيث يفحص الفرد مشاعره واتجاهاته وقيمه وأهدافه وهناك حاجة لإعادة تعريف هوية المرء وان يجيب على سؤال من أنا؟إلى أين أنا سائر.

مظاهر مرحلة الرشد المتوسط:

تتقارب مصطلحات الرشد الوسطى، والعمر المتوسط والحياة الوسطى من ناحية الاستخدامات اللغوية والتعبيرية، إذ أن الأوسط من الناحية اللغوية يعرف بأنه يأتي قبل وبعد أشياء معينة، وبالتالي فإن الأفراد ذوو الأعمار المتوسطة ليسوا بصغار السن ولا المسنين، حيث تركوا ورائهم عنفوان وقوة الشباب إلا أنهم لم يصلوا بعد إلى توتر وهدوء وتعقل كبار السن. إن الازدياد في العمر عاما بعد آخر يزيد من تميز الفرد، وبالتالي يميل الفرد إلى أن يدرك نفسه كما أنه في منتصف العمر، وذلك كانعكاس لأحداث وخبرات لأحداث وخبرات تحدث في محيط الأسرة أو العمل. وعندما يكون لدى الفرد أبناء بالغين أو في سن المراهقة فقد يكون ذلك علامة على أنه لم يصبح شابا صغير السن. وبحصول الفرد على مركز مرموق في عمله أو تولي الفرد مهمة الإشراف على مرؤوسين من الشباب قد ينتج عن ذلك الإحساس بفترة وسط العمر. وقد أظهرت الدراسات أن السيدات يملن إلى إدراك منتصف العمر، في إطار ما يحدث داخل الأسرة من أحداث، ويحدث ذلك بالنسبة للرجال في مجال العمل والمركز الاجتماعي والاقتصادي.

التغيرات الجسمية:

يصل الإنسان إلى قمة النمو الجسمي في مرحلة الرشد المبكرة ثم يبدأ الانحدار بصورة تدريجية في العقد الرابع من الحياة، فعلى سبيل المثال يبدأ الطول في التناقص بصورة ضئيلة بين الخامسة والأربعين والخمسين، أما الجزء الوحيد الذي يستمر في النمو من هيكل الإنسان العظمي فهو الوجه والرأس، ويستمر ذلك إلى آخر العمر. ويفقد الجلد بعضا من مرونته، مما ينتج عنه تجاعدات في الوجه، مع ارتخاء في

أجزاء أخرى من الجسم، ويتناقص الحجم والقوة العضلية وتقل تدريجيا القدرة على أداء مجهودات جسمية شاقة، إلا أن الأفراد الذين تعودوا على أداء الأعمال الجسمية يستمرون في إنتاجياتهم حتى أواخر منتصف العمر. ولكن عندما يصل الفرد إلى الخامسة والخمسين من عمره فإنه يحدث معه كما عبر عن ذلك أحد العمال في ذلك السن بصورة صادقة وذلك بقوله: لقد أصبحت الشوارع أكثر طولا وقلت قدرتي على أداء الأشياء لقد أصبحت عجوزا.

ويشعر الأفراد في منتصف العمر وبصورة تدريجية بأنهم أصبحوا أقل قدرة على مواجهة الضغوط الانفعالية والجسمية ولا يستطيعوا تحمل البرد أو الحر الشديد، كما يصعب في هذه الفترة مقاومة التغيرات الجوية، وتصبح الشكوى متزايدة من التقلصات المعوية وتشيع الاضطرابات السيكوسوماتية. كما لا يستطيع الفرد تناول وجبة دسمة دون الشعور بآثارها في اليوم التالي. وبتقدم العمر يحدث انخفاض ملحوظ في القدرة على التنفس ويشعر المرء بالإجهاد السريع، لمجرد ممارسته الجري أو صعود الدرج، أما القلب فيعمل بصورة أكبر إلا أنه بفعالية أقل. وتبدأ حالة الانتكاس تتضمن زيادة في الوزن وزيادة في سمك وصلابة الحوائط الشريانية، وتظهر مشاكل السمنة وتصلب الشرايين في أواخر مرحلة وسط العمر.

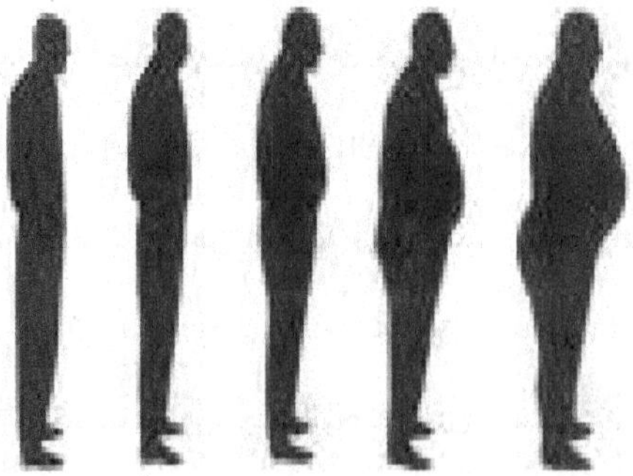

كما يحدث تغيرات في الجهاز العصبي تؤثر بصورة خفيفة على السلوك والإدراك والذكاء، ويقل وزن المخ بعد سن العشرين تدريجيا، ثم بسرعة أكبر في أواخر العمر.

وعلى الرغم من أن سنوات الرشد الوسطى يحدث خلالها تدهور تدريجي من قمة النضج التي وصل إليها الفرد في العشرينات من عمره، إلا أن الإنسان لا يجد ارتدادا فجائيا من النضج إلى التقهقر، وحتى في سنوات العمر المبكرة فإن كل من عملية الهدم

والبناء تحدث كذلك، فمثلا الخلايا العصبية لا تتضاعف بعد السنة الأولى من الميلاد، وبالتالي يتناقص عددها تدريجيا. إلا أنه بسبب الزيادة الهائلة في تلك الخلايا عادة ما يكون هذا التناقص غير ملحوظ ويشبه ذلك التناقص الذي يحدث في طول الإنسان، والذي يحدث بصورة لا تكاد أن تلاحظ في السنوات المتأخرة من الحياة. وتحدث أمراض الشرايين في سنوات العمر الوسطى بصورة تدريجية أكثر مما تحدث بصورة فجائية.

سن اليأس وانقطاع الحيض:

أحد التأثيرات للتقدم في السن والتي درست بعناية تتمثل في التناقص في إنتاج الهرمونات التناسلية، وهي تلك الهرمونات الجنسية التي تنتج بواسطة البويضات والخصيتين، ومع أن الغدة النخامية تستمر في إرسال رسائل قوية للغدد التناسلية، ومع أن الغدة الكظرية والدرقية والبنكرياس يستمرون في فعاليتهم، إلا أن الغدة التناسلية تصبح أقل إنتاجا في سنوات العمر الوسطى، وهذا يؤثر في نمط الحياة العام عند الفرد.

أما بالنسبة للإناث، فإن أواخر الثلاثينات وأوائل الأربعينات عادة ما تكون بداية للانحدار في معدلات الاستروجين والبروجستين. وفي حوالي سن الخمسين يبدأ الذكور في الإحساس بتناقص منتظم في هرمون التستوسترون ويحدث ذلك الانحدار عند كل من الجنسين، بتغيرات في هيئة الجسم كله، فعلى سبيل المثال، قد ينتج عن سن اليأس زيادة في سمك الجلد والخصر وزيادة في ضغط الدم، أو ارتفاع نسبة التأثر بأمراض الشرايين أو فقدان في أنسجة العظام عند بعض الأفراد.

وعلى الرغم من أن مصطلح سن اليأس أو الفتور الجنسي يستخدم لوصف تغيرات في الأعضاء التناسلية الجنسية فإنه عند النساء ينتج عنه انحدار معدلات الاستروجين، وينتج عنه نحافة في الجدار المهبلي وبطيء في استجابة التزليق المهبلي، وتوفق عن الاباضة، وضمور في المبايض والرحم. ويؤدي انخفاض معدل التستوسترون عند الذكور إلى انخفاض بسيط في عدد الحيوانات المنوية الصحية والنشطة، وتضخم غدة

البروتستاتا، ويحتاج الفرد إلى مدى أطول لعملية الاستثارة إذا قورن بفترة الشباب أو المراهقة.

ومن أعراض سن اليأس بعض الأعراض التي تتمثل في الدوخة والصداع والأرق والحساسية والزيادة في الوزن. ويفسر سن اليأس وخاصة عند المرأة بعض المشاكل العاطفية والاضطرابات النفسية التي ترتبط بالأفراد في منتصف العمر.

النمو المعرفي:

تشير نتائج بعض الدراسات إلى أن نمو الوظائف العقلية في مرحلة الرشد عادة ما يكون وفقا لنموذجين وهما، القدرات المتبلورة والأخرى غير المتبلورة Fluid &Crystallized Abilities.فالقدرات غير المتبلورة هي تلك التي يفترض أنها مرتبطة بسلامة وكفاءة الأنظمة الفسيولوجية العصبية، كما ترتبط بتلك الوظائف العقلية التي تصل إلى ذروتها في بداية مرحلة الرشد، والتي تتضح في القدرات الفذة الفنية والعلمية، ويمكن أن تتضح بصورة جلية في تلك الميادين التي لا تتطلب تكامل لخبرات الحياة. منها على سبيل المثال التأليف الموسيقي والأفكار والنظريات الطبيعية البحتة والرياضية. وتتضمن تلك القدرات غير المتبلورة القدرة على الحفظ والتفكير اللفظي ومهارات التصنيف، أي تلك المهارات التي تمكن الشخص من إدراك العلاقات المركبة وتكوين المفاهيم والتجريد واستخلاص المعاني.

ومن جهة أخرى تعتمد القدرات المتبلورة Crystallized على اكتساب الفرد للمعلومات والمهارات الهامة للثقافة والحضارة التي نحياها في عصرنا الحديث، وتتضمن تلك القدرات المفردات اللغوية، التفكير الحسابي، المعلومات العامة، المعرفة الاجتماعية، وبينما تصل القدرات غير المتبلورة إلى ذروتها في مرحلة الرشد المبكر تميل القدرات المتبلورة إلى الزيادة، كلما اكتسب الفرد معرفة إضافية وخبرات أكثر في مراحل حياته.

وتشير نتائج دراسات باباليا وبيلي Papalia & Bielby أن النمو العقلي المعرفي يبقى ثابتا بصورة نسبية أو يتزايد في بعض جوانبه خلال مرحلة الرشد الوسطى، فالأحكام الأخلاقية تميل إلى الارتفاع إلى أعلى معدل لها في بداية منتصف العمر، ويظهر الأفراد في منتصف حياتهم أكثر قدرة من الراشدين الآخرين على الاستماع وتفهم وجهات نظر الأفراد الآخرين، ويبدو الأفراد في منتصف العمر، أكثر قدرة على التفكير في بحث قضايا معينة وأكثر تفاعلا في حلول المشاكل الأخلاقية.

ويظهر الراشدون في منتصف العمر اختلافا بسيطا عن الأفراد في بداية مرحلة الرشد، وذلك في الفحص والتأمل الانتقائي لمحتويات المشكلة المعروضة،وإنتاج أكثر الاستراتيجيات من حيث الفعالية في متابعة المعلومات وإخراجها، وبمعنى آخر يتصف تفكير حل المشكلة في مرحلة الرشد الوسطى بأنه أكثر انتظاما ومنطقية وكفاءة وفعالية عن ذي قبل.

الفصل الثالث عشر

الشيخوخة

- المقدمة.
- متطلبات نمو الشيخوخة.
- نظريات تفسير الشيخوخة.
- أولا:النمو الجسمي لدى كبار السن.
- ثانيا: النمو المعرفي لدى كبار السن.
- ثالثا: النمو الانفعالي لدى كبار السن.
- رابعا: النمو الاجتماعي لدى كبار السن.
- كبار السن الذين هم ضحية للإساءة.
- نظريات التكيف لدى كبار السن.

المقدمة:

صورة آن باودر (8 أبريل 1807 – 10 يوليو 1917) في عيد ميلادها الـ 110.

التجاعيد العميقة شائعة عند المسنين.

الشيخوخة Ageing أو aging هي عملية الهرم و التقدم بالعمر التي تصيب الكائنات الحية نتيجة تناميها. التعريفات المؤخرة لعملية الشيخوخة تعتبرها عبارة عن خلل و تلف في عمليات النظام مع مرور الوقت والزمن، هذا التعريف يسمح بظهور ووجود أنظمة لا تهرم (لاتشيخ) non-ageing systems، نتيجة تداخلات مضادة للشيخوخة (عندما يمكن إصلاح الخلل المتراكم). والشيخوخة أصبحت تدرس حاليا كعلم يتناول النواحي الثقافية والاقتصادية ودراسات الوعي والتغيرات الاجتماعية والديموغرافية أما النواحي الفيزيولوجيا فتوصف بعملية هرم.

وفي علم الأحياء والفيزيولوجيا: تعتبر الهرم (بفتح الهاء و الراء) senescence عبارة عن اجتماع مجموعة عمليات خلل وظيفي (تلف) تلي فترة من التنامي للعضوية. يهتم علم رعاية المسنين بشكل خاص بعملية الهرم هذه و يدخل في ما يدعى:إطالة العمر life extension. وتتميز الشيخوخة بقابلية متناقصة للاستجابة للضغوطات، واضطراب في الاتزان Homeostasis الحيوي وزيادة خطورة التعرض لأمراض. نتيجة ذلك يكون الموت هو النتيجة الحتمية للشيخوخة.

تصنيفات المسن

يوجد عدة تصنيفات للمسن ومنها:

1- المسن الشاب والذي يبلغ من العمر 60-74 سنة.

2- المسن الكهل والذي يبلغ من العمر 75-84 سنة.

3- المسن الهرم والذي يبلغ 84 من العمر فأكثر.

أسباب زيادة المسنين في أعداد المسنين للعوامل التالية:

• ارتفاع المستوى الصحي سواء على المستوى الوقائي أو المجتمعي أو العلاجي، وهذا قد زاد في عدد السكان وأثر في نوعية حياتهم وانعكس أثره بطول العمر.

• الوضع الاقتصادي: وقد زاد أثر على نوعية الحياة، ويعتبر الوضع الاقتصادي المتدني المؤدي للفقر بأنه يزيد المرض نتيجة لتراجع الاهتمام بالصحة، ويؤدي بالتالي إلى سوء التغذية ويرتبط بالوضع الاقتصادي دخل الفرد.

• عملية تنظيم الأسرة وفيها يزداد عدد المسنين على حساب الأطفال وقد أصبحت العائلة وخاصة في الدول المتقدمة تضم طفل أو طفلين فقط وهذا مما أعطى تحيزا لصالح الكبار.

• التقدم العلمي والتكنولوجي وما صاحبه من تقدم في سبل الراحة والسعادة للفرد.

معنى الكبر والشيخوخة في المجتمع:

1- للطفل:امتيازات خاصة مثل الاستيقاظ لوقت متأخر وعدم الذهاب للمدرسة

2- لوالدي الطفل: اكتمال العمل وتحمل المسؤولية

3- للمراهق: المسؤول عن نفسه والذي لديه شقة ومتحرر من سيطرة الوالدين

متطلبات نمو الشيخوخة:

1- البقاء سليم جسديا إدامة الصحة الجيدة أحد أهم المؤشرات على الرضا بالحياة لدى كبار السن

2- المحافظة على دخل كاف ووسائل مساعدة بعض كبار السن ليس لديهم تقاعد

3- التكيف مع أدوار العمل المعدلة

4- تأسيس سكن مقبول وظروف معيشة مقبولة

5- أيجاد الأصدقاء الوحدة هي واحدة من التذمرات الأكثر تكرارا لبعض كبار السن والمهم هو علاقات ذات معنى مع الآخرين

6- المحافظة على الهوية والمكانة الاجتماعية وخاصة لأنهم يمتلكون معرفة اكبر بالتقاليد ولهم مكانة رفيعة في المجتمعات الزراعية وهم قادة الأسر الممتدة

7- تعلم الاستفادة من أوقات الفراغ هل هناك نشاطات اجتماعية ذات قيمة متعة لمساعدتهم على الإحساس بشكل جيد حول الحياة

8- تأسيس أدوار جديدة في الأسرة

9- تحقيق الاستقامة من خلال قبول المرء لحياته المرحلة الأخيرة من الحياة فيها تكامل الأنا وهنا مراجعة للحياة ومواجهة الموت دون خوف وتقدير إنجازاته الخاصة وقبول الفشل والإحباطات وتكامل الأنا يعني الاقتناع بالحياة كما كانت من قبل.

نظريات تفسر الشيخوخة:

لماذا يشيخ الناس؟

1- نظرية الوراثة: تلعب الوراثة عاملا هاما في طول حياة الإنسان فإذا عاش الأجداد طويلا فيعني حياة الأبناء طويلا.

2- نظرية شيخوخة الخلايا: بعض خلايا الجسم لا تجدد مثل خلايا الدماغ والجهاز العصبي وأخرى تجدد مثل أنسجة الرئتين وبعد سن معين فإن الخلايا لا تتوالد وبالتالي لا تتجدد.

3- نظرية البلى والتمزيق بالاستعمال: هنا الأعضاء مثل الآلة بسبب الاستخدام تبلى وتشير إلى عامل الأيض بصفته عاملا مهما ويبدو أن الحيوانات التي تعيش في المناطق الباردة تعيش طويلا لان عملية الأيض تكون بطيئة.

4- نظرية فضلات عمليتي الأيض: وتشير هذه النظرية أن الشيخوخة تقود إلى تجمع المواد الراسبة والفضلات من عملية الأيض في خلايا الجسم وتجمع هذه المواد يعيق الوظائف الطبيعية للأنسجة

5- نظرية المناعة الذاتية: وهنا يرفض نظام المناعة في الجسم خلاياه من خلال إنتاج المضادات الحيوية

6- نظرية الاتزان البدني: أي عدم قدرة الجسم التدريجية على المحافظة على التوازن الفسيولوجي الحيوي له مثل محافظته على درجة حرارة ثابتة للجسم وتحمل الإجهاد العصبي وهذه أفضل نظرية لأنها تربط بين المظاهر الاجتماعية والنفسية والجسدية

7- نظرية التغير الإحيائي: وتصف هذه النظرية ما يحدث عندما تتبدل خلايا الجسم وتزيد نسبة الجينات مع الشيخوخة

8- نظرية الخطأ:وهي تشتمل على مجموعة من الأخطاء التي تحدث في الجسم في إنتاج حامض RNA والذي يؤثر على تشكل الأنزيمات والبروتينات.

أولا: النمو الجسدي لدى كبار السن

اعتبارات نفسية: لا بد من الاهتمام من ناحية جسدية لكبار السن بما يلي:

1- الرعاية الصحية الجيدة

2- التغذية الجيدة: حيث قد تسرع التغذية الضعيفة عملية التقدم في السن، وعلى الكبير أن يقلل من الحلويات والدهون، وأن تكون الوجبة ذات قيمة غذائية عالية منخفضة من السعرات، حيث يحتاج المسن إلى طعام منخفض من الصوديوم والمشتق من الأملاح ونترات الصوديوم، ولا بد من التقليل من كميات السكر في الوجبات.

3- علينا التركيز على العمر الوظيفي للشخص أي قدرة الفرد على الأداء بغض النظر عن العمر أكثر من التركيز على العمر الزمني.

4- فوائد التمارين الرياضية :

أ - بدون الرياضة تذبل الأجسام.

ب- تساعد التمارين على امتلاء الخلايا بالأكسجين وتزيد حركة الدم وتنعش الدماغ.

ج- تخفض التوتر والإجهاد والإرهاق النفسي.

د- تطور الحياة الجنسية.

ه - تفيد النظام القلبي على توصيل الأكسجين.

5- العادات التي على الكبار ممارستها:

أ - المشي ويساعد في حل مشكلة التلفاز.

ب- السباحة وركوب الدراجة.

ج- التوقف عن التدخين لأنه يؤثر على الصحة للكبار بشكل كبير.

د- الانتباه للقيادة بسبب أن زمن رد الفعل يقل.

ه - الانتباه إلى الحركات كالوقوف وحمل الأشياء نظرا أن مرونة الجسم ستتغير وتقل.

6- مراعاة النوم والراحة للتخلص من مشكلة الأرق التي ستواجههم: ويمكن التخلص منها من خلال الراحة وتساعد على الحفاظ على الوظائف العقلية ويحتاج الإنسان

الطبيعي إلى 7 –8 ساعات ليلا ليبقى بصحة جيدة وفوق سن 50 سنة ينام الفرد الكبير ساعة اقل، ويختفي النوم العميق عند كبار السن ويستيقظ كبار السن باكرا أكثر من الشباب.

مشكلات جسمية لدى الكبير في السن:

1- زيارة الأطباء المتكررة لإجراء عمليات تجميل ليبدو اصغر سنا.

2- شعور بعضهم بالقلق من المظهر والعزلة الاجتماعية.

3- الأرق:عوامل تؤدي للأرق:

أ - عوامل نفسية كالقلق والاكتئاب أو لفقدان عزيز أو لفقدان الوظيفة

ب- عوامل بيولوجية يتعلق بنظام الاستيقاظ ونظام النوم والذين يتعرضون للأرق لديهم نظام استيقاظ نشط

ج- استخدام الكحول والعقاقير فبعض الأدوية كأدوية القلب والحبوب المنومة تؤثر على أحداث نوم متقلب وقصير والاستيقاظ مبكرا

د- البيئة السيئة والعادات السيئة

هـ- الاشراط السلبي: مثل خوف الشخص من الأرق قد يؤدي إلى حدوثه، وأفضل وسيلة لعلاج الأرق هي بإتباع منهج متعدد الوسائل من إعطاء عقار مهدئ وتقديم الاستشارة وتطوير عادات النوم والبيئة المحيطة وإتباع أساليب الراحة وتقليص الإجهاد الذهني.

4- سوء استخدام العقاقير: بين الأعمار 18-25 سنة هم من أكثر المسيئون لاستخدام العقاقير باستثناء الدخان والهيروين، والذي يستخدمه أكثر الفئة العمرية من 25 سنة فما فوق، وبعض العقاقير توصف لكبار السن من اجل العلاج مثل أدوية مرتبطة بضغط الدم وأدوية القلب والأدوية النفسية وأدوية تخفيف الألم.

وجميـع الأدويـة مؤذيـة لكبـار السـن أكثـر مـن الـشباب بـسبب أن الجـسم لا يمـتص الأدويـة

عند كبار السن كما هي عند الشباب، كذلك تؤثر الأدوية على بعضها، ويعمد العديد من الكبار على مراجعة أكثر من طبيب في نفس الوقت، كما أن بعضهم يأخذ الدواء دون وصفة طبية، ناهيك عن أن بعض الكبار ينسون اخذ الدواء أو يتجاهلونه.

5- النظام القلبي: تتراكم الدهون حول القلب وينخفض عدد وحجم عضلات القلب ونتيجة لذلك يؤدي إلى انخفاض في قدرة القلب على دفع الدم ويتناقص معدل دقات القلب وقد يعجز القلب عن الاستجابة للضغط والإجهاد كالتدريب الكبير وتزداد الذبحة الصدرية لديهم ويزداد فشل القلب الاحتقاني والاعتبار الإرشادي لديهم هو فحص القلب باستمرار والتقليل من الدهون ومراجعة الطبيب بسرعة عند الشعور بأعراض الذبحة الصدرية واستخدام العادات الصحية ا لسليمة كالتوقف عن التدخين وعدم إجهاد القلب.

مظاهر النمو الجسمي لدى كبار السن:

1- هناك ساعة بيولوجية لكل إنسان تجعل بعضهم يشيخ بسرعة وبعضهم يتأخر وتؤثر نوعية الطعام والمناخ والعادات الصحية

2- زمن رد الفعل: وهو الفترة الزمنية بين الإثارة والاستجابة ويتقلص وقت رد الفعل من الطفولة حتى عمر 20 سنة، ويبقى مستمرا حتى منتصف العشرينات، ثم يزداد الزمن ببطيء والإرشاد هنا هو التركيز على الرياضة لنشيط الزمن كذلك لا بد من الحذر عند القيادة.

3- تتأثر القدرة الحركية النفسية لدى كبار السن مثل الكتابة حيث تنحدر هذه المهارة ولا بد لها من التدريب والممارسة.

4- القوة: احتمالية زيادة قوة الجسم تبقى حتى سن الثلاثين وينخفض بعد ذلك ويحافظ التدريب المنتظم على القوة.

5- القدرة على التحمل والتعب: تنحدر القدرة على العمل من دون الشعور بالتعب

في سن 35 مثل صعود الدرج وينخفض القدرة على العمل الشاق بدرجات حرارة مرتفعة بشدة بعمر 30 سنة.

6- بالتقدم في العمر ينقص وزن الدماغ ويعزى هذا إلى النقص في حجم خلايا الدماغ وليس بسبب موت الخلايا وتقريبا تنخفض جميع الوظائف الجسدية مع التقدم في العمر ونتيجة لذلك يتحدث الناس اقل ويقرءون ويكتبون ويتحركون بشكل أكثر بطئا عندما يتقدمون في السن.

7- الجهاز التنفسي: تصبح الممرات الهوائية صلبة وتنخفض القدرة على التنفس وتحدث تغيرات تقلل من فاعلية الرئتين وتفقد الرئتين مرونتهما والقدرة على التوسع وضخ الهواء، والإرشاد هنا زيادة التدريب ويزداد الربو والالتهاب الرئوي.

8- الجهاز الهضمي: يتلف الكبد عند كبار السن بسبب شرب الكحول وقلة البروتين في الطعام وزيادة الدهون وقلة فيتامين ب، وأمراض الطحال شائعة لدى كبار السن ويزيد نسبة سرطان البنكرياس،كما يشتكي كبار السن عادة من الغازات وصعوبة الهضم وقد يكون هذا نتيجة في حرقة مزمنة في ضبط المعدة ويزداد سرطان المعدة مع العمر.

9- الجهاز البولي: وتضمحل قدرة الطحال على خزن البول مع التقدم في العمر وعليه يكون على كبار السن التبول كثيرا وثلث البالغين مما تزيد أعمارهم عن 65 سنة، يصبح لديهم تبول لاإرادي وهذه الأمراض مرتبطة بمشاكل البروستات عند الرجال،لأنه لا يخزن البول كثيرا هم بحاجة إلى توفير الحمام بسرعة

10- التغير في السن يؤدي إلى معلم مهم، وهو التغير في الهيئة والطول حيث يفقد الذكور تقريبا نصف أنش من طولهم ويزيد النقص لدى النساء، ومع تقدم العمر ينحني الرأس والرقبة للأمام، كما يحدث لدى كبار السن آلم في المفاصل، أما بالنسبة للأسنان فيخسر معظم الكبار في السن بحلول

65 سنة أسنانهم ويلبسون طقم أسنان وذلك بسبب التهاب اللثة، وهنا تكمن الرعاية الصحية السنية لدى كبار السن ورعاية اللثة.

11- الجهاز التناسلي: تتوقف الدورة الشهرية لدى الإناث بسبب انخفاض إنتاج الأستروجين والبروجسترون. ويصاحب توقف الطمث احمرار وخدر ورعشة في الأصابع ودوخة واكتئاب وإحباط وتعب وألم في الظهر، أما بالنسبة للرجال فينخفض إنتاج التستوسترون أو هرمون إنتاج الخصية ويرتبط سن اليأس لدى الرجال بالإحباط والقلق والصداع والاضطرابات البولية والهضمية ومعظم ردود فعل الرجال تكون نفسية

12- حدة البصر: تبدأ بالانحدار بعد سن 40 واهم مشاكل البصر هو بصر الشيخوخة، أو ما يسمى ضعف البصر، كذلك يصاب الكبار بنقص في بؤبؤ العين ويصبح البؤبؤ غير قادر على الانفتاح والانغلاق بشكل جيد. ويصاب البعض بمرض الرؤية الجانبية ورؤية الألوان

13- حدة السمع: يلاحظ انحدار السمع بسن 60 ويبدأ الرجال بفقد السمع قبل النساء، أما التذوق والرائحة ينحدر القدرة على تذوق وتقل القدرة على تذوق النكهات المالحة والحلوة أكثر من النكهات المرة والحارة، كما وتتراجع القدرة على اللمس ولكن تراجع هذه القدرة ضعيف، أما الشعور بالتوازن والذي تتحكم به الشعيرات الموجودة داخل الأذن فيتراجع عند البعض بعد 55 سنة مما يؤدي إلى وقوع الكبار على الأرض.

ثانيا: النمو المعرفي لدى كبار السن

مراحل تحدث عنها بياجيه:

مراحل عمليات التفكير المجرد:

1- الاستبطان.

2- التفكير المجرد أي تجاوز الواقع إلى ما هو ممكن.

3- التفكير المنطقي أي جمع الحقائق لتشكل استنتاجا.

4- التفكير الافتراضي.

كلما ارتفعت القدرة على التجريد تزيد الاستقلالية عن المجال والبالغين أكثر من الصغار في الاعتمادية على المجال، والأشخاص المستقلين على المجال يمتازوا بأنهم محدودي العلاقات الاجتماعية، ويتجهوا للدراسات الإنسانية، أما الأشخاص المعتمدين عن المجال فهم متكيفين اجتماعيين يقل مستوى التفكير التجريدي لديهم ويزيد احتمالية الاعتماد على المجال.

خصائص النمو المعرفي:

أولا: فيما يتعلق بحل المشكلات

وجد بأن الكبار كانوا أقل قدرة أن يميزوا المعلومات ذات العلاقة من المعلومات التي ليس لها علاقة، واعتمدت قاعدتهم في الحل على الحس الباطني بدلا من الأدلة المتوفرة، ويميل الكبار كذلك أن يكونوا أكثر قدرة من حيث الفضول والاستماع للحقائق الاقتصادية والاجتماعية، لذلك فإن الأسئلة المختصرة لا تظهر ذات معنى لهم

ويميل الكبار لتجاهل بعض الأفكار على اعتبار أنها غير مهمة، ويتجه الكبار عند حل المشاكل لمستوى منخفض من التجريد مثلما يفعل البالغين، يظهر الكبار ممارسة عملية لحل المشكلات في حياتهم بشكل أكثر فعالية مما يظهره البالغين الصغار .

ثانيا: فيما يتعلق بالتعليم

يميل الكبار إلى إضفاء طابع شخصي على مهمات التعليم بدلا من تطبيق طرق الاستنتاج المنطقي، ويعتمدون أكثر على الذاتية والتفكير الحدسي، يظهر الكبار تحسن في الإنجاز للقدرة على الفهم خلال عمر 55 سنة وبعد ذلك يبدؤون بالتراجع، وقد وجد أنه بغض النظر عن العمر فإن مستوى التعليم أكثر أهمية من العمر نفسه.

وجدت الدراسات أن فهم الجمل يبقى متزنا حتى عمر 60 سنة وبعد ذلك تبدأ القدرة على التناقض مع العمر، وعلى أية حال فإن فهم الجمل السمعية يبقى موجود ويعتمد بشكل جزئي على معدل التقدم في العمر. تظهر الدراسات حدوث بعض التراجع في التعليم بعد عمر 60 سنة وخصوصا في سرعة المجاراة

ووجدت الدراسات فيما يتعلق بالكتابة النثرية أن لدى الكبار قدرة على فهم المعاني بشكل جيد، لكن كان لديهم تلف في الاحتفاظ بالمعلومات لأكثر من فترة من الوقت. يميل الكبار إلى تطوير ما سمي الحكمة أي تعلم ما وراء الكتاب، وهي ترتبط بالتراكم طيلة الحياة عند التعامل مع متطلبات ومهام الحياة، وترتبط كذلك بالتعامل مع المواقف التي يتعرض لها وفي حل المشكلات وتطبيق الفهم على مواقف الحياة.

أما الأفكار الجدلية لديهم فتعتبر كوجهة نظر مترافقة بشكل متعارض دون حاجة لحل التضارب، وأحيانا يكونوا قادرين على تطوير أفكار جديدة.

ثالثا: فيما يتعلق بالذكاء

تؤكد بعض الدراسات أن الذكاء يتراجع ولكن ليس بشكل مؤكد حتى عند عمر 50 سنة أو أكثر وتظهر الدراسات أن العوامل البيئية الاجتماعية يمكن أن تؤثر على قدرات الذكاء وتتضمن مستوى التعليم والأوضاع الاجتماعية الاقتصادية والضغوطات ومعدل التدريب، وتؤكد الدراسات أن العمر والظروف الجسمية هي أكثر العوامل أهمية في تراجع الذكاء، وقد تبين من البحوث أن مقياس القدرات اللفظية يميل أن

يظهر فروق قليلة للوراء أو عدم تراجع لدى كبار السن بينما يظهر مقياس الإنجاز تراجع بشكل أكبر، و تظهر الدراسات انحدار سريع لقدرة الكبير المعرفية في فترة ما قبل الموت.

ونستنتج من ذلك أن العمر يؤثر ولكن معدل التدريب والتعليم يساعد على أن لا يؤثر بشكل سلبي.

رابعا: فيما يتعلق بالذاكرة

يظهر الكبار تراجعا في الذاكرة الحسية والذاكرة الملموسة والبصرية وبعد ذلك تتأثر الذاكرة السمعية والتي يظهر بها أقل تراجع ويلاحظ أن الذاكرة قصيرة المدى لا تتغير مع العمر، لكن قد تتراجع الذاكرة طويلة المدى بعض الشيء وهناك فقدان أكثر في القدرة على الاسترجاع من القدرة على التنظيم.

ويميل استدعاء الأسماء إلى أن يصبح مهمة صعبة على كبار السن، لكن بنفس الوقت يمكن أن يظهروا استدعاء أسماء خاصة بكلمات أخرى،ويأخذ كذلك تذكرهم للأمور وقتا أطول وعلى الرغم من أن تذكر الأسماء يتراجع فإن تذكر المفردات يبقى جيد وقد يزيد بشكل قليل، مع العلم أن ليس جميع مظاهر الذاكرة تكون متأثرة بشكل متساو بسبب العمر. وتحدث الصعوبة بالذاكرة لدى كبار السن عند الترميز فعندما يستقبل رسالة من شخص فإنه لا يرمزها لعدم وجود مكان لوضع الترميز لأنه بحاجة لجهد لذلك وبدلا من ذلك فإنه يميل إلى إدراك معرفة جديدة بشكل أقل.

وبالإضافة للخصائص السابقة فيتمتع المسن بالخصائص المعرفية التالية:

1- كلما تقدم العمر قلت قدرة الشخص نفسه على حل المشكلة ويمكن تحسين القدرة على حل المشكلات من خلال التدريب.

2- استيعاب الجمل يبقى حتى عمر 60 سنة ثم ينحدر ويعتمد على الشخص.

3- الأسئلة التجريدية لا تبدو ذات مغزى أو أهمية لهم فالكبار يميلون نحو تجاهل أشياء ما باعتبارها غير مهمة ويعتمدون على التفكير التخميني الذاتي.

4- يظهر البالغون الكبار ضعفا بالاحتفاظ بالمعلومات بعد وقت.

5- الحكمة: تعتبر ميزة من مزايا الكبار والحكمة تتجاوز تعلم الكتب ومعرفة الحقائق وتشمل تراكم خبرات على مدى الحياة في التعامل مع مهمات الحياة وإدارة المواقف وحل المشكلات.

6- التفكير الجدلي من مزايا الكبار ويعني أن هناك باستمرار تغير وأفكار معارضة ويمكن دمج خبرات الفرد لإخراج خبرة جديدة بمعنى انه هنا لا يوجد تفكير ابيض واسود فقط بل متنوع ويعيش الأفراد مع التناقضات والتناقض له وظيفة ولا يزعجه التناقض.

7- يبدع الكبار في الأربعينات بالفنون والعلوم، وفي الستينات يبدع في الآداب.

مراحل Schaies في التطور المعرفي عند البالغين:

أحد أكثر النماذج أهمية في التطور المعرفي وضعت بواسطة Schaies وحدد خلالها خمس مراحل يمكن أن يكتسب من خلالها المعرفة وتفيدهم في الاستمرار باستعمالها وهي:

1- مرحلة المحب للاكتساب: ويكون لدى الأطفال والمراهقين الرغبة في أن يتعلموا مهارات ومعلومات بغض النظر عن فائدتها في حياتهم.

2- مرحلة الإنجاز: وتكون في المراهقة المتأخرة 20-30 سنة وهنا يتم إدراك الحاجة لاستعمال المعرفة وتحقيق أهداف طويلة المدى.

3- مرحلة المسؤولية: وتكون بين 30-60 سنة ويستخدم الأشخاص القدرات المعرفية للاهتمام بالعائلة والآخرين في المهنة.

4- مرحلة التنفيذ خلال 30-40 سنة وهنا تتطور القدرة على تطبيق المعرفة المعقدة في عدد من المستويات المختلفة وتصبح المسؤولية للعمل ويطبق المعرفة في المواقف التحصيلية والعبادة.

5- مرحلة الدمج: وتكون في آخر البلوغ وتزداد الانتقائية للاكتساب وتطبيق المعرفة في مهمات محددة للاهتمامات، ويصبح الشخص أقل احتمالية لأن يتوسع في المحاولة لحل المشاكل والتي ليس لها معنى بالنسبة له. أي أن هذه المراحل تؤكد أن الناس يتحولون من الاكتساب للمعرفة إلى تطبيق المعرفة في حياتهم. ومن هذه المراحل نرى أن الكبير يميل إلى تطبيق المعرفة في مجالات الحياة

المشاكل المعرفية لدى كبار السن:

- يختلف الأفراد في القدرات بوضوح، ويميل الكبار عموما إلى رفض التغير، لكن يعتمد مدى الرفض على الكثير من العوامل بالإضافة للعمر نفسه، ويظهر بعض التراجع مع العمر مثال التراجع في قدرات القراءة فهم يقرؤون بشكل أكثر بطئا مقارنة مع البالغين، ويظهرون فهما أقل لما يقرؤون وبعض التراجع يمكن أن يقل عند وجود فرص للتدخلات مثل التدريب والممارسة كتدريب الذاكرة بينما يظهر كبار السن نقاط أعلى من البالغين في القدرات اللفظية والمعرفة العامة.

- يظهر كبار السن بنسبة 10% من السكان فوق عمر 65 سنة حدوث الخبل Dementia وتزداد النسبة كثيرا فوق عمر 85 سنة ويظهر هنا فقدان تدريجي للقدرات العقلية بحيث يؤثر ذلك على نسيان الحاضر وحدوث استبصار قليل ومشاكل في الذاكرة.

- الحوادث في السيارات: تبين في السنوات الأخيرة أن الذين يقودون عند عمر 65 سنة وأكثر لديهم زيادة تدريجية بالحوادث، ولديهم حوادث أكثر لكل ميل يقودون به، وهذا مقارنة مع جميع الفئات ما عدا فئة البالغين الصغار، وعدد الذين ارتكبوا حوادث تصادم وأدت إلى الموت وكانت أعمارهم تزيد عن 70 سنة بلغوا تقريبا 5000 في عام 1997 في أمريكا، ولوحظ أن لديهم معدل إصابات أعلى أثناء المشي، وينتهكون إشارات المرور خلال القيادة أكثر من أي عمر آخر، وأقل احتمالية أن تكون الحوادث التي تنتج عنهم ناتجة عن السرعة الزائدة أو القيادة الطائشة أو لأنهم مخمورون، وترتبط الحوادث لديهم بالفشل في رؤية إشارات المرور والتدوير

غير الآمن والإيقاف غير الضروري، والدخول في طريق عام بطريقة غير عادية، ويعود ذلك إلى ما يلي:

أ - تعتمد القيادة بنسبة 90% على مهمات بصرية والكبار بالسن لديهم تراجع في عناصر الرؤية.

ب- صعوبات الانتباه هي مشكلة أخرى تواجه الكثير من الكبار عند القيادة وتساهم في زيادة معدل الحوادث، فقد وجد أن لديهم صعوبات في تجاهل مصادر غير متصلة بالمعلومات بينما يحاولوا أن يهتموا بالمصادر المهتمة فقط بالقيادة، فنراهم يهتموا بالراديو أو بكلمات المسافرين وذلك على حساب التركيز في القيادة، لذلك فإن الفشل في اختيار الانتباه يمكن أن يقود إلى حادثة.

ج- كذلك رد الفعل للوقت يعتبر أبطأ بالنسبة للكبار مما هو لدى البالغين.

- عمل الذاكرة: يسأل الكبير هل أوقدت الموقد قبل ترك المطبخ؟ هل أطفأت الضوء في سيارتي عندما تركتها في الموقف؟ إن الكثير من كبار السن يقدروا وبشكل متكرر أنهم يملكون مشكلة في الذاكرة، وقد تبين أن الكبار فوق 70 سنة يتذكروا في المعدل ما يقارب 60% من الأعمال المنجزة، فيما يتذكر ممن في عمر 60 سنة ما يقارب 75% من الأعمال.
- ويؤثر الخبل على الذاكرة والتعلم، وتتأثر وظائف اللغة من حيث إيجاد الكلمات وأسماء الأشياء وفهم التعليمات، كذلك قد يعاني من مشكلة التعرف على المثيرات في بيئة فلا يستطيع الشخص مثلا أن يحدد كيف يستخدم فرشاة أسنان، ويتأثر التفكير المجرد فلا يستطيع تفسير كلمات تحمل أكثر من معنى أو توضيح سبب تشابه شيئين وكذلك تتأثر القدرة على إصدار أحكام اجتماعية ومهارات حل المشكلات.
- ويتعرض الكبار لحدوث مرض الزهايمر: ويعتبر فقدان الذاكرة العرض الأول الذي يتم اختباره من نصف الذين يصابون بالزهايمر ويحدث فقدان تام للاستيعاب

واضطرابات إدراكية وفقدان، وعدم ضبط انفعالاتهم واكتئاب وأرق كما يتعرض الكبار للهتر Delirium: ويتميز هذا الاضطراب بانخفاض وضوح القابلية للإدراك والمعرفة ويتميز بأنه لا يستطيع فهم التعليمات.

إن ما يقارب 20-25% ممن فوق عمر 65% يتعرضون لجلطات وتتلف مناطق بسيطة من نسيج الدماغ، وأكثر من 50% من ذلك يعود إلى مرض الزهايمر ويؤثر مرض الزهايمر على أربعة ملايين أمريكي ويقدر 3% من كبار السن بين 65-74 سنة أنهم يعانون من مرض الزهايمر والعدد يزيد إلى 7و18% للذين تتراوح أعمارهم بين 75-84 سنة ويتضاعف إلى 2 و47% للذين تزيد أعمارهم فوق 85 سنة، ولسوء الحظ فلا يوجد رعاية لمرضى الزهايمر ويحدث المرض خلال مراحل فالمرحلة الأولى يصبح المريض فيها كثير النسيان وينسى الكثير من الأشياء كالمكان والحوادث ويكون من الصعب استرجاعها، المرحلة الثانية وهي مرحلة التشويش ويصبح هناك صعوبات في الوظيفة المعرفية، والمرحلة الثالثة يحدث الخبل ويصبح المرضى فاقدين للحس بالمكان والزمان وغير قادرين على معرفة الهوية الذاتية وأكثر احتمالية للتشويش حول الزوج وحتى الأصدقاء القريبين وتظهر مشاكل سلوكية فقد يتجول الشخص في الغرفة ليلا ويقوم بأعمال شاذة، وأحيانا يصبحون عاجزين عن ضبط قدرتهم الجنسية والنفسية والعناية بأنفسهم، ويظهر نقصان ملحوظ في طموحات الحياة وقد يمتد مسار المرض بين 3-10 سنوات قبل الوفاة.

يعيش مرضى الزهايمر من 6-8 سنوات بعد بداية المرض،حيث ينحدر المسار في ثلاث مراحل:

أ - من سنة إلى ثلاث سنوات من ازدياد في النسيان

ب- من سنتين إلى ثلاث سنوات من تزايد من مشكلات التوجه،فقدان المهارات اللغوية،وقد تظهر الهلاوس والهذاءات خلال هذه المرحلة.

ج- في المرحلة الأخيرة من الخبل المزمن،يكون خلالها الفرد فاقدا للتوجه وفاقدا للعناية بذاته بشكل تام.

- الإنجاز العقلي: هناك جملة تنطبق على الإنجاز العقلي وهي Use it or lose it بمعنى أن الكبار يحتاجون إلى تمرينات لعقولهم ومهمات لتقليل التراجع في الوظيفة مثل تدريبات في لعبة الشطرنج أو الكلمات المتقاطعة، أو قراءة كتب وتبين من الدراسات أن ذلك يفيد بشكل كبير أكثر من قضاء الوقت لمشاهدة التلفاز أو الاستماع إلى الراديو.

- القدرة الحسابية: الكبار أبطأ من الشباب الصغار في إتمام المشاكل الحسابية البسيطة، وهناك أيضًا تأثير للعمر على دقة المسألة وخاصة بعد السبعين من العمر، ولكن الكبار يميلوا إلى أن يكونوا متفوقين على البالغين الصغار في حل مشاكل الطرح البسيطة وفي معرفتهم حول جداول الضرب.
- اليقظة: عندما نخاف أو ننفعل فإن عدد من التغيرات النفسية تحدث في أجسامنا فأنزيم الأدرينالين يبدأ في التدفق ويصبح بالتالي زيادة في معدل دقات القلب ومعدل التنفس، وهناك تغيرات تعرف بتغيرات اليقظة، والذي يحدث عندما يواجه الفرد مهمات وعليه أن يتصدى لها، ونلاحظ أن وقت بلوغ قمة الإيقاظ الأفضل لدى كبار السن تحدث في الصباح وللبالغين في المساء.
- ومن الصعوبات التي تزيد من المشاكل المعرفية: هو أن حساسيتهم للدواء تقل وبالتالي قد يضر الدواء أحيانا أكثر مما يفيد، ونلاحظ أنه عندما يتم تحديد الأدوية للمريض، فيجب أن يكون الهدف هو تحسين نوعية الحياة بواسطة قيام الدواء بالمساعدة لشفاء المرض أو تقليل أو إزالة أعراضه، ويعمل كذلك على إيقاف تقدم المرض أو ظهوره في مكان آخر أو مرة أخرى Helper and stand 1990، ويزداد الاهتمام بالدواء بالنسبة لكبار السن خاصة بوجود أمراض مضاعفة لديهم وظروف حياة حادة.

ثالثا: النمو الانفعالي لدى كبار السن

ويمكن الحديث عنه من خلال ما يلي:

أولا: الرضا عن الحياة

طور العلماء مقياس لقياس الرضا عن الحياة عند الراشدين وله خمسة أبعاد:

أ -   الحيوية مقابل البرودة أي درجة الاندماج مع الآخرين والأنشطة.

ب-   اخذ القرار والثبات أي المدى الذي يكون فيه الأشخاص متحملين للمسؤولية المتعلقة بذاتهم.

ج-   التطابق أي درجة تحقيق الأهداف.

د-   مفهوم الذات أي الدرجة التي يتمتع بها الفرد بمفهوم إيجابي نحو ذاته من ناحية جسمية ونفسية واجتماعية.

ه -   الوتيرة المزاجية أي هل للشخص اتجاهات تفاؤلية ومشاعر سلبية

ثانيا: أثر العوامل الاجتماعية السكانية لقياس الرضا عن الحياة مثل اثر العرق ومكان السكن والحالة الاقتصادية الاجتماعية. وهنا الأشخاص الأكثر ثروة ليس بالضرورة أكثر سعادة وأساس هذا الأمر يرتبط بالشخص نفسه. وتقارن الناس أنفسهم بالجيران والمقربين منهم، كذلك من العوامل المرتبطة بالسعادة المدنية مقابل الحياة في الريف. وتظهر الدراسات أنه كلما كان الاندماج الاجتماعي أعلى كلما زاد الرضا عن الحياة. ومع أن الدخل في الريف أقل إلا أن من يسكنون في الريف لا يرون أنفسهم محرومين ماديا وكذلك فإن الخدمات المقدمة لأهل المدن يمكن لأهل الريف الوصول لها.

ثالثا: تعرف المعنويات بأنها حالة الفرد العقلية والذهنيـة مـع الاهتمام بـأمور مثـل الابتهاج والثقة والحماس ولقياس المعنويات ثلاثة عناصر هي:

1-   التهيج والإثارة مثل أنا قلق جدا بحيث لا أستطيع أن أنام أو استثار بسهولة أو أنا غضبان كثيرا عما كنت عليه سابقا.

2- عدم الرضا: ومن عباراتها الحياة صعبة علي، لدي ما احزن عليه اليوم.

3- الاتجاهات نحو التقدم في العمر ومن العبارات الأمور تزداد سوءا حين يتقدم المرء في السن، كلما تقدمت في السن أصبحت عديم الفائدة.

رابعا: السعادة

وهي حالة نوعية تتصف بالاستمتاع والابتهاج والسرور والمرح والرضا والطمأنينة إنها الإحساس بالصحة الشخصية وذكر أربعون في المائة أن سن العشرين هو اسعد فترات حياتهم ولكن من هو السعيد:

أ - الناس الذين يعطون الأولوية في حياتهم للسعادة.

ب- السعداء هم الذين يملكون السيطرة على حياتهم.

ج- الحصول على نقود أكثر مما ينبغي لا يضمن السعادة.

د- الحب والمودة وعلاقات الحب والمشاركة هي هامة جدا للسعادة.

هـ - المحافظة على اتجاه إيجابي من التفاؤل يسهم في السعادة.

و- الإبداع والتجديد وفعل الأشياء الجديدة يسهم في السعادة.

ز- تكرار الانفعالات واستمراريتها يرتبط بالسعادة بشكل اكبر من شدة الانفعالات.

ح- الإنجاز في العمل الذي يحبه الشخص يسهم في السعادة.

ط- الإيثار والغيرة وعمل الخير تجعل الناس يشعرون بالسعادة.

ي- المحافظة على اللياقة البدنية من خلال التمارين والصحة هي طريق هام للسعادة

ك- وجود هدف ومعنى للحياة هو عنصر من عناصر السعادة.

خامسا: التطابق والانسجام

والمقصود به وجود توافق بين أهداف الفرد التي يرغب بها وما حققه من أهداف

أو ما يحققه ويبدأ الانسجام عندما يجد الفرد معنى لحياته وقد طور العلماء مقياس لمعنى وهدف
الحياة أطلقوا عليه مخطط أو بروفيل الاتجاه نحو الحياة ويشتمل على سبعة جوانب وهي:

1- هدف الحياة أي القناعة في الحياة والحيوية في الحياة.

2- الفراغ الوجودي أي نقص الهدف.

3- ضبط الحياة والسيطرة عليها أي حرية وضع البدائل والخيارات وممارسة المسؤوليات.

4- تقبل الموت أي الخوف والقلق المتعلق بالموت.

5- إرادة المعنى أي الكفاح من اجل أيجاد معنى في الوجود الشخصي.

6- السعي نحو الأهداف أو الرغبة في تحصيل أهداف جديدة والتحرك المستمر.

7- معنى المستقبل أي التصميم لصناعة مستقبل ذو معنى.

رابعا: النمو الاجتماعي لدى كبار السن

الخصائص الاجتماعية لدى كبار السن:

• يميل كبار السن غير المتزوجين إلى الشعور بالوحدة الاجتماعية، وتعتمد سعادتهم على كمية
رضاهم مع مستويات الحياة ومستويات نشاطهم الاجتماعي.

• ربما يبدأ الرضا الأساسي للكبير بالتراجع خلال المرحلة الأخيرة من العمر بعد ترك الأطفال المنزل
والتقاعد ووفاة الزوج " الزوجة".

• تظهر الدراسات أن الكبار المتزوجين يميلون إلى أن يكون لديهم علاقات زوجية إيجابية وبأن
هذه العلاقات تزيد في الرضا في سنواتهم الأخيرة، حين يصبح هناك صحبة واحترام ومشاركة
للاهتمامات العامة خلال البلوغ المتأخر، وأشارت إحدى الدراسات أن ما يقارب 90% من
الأزواج الكبار شعروا أن علاقاتهم كانت متجانسة لكثير من الوقت.

- تظهر الدراسات أن الأصدقاء عموما يكونوا أكثر أهمية ورضا لكبار السن ويلعب الأخوة دورا مهم في التأثير على الكبير بسبب وجود القبول والرفقة والقرب والاتصال، وتميل علاقة الأخت للأخت أن تكون أكثر فعالية كعلاقات أخوة ويتبع ذلك علاقة الأخت مع الأخ ثم الأخ مع الأخ، وبالعموم فإن نوعية العلاقة هي أكثر أهمية من مجرد تكرار الاتصال والعلاقة الأكثر قرب تترافق مع صحة عقلية جيدة ومعنويات عالية بين كبار السن وكذلك مستوى عال من التفاعل الاجتماعي.

- يؤكد علماء النفس أن كلا من الأطفال وأجدادهم يكونوا أفضل عندما يقضون أوقات أكثر معا، ويرون أن الأجداد يمكن أن يكونوا مصدر تطور مهم لأحفادهم فقد يستمد الأطفال من أجدادهم الكثير من الظروف حول الانتقال بين الجيلين، ويحصلون على رعاية ومودة، ويستفيدون من القصص المروية، ويتعرفون على فكرة حول تاريخ العائلة، ويتعاملون مع ناضجين، وبالمقابل فإن الأجداد يشعرون بالمحبة والحاجة لقضاء الوقت وتخدم العلاقة في تخفيف التوتر بين الطفل ووالده.

- الإحالة على التقاعد لها تأثير قوي على العلاقات الاجتماعية فقد تبين أن التقاعد يؤثر في زيادة أوقات الفراغ لدى الكبار ويؤدي عند 10% إلى الشعور بالوحدة والعزلة وعند 20% إلى بعد الأصدقاء وندرة الاتصال بهم.

- تميل الصداقة عند الكبار إلى أن تؤدي الأغراض التالية: الألفة، الإعجاب، بناء الذات، الهوية، حاجات الإعالة، صنع القرار، التشجيع، العزاء وقت الحزن، والضجر.

المطالب النفسية الاجتماعية للكبار:

يرى أريكسون أن هذه المرحلة من العمر تأتي بعد 60 سنة ويكون فيها إما التكامل وينظر المسن إلى حياته السابقة شاعرا بعمق الإشباع والرضا ويعيش تكامل الأنا، مقابل اليأس وينظر فيه إلى سابق حياته متمنيا لو أتيح له تغييرها لعدم رضاه عنها فإنه يعيش الحس باليأس، ويواجه المسن هنا بثلاث قضايا أو مهمات وهي:

- تمييز الذات مقابل الانهماك بعمل الدور: القضية المركزية هنا هي قضية التقاعد عن العمل وهنا على الرجال والنساء أن يعيدوا تعريف قيمتهم واحترامهم من أجل عمل أدوارهم، ويواجه المسنين أسئلة مثل: هل أنا شخص ذا وزن وقيمة إلى حد ما كما كنت خلال الوظيفة؟ هل أنا ذا وزن من الآخرين ولي أدوار مختلفة؟ والقدرة على رؤية أنفسهم من أبعاد متعددة تسمح لهم أن يتابعوا الحياة الجديدة بإحساس من الرضا والقيمة.
- تجاوز الجسم مقابل الانهماك بالجسم: كشخص كبير ربما تتصادم مع المرضى والتراجع الرئيس في قدرتهم الجسدية، والرجال والنساء الذين يزنون السعادة والراحة بكونهم يملكون صحة جسدية قد يواجهوا خطرا عند مرضهم، والآخرين الذين يتدبرون حياتهم مع الألم ولا يستسلمون لألمهم الجسدي ويجدون علاقات أخرى ويخلقون أنشطة عقلية لتكون مصدر لإنجازهم هؤلاء يكونوا متكيفين حتى مع تراجعهم الجسدي.
- تجاوز الذات مقابل الانهماك بالذات: الأشخاص البالغين يعرفون الموت كإمكانية بعيدة، لكن بالنسبة لكبار السن هو ليس كذلك فتكيفهم يحتاج لأن يكون لدى أحدهم اعتقاد برؤية أنفسهم مستمرين في الحياة بعد الموت من خلال طفولتهم وعملهم ومساهماتهم في الثقافة، ومن خلال صداقاتهم.
- المشاكل الاجتماعية:
- إساءة معاملة الأشخاص بسبب عمرهم ageism، وتشير إلى وجود اتجاهات سلبية

تجاه الأفراد بسبب عمرهم كونهم قد وصلوا مرحلة الشيخوخة، والآخرين لديهم جمود في التفكير وتذمر حول المسنين وهم غير مرغوب فيهم سواء في سماتهم أو سلوكهم، وتشير الدراسات أنه تزيد الإساءة بسبب العمر لمن زاد عمره عن 80 سنة، لماذا توجد الإساءة في مجتمعنا؟ جزء من الأسباب يعود إلى نقص المعلومات الصحيحة التي يملكها كثير من الناس حول تأثير كبار السن على سلوك الناس، وهنالك خرافات حول كبار السن، والصور حول كبار وجدت عادة في الفلكلور والآداب والسينما والتلفاز وحتى عند الممثلين الهزليين، ومعظم النكات حول كبار السن تؤكد النقص الجسدي والعقلي لديهم، وأسباب أخرى تعود إلى وجود الإساءة من قبل البالغين لتجنب كبار السن، أو لكونه يخجل من كبار السن، وبنفس الوقت يعبر بعضهم عن اتجاهات سلبية تجاه علاجهم في المستقبل.

● التقاعد ويقسم ريتشارد ولفسيون وبيترسون المتقاعدين إلى خمسة أنماط:

أ - النمط الناجح: الذين يقبلون التقاعد بسهولة دون الندم على ما فات ويمكن أن يقيموا علاقات جديدة ومهام جديدة تشغل حياتهم.

ب- أصحاب المقعد الهزاز أو النمط الهزاز وهم الذين يرضون بالتقاعد كمرحلة للاسترخاء والتأمل والتمتع السلبي بالتقدم في العمر.

ج- نمط "ذوي الدروع" الذين يتبعون أسلوب حياة منظم مفعم بالنشاط لكي يدافعوا به ضد قلق التقدم في العمر.

د- نمط الغاضبين: هم الذين لا يستطيعون مواجهة فكرة التقدم في العمر، ويلومون الآخرين عن فشلهم في تحقيق أهدافهم في الحياة.

هـ - نمط كارهي أنفسهم: وهم الذين يلومون أنفسهم عن كل فشل لحق بهم، وغالبا ما يفشل أصحاب النمطين الأخيرين في مواجهة أزمة التقاعد والتغلب عليها.

أما مراحل التقاعد التي يمر بها المتقاعدون فهي كما حددها أتشلي 76، atchley

1- مرحلة ما قبل التقاعد ويعي الفرد أنه سوف يتقاعد.

2- مرحلة شهر الشغل: بداية التقاعد حيث يتطلع فيها الفرد إلى عمل أشياء لم يكن لديه وقتا كافيا لإنجازها من قبل كالسفر.

3- مرحلة الانسحاب: ينظر الفرد فيها أن حياته تتسم بالسلبية والتشاؤم وتتأثر بعوامل اقتصادية وصحية واجتماعية.

4- مرحلة إعادة التوجيه: يستكشف الفرد المتقاعد لمجالات جديدة يمكنه المشاركة فيها ويشعر من خلالها بالتفاعل مع الآخرين.

5- مرحلة الاستقرار: ينمو هنا عمل الاختيارات والتعامل مع الحياة بقدر معقول من الراحة والنظام ويعرف المتقاعد حدوده وإمكاناته وطاقاته ويشعر بالاكتفاء الذاتي

6- المرحلة النهائية: ويموت فيها الأشخاص وهي نهاية التقاعد.

وفي دراسة لعبد العزيز 1999 تبين أن المشاكل الناتجة عن التقاعد هي والتي احتلت الصدارة لدى المعلمين المتقاعدين:

• الشعور بالقلق وعدم الارتياح

• عدم كفاية الدخل

• عدم وجود أماكن ترفيهية لكبار السن

• عدم الاحترام حاليا من المجتمع

• الشعور بقسوة الحياة

• الشعور بفراغ كبير في الحياة

• يصعب علي فهم ذاتي أحيانا.

• العلاقة مع الأبناء: وتدل البحوث أن الأطفال في سن البلوغ وآبائهم ينتمون إلى كل

منهم بطريقة إيجابية فالآباء مثلا الكبار بالسن والأطفال في سن البلوغ يحافظون على الاتصال بشكل منتظم ويعطون الدعم ويستقبلوه، وفي دراسات أخرى نجد أن الكثير من الآباء الكبار في السن يفضلون الحياة بشكل قريب من أطفالهم البالغين، وغالبا ما يكون الأطفال في سن البلوغ مانحين للرعاية للأشخاص الكبار، وقد يرى بعض الأطفال في سن البلوغ الحاجة لدور معاكس فقد يكون لديهم قلق حول اهتمامهم بأن الآباء سوف يصبحوا عبأ عليهم وقد يجرب الأبناء مشاعر من الإحباط ونفاذ الصبر والشعور بالإثم ومشاعر العجز عند تعاملهم مع آبائهم الكبار.

- حب الآخرين Altruism ويشير إلى مساعدة الآخرين، ولدى كبار السن عموما، حاجة للمساعدة من الآخرين لاعتقادهم أن المجتمع قد قلل من الاهتمام بمشاكلهم، ولدى الكثير من كبار السن اهتمام قوي بالإيثار.

- فقدان الزوج "الزوجة" أو قريب: إن الكثير من كبار السن عندما يجربون الخسارة يتراجعون فورا في الصحة الانفعالية والجسدية، و 13% من كبار السن يجربون الخسارة لعلاقة حميمة ويمرون بمراحل خلال الخسارة وهي:

أ - الصدمة والإنكار وعدم التصديق.

ب- فترة عدم راحة وانسحاب اجتماعي.

ج- فترة ينتهي فيها التصميم واتخاذ القرار.

ويتقدم الحزن خلال أربع مراحل وهي مراحل التكيف مع الحزن:

أ - أن توافق على حقيقة ونهاية الخسارة.

ب- أن تعبر عن مشاعرك.

ج- أن تتكيف مع المحيط وتستمر بالحياة دون الشخص المفقود.

د- أن تتعلق انفعاليا بأشخاص آخرين ونشاطات جديدة.

- ويحدث الاكتئاب وهو شائع جدا لدى كبار السن عندما يفقدوا آخرين، وعلى الرغم من أن الكثير من الذين يفقدون آخرين يبقوا مفجوعين لأشهر قليلة لكن 10-20% من الأرامل تكتئب لسنة ويعتبر ذلك اكتئابا مرضيا، والفرق بين الاكتئاب الطبيعي والمرضي هو أن الأفراد يجربون نمطية عادية للحزن ويستجيبون للراحة والدعم ويكونوا غالبا غاضبين وتتصل مشاعر اكتئابهم بالفقدان وقد يجربون شكاوي جسدية، وقلة في احترام الذات، لكن في الاكتئاب الطبيعي تكون هذه الأعراض عابرة ويكون لديهم أيضًا قدرة على تجربة لحظات من الاستمتاع بالحياة.

- زيادة نسبة الانتحار بسبب الضغوطات: إن التغيرات الاجتماعية النفسية التي يمكن أن يواجهها كبار السن تزيد من مستوى الضغوطات وتزيد الحاجة إلى تعليمهم مهارات تدبر جديدة فالأفراد الذين ليس لديهم مهارات تكيف وتدبر غالبا ما يكونون عرضة للاكتئاب والمرض والانتحار فعلى الرغم من أن أعداد الكبار بالسن حوالي 12% من السكان فإنهم يمثلون 25% من المنتحرين وذلك عن طريق أخذ جرعات عالية من الدواء أو عدم أخذ الدواء أو الموت لسوء التغذية أو عدم شرب الماء.

- تأثير الفقدان على كبار السن: ولكن ما هو تأثير خسارة العلاقة على كبار السن؟ يختلف ذلك حسب الشخص المفقود: الزوج "الزوجة" الأخوة، الأقارب، الأبناء، فموت الزوج "الزوجة" يمكن أن يرافقه خسارة مؤلمة، ليس فقط لأنه الرفيق لكن أيضًا الشريك في تدبير أمور المنزل والمحافظة على رعاية الأطفال والشريك الجنسي، وكثيرا ما يكون الصديق المفضل، وبسبب تقاسم الأدوار فقد يحدث فجوة في المعرفة والمهارات التي كان مسؤولا عنها فالنساء مثلا ربما لم يكونوا قادرين على اتخاذ قرار بخصوص التمويل.

- أما موت الأخ، فقد يكون مرعبا إذا كان سبب الموت مرض وراثي، وربما ينتج عنه إعادة تنظيم للأدوار والمسؤوليات في العائلة فإذا كان الأخ صانع السلام في العائلة

فإن على الآخرين أن يغطوا ذلك الدور، أما موت الأب فيكون خسارة للكبير لأنه عندما يولد أطفالنا في العالم نحضر معهـم توقعـات بـأن موتنـا سوف يـسبقهم، وفقـدان طفـل يمكن أن يساهم في الخوف عند الكبير من تخلي الآخرين عنه وخاصة إذا كان المفقود الابن الكبير، وقد يشعر الكبير بمشاعر من الذنب لأن الابن ما يزال حيا ويغضب علـى عـدم العـدل وهـذا مـما يجعله حزينا

الحزن والفقدان عند الخسارة للأقارب والأسرة والمركز الاجتماعي:

عندما يصل الكبار في السن للنتائج الطبيعية كالخسران للناس والممتلكات والمركز الاجتماعي والقدرات، وعندما يكون هنالك ألم انفعالي أكثر خسارة لحب شخص بسبب وفاته فإن ذلك يعزز ضيق حياة الفرد والتجنب للتعلق الانفعالي.

إن الفقدان للكبير هو رد فعل طبيعي لموت شخص محب ويتضمن مشاعر الاكتئاب والشعور بالذنب ومن الشائع جدا لكبار السن أن يجربوا بعض الأفكار ويزداد لديهم القلق وتزداد دموعهم وتأملاتهم بشكل لا إرادي، وحتى أنهم قد يفكرون باتجاه معاكس حول الموت، إن أفكار الموت تكون عادة محددة حول الشخص المفقود ويشعر أنه لابد الآن أن يموت، وقد تؤدي الصدمة الانفعالية للأفراد إلى اضطراب عقلي قد يدل على بداية مفاجئة لأعراض اختلال نفسي.

ويلاحظ أن الكثير مـن النـاس المحرومين لـديهم اضطراب نـوم وتلـف معرفي مؤقـت مثل

بطـيء التفكـير ونقـص التركيـز، ويظهـرون أعراضـا مـن فقـدان الـوزن وانخفـاض عـام في الحيـاة اليوميـة، وخلال 12 شهر الأولى التي تتبع الخسارة فإن الأعراض الجسدية والنفسية تنـسب إلى كميـة الحـزن للتـدهور الأساسي في الصحة وفي نهاية السنة الأولى مـن الحرمـان فإن عـددا كبيرا مـن الأزواج المحـرومين يـستمرون في

إظهار إشارات من اللامبالاة وعدم وجود هدف وعدم الرغبة في الاهتمام بالمستقبل وهنالك زيادة بشكل ذي معنى لخطورة الموت عند كبار السن لموت زوجته، فقد تبين أن معدل الفناء يزداد بشكل أساسي فوق المعدل المتوقع خلال السنة الأولى بعد فقدان شخص هام، وبالنسبة للرجال فإن الفناء مرتفع بشكل عال خلال السنة الأولى بعد الموت لزوجاتهم، وبالمقارنة فإن معدل الفناء للنساء بعد الخسارة ينخفض بشكل بدائي ولكنه يستمر لفترة أطول من الوقت وربما يزيد خلال السنة الثانية أو الثالثة بعد الخسارة.

وتقترح البحوث أن 70% من العائلات الذين يجربون موت مأساوي يموت في غضون 18 شهر إلى سنتين بعد المأساة. وهذه النتائج فيها تقدير مبالغ فيه إذا كان الموت يحدث في منتصف العمر. ومع كل ذلك أن الحادث يؤدي إلى الاكتئاب وشعور بعدم السعادة واعتقادهم بعدم القدرة على السيطرة على القضاء والقدر، ولكن عند التعامل بنجاح مع التغيرات والصراعات والفقدان فإن الكبار يمكن أن يكشفوا طرقا جديدة ووجهات نظر جديدة للحياة ويصبح لديهم إحساس بالهوية.

• الاعتمادية: من المهم أن نلاحظ أن غالبية الكبار غير مستقلين، يعيشون حياتهم في المنزل ويموت من مرض القلب أو السرطان أو نتيجة حادث، ويرى بعضهم أن العلاقة بين الآباء الكبار وأطفالهم البالغين تتصادم وخاصة يريدون أن يكونوا مسرورين ويجدوا صعوبة في تحمل مسؤولية آبائهم الكبار.

• العزلة: التقاعد يقلل التحرك ويزيد الضعف وموت الزوج "الزوجة" والأقارب يؤثر على سلوكيات الكبير وقد يجعله ينعزل، والكبار يجدوا مع العمر أنهم أقل معنى بالنسبة للآخرين خصوصا عندما لا يحققوا أدوارا مهنية أو اجتماعية.

كبار بالسن الذين هم ضحية للإساءة:

يقدر أن هنالك قضية من بين أربع عشرة قضية إساءة للكبار بالسن مقابل قضية من بين ست قضايا إساءة للأطفال، وتشير الدراسات بوجود بين 4-7% من كبار السن يعيشون مع عائلاتهم ويساء إليهم وهناك أكثر من عشرة ملايين مسن يساء إليهم، وينتشر ذلك بشكل مختلف حسب الثقافات والأعراف ومجموعات الدين.وتم تحديد معنى الإساءة لكبار السن بما يلي:

(الفعل أو الإغفال الذي يكون نتيجة للإيذاء أو تهديد بالإيذاء للصحة أو للرفاهية للشخص الكبير بالسن ويتضمن الإساءة القصدية المتعمدة من إيذاء جسدي أو عقلي أو حتى إساءة جنسية أو منع ضروريات الحياة كالطعام أو اللباس أو الاهتمام الطبي لتلبية الحاجات الصحية العقلية والجسدية عند الكبير بواسطة شخص يملك الرعاية والمسؤولية على الشخص الكبير)

تأثير الإساءة على كبار السن:

فهنالك أربعة أصناف من الإساءة عند كبار السن:

1- الإساءة الجسدية: تتضمن السلوك العنيف الذي ينتج عن أذى جسدي مثل الضرب، الركل، القرص، الخنق، الحرق، السحب من الشعر، إجبار الشخص على تناول مخدر.

2- الإساءة النفسية أو العدوان اللفظي المزمن: وفيه تقليل من كرامة الشخص، التحقير، ومساواته بالأطفال.

3- الإساءة الأساسية من مثل استغلال التمويل عن طريق مصادرة أمواله أو الحجز عليها.

4- انتهاك أو اغتصاب حقوق الشخص وتتضمن التجاهل القصدي وغير القصدي ويشير التجاهل إلى كبح الرعاية الضرورية والعمل لإغفال الحاجات للشخص

الكبير وتعتبر الإساءة الجسدية النمط الشائع عند كبار السن ويتبعها العدوان اللفظي ثم التجاهل.

نظريات التكيف عند كبار السن:

هذه النظريات تصف التغيرات في مرحلة كبر السن من حيث التغيرات في البيئة الاجتماعية:

أولا: نظرية الانسحاب Disengagement Theory

وتنظر هذه النظرية إلى المسنين بأنه يحدث لديهم انسحاب اجتماعي من العالم المتسع، ولذلك يخفضون من نشاطاتهم، وينسحبون من اهتمامهم بالعالم فيركزوا على مظاهر الحياة المباشرة التي تخصهم ويتبادلوا الانتباه من العالم الخارجي إلى العالم الداخلي من مشاعرهم وأفكارهم، وعلى المستوى الاجتماعي يظهر انسحاب متبادل وهو ينتج من نقصان التفاعل بين كبار السن وأعضاء المجتمع، فالكبار يتحررون من المجتمع، والمجتمع يتحرر منهم، وتضعف العلاقات، ويمكن أن يواجه كبار السن الموت لاعتقادهم أنه لم يبقى لهم ما يعملوه، والانتقاد الموجه لهذه النظرية هو في مبالغتها بالانسحاب والعزلة والانفصال لكبار السن.

ثانيا: نظرية النشاط Activity Theory

ترى أن نقصان التفاعل الاجتماعي هو ما يميز كبار السن الناتج من الانسحاب الاجتماعي والشخص الكبير في السن يمكن أن يكبر نحو الأفضل عندما يبقى نشيطا، ويتعامل مع العالم الاجتماعي ويحافظ على نشاطات منتصف العمر حسب الإمكانية، ويجد بدائل لنشاطات أخرى حسب عمره، وتتفق هذه النظرية مع نظرية

الانسحاب بأن الانسحاب يزيد أحيانا بعد 60 أو 65 سنة وبأن مستوى الأشخاص في النشاطات يتراجع، وترى نظرية النشاطات أن أغلبية كبار السن يحافظون على مستويات من الاتزان في النشاطات وحتى عمر 75 سنة يمكن أن يكونوا أكثر احتمالية للتصويت مثلا في الانتخابات.

أي نستنتج من نظرية النشاط أنه ليست النشاطات والأدوار هي التي تحدد النجاح لكبار السن وبدلا من ذلك تجارب الشخص الذاتية ورغبته في التكيف الشخصي هو الذي يحدد النجاح

ثالثا: نظرية الخروج عن الدور Role Exit Theory

وترى بأن التقاعد وحدوث الترمل ينهي مشاركة كبار السن في بناء مؤسسات المجتمع سواء في الوظيفة أو العائلة، ويرى بأن الفرص التي تمنح لكبار السن حتى يبقوا مفيدين اجتماعيا تكون قليلة وضعيفة، ويرى بأن الخسارة المهنية والأوضاع الزوجية هي أمور رئيسة وتسبب الصدمة، ويرى بأن النموذج الاجتماعي يحدد التوقعات السلوكية لكبار السن بأنهم ضعاف ولديهم دافعية قليلة للمجاراة لعدم وجود دور رئيس لهم، ويركز على أن خسارة الدور هي تجربة ضاغطة على كبار السن وتؤدي إلى إنكار الذات عند كبار السن، والانتقاد الموجه لهذه النظرية هو في المبالغة بالخسارة الاجتماعية لكبار السن.

رابعا: نظرية التبادل الاجتماعي Social Exchange Theory

ترى بأن الناس ينظمون إلى علاقات اجتماعية لأنهم يستمدون المكافأة من أعمال كالعون الاقتصادي التقدير، الإحساس بالأمان، الحب، الاستحسان الاجتماعي، الامتنان. وعلى أية حال أيضًا تكلفهم العلاقة تجارب غير سارة مثل الجهد، التعب، والإرباك. وترى بأن الناس مجبرين على التنازل الإيجابي والتجارب السارة لكي يتابعوا نشاطات معززة، وبالمعدل فإن مجموع المكافأة أكثر من مجموع التكلفة، وفي التفاعل

فإنه يكون لدى الناس علاقات ملزمة كطريقة عمل المحاسب الذي يرتبط بدفتر للمكافأة والتكاليف والأرباح، وعند تطبيق ذلك على كبار السن فإن النظرية تقترح أن يجد الكبار أنفسهم في موقف عند زيادة الحساسية بسبب التدهور في مركزهم الاجتماعي الجديد.

المصادر والمراجع

المراجع العربية

أبو جادو، صالح. (2004) علم النفس التطوري الطفولة والمراهقة، دار المسيرة، عمان.

أبو غزال، معاوية. (2009) النمو الانفعالي والاجتماعي للطفل. منشورات وزارة الثقافة، عمان.

احمد زكي صالح (1988) التعلم أسسه، مناهجه، نظرياته، الأنجلو، القاهرة.

الأسعد، ميخائيل إبراهيم. (2001). مشكلات الطفولة والمراهقة - القسم الرابع. النمو العضوي والعقلي في مرحلة ما قبل المدرسة

إسماعيل، محمد عماد الدين(1997). الطفل من الميلاد إلى الرشد. السنوات التكوينية. القلم الكويت.

الأشول، عادل. (2008) علم نفس النمو. مكتبة الأنجلو المصرية، القاهرة.

بهادر، سعدية.(1986) في علم نفس النمو- الكويت – دار البحوث العلمية للنشر والتوزيع.

بول مسن وآخرون (1986) أسس سيكولوجية الطفولة والمراهقة. ترجمة احمد عبد العزيز سلامة. الكويت. مكتبة الفلاح.

بيسكوف، ليد فورد ج، ترجمة:دحام الكيال، عايف حبيب (1984) علم نفس الكبار، المنظمة العربية للتربية والثقافة والعلوم، بغداد العراق.

جابر، عبد الحميد جابر: (1994) علم النفس التربوي، ط3، دار النهضة العربية، القاهرة.

الجسماني، عبد العلي (1994) سيكولوجية الطفولة والمراهقة. الدار العربية للعلوم. مصر.

جلال، سعد. الطفولة والمراهقة. ط2. دار الفكر العربي الأنجلو المصرية، القاهرة – مصر.

حقي، ألفت (1996) سيكولوجية الطفل. علم نفس الطفولة. مركز الإسكندرية للكتاب – الإسكندرية – مصر.

ذياب البدينة (2001). مجلة العلوم الاجتماعية، مجلد 29، العدد3، خريف 2001، الأردن.

رمزية الغريب (1978) التعلم، ط2، الأنجلو، القاهرة

الريماوي، محمد عودة (1998). في علم نفس الطفولة. دار الشروق – عمان،الأردن.

الزعبي، أحمد. (2001) علم نفس النمو، الطفولة والمراهقة. الأسس النظرية المشكلات وسبل معالجتها. دار زهران، عمان.

زهران، حامد عبد السلام (2002) علم نفس النمو: الطفولة والمراهقة، القاهرة، عالم الكتاب.

زيدان، محمد مصطفى. (1972) النمو النفسي للطفل والمراهق وأسس الصحة النفسية. منشورات الجامعة الليبية.

سمارة، عزيز والنمر، عصام، والحسن، هشام. (1999). سيكولوجية الطفولة. ط3. دار الفكر للطباعة والنشر والتوزيع، عمان.

السيد، فؤاد البهى (1998) الأسس النفسية للنمو، من الطفولة إلى الشيخوخة، ط4، دار الفكر العربي، القاهرة

شاذلي، عبد الحميد محمد. (2001) التوافق النفسي للمسنين. المكتبة الجامعية، الإسكندرية.

الشيباني، بدر إبراهيم. (2003). سيكولوجية النمو (تطور النمو من الإخصاب حتى المراهقة) مركز المخطوطات والتراث والوثائق قسم الدراسات والبحوث، الكويت.

شريم، محمد بشير (1992) الشيخوخة، جمعية عمال المطابع،عمان.

صالح، أحمد زكي.(1992). علم النفس التربوي، مكتبة النهضة المصرية.

صادق، آمال و أبو حطب، فؤاد (1999) نمو الإنسان من مرحلة الجنين إلى مرحلة المسنين، ط4، مكتبة الأنجلو المصرية، القاهرة.

عبد العزيز، مفتاح محمد (1999)سيكولوجية المعلم المتقاعد، الطبعة الأولى، جامعة قاريونس، بنغازي ليبيا.

عبد الهادي، نبيل (2002). النمو المعرفي عند الأطفال. دار وائل للنشر، عمان – الأردن.

العزة، سعيد حسني (2002) سيكولوجية النمو في الطفولة. الدار العالمية للنشر والتوزيع، عمان، الأردن.

علاء الدين كفافي (1997) علم النفس الارتقائي، مؤسسة الأصالة، القاهرة.

علاونة، شفيق (2001) سيكولوجية النمو الإنساني الطفولة. دار الفرقان، عمان، الأردن.

علوان، فادية. (2003) مقدمة في علم النفس الارتقائي. مكتبة الدار العربية للكتاب، القاهرة.

العناني، حنان عبد الحميد (2002) ا للعب عند الأطفال الأسس النظرية والتطبيقية. عمان– الأردن.

العناني، حنان عبد الحميد وآخرون (2003). سيكولوجية النمو وطفل ما قبل المدرسة. دار صفاء للنشر والتوزيع – عمان، الأردن.

عوض، عباس محمد. (1999) علم نفس النمو الطفولة – المراهقة- الشيخوخة. دار المعرفة الجامعية. الإسكندرية.

العيسوي، عبد الرحمن. التربية النفسية للطفل والمراهق، كلية الآداب، جامعة الإسكندرية.

طه، فرج عبد القادر(1998) أصول علم النفس الحديث، ط3، عين للدراسات والبحوث الإنسانية والاجتماعية، القاهرة.

الطواب، سيد محمود (1985) تطوير التفكير عند الأطفال من وجهة نظر المدرسة البياجيه. مجلة العلوم الاجتماعية -جامعة الكويت- المجلد 13 - العدد الثالث، ص ص 13 -39.

فؤاد البهى السيد (1998) الأسس النفسية للنمو، ط2، دار الفكر العربي، القاهرة.

القذافي، رمضان محمد القدافي. علم نفس النمو الطفولة والمراهقة. المكتب الجامعي الحديث، الإسكندرية، مصر.

قطامي، يوسف (2000). نمو الطفل المعرفي واللغوي، الأهلية للنشر والتوزيع - عمان- الأردن.

قناوي، هدى محمد (1987) سيكولوجية المسنين، مركز التنمية البشرية والمعلومات، العجورة، الجيزة، مصر.

كفافي، علاء الدين (1997) علم النفس الارتقائي، مؤسسة الأصالة، القاهرة.

معوض، خليل ميخائيل.(1994) سيكولوجية النمو الطفولة والمراهقة. دار الفكر الجامعي، ط3، جامعة الإسكندرية. مصر.

منصور، محمد جميل وعبد السلام، فاروق (1983). النمو من الطفولة إلى المراهقة، ط2 تهامة.

منصور، عبد المجيد سيد والشربيني، زكريا (1988). علم نفس الطفولة الأسس النفسية والاجتماعية والهدي الإسلامي. دار الفكر العربي - القاهرة، مصر

الهاشمي، عبد الحميد محمد.(1992). علم النفس التكويني أسسه وتطبيقه من الولادة إلى الشيخوخة، مكتبة الخانجي - القاهرة - مصر.

الهنداوي، علي فالح (2001) علم نفس الطفولة والمراهقة، الطبعة الأولى، دار الكتاب الجامعي، العين، الإمارات.

الوحيدي، سكينة جميل (2007). العلاقة بين تواصل الأسرة الأردنية ومرونتها وتماسكها من جهة وتمرد المراهقين من جهة أخرى، رسالة ماجستير غير منشورة، جامعة عمان العربية، عمان، الأردن.

يوسف، محمد جميل وعبد السلام، فاروق سيد. ملخص مادة علم نفس النمو. جامعة الملك عبدالعزيز بجدة.

المراجع الأجنبية:

Bee, Helen (2001) The Developing Child. New York: Harper & Row publishers, Inc.

Blocher, D.H (1974). Developmental Counseling. John Wiley & Sons, Inc.

Hayslip Jr. Bert. & Panek E. Paul (2002) Adult Development and Aging. 3 (rd ed). Krieger Publishing Company.

Kimmel, D.C (1990). Adulthood and Aging, an interdisciplinary, developmental view John Wiley & Sons, Inc.

James M. Day, Ralph L. Mosher, Deborah J. Youngman; (1999). Human Development across the Life Span: Educational and Psychological Applications. Praeger Publishers.

Nancy S. Fagley, Charles A. Maher, Milton Schwebel. (1990). Promoting Cognitive Growth over the Life Span ; Lawrence Erlbaum Associates.

L. Erlenmeyer-Kimling, Nancy E. Miller (1986). (Life-Span Research on the Prediction of Psychopathology; Lawrence Erlbaum Associates.

Rice, F. P (1992). (Human Development. A life-span approach. Macmillan publishing company.

Schwiebert, Valerie L. Myers, Jane E,Dice, Carol (2000). Adults ethical Guidelnes for counselors working with older, journal of counseling & development, spring, vol 78 Issue 2 PI 23,7P.

Schwebel, A. I, Barocas, H.A., Reichmann, W. & Schwebel, M. (1990) Personal Adjustment and Growth. A life-span approach., Wm. C. Brown Publishers.

Shaffer, D. R (2002). Developmental Psychology, Childhood & Adolescence. Wadsworth Group.

Oltmann, T, & Emery,R (1998). Abnormal psychology. second edition, prentice hall, upper saddle river, new jersey.

Terry, P. (1997). Counseling the Elderly and Their Careers. Macmillan Press Ltd.

Zanden, Vander. James, W.(1993). Human development.by McGraw-Hill, Inc Printed in the United States of America.

Weiss, Jules C. (1995) Cognitive therapy and life review therapy. theoretical and therapeutic implications. Journal of mental health counseling vol. 17 Issue2, P 157-16P.

Woolfe, R. & Dryden, W. Ed (1997) Handbook of Counseling Psychology. SAGE Publications Ltd.

مواقع الانترنت:

مراحل النمو الأخلاقي عند كولبرج:

(http//www.arabpsychology.com)

الغامدي، حسين.

مراحل النمو المعرفي عند بياجيه:

(http\\www\\arabpsychology.com)

الغامدي، حسين.

Printed in the United States
By Bookmasters